현대정치학의
방법론적 성찰

현대정치학의 방법론적 성찰

김웅진 외 지음

인간사랑

머리글

저자는 짧은 논문 "방법론의 이론 종속성과 이론의 방법론 종속성 –연구방법의 聖化와 지식의 化石化"를 『한국정치학회보』 제27집 2호(1993)에 게재한 이래 사회과학, 특히 정치학 연구의 진행과정 속에서 탐지되는 과학패권의 전개양상을 방법론적·과학철학적 측면에서 해체해 보려 시도해 왔다. 이 책은 『신화와 성화: 과학방법론의 패권정치』(2001)를 시작으로 『과학패권과 과학민주주의: '열린 사회과학'의 모색』(2009)에 이르기까지 네 권의 책을 통해 정리해 본 그간의 연구를 마무리하는 동시에, 지난 33년간 이어온 한국외국어대학교 정치외교학과 교수로서의 학문적 여정을 끝내는 징표이다. 책의 제2부를 통해 제자들이 쓴 연구논문을 소개한 이유는 이들이 저자의 결코 짧지 않았던 교수생활 속에서 얼마나 커다란 자리를 차지해 왔는가를 다시 한 번 분명히 드러내기 위해서이다. 글을 보내준 일곱 명의 학자들에게 마음속

깊은 곳으로부터 우러나온 고마움을 전한다.

과학적 지식생산은 연구대상의 논리적·경험적 재구성 작업이며, 그러한 작업이 특정한 분석규준에 따라 강압적으로 계도되지 않을 때 과학적 진보에 요구되는 인식과 사유의 창의성이 생성될 수 있다고 믿는다. 또한 정치학이 인간성의 자유로운 구현을 보장하는 정치기제와 정치질서를 제시하는 것을 목표로 삼고 있다면, 민주주의는 비단 현실정치의 세계뿐만 아니라 정치학 연구에 있어서도 확립되어야 한다고 생각한다. 이 책이 우리 정치학자들이 엄혹한 과학적 교조의 폐쇄성과 배타성을 극복할 수 있는 방법론적 경로를 탐색하는데 작은 도움이라도 될 수 있다면 더 이상 바랄 것이 없겠다.

학부와 대학원 재학 시절부터 오늘에 이르기까지 우둔한 저자를 가르쳐 주신 은사님들, 불민한 제자가 작은 보답조차 올려드리기 전에 타

계하신 선생님들, 늘 연구실에 숨어 있는 게으름을 너그럽게 용납해 주신 한국외국어대학교 정치외교학과 교수님들, 그리고 소중한 학문적 교류를 통해 수많은 깨우침을 주신 정치학계의 동료들에게 머리 숙여 감사드린다.

2018년 5월, 석 달 후의 정년퇴임을 앞두고,

김웅진 씀

차례

제2부 정치학 연구의 방법론적 분화－과학철학적 담론·정성분석과 정량분석·규범적 서사 • 169

제1부 지식생산의 정치적 역동 – 인식과 사유의 방법론적 제어

김웅진

과학은 연구대상에 관한 서술적·설명적 진술을 '객관적 근거'에 따라 '논리적으로 입증'하려는 목적을 갖고 있다. 다시 말해서, 과학적 연구는 논증의 방법론적 정합성과 더불어 보편적으로 수용될 수 있는 논증근거의 제시를 요구한다. 그러나 상이한 연구 프로그램(research programme)[1] 또는 패러다임을 교차하여 적실성을 인정받을 수 있는 분석규준은 애당초 존재할 수 없으며, 근거의 객관성 역시 특정한 연구 프로그램 속에서 판정되는 제한적이자 간주관적(間主觀的) 성격을 벗어날 수 없다.[2] 따라서 과학행위와 그 소산으로서의 과학적 지식은 방법

1 부정되거나 수정될 수 없는 인식론적·이론적 중핵(hard core)과 그를 둘러싼 보조가설의 방어환(protective belt) 그리고 안정적 분석규준(유리스틱)을 모두 갖춘 과학체계(Lakatos 1978, 4). 여기에서는 연구 프로그램을 쿤(Kuhn 1970, 10-11)의 패러다임(paradigm)과 거의 동일한 의미를 갖는 것으로 간주한다.

2 쿤(Kuhn 1970, 92-102)에 따르면 경쟁적 패러다임들은 서로 완전히 다른 세계관에 기초하고 있기 때문에 연속성이나 상호연계성을 갖고 있지 않고, 따라서 그들 간의 수

론적 상대성과 종속성을 탈피할 수 없다. 정치학(사회과학) 연구도 예외가 아니다. 현대정치학을 구성하고 있는 다양한 연구 프로그램들은 각기 고유한 존재론적·인식론적·이론적 전제와 그에 입각한 분석규준을 견지하고 있으며, 그러한 전제와 규준의 범주 내에서 배타적이자 폐쇄적인 지식생산을 시도하여 왔다.

지식생산경로의 배타성은 연구 프로그램을 구축하고 유지하기 위한 필요조건이다. 즉, 특정한 분석규준을 '유일하고도 타당한' 지식생산기제로서 수용하는 과학자들의 집단적 확신은 연구 프로그램의 공고화에 있어서 필수불가결한 과학적이자 동시에 과학외적인 요건인 것이다. 따라서 모든 과학사회 속에서는 지식패권(과학패권)을 장악한 세력이 제시한 분석규준을 중심으로 추종자들을 결집하기 위한 과학정치(politics of science)의 역동이 전개된다. 바꾸어 말해서, 비단 지식생산 뿐만 아니라 과학교육의 정향을 엄격히 제어함으로써 분석규준의 계도성(啓導性)과 교조성을 강화하려는 과학패권의 제도적·심리적 기제가 작동하게 마련이며, 이러한 역동은 과학자들로 하여금 지식생산을 엄격한 규범에 따른 집단적·사회적 작업(social enterprise)으로 받아들이도록 강요한다. 제1부에 실린 다섯 편의 글은 이러한 과학정치의 전개양상을 이른바 "인지습성(habits of mind)"[3]의 확산을 초래하는 과학적 집단사고의 형

월성을 비교평가할 수 있는 객관적 근거란 존재할 수 없다. 따라서 패러다임은 누적적, 점진적으로 진보하기보다는 혁명적으로 변동할 수밖에 없다고 본다.

3 유리스틱의 적실성에 대한 "견고히 구축된 무식의적 반응(entrenched responses that ordinarily occur without conscious attention)"을 지칭. Margolis(1993), 7-8.

성과 경험적 인식의 선험적 조형 등 다양한 측면에서 해체하려 시도하고 있다.

우선 제1장 「**집단사고로서의 연구방법론: 과학적 지식의 탈과학적 구성경로**」는 의사결정과정에서 견해의 완벽한 일치에 도달하려는 심리적 집단역동인 집단사고(groupthink)가 과학사회 내에서 특정한 분석규준의 획일적 수용을 유도함으로써 방법론적 교조(methodological creed)의 형성을 조장한다고 주장한다. 즉, 위계적 과학패권질서를 유지하기 위한 과학정치는 보상과 처벌, 포용과 배제, 기능적·귀속적 연대 등 다양한 과학외적 제어기제를 통해 분석시각의 자율검열(self–censorship), 만장일치의 환상, 불패(不敗)의 환상 등 세 가지 징후로서 노정되는 집단사고를 조성함으로써 연구전통에 대한 획일적이고 집단적인 순응을 유도한다. 이처럼 집단사고는 연구전통을 안정적으로 유지하는데 필요한 심리적 기반을 제공하는 동시에 변동과 전환의 에토스를 조성한다는 이율배반적 성격을 갖는다. 즉, 집단사고는 합의종속적 지식생산을 위한 방법론적 시각의 획일화를 초래하나, 또 한편으로는 정상과학(normal science)의 지식생산과정에서 필연적으로 야기되는 시각의 균열과 분화, 곧 분절된 집단사고의 생성을 가속화함으로써 쿤(Kuhn 1977, 227)이 과학혁명의 추동력으로 제시한 "본연적 긴장(essential tension)"을 추동한다.

다음으로 제2장과 제3장은 과학적 논증의 경험적 기반(empirical foundation)을 확보하는 과정에 개입하는 탈과학적, 정치적 인자를 추적하고 있다. 즉, 제2장 「**사회과학지식의 방법론적 인증: 경험적 인식의 선험적 정**

당화」는 지식생산에 요구되는 경험적 인식(empirical perception)이 특정한 연구 프로그램 속에 정착된 집단적 인지습성의 소산일 가능성이 높다는 전제 하에, "강한 과학(strong science)"[4]의 위상을 확보한 연구 프로그램은 과학적, 심리적이자 제도적 제어기제를 통해 특정한 분석규준에 입각한 경험적 인식의 선험적 조형을 유도한다고 본다. 다시 말해서, 강한 과학이 생산한 지식은 방법론적 정합성을 지닌 과학행위의 소산인 동시에, 과학패권의 배분구도를 반영하는 정치적 산물로서의 이중적 성격을 동시에 갖게 된다. 이러한 상황 하에서는 지식생산경로의 기법적 변이성이 창의성으로, 획일화된 인식에 따라 생산된 지식의 수직적·수평적 연계성이 곧 축적성으로 받아들여지게 되며, 과학행위는 특정한 분석규준에 따라 계도된 사회적 집단행위의 틀을 벗어나지 않을 때 비로소 그 과학성이 인증된다.

제2장과 논의의 맥락을 같이하고 있는 제3장 **「사회과학연구에 있어서 경험적 근거의 방법론적 조형: 입증과 논박의 선험성」**은 경험적 인식이 과학적 진술의 입증에 필요한 경험적 근거(empirical evidence)로 조형되는 과정이 나타내는 선험적 성격을 규명하고 있다. 경험과학연구에 있어서 관측진술(observational statement)과 이론적 진술(theoretical statement)의 상응성은 관측진술을 구성하고 있는 작동변인에 대한 경험적 인식이 이론적 진술의 논리구조에 따라 배열될 수 있을 때 확보된다. 즉, 경험적

---

4 견고한 유리스틱과 다수의 추종자들을 확보함으로써 과학적·사회적 권위와 영향력을 광범위하게 인정받고 있는 과학체계로서, 풀러(Fuller 2000, 45)가 "거대과학(big science)"이라 지칭한 주류(主流) 과학체계.

인식은 비단 관측진술 뿐만 아니라 이론적 진술을 입증하기 위한 경험적 근거로서 수용될 수 있도록 이론적 진술의 제시구도에 맞추어 조형된다. 이처럼 경험적 인식이 경험적 근거로 받아들여지기 위해서는 이론적 진술이 수용하고 있는 분석규준에 따라 특정한 형태로 재구성되어야 한다. 이론적 진술의 귀납적 도출이나 도출된 이론적 진술의 연역적 재입증은 그에 상응하는 관측진술을 지속적으로 제시하기 위한 경험적 근거의 방법론적 조형, 곧 분석규준에 따른 선험적 조형구도의 적용을 요구하기 때문이다. 바로 그러한 측면에서 경험적 근거의 조형은 연구 프로그램을 수호하기 위해 분석규준의 엄정한 준수를 유인하는 과학패권의 과학적, 탈과학적 역동에 따라 강한 방법론적 억압성과 폐쇄성을 나타낼 수밖에 없다.

제4장 「**사회과학적 개념의 방법론적 경직성: 국소성과 맥락성의 의도적 훼손**」은 사회과학적 개념의 변용(變容)을 앞서 논의한 경험적 근거의 선험적 조형과 마찬가지로 방법론적 정합성을 유도하기 위한 과학정치의 소산으로 보고 있다. 즉, 주로 교차사례연구(cross–case analysis)에서 탐지되는 개념의 변용은 원형적 개념이 상정하고 있는 파생적 지칭성(derivative indication)과 연구대상이 노정하는 특정 국면 간의 부분적 상응성을 근거로 본질적 지칭성(essential indication)의 적용가능성을 강변하는 양상을 취한다. 이러한 변용은 동일한 개념으로 구성된 통칙들의 상호축적성을 보장하기 위해서는 사용 개념의 체계적 함의(systematic import), 곧 호환성을 반드시 확보해야 한다는 방법론적 협약의 습성적 수용이 야기한 결과라고 볼 수 있다. 따라서 분석규준에 대한 획일적 순응이

연구전통을 수호하고 유지하기 위한 지식사회학적 요건이자 과학정치의 전형적 징후라면, 기존의 분석규준을 존중하는 가운데 개념의 변용을 피할 수 있는 한 가지 전략은 개념지형(conceptual map)을 새롭게 구축하는 것이다. 이를 위해서는 원형적 개념의 적용한계를 재확인하는 동시에 원형적 개념의 지칭성으로부터 일탈하는 '비정상성'을 탐색하여 그러한 일탈속성을 새로운 집합개념으로 지칭할 수 있는 독립적 군락속성으로 분류해야 한다. 이처럼 새로운 개념지형의 구축작업은 인증된 분석규준과 개념의 무의식적 관용(慣用)에 대한 자기파괴적이자 창조적인 성찰을 촉구함으로써 사회과학의 개념적 진보를 추동할 것으로 기대된다.

마지막으로 제5장 「**사회과학적 일반화에 있어서 연구사례의 일탈성: 판정맥락과 척도에 관한 방법론적 성찰**」은 연구사례의 일탈성을 판정하기 위한 척도의 방법론적 임의성을 논의하고 있다. 사회과학연구에 있어서 사례의 일탈성은 서술적·설명적 일반화에 걸쳐 중층적으로 판정된다. 즉, 서술적 일반화 과정에서는 서술기제로서의 개념이 지닌 지칭성 또는 개념 간의 관계형상에 대한 진술구조의 구획을 벗어나는 사례들이 일탈사례로 간주된다. 또한 설명적 일반화의 경우에는 설명항에 입각한 연역적 논증의 귀결이 되지 않는 사례, 곧 설명의 실패사례가 일탈사례로 판정되나, 설명항 자체의 도출을 지향한 귀납적 추론에 있어서는 일탈성이 상정될 수 없다. 왜냐하면 애당초 귀납사례들이 추론의 논리적 요건을 충족할 수 있도록 방법론적·기법적으로 조율되기 때문이다. 이처럼 일반화에 동원되는 사례들의 일탈성과 정상성(正常性)은 서술 및 설명의 규준을 제공하는 분석규준에 비추어 상대적으로 판정되며, 서술의 불가피한 개방성과 설명항의 잠재적 설명력으로 인해 한시성을 노정한다. 따라서 사례의 일탈성은 본질적으로 특정한 분석규준의 적용불가능성을 지칭하며, 연구자의 의도에 따라 부각되거나 소거된다. 이러한 맥락에서 사례의 일탈성은 방법론적 임의성이며, 분석규준과 협약의 대체에 따라 정상성으로 전환될 수 있는 가능성을 함축하고 있다고 볼 수 있다.

요컨대 제1부에 실린 다섯 편의 글은 모두 과학적 연구에 개입하는 탈과학적 인자들을 추적하고 있으며, 그러한 인자들의 작동양상에 대한 정치학자들의 분명한 인식이 정치학을 방법론적 정합성과 창조적 사유의 균형이 확보된 '열린 과학', 정치세계를 논리적·경험적으로 재구성할 수 있는 시각과 구도의 개방성이 보장된 '자유로운 과학'으로 재정립할 수 있는 길을 열어준다고 보고 있다. 열린 정치학, 자유로운 정치학은 과학패권에 따른 분석시각의 억압과 배제가 아니라 포용의 정치학인 것이다.

참고문헌

Fuller, S. 2000. *The Governance of Science*. Buckingham and Philadelphia: Open University Press.

Kuhn, T. 1970. *The Structure of Scientific Revolutions*. Chicago: University of Chicago Press.

________. 1977. *The Essential Tension: Selected Studies in Scientific Tradition and Change*. Chicago and London: University of Chicago Press.

Lakatos, I. 1986. *The Methodology of Scientific Research Programmes*. London: Cambridge University Press.

Margolis, H. 1993. *Paradigms and Barriers: How Habits of Mind Govern Scientific Beliefs*. Chicago: University of Chicago Press.

제1장 집단사고로서의 연구방법론: 과학적 지식의 탈과학적 구성경로*

1. 서론: 과학행위의 사회성, 인지습성과 지식생산의 규격화

역사적으로 과학사회가 노정해 온 가장 두드러진 특징은 과학행위의 패권적 제어에 따른 지식생산의 규격화라고 볼 수 있다. 즉, '정당한 과학'의 분석규준을 제공하는 강력한 연구 프로그램(research programme)[1]이 생성되어 지식생산의 인지적·절차적 정향을 엄격히 통제

---

* 2013년 12월 31일 발간된 『21세기 정치학회보』(21세기 정치학회) 제23집 3호에 게재된 논문을 수정·보완한 것임.

1 이 글에서는 라카토시가 언급한 연구 프로그램을 라우든(Laudan 1977)이 지칭한 연

해 왔으며, 이에 따라 과학행위는 "강한 과학(strong science)[2]"의 거버넌스 기제[3] 속에서 반복적으로 전개되는 문화적 제식(制式)의 성격을 갖게 된 것이다.

> …오늘날 지식은 '문화'로서 받아들여지고 또 논의되어야 한다. 〔왜냐하면〕 다양한 유형의 지식들이 전달하고 표상하는 바는 그 사회적 의미이기 때문이다…인간의 모든 정신적 산물은 사회적으로 "결정(determined)"되고, 또 인간이 경험하는 모든 대상들은 사회적 세계의 지적, 도덕적인 판단과 언어적 소통방식에 따라 선별되고, 정리되며, 값이 매겨진다…[4]

요컨대 과학행위는 본질적으로 "인식의 사회성(McCarthy 1996, 1)"[5]을 반영하기 때문에 그 소산으로서의 과학적 지식 역시 사회성을 획득하게 마련이다. 그리고 모든 사회적 행위가 정치적 패권질서에 상응하여 조성되는 것과 마찬가지로, 과학행위 역시 패권순응적 성격을 노정한

구전통(research tradition) 내지 쿤(Kuhn 1970, 1977)의 패러다임(paradigm)과 본질적으로 동일한 과학적 분석규준 및 협약의 체계로 취급하기로 한다.

2 견고한 분석규준(유리스틱)과 수많은 추종자들을 확보함으로써 과학사회 내외에 걸쳐 그 권위와 영향력이 광범위하게 수용되는 과학체계. Fuller(2000), 45.

3 과학사회 내에서 지식생산의 패권적 제어를 위한 거버넌스 네트워크가 구축되는 경로에 관해서는 김웅진(2009), 45-66 참조.

4 McCarthy(1996), 1-2. [ ] 속의 말은 이 글의 필자가 이해를 돕기 위해 삽입한 것임.

5 "mind's sociality."

다. 다시 말해서, 과학사회 내에서 패권을 장악한 "핵심세력(core set)"[6]이 제안한 유리스틱(heuristic)[7]의 수용여부에 따라 지식생산행위의 타당성과 적실성, 곧 '과학성'이 판정된다. 존슨(Johnson 1996, 208)의 견해를 인용하면,

> …과학이란 환경에 따라 주어진 목적과 가치가 내재되어 있는 사회적 행위이다…사회적 행위로서의 과학은 특정한 유형의 〔지식생산〕행위와 연구를 조장하기도 하고 억제하기도 한다. 요컨대 과학체계는 공간적, 시간적으로 그 세부적인 모습이 바뀐다…과학자들은 어디까지나 사회제도의 테두리 속에서 행동한다. 따라서 그들의 행동과 행동을 제어하는 기제들은 사회적, 윤리적, 정치적인 시각에서 평가되어야 한다…

이처럼 지식생산행위를 규제하는 과학패권에 관한 국내의 정치학 연구로는 연구방법론을 중심으로 전개되는 "과학정치(politics of science)"의 역동을 추적한 김웅진(2001, 2005, 2009)의 과학철학적·방법론적 담론, 지식의 유통에 따른 권력배분구도("지배–피지배 구도")의 형성경로를 해

---

6 과학사회 내에서 연구문제와 그 풀이방식으로서의 분석규준을 창출하고 그에 기반을 둔 과학행위의 네트워크를 관장함으로써 지식생산을 패권적으로 통제하는 소규모 지배집단. Brown(1988), 101–106.

7 "강력한 문제풀이 기제(a powerful problem–solving machinery)", 곧 특정한 과학체계(연구 프로그램) 내에서 적실성과 정당성을 광범위하게 인정받고 있는 분석규준과 절차. Lakatos(1986), 4–6. 여기에서는 연구방법론(research methodology)을 포괄적으로 정의하여 유리스틱과 동일한 것으로 간주한다.

체한 홍성민(2008)의 지식사회학적 논의, "서구중심주의"의 교조화, 즉 서구적 시각의 보편성과 수월성을 무비판적으로 수용함으로써 야기되는 문제의식의 왜곡된 내면화를 지적한 강정인(2004)의 철학적 성찰 등을 들 수 있다. 그런데 이들은 모두 규격화된 과학행위, 곧 정상과학적(normal scientific) 지식생산을 추동하는 과학 거버넌스에 논의의 초점을 제한하고 있다. 즉, 과학사회 내에서 지식생산의 제어기제가 구축되고 작동되는 양상에 관해서는 비교적 면밀한 분석이 이루어진 반면, 지식생산의 주체인 개별 과학자 내지 과학자 집단으로 하여금 이와 같은 사회적 제어에 적극적으로 순응하도록 유도하는 심리적 역동은 집중적으로 논의되지 않았다고 볼 수 있다.

지식생산의 규격화는 널리 인증된 유리스틱의 배타적·반복적 수용을 야기하는 "인지습성(habits of mind)"에서 비롯된다(Margolis 1993, 23). 즉, 어떤 유리스틱의 과학적 적실성에 대한 개별적이자 동시에 집단적인 확신과 더불어, 과학사회의 모든 구성원이 그러한 유리스틱을 획일적으로 준수하리라는 상호신뢰에 바탕을 둔 결속력(group cohesiveness)이 지식생산절차의 답습, 곧 인지습성을 야기한다고 말할 수 있다(김웅진 2009, 31–32). 이 글은 방법론적 측면에서 이러한 인지습성의 형성과 확산을 초래하는 과학집단의 심리적 역동을 "집단사고(groupthink)"의 측면에서 추적한다. 이처럼 과학자들의 인지습성을 집단사고의 소산으로 간주하는 이유는 모든 과학행위가 과학사회, 더 나아가 과학사회가 속한 정치사회의 고유한 문화적 규준에 대한 집단적 해석을 필연적으로 반영하기 때문이다. 다시 말해서, 과학행위는 고유한 문화적 규준에 입각한 행위와 사고의 체계를 역시 특정한 방식으로 수용하려는 최빈치적(modal) 성향을 반영한다고 볼 수 있다.

> …과학〔행위〕의 절차와 산물은 다른 문화적 산물과 마찬가지로 상황 종속적 해석에 입각한 사회적 행위(interpretative social acts)의 소산이다…과학자들의 행위가…〔과학사회 내에서 수용되고 있는〕 보편적〔객관적〕 규준에 의해 제어된다고 볼 수는 없다. 과학행위의 제도화된 규준들은 사회를 구성하기 위한 여러 가지 〔절차적〕 레퍼토리의 일부일 뿐이며, 과학자들은 이들을 〔그들이 생산한〕 전문지식의 〔사회적〕 수용을 유도하기 위한 협상의 자원으로 사용할 뿐이다…(Mulkay 2009, 95)

2. 방법론적 집단사고: 합의와 순응의 심리적 역동

집단사고는 강한 응집력을 견지하고 있는 집단의 의사결정과정에서 견해의 융합과 일치에 도달하려는 심리적 집단역동(group dynamics)[8]을 지칭한다(Janis 1972, 9; 권기성·오창택 2010, 57). 이러한 역동은 고위 국가정책 결정집단이나 과학집단처럼 고도의 전문성을 지닌 집단 내에서도 전개되어, 상호결속을 강화하려는 욕구가 목표달성을 위해 제시된 대안

8 집단구성원들의 "과제적 상호작용(task interaction)"과 "사회정서적(관계적) 상호작용(relationship interaction)"이 개별 구성원의 사고와 행위뿐 아니라 집단 자체의 작동양상을 결정하는 역동적 과정. Forsyth(1990), 2-23 참조.

의 객관적 평가를 저해하는 비합리적 상황을 야기하는 것으로 알려져 있다. 물론 집단사고는 집단 내 의사소통구조의 폐쇄성과 개방성, 행동 규준의 경직성과 유연성, 지도자를 정점으로 형성되는 위계질서의 항상성과 가변성, 기능적 분화양상 등 의사결정의 구조적·절차적 조건뿐 아니라 구성원들 간의 기능적·정서적(귀속적) 연대와 상호경쟁성의 수준에 따라 다양한 징후를 나타낸다.[9] 본 논문에서는 그러한 징후들 가운데 ① 자율검열, ② 만장일치의 환상, ③ 불패의 환상이라는 세 가지 측면에 초점을 맞추어[10], 과학사회 내에서 방법론 집단사고(methodological groupthink)가 형성되는 경로와 그 파급효과가 지식생산과정에 반영되는 양상을 추적해 보기로 한다.

(1) 자율검열: 자제의 규범화

연구방법론의 선택과 운용에 있어서 노정되는 과학자들의 집단사고는 우선 자율검열(self—censorship), 곧 그들이 속한 과학사회가 견지하고 있는 연구방법론(유리스틱)의 타당성에 대한 의문의 표명이나 반론 제기를 최대한 자제하려는 개별 과학자들의 심리적 욕구로부터 비롯되며,

---

9 집단역동에 영향을 주는 일반적 조건과 인자들에 관해서는 Forsyth(1990), 권기성·오창택(2010), 129-132 참조.

10 재니스(Janis 1972, 197-198)는 집단사고의 징후로서 이러한 네 가지에 더해 "집단의 본연적 도덕성에 대한 맹목적 확신(unquestioned belief in the group's inherent morality)", "적에 대한 고정관념(stereotyped views of enemy)", "독단적 정신경비원의 출현(emergence of self-appointed mindguards)" 등 총 여덟 가지를 제시하고 있다.

주어진 지식생산절차에 대한 순응성을 강화함으로써 과학집단의 조직적 결속력을 증대시키는 효과를 낳는다. 이러한 역동은 애당초 적극적 순응을 통한 과학적·과학외적 보상의 극대화와 일탈에 따른 제재의 극소화(소극적 회피)라는 개별 과학자들의 합목적적 선택으로부터 추동된다. 김웅진(2009, 73–74)에 따르면,

> …과학자들의 "정치적·과학적 순응성"은 지식생산과정에 있어서 사회적으로 인증된 유리스틱으로의 수렴과 회귀, 곧 "과학행위의 동질화(homogenization of scientific enterprise)"로서 표출된다. 즉, 개별 과학자 혹은 과학자 집단은 "강한 과학"이 견지하고 있는 유리스틱을 적극적으로 수용함으로써 그에 수반된 실익을 획득하려는 합리적 선택을 내린다. 이러한 선택은 크게 두 가지 목적을 갖고 있는데, 첫 번째는 실익교환의 장으로의 공식적 진입을 위한 기회의 획득이며, 두 번째는 과학행위를 편안하게 수행할 수 있는 상황적 여건의 확보, 곧 과학적 대세로의 편승이 보장해 주는 안전장치의 모색이다. 이처럼 "강한 과학"은 그에 대한 순응의 대가로서 지식생산행위를 과학적·사회적으로 보호하는 방패(shield)를 제공하기 때문에, 추종자들은 인지습성에 함몰됨으로써 과학행위의 상호동화에 따른 결속성과 통합성을 나타내게 된다…

이와 같은 상호동화의 역동 속에서 자율검열이 전개되면 자제와 합의추구(concurrence–seeking)의 습성화가 이루어져 모든 회의(懷疑)와 반론의 근거를 제거하거나 무시하는 비합리적 정향이 구축된다. 즉, 지식

생산과정에서 특정한 유리스틱을 수용하기로 한 최초의 전략적 선택이 합리적이고도 불가피한 것이었다는 자기효능감(self-efficacy)[11]이 거부가 필연적으로 수반하게 될 심리적 압박감을 사전에 제거하려는 방어적 회피(defensive avoidance)의 역동(Maddux and Rogers 1983)에 따라 강화된다. 이정희(2005, 21–22)의 견해를 인용하면,

> …심리적 스트레스의 효과는 행동책략을 변경할 때와 그대로 지속할 때 위험부담이 모두 큰 경우에 나타나는데, 이 경우 정책결정자는 스스로에게 자문하여 현재 생각하는 것보다 더 좋은 해결책이 나타날 수 없다고 인지하는 방어적인 회피를 취하게 될 것이다. 방어적인 회피에는 지연, 책임전가, 보강 등이 있다. 결정을 연기할 수 있을 때에는 회피를, 그렇지 않을 때에는 책임전가 혹은 보강 쪽으로 향하게 될 가능성이 높다. 이 중 보강은 선택적인 관심과 왜곡된 정보처리에 의하여 스트레스를 최소화하는 방법으로서, 가용한 대안 중 가장 매력적인 대안의 유리한 측면을 과장하거나, 나쁜 결과에 대한 태도를 부인하려는 것 등이 이에 속한다…

다시 말해서, 과학집단의 구성원 대다수가 타당성을 인정하고 있거나 과학패권을 장악한 핵심세력[12]이 제안한 유리스틱에 대해 의문을 제

11 "자기효능감"은 자신이 부과된 작업을 수행하거나 목표를 달성함에 필요한 능력을 충분히 갖고 있다는 신념을 지칭함. Bandura(1977).

12 각주 6) 재참조.

기했을 때 경험하게 될 것이 명백한 동료들과의 대립, 이탈에 따른 불이익, 배제와 소외로 인한 심리적 압박감을 회피하려는 심리적 역동이 자연스럽게 진행된다. 요컨대 과학자들은 "보강", 곧 방어적 회피를 통해 과학사회가 채택한 유리스틱의 정당성에 대한 회의를 스스로 제어함으로써 연구전통[13] 자체에 대한 과학적 저항을 터무니없거나 비윤리적인 행위로, 순응과 동의를 덕목으로 간주하는 교조적 의식에 점차 함몰된다. 이러한 교조적 의식에 따라 연구전통에 대한 헌신이야말로 과학사회의 일원으로서 반드시 준수해야 할 규범이라는 집단사고가 형성되어, 정연하고도 강고한 과학체계, 지식생산의 조직적 기반이 구축된다고 볼 수 있다.

자율검열은 쿤(Kuhn 1977, 227)이 과학적 시각의 전환을 추동하는 핵심인자로 제시한 "본연적 긴장(essential tension)"[14]의 생성을 저해하여 특정한 연구전통을 폐쇄적·억압적 정상과학으로 부상시킨다. 자율검열이 진행되면 될수록 유리스틱(보다 넓게는 패러다임이나 연구전통)의 설명범주를 벗어나는 일탈사례(anomaly)의 '사소함'이 부각되고, 이에 따라 "무엇인가 잘못되었다"(Kuhn 1977, 235)[15]는 의구심이 제어되는 금기(禁忌)의 과학적 제례(祭禮)가 형성되기 때문이다. 바꾸어 말해서, 어떤 연구전통과

13 즉, 그러한 유리스틱을 제공한 연구전통.

14 정상과학 속에서 유리스틱의 반복답습이 야기하는 지루함과 회의, 또는 일탈사례와의 조우로 인해 자연스럽게 생성되는 전통적 시각(세계관)과 대항적 시각 사이의 불가피한 긴장을 지칭함.

15 "Something has gone wrong with existing knowledges and belief."

그것이 견지하고 있는 유리스틱을 성화(聖化)하기 위해 논리적 무한회귀(infinite regression)의 억설이 수용되는 탈과학적 과학행위가 전개된다. 어떤 일탈사례가 "하찮은(trivial)" 것(Kuhn 1977, 236)이라는 판정을 어떻게 내릴 수 있는가? 적절한 유리스틱을 적용해 보면 된다. 그렇다면 과연 그 유리스틱이 하찮음을 판정하는데 합당한 분석기제인가? 하찮음을 제대로 판정하기 때문에 그렇게 볼 수 있다는 것이다. 이처럼 자율검열은 과학자들로 하여금 자신이 소속된 과학체계(연구전통)에 "현상을 특정한 방식으로 인지하는 특권"(Kitcher 2001, xii)[16]을 부여하고, 그러한 방법론적 패권에 순응함으로써 지식생산의 규격화에 적극적으로 가담하도록 만드는 대표적 집단사고의 징후 가운데 하나라고 볼 수 있다.

(2) 만장일치의 환상: 과학적 패권에 대한 "다리 놓기"

만장일치의 환상(illusion of unanimity)은 목표달성을 위한 대안의 논의과정에서 '침묵이 곧 동의'를 의미하리라는 불확실한 기대를 지칭한다(Janis 1972, 38–39). 이와 같은 환상이 과학집단 내에 조성된다면 지식생산을 위한 유리스틱을 선정함에 있어서 다수의 견해에 대한 잠재적 반론의 제기가 불가능할 뿐 아니라, 선정된 유리스틱의 문제점을 해결하기 위한 대안을 모색함에 있어서도 논의의 맥락이 폐쇄되어 버린다. 즉, 논의의 맥락이 집단구성원 대다수가 선호하는 대안으로 수렴되고, 그

16 "privileged way of conceptualizing nature."

러한 대안의 적실성에 대한 재평가가 회피되며, 배제된 대안들의 재검토 역시 이루어지지 못함에 따라 모든 견해의 적실성이 만장일치를 지향한 집단역동을 훼손하지 않는 경우에 한해 인정된다. 예로서 경험과학연구에 흔히 적용되는 회귀분석(regression analysis)에 관한 논의는 회귀분석의 논리를 뒷받침하는 방법론적 협약, 곧 부수변이(concomitant variation)의 계량통계적 근거를 통해 인과관계를 추론한다는 협약의 타당성에 대한 합의가 이미 조성되었거나 곧 조성되리라는 만장일치의 환상을 탈피하기 어렵다. 이러한 측면에서 어떤 연구전통 내에서 이루어지는 방법론적 진보는 단선적 진보(unilinear progress)의 성격을 갖게 마련이다.

집단 내에서 만장일치의 환상을 추동하는 핵심적 기제는 구성원들의 연대망(連帶網), 특히 지도자(핵심세력)와 구성원(추종자) 사이에 형성되는 제도적·기능적, 귀속적·정서적 네트워크라고 말할 수 있다. 이러한 네트워크가 과학집단 속에 구축될 경우, 핵심세력의 패권이 더욱 공고화되어 그들이 제안한 유리스틱에 대한 획일적 수용을 강요한다. 즉, 구성원들 간의 긴밀하고도 조밀한 연대에 기반을 둔 강한 과학[17] 속에서는 유리스틱의 과학적 적실성에 대한 만장일치의 역동이 앞서 논의한 자율검열의 역동과 어우러져 지식생산의 패권적 제어를 더욱 용이하게 만든다. 김웅진(2009, 85)은 만장일치의 환상을 생성하는 연대기제가 과학자들의 전략적 "다리 놓기(bridging)"를 통해 구축된다고 주장

---

17 각주 2) 재참조.

한다.

> …"강한 과학"의 구성원들은 유리스틱에 대한 습성적 추종성을 획일적으로 나타내며, 지식생산행위 역시 혁신성이라기보다는 보수성, 창조성이라기보다는 답습성을 표출한다. 바꾸어 말해서, 과학자들은 안전한 지식생산환경과 유리스틱에 대한 순응성을 교환하는 과학적 교환(scientific exchange), 그리고 사회적 효용성을 지닌 과학적 지식과 연구에 대한 후원을 교환하는 정치적 교환(political exchange)이라는 이중적 교환 구조 속에서 끊임없이 〔과학사회의 패권세력 혹은 사회적 후원세력과의〕 '다리 놓기'를 시도한다. 이에 따라 과학행위는 실익확보를 위한 정치적 전략의 성격을 필연적으로 나타내게 되는 것이다…

이러한 맥락에서, 집단 내 권력배분양상, 곧 패권의 제도적 배열이야말로 만장일치의 환상을 조성함에 있어서 결정적 영향력을 행사한다고 볼 수 있다(이정희 2005, 264). 대안의 제시와 논의과정에서 행사되는 각 집단구성원의 상대적 영향력이 제도적 위계에 따라 불평등하게 배분될 때 만장일치의 환상이 더욱 확대되기 때문이다. 다시 말해서, 각 구성원의 견해가 지위의 수직적 위계에 상응하여 지속적으로 재조정되는 과정 속에서 지도자의 견해를 지향한 수렴이 가속화된다. 예를 들어 연구 프로젝트의 수행과정에서 연구팀장이 행사하는 보상권력(reward power)[18]에 호소해 실익을 획득하려는 연구원들은 적절한 연구방법론의 선정에 관한 연구팀장의 '주도적' 견해에 적극 동조하는 한편, 동의나 반대를 명확히 표명하지 않는 연구원들 역시 실익지향적 "다리 놓기"의 한 전략으로서 침묵을 택했을 뿐이라고 믿게 된다. 즉, 이들은 침묵을 합목적적·전략적 동의의 암시 내지는 소극적 표명으로 오인하는 만장일치의 환상에 노출된다. 요컨대 집단지도자가 행사할 수 있는 보상권력이 클수록, 그리고 집단 내 권력배분양상이 나타내는 위계적 성격이 클수록 만장일치의 환상이 조성될 가능성이 커진다.

"대리인 의식(agentic state)"[19] 역시 집단 내 견해의 수렴현상과 만장일치의 환상을 야기한다고 볼 수 있다. 밀그럼(Milgram 1974, 145–146)에 따르면, 엄격한 권력위계를 견지하고 있는 집단의 구성원은 자신이 집단 내에서 표명한 견해와 취한 행동에 대해 개인적 책임을 느끼지 않는다. 자신을 집단지도자가 지닌 권력의 대행자로 여김으로써, 비록 지도자에게 복종할 책임은 있다 해도 지도자의 지시에 따라 취한 행위나 수용한 견해에 대해서는 책임질 필요가 없다는 의식을 갖기 때문이다.[20] 이러한 대리인 의식은 당연히 지도자의 제안과 견해를 획일적으로 수용한 만장일치의 환상을 유도한다. 포사이스(D. Forsyth)의 주장을 인용하면,

18 보상권력(보상능력)은 긍정적 혹은 부정적 보상을 통해 일정한 반응을 유도하는 능력을 지칭하며, 권력보유자가 추종자들에게 배분할 수 있는 자원의 규모와 추종자들로부터 받고 있는 신뢰의 수준에 따라 그 심도가 결정된다. Forsyth(1990), 209.

19 혹은 "대리인 상태."

20 즉, 자신의 행위를 어디까지나 지시에 따른 행위, 지도자가 위탁한 행위로 간주하게 된다.

> …영향력의 표적이 되는 사람들은 권위자의 요구에 단순히 따라가는 것으로 시작하지만 시간이 지남에 따라…동일시와 내면화를 경험한다. 집단성원들이 권위자와 동일시하거나 권위자의 요구를 내면화하게 되면…복종은 상황의 구속력에 의해서라기보다는…개인적 신념을 반영하여 나타나게 된다…(포사이스 2008, 343)

한편 논의의 완만한 진행으로 인한 심리적·신체적 피로, 권태, 무관심이나 소극적 저항에서 비롯된 침묵 역시 만장일치의 징후로 오인될 가능성이 매우 높고, 결정의 시급성 역시 만장일치의 환상을 가져오는 또 하나의 유인으로 작용한다. 즉, 신속한 결정을 요구하는 위기상황은 어떤 대안이 가져올 수 있는 부정적 결과에 대한 책임을 회피하기 위한 방편으로서 침묵을 야기하는 경우가 많다.

여기에서 침묵이 집단구성원 간의 귀속적 연대, 곧 정서적 상호신뢰의 표징으로 받아들여질 수 있다는 점에 주목할 필요가 있다. 보다 구체적으로, 반론제기가 친밀한 동료의 마음을 상하게 함으로써 상호신뢰를 훼손할 가능성이 있는 것이라면 반드시 제어되어야 한다는 심리적 집단역동이 침묵을 낳을 수 있다. 이는 동일한 귀속적 배경을 지닌 구성원들로 이루어진 집단이 그렇지 않은 집단에 비해 동의를 이끌어내는 속도가 훨씬 빠를 뿐 아니라, 침묵을 집단 멤버십의 유지수단으로 사용하는 경우가 많다는 사실로도 추측할 수 있다. 예컨대 동문(同門)들로 구성된 연구팀이나 동창회처럼 상호귀속성의 심도가 크고, 따라서 공고한 집단신뢰의 기반을 견지하고 있는 집단, 곧 앞서 언급한 귀속적·정서적 네트워크가 효율적으로 작동하고 있는 집단 속에서의 침묵은 비록 이견의 소극적 표현방식이라 해도 집단 자체, 혹은 집단구성원들에 대한 귀속적 신뢰 내지는 존중을 함의한다. 바꾸어 말해서, 침묵은 견해가 다를지라도 동료로서의 집단구성원들을 정서적으로 신뢰하며, 따라서 집단으로부터 이탈하기 않겠다는 의사의 우회적 표현수단인 것이다. 이처럼 "일체감에 근거한 신뢰"(Shapiro, et al. 1992)[21]야말로 집단의 결속력을 강화하는 이면적 심리기제이며, 특히 높은 수준의 정서지능(emotional intelligence)[22]을 가진 집단지도자가 집단구성원 간의 정서적 연대를 적극적으로 조장할 경우 더욱 효율적으로 작동함으로써 만장일치의 환상을 초래한다고 볼 수 있다.

(3) 불패의 환상: 과학적 교조의 형성

불패의 환상(illusion of invulnerability)은 문제해결을 위해 선택된 대안이 가져올 수 있는 위험을 과소평가하도록 유도하는 집단역동으로서, 위기상황 속에서 "무한한 자신감(unlimited confidence)"과 지나친 낙관을

21 "Identity-based trust." 개인 간, 집단 간 상호신뢰의 유형은 "제제에 근거한 신뢰(deterrence-based trust)", "지식에 근거한 신뢰(knowledge-based trust)"와 "일체감에 근거한 신뢰"로 구분될 수 있다. Shapiro, et al.(1992), 365-377.

22 "정서를 정확하게 지각하고, 의사결정 시 정서에 대한 정보를 사용하고, 자신과 타인의 정서반응을 감시하고 통제하는 능력에 대한 사회적 지능의 구성성분." 포사이스(2008), 461 참조.

조성하는 집단사고의 대표적 유형이다(Janis 1972, 30). 불패의 환상은 이미 논의한 자율검열 또는 만장일치의 환상과 더불어 집단구성원 다수가 선호하는 대안의 맥락을 벗어난 견해 표명을 억제할 뿐 아니라, 불리한 정보의 평가절하와 선별적 배제를 야기한다. 이러한 환상은 "교조적 훈육의 희생자(a victim of indoctrination)"들로 이루어진 정상과학집단 속에서도 명백히 드러난다(Popper 1970, 53). 즉, 불패의 환상이야말로 정상과학의 가장 두드러진 특징이라고 볼 수 있다. 정상과학의 구성원들은 견지하고 있는 패러다임, 곧 세계관, 문제의식과 유리스틱의 수월성에 대한 과도한 확신으로 말미암아 "대안적 시각을 거부하는 과학적 쇼비니즘"(Feyerabend 1993, 33)에 함몰되기 쉽다. 포퍼(Popper 1999, 42)가 지적한 "광적 신념(fanatical belief)", 인식의 확정성에 대한 도그마가 정상과학 속에서 불패의 환상을 낳게 되는 것이다.

불패의 환상에 빠진 과학자들은 유리스틱(패러다임)이 당면한 위기상황을 결코 탐지할 수 없다. 이들은 설정된 연구영역 내에서는 설명할 수 없는 것이 전혀 없고, 따라서 '무엇이든 설명할 수 있다'는 집단사고에 빠져 "정설(定說)은 곧 죽은 지식의 표징"이라는 사실을 깨닫지 못한다(Popper 1994, 34). 왜냐하면 유리스틱에 치명적 타격을 주는 심각한 설명실패 사례에 관한 정보를 그릇된 정보, 쓸데없는 정보, 사소한 정보로 치부하는 "독단적 정신경비원(self—appointed mindguards)"[23]의 역할

---

23 집단의 의사결정과정에서 선택된 대안의 효율성과 도덕성을 훼손하는 정보의 유입을 적극적으로 차단함으로써 집단의 결정을 적극적으로 보호하려는 구성원을 지칭. Janis(1972), 41-43, 198; 권기성·오창택(2010), 106.

을 충실히 수행하기 때문이다.

이처럼 불패의 환상은 정상과학자들의 자기기만(自己欺滿)을 낳는다. 불패의 환상에 함몰된 정상과학자들은 유리스틱을 보호하기 위해 연구의 영역을 '설명할 수 있는 영역'으로 축소하고, 그렇게 축소된 영역이 바로 과학적 연구의 정당한 영역이라 맹신하는 집단역동에 함몰된다. 즉, 이들은 "실존세계를 다른 방식으로 구성하고, 다르게 말하고, 다르게 받아들일 수 있는"(핸슨 1995, 63) 합리적 인지능력을 갖고 있음에도 불구하고, 집단의 과학적 정체성(scientific identity)과 결속력을 유지하기 위해 이러한 합리성을 스스로 내어버림으로써 자신을 속이는 오류에 빠진다.

그렇다면 과학집단 속에서 불패의 환상과 그에 따른 과학적(방법론적) 전체주의의 형성을 초래하는 집단역동은 무엇으로부터 연원하는가? 불패의 환상 역시 자율검열과 만장일치의 환상과 마찬가지로 서론에서 언급한 인지습성의 소산이라고 말할 수 있다. 방법론의 선택과 운용의 측면에서 조성되는 인지습성의 근원을 "방법론의 성화" 현상에서 찾으려 한 김웅진(1993, 168–169)에 따르면,

> …방법론의 성화란 바로 친화, 그리고 연구절차의 사회화를 통한 습성의 전이(轉移) 및 확산현상을 지칭하는 것이다. 이와 같은 성화현상이 심화되면 될수록 연구방법의 선정은 거의 규범적인 성격마저 갖게 된다. 따라서 규범을 벗어나는 연구방법의 선택(새로운 연구방법의 도입이나 개발)은 정서적, 감성적 반항이나 일탈, 더 심하게는 무지의 소산이라고 간

> 주되며, 그러한 선택행위를 하는 연구자는 범법(犯法) 과학자의 주홍글씨를 받게 된다…

요컨대 과학집단 속에서 조성되는 불패의 환상은 지식생산의 절차적 규범에 입각한 환상, 방법론적 규범의 사회화·내재화가 야기하는 '바람직한 과학행위'의 환상이라고 말할 수 있다. 자신이 속한 과학사회가 견지하고 있는 방법론적 규범은 반드시 준수되어야 하며, 준수하지 않거나 다른 규범에 따른 과학행위에 비해 필연적으로 수월한 결과를 보장해 준다는 집단적 인식이 곧 불패의 환상을 낳는다고 보아야 한다. 모든 규범은 적용되는 사회적 영역에 있어서 '선(virtue)'을 함의하며, 과학행위를 계도하는 방법론적 규범도 마찬가지로 '과학적 선'을 함의한다. 그리고 과학적 선은 결코 '과학적 악'에 패할 수 없다는 '주입된 환상(indoctrinated illusion)'이 곧 불패의 환상인 것이다.

물론 방법론적 규범은 애당초 각 과학자의 개별적 판단, 곧 순응을 통해 과학적·과학외적 실익을 획득하려는 합목적적 판단과 더불어 집단에의 잔류가 보장해 주는 심리적 안정감과 소속감의 추구로 인해 수용되나, 일단 수용되면 당연하고도 자연스러운 행위규준으로 자리 잡게 마련이라는 점에 주목해야 한다. 다시 말해서, 불패의 환상 자체가 하나의 습성으로 고착되어 집단의 과학적 역량(scientific calibre)이 지닌 상대적 수월성에 대한 신조, 유리스틱의 과학적 정당성에 관한 집단적 맹신을 지속적으로 창출한다고 볼 수 있다.

3. 과학체계의 전환: 분절된 집단사고의 역동

이처럼 과학사회 내에서 생성되는 집단사고는 강한 과학체계, 정상과학체계를 안정적으로 유지하는데 필요한 심리적 기반을 제공하는 동시에, 변동과 전환의 에토스를 조성한다는 이율배반적 성격을 갖는다. 다시 말해서, 집단사고는 "〔연구〕전통의 철저한 수용"(Kuhn 1977, 235)을 심리적으로 강요함으로써 분석시각과 절차의 습성화를 야기하나, 바로 그러한 "수렴적·합의종속적(convergent and consensus—bound)" 지식생산행위(Kuhn 1977, 227)[24]를 추동하는 과정에서 전통의 완벽한 이해를 통해 "우상파괴"(Kuhn 1977, 227)를 시도하려는 개인적이자 집단적 욕구를 추동한다. 즉, 집단사고는 과학적 변동의 객관적 조건을 마련하기 위한 주관적(심리적) 조건이라고 볼 수 있다. 포퍼(Popper 1985, 179)가 과학적 진보의 전형적 징후로서 제시한 "옛 연구문제로부터 새로운 연구문제로의 이행(progressing from problems to problems)", 또는 쿤이 과학적 변동의 요건으로 제시한 "본연적 긴장"은 모두 집단사고, 보다 정확히는 분절된 집단사고의 소산인 것이다.

그러나 일단 과학적 변동이 이루어져 새로운 유리스틱, 새로운 세계관이 옛 연구전통을 대체하게 되면 역시 새로운 획일적 집단사고가 형성되어 지식생산을 심리적으로 제어하게 된다. 분석시각과 규준의 전환을 통해 구축된 "다른 세상(Kuhn 1970, 111)"을 당연한 세상으로 받아

---

24 곧 특정한 지식생산절차의 반복답습.

들이도록 하는 인지습성이 집단사고를 통해 고착되는 것이다. 예로서 과학적 발견의 인증에 관한 콜린스(Collins 1985, 18)의 견해를 인용하면,

> …과학자들은 대개 훈련을 통해 획득한 분석의 틀로 사물을 바라보지만 간혹 기존의 분석틀에 잘 들어맞지 않는 것을 만들어내려 시도하기도 한다. 예를 들어 새로운 현상이나 중요한 발견을 뒷받침해 주는 이례적인 자료들을 제시하려 애쓴다. 그러나 〔과학행위에 있어서〕 사적 규칙(private rule)이 없는 것처럼 사적 발견(private discovery)이란 있을 수 없다. 즉, 무엇인가를 발견했다는 주장에 대해 다른 이들이 동의하고, 더 나아가 그것을 당연한 것으로 받아들여야 한다는 점이 가장 중요하다. 즉, 발견이 발견으로 간주되기 위해서는 새로운 공적 규칙, 곧 '〔발견자가 걸어간 길과〕 같은 방향으로 가는 길(going on in the same way)'을 따르는 규칙이 만들어져야 한다…[25]

즉, 과학적 변동의 단초가 되는 발견은 위 인용문에서 언급한 바와 같이 결코 "사적 규칙"에 따라 이루어지는 것이 아니며, 공적 규칙(규준)에 따른 집단적 동의를 획득함으로써 완성된다. 발견 역시 집단사고를 요구한다는 의미이다. 따라서 집단사고에 입각한 동의절차를 성공적으로 통과하지 못한 발견은 결코 연구전통을 혁파하는 변동의 계기가 될 수 없다. 반면 집단적 동의를 받은 발견은 변동의 추동력을 발휘할 수

25 [ ] 속의 말은 이해를 돕기 위해 이 글의 필자가 삽입한 것임.

있으나, 여기에서의 집단은 대부분 대항집단의 성격을 갖는다는 점에 주목해야 한다. 바꾸어 말해서, 어떤 발견이나 발견을 추동한 일탈사례의 과학적 의미에 대한 견해의 상충으로 인해 과학사회 내에서 시각의 균열이 노정되고, 그러한 균열에 따라 분화가 진행되며, 분화된 각 집단 내에 나름대로의 집단사고가 형성됨으로써 쿤이 지칭한 "본연적 긴장"을 초래하게 된다. 분화된 집단들은 자신들이 견지하고 있는 분석시각과 과학적 판단의 상대적 우월성에 대한 신념을 만장일치의 환상이나 불패의 환상이라는 집단사고를 통해 더욱 강화해 나가고, 이들 사이의 힘의 균형이 어떤 방향으로 깨어지느냐, 곧 "본연적 긴장"이 어떻게 조정되느냐에 따라 과학체계가 그대로 유지되거나 새로운 체계로 전환된다. 분절된 집단사고의 대립이 "본연적 긴장"과 그에 따른 과학체계의 변동을 야기하는 것이다.

이처럼 과학적 진보나 과학체계의 변동은 동일한 연구전통 속에서 서로 대립하는 집단의 생성과 그들 사이에 전개되는 경쟁과 갈등, 곧 과학패권의 획득을 지향한 사회적 역동으로 인해 야기된다. 바꾸어 말해서, 실존현상에 관한 과학적 지식의 내역과 의미는 그에 관한 담론, 즉 의사소통의 구조와 맥락에 따라 형성되고 또 전환되는 사회적 산물인 것이다(McCarthy 1996, 20). 과학집단 속에서 전개되는 담론과 의사소통은 특히 정상과학, 혹은 '정통과학(orthodox science)'의 경우 예외 없이 수렴적·통합적 집단사고를 기반으로 하며, 따라서 유리스틱의 유지, 변동과 붕괴, 그리고 그에 따른 연구전통의 변환은 역설적으로 연구대상으로 상정된 실존현상의 사회적 재구성 방식에 관한 획일적 담론의 소산이라고 보아도 무방하다. 이미 알고 있는 익숙한 세계의 모습도, 낯설고 새로운 세계의 모습도 모두 연구전통 내에서 형성되는 집단사고에 따른 사회적 역동이 빚어낸 외화된 집단신념, 정당화된 집단신념의 소산이다. 다시 김웅진(2005, 73–74)을 인용하면,

> …이론적 구성체가 설명과 예측의 지속적 실패(repeated failure)에 당면한다면 그러한 이론적 구성체가 기반을 두고 있는 연구전통의 과학적 위상은 적지 않은 타격을 입게 된다. 그러나 이와 같은 지속적 실패가 과학체계의 변동에 있어서 필요충분조건이 될 수 없다는 사실은 이미 쿤에 의해 지적된 바 있다. 기존의 유리스틱을 통해 설명·예측될 수 없는 "변칙현상(anomaly)"과의 빈번한 조우는 과학체계의 혁명적 전환에 있어서 필요조건일 뿐이다. 변칙현상과의 조우가 연구전통 내에서 새로운 세계관(gestalt)을 모색하는 대항 에토스의 형성을 초래하지 않는다면 설명과 예측의 실패는 과학혁명으로 이어지지 않는다

이러한 "대항 에토스"는 기존 연구전통에 저항하는 집단사고, 즉 새롭게 창출된 유리스틱과 세계관의 과학적 수월성에 대한 집단적 확신과 환상이 없다면 결코 생성될 수 없다.

4. 결론: 교조, 집단사고와 연구전통

방법론적 교조(methodological creed)는 연구전통을 유지함에 있어서 필수불가결한 요건이다. 특정한 세계관을 반영한 유리스틱의 과학적 정당성에 관한 추종자들의 집단적 확신을 유도하지 않고서는 결코 연구전통의 기반을 견고하게 구축할 수 없다. 이러한 집단적 확신은 한편으로는 연구전통의 핵심세력이 제안한 유리스틱의 전폭적 수용에 따른 과학적·과학외적 실익의 극대화, 곧 유리한 실익교환을 지향한 추종자들의 합목적적(합리적) 판단의 소산이지만, 또 한편으로는 그러한 판단의 타당성을 정당화하려는 심리적 역동이 소산이기도 하다. 다시 말해서, 연구전통이 정착되기 위해서는 객관적 조건과 주관적 조건, 상황적 조건과 심리적 조건, 합리적 판단과 환상이 어우러진 방법론적 인지습성의 집단화가 반드시 이루어져야 한다.

연구전통, 특히 유리스틱의 형성과 변동에 관해 지금까지 이루어진 과학철학적·지식사회학적 담론들은 주로 객관적·상황적 조건의 규명에 논의의 맥락을 제한해 왔다고 볼 수 있다. 그러나 연구전통의 생성에 관한 것이든 변동과 전환에 관한 것이든, 객관적 조건은 그러한 조건을 충족시키기 위한 심리적 역동을 요구한다. 비록 포퍼(Popper 1970)가 과학행위의 전개양상을 심리적 측면에서 파악하려는 시각의 위험성을 지적한 바 있으나, 심리적 역동 없는 행위란 애당초 존재하지 않는다. 즉, 과학행위를 포함한 모든 사회적 행위들은 합목적적 의도(purposive intention)와 심리적 성향(psychological disposition)이라는 두 가지 맥락에서 모두 해체되어야 한다.

지금까지 논의한 집단사고는 과학행위를 계도하는 가장 핵심적인 성향으로서, 과학자들로 하여금 자신이 견지하고 있는 유리스틱의 적실성과 타당성에 관한 집단적 확신을 갖게 만드는 심리적 역동의 소산이라고 볼 수 있다. 그런데 이러한 심리적 역동은 자연스럽게 조성되는 것이 아니라 정치적으로 유도된다는 점에 주목해야 한다. 즉, 과학체계의 패권집단(핵심세력)은 바로 이러한 집단사고를 보상과 처벌, 포용과 배제, 기능적이자 귀속적인 연대 등 다양한 기제를 통해 조장함으로써 연구전통에 대한 획일적이자 집단적인 순응을 강요한다. 요컨대 집단사고는 과학사회 내에 형성된 위계적 패권질서를 유지, 재생산하기 위한 기제가 효율적으로 작동함으로써 조성되는 과학정치의 심리적 역동인 것이다.

바로 여기에서 '과학적 자유' 내지는 '과학민주주의'라는 이념적 구호의 문제점이 노정된다. 과연 자유로운 사고, 틀을 벗어난 사고가 과학의 진보를 가져올 수 있는가? 엄정한 규준에 따른 정연하고도 체계적인 지식생산방식과 일탈적 창의성을 동시에 포괄하는 과학행위를 상정할 수 있는가? 과학성이나 과학적 지식이 본질적으로 사회적 산물이라면, 규범적 질서를 갖춘 사회조직으로서의 과학체계를 벗어나 과학적 지식을 생산할 수 있는가? 사회적으로 규정된 과학성을 상실한 지식을 어떻게 받아들일 수 있는가? 보편적으로 인증된 과학적 규준의 수용을 거부한다면 '진정한 과학'과 '사이비 과학'을 어떻게 구분할 수 있는가?

이와 같은 일련의 의문들은 그것이 교조이든 환상이든, 특정한 유리스틱을 선택한 판단이 어떤 위험성을 내포하고 있든, 집단사고가 과학과 비과학을 구획하는 실질적 척도라는 사실을 보여준다. 다시 말해서, 과학의 본연적 이념성과 사회성을 고려할 때 집단사고로 야기되는 환상과 자기확신이야말로 바로 과학성의 표징이라는 지극히 이율배반적 결론에 도달할 수밖에 없다. 과학이 상정하고 있는 세계는 특정한 방식에 따른 의사소통과 담론의 세계, 집단적 신념에 입각해 재구성된 세계, 인지능력의 탁월성에 대한 환상이 끊임없이 지식생산을 추동하는 세계인 것이다. 이러한 맥락에서, "방법론의 신화(Kaplan 1998, 24–27)"를 벗어나 "이념으로부터, 사회로부터, 그리고 과학 자체로부터 과학을 해방"시키기 원한다면 "멋대로 하라(anything goes)"고 강변한 파이어아벤트(Feyerabend 1993, viii, 14)는 비록 과학적 집단사고에 대한 염증을 적절히 표현하는데 성공했다 하더라도, 과학의 본질적 사회성을 극복할 수 있다는 또 다른 환상에 빠져 있었다고 말할 수 있다.

참고문헌

강정인. 2004. 『서구중심주의를 넘어서』. 서울: 아카넷.

권기성·오창택. 2010. 『집단역동성』. 서울·대구: 형설출판사.

김웅진. 1993. "방법론의 이론 종속성과 이론의 방법론 종속성: 연구방법론의 聖化와 지식의 化石化." 『한국정치학회보』 27:1, 165-179.

______. 2001. 『신화와 성화: 과학방법론의 패권정치』. 서울: 전예원.

______. 2005. 『과학헤게모니의 정치적 영상』. 서울: 청목출판사.

______. 2009. 『과학패권과 과학 민주주의, '열린 사회과학'의 모색』. 서울: 서강대학교출판부.

노우드 러셀 핸슨 저. 송진웅·조갑경 역. 1995. 『과학적 발견의 패턴, 과학의 개념적 기초에 대한 탐구』. 서울: 민음사.

도넬슨 포사이스 저. 남기덕 외 역. 2008. 『집단역학』. 서울: 시그마프레스.

이정희. 2005. 『마음의 정치, 현대 정치심리학의 이해』. 서울: 한국외국어대학교출판부.

홍성민. 2008. 『지식과 국제정치』. 서울: 한울.

Bandura, A. 1977. "Self-efficacy: Toward a Unifying Theory of Behavioral Change." *Psychological Review* 84:2, 191-215.

Brown, J. 1988. "The Experimenters' Social Circle." *Philosophy of the Social Sciences* 18:1, 101-106.

Collins, H. 1985. *Changing Order: Replication and Induction in Scientific Practice*. London: Sage.

Feyerabend, P. 1993. *Against Method*. London and New York: Verso.

Forsyth, D. 1990. *Group Dynamics*. Pacific Grove: Brooks/Cole Publishing

Company.

Fuller, S. 2000. *The Governance of Science*. Buckingham and Philadelphia: Open University Press.

Janis, I. 1972. *Victims of Groupthink*. Boston: Houghton Mifflin.

Johnson, D. 1996. "Forbidden Knowledge and Science as Professional Activity." *Monist* 79:2, 197–217.

Kaplan, A. 1988. *The Conduct of Inquiry*. New York: Chandler.

Kitcher, P. 2001. *Science, Truth, and Democracy*. Oxford and New York: Oxford University Press.

Kuhn, T. 1970. *The Structure of Scientific Revolutions*. Chicago: University of Chicago Press.

______. 1977. *The Essential Tension, Selected Studies in Scientific Tradition and Change*. Chicago and London: University of Chicago Press.

Lakatos, I. 1986. *The Methodology of Scientific Research Programmes*. London: Cambridge University Press.

Laudan, L. 1977. *Progress and Its Problems: Towards a Theory of Scientific Growth*. Berkeley. LA. London: University of California Press.

Maddux, J. and R. Rogers. 1983. "Protection Motivation and Self–efficacy: A Revised Theory of Fear Appeals and Attitude Change." *Journal of Experimental Social Psychology* 19:5, 469–479.

Margolis, H. 1993. *Paradigms and Barriers: How Habits of Mind Govern Scientific Beliefs*. Chicago: University of Chicago Press.

McCarthy, E. 1996. *Knowledge as Culture: The New Sociology of Knowledge*. London and New York: Routledge.

Milgram, S. 1974. *Obedience to Authority*. New York: Harper & Row.

Mulkay, M. 2009. "Knowledge and Utility: Implications for the Sociology of

Knowledge." In N. Stehr and V. Meja, eds. *Society & Knowledge: Contemporary Perspectives in the Sociology of Knowledge & Science*, 93–112. New Brunswick and London: Transaction Publishers.

Popper, K. 1970. "Normal Science and Its Dangers." In I. Lakatos and A. Musgrave, eds. *Criticism and the Growth of Knowledge*, 51–58. Cambridge: Cambridge University Press.

________. 1985. "The Growth of Scientific Knowledge." In D. Miller, ed. *Popper Selections*, 171–180. Princeton: Princeton University Press.

________. 1999. *All Life Is Problem Solving*. London and New York: Routledge.

Shapiro, D. L., et al. 1992. "In Theory: Business on a Handshake." *Negotiation Journal* 8, 365–377.

제2장 사회과학지식의 방법론적 인증: 경험적 인식의 선험적 정당화*

…어떻게 존재한다고 가정한 세계를 발견할 수 있는가? 답은 분명하다. 연구전통 속에서는 결코 찾을 수 없다…즉, 완전히 다른 세계를 구성하는 대안적 가정들을 필요로 한다. 우리가 그 속에서 살고 있다고 믿는 실존세계(real world)의 양상을 파악하기 위해서는 "꿈의 세계(dream world)"를 구성해야 한다. 물론 우리가 지금 살고 있다고 믿는 세계 역시 또 다른 꿈의 세계에 불과한 것이겠지만…(Feyerabend 1993, 22)

---

* 2014년 12월 31일 발간된 『국제정치논총』(한국국제정치학회) 제54집 4호에 게재된 논문을 수정·보완한 것임.

1. 서론: 과학적 지식의 인증

과학적 지식의 타당성과 적실성, 곧 '과학성'은 ① 생산경로의 절차적 타당성과 ② 도구적 효용성이라는 두 가지 맥락에서 인증된다. 다시 말해서, 특정한 연구전통(research tradition)[1]이 용인하고 있는 유리스틱(heuristic)[2]을 엄정히 준수하여 생산되었는가에 대한 방법론적 평가와 더불어, 새로운 연구문제 혹은 시각을 상정함으로써 연구대상에 대한 설명(예측)과 해석의 지평을 확장하는데 적합한 분석기제가 될 수 있는가에 관한 효용성 평가를 성공적으로 통과한 지식만이 과학성을 인증받게 된다. 요컨대 과학성은 연구전통이 상정하고 있는 연구문제와 분석규준에 대한 순응성을 지칭하며, 따라서 상대성, 합의지향성과 권위의존성을 필연적으로 노정한다. 이러한 맥락에서, 과학성은 모든 연구전통이 지속적으로 추동하는 집단적 "인지습성(habits of mind)"[3]의 소산이라고 볼 수 있다.

---

1 "연구영역에 있어서의 실체와 과정, 그리고 연구문제를 탐색하고 이론을 구축하는데 사용되는 적절한 방법에 관한 일단의 일반적 가정." 이 글에서는 이러한 라우든(L. Laudan)의 정의에 더해, 사회적 연대의식에 따라 통합, 조직화된 지식생산체계 내지는 과학집단을 포괄적으로 지칭하는 용어로 사용되었으며, 따라서 쿤(T. Kuhn)의 패러다임(paradigm)이나 라카토시(I. Lakatos)의 연구프로그램(research programme)과 거의 동일한 의미를 갖는다. Laudan(1977), 81; Kuhn(1970), 10–11; Lakatos(1986), 1–7 참조.

2 "강력한 문제풀이 기제(a powerful problem–solving machinery)." 즉, 특정한 과학체계(연구프로그램, research programme) 내에서 과학적 적실성과 정당성을 광범위하게 인정받고 있는 분석규준과 협약. Lakatos(1986), 4–6.

3 유리스틱의 적실성에 대한 "견고히 구축된 무식의적 반응(entrenched responses that or-

한편 과학성은 사회과학연구이든 자연과학연구이든 모든 과학적 연구에 있어서 동일한 의미를 갖는다. 즉, 과학성은 다양한 연구대상과 연구전통을 일관하여 적용되는 판정척도, 곧 주어진 연구문제의 목록과 유리스틱의 준수 여부라는 보편적 척도에 따라 그 여부가 판정되기 때문에 경성과학(硬性科學)과 연성과학(軟性科學) 간에 차별성을 나타내지 않는다고 볼 수 있다. 물론 수많은 연구전통이 병존, 경합하고 있는 사회과학연구는 자연과학연구에 비해 과학성의 인증을 위한 척도의 세부적 내역에 있어서 상당한 차이를 보이고 있는 것이 사실이다. 예컨대 생산된 지식의 경험적 근거(empirical evidence)의 이론적·방법론적 위상에 대한 경험과학적 유리스틱과 실재론적 유리스틱은 명백히 구획되며, 연구대상에 관한 서술과 해석의 타당한 맥락을 상정함에 있어서 경험과학적 시각과 의미론적 시각은 역시 괄목할 만한 차이를 보인다.

이 글은 특히 경험적 인식의 선험적 조형을 중심으로 한 (사회)과학적 지식의 인증에 관련된 세 가지의 방법론적, 과학철학적 문제, 곧 경험적 인식의 ① 방법론 조형, ② 심리적 조형, ③ 제도적·정치적 조형이 전개되는 경로와 과정을 과학정치(politics of science)[4]의 역동이라는 맥락에서 추적해 본 후, 마지막으로 이러한 문제들에 관한 보다 세밀하고도 경험적인 후속 연구를 촉진하기 위해 몇 가지의 구체적 담론주제를 제기하는데 목적을 두고 있다. 이와 더불어, 경험적 인식의 제어를 야기

---

dinarily occur without conscious attention)"을 지칭. Margolis(1993), 7-8.

4 과학적 지식생산의 정향과 경로를 제어하는 과학패권의 형성, 배분과 전개과정을 지칭. 김웅진(2009), 13.

하는 과학사회 내외의 구조적·제도적 인자들 가운데 특히 공적 지식생산기구(KMO: Knowledge Management Organization)[5]를 통한 통제양상에 초점을 맞추어, 과학행위의 창의성을 확보할 수 있는 방안을 간략히 제시하는 것으로 결론을 마무리하기로 한다.

과학행위의 정치사회적 제어양상에 관한 구미(歐美)의 거대 담론들은 이미 장기간에 걸쳐 라투르(B. Latour), 부르디외(P. Bourdieu), 풀러(S. Fuller) 등의 정치사회학적, 지식사회학적, 혹은 과학철학적 시각을 통해 다양한 맥락에서 전개되어 왔다.[6] 그러나 우리 정치학계에서는 1980년대 이래 이러한 거대 담론의 핵심 논점이 급속히 소개되어 그 학문적, 실천적 적실성이 거론되었음에도 불구하고 그와 관련된 구체적 논의가 극히 소수의 사례를 제외하고는 거의 이루어지지 않았다고 말할 수 있다. 특히 시간이 흐를수록 기법적 세련성과 다양성이 강화되고 있는 경험과학연구(empirical research)의 경우, 분석규준과 연구절차가 표준화되면서 인식론적·방법론적 경계의식이 점차 희석되어 지식생산행위의 본질에 대한 성찰의 필요성 자체가 부각되지 못하고 있는 실정이다. 예로서 최근 발표된 서지분석에 따르면, 우리 정치학계를 대표하는 학술지 『한국정치학회보』와 『국제정치논총』에 창간 이후 최신호에 이르기까지

5 풀러(S. Fuller)가 사용한 *Knowledge Management Foundation*, 곧 KMF를 수정한 용어. 풀러는 지식생산의 통제뿐만 아니라 생산된 지식의 (경제적) 거래를 주도하는 포괄적 지식운영체를 KMF로 칭하고 있으나, 본 논문은 지식생산행위의 제도적 제어에 논의의 초점을 맞추고 있기 때문에 KMO라는 용어를 채택했다. Fuller(2002) 참조.

6 예컨대 Latour(1987); Bourdieu(1980); Fuller(2000) 등.

게재된 관련 연구는 지식생산과정에서 노정되는 과학패권의 작동양상을 추적한 방법론적·과학철학적 담론 5편과 지식 네트워크의 정치적 성격을 분석한 정치사회학적 연구 1편 등 모두 6편에 불과하다.[7] 요컨대 경험적 인식의 선험적 제어를 포함해 과학행위의 정향과 절차를 통제하는 과학적·탈과학적 패권의 전개과정에 관한 논의는 구미 사회과학계의 경우 '늘 마시던 바로 그 포도주(same old wine)'라고 볼 수 있으나 우리 정치학연구에 있어서는 사실상 불모지에 가깝다.

지식생산행위의 패권적 제어현상이 단지 구미 사회과학연구에 한정된 것이 아니라 우리 사회과학연구, 정치학연구에 있어서도 노정되고 있을 가능성이 높다고 볼 때, 그간 먼지 앉은 선반 위에 얹어두었던 거대 담론의 일반적 논점들을 다시 꺼내 실제 지식생산과정에서 노정되는 구체적 문제들로 세분화하여 재조망해 볼 필요가 있다고 판단된다. 이 글에서 시도하고 있는 방법론적 성찰은 바로 이러한 재조망을 지향하고 있으며, 논의의 전개과정에 포함된 소수의 사례들은 필자의 인식론적· 방법론적 정향에 따라 경험과학적 정치학연구의 사례들이다. 또한 제기된 논지 역시 주로 경험과학적 연구전통 내에서 진행되는 지식생산에 초점을 맞추고 있기 때문에 실재론적 입장이나 의미론적 시각, 비판이론의 시각 등 사회과학의 다양한 연구전통과 경쟁적 유리스틱을 교차하여 적용되기 어렵다는 점을 밝혀둔다.

---

7 이서영·김웅진(2014) 참조.

2. 경험적 인식의 방법론적 조형

경험적 인식은 감각경험(sensory experience)의 조형을 통해 이루어진다. 즉, 감각경험은 특정한 대상에 관해 연구자가 채택한 전관측적(前觀測的, pre-observational) 접근구도에 따라 획득, 조형됨으로써 '정보' 내지는 '자료'로서 지식생산과정에 투입된다. 요컨대 경험적 인식은 과학적 적실성을 담보해 준다고 간주되는 감각경험 매체와 경로[8]의 의도적 선정을 통해 그 조형과정에 있어서 방법론적 선험성을 필연적으로 노정하게 마련이다. 이러한 선험적 조형은 아래와 같은 몇 가지 측면에서 비롯된다.

첫째, 연구자가 수용한 관측의 방법론적 규준과 전략에 따른 선험적 조형을 들 수 있다. 예컨대 경험과학연구에 있어서 인과추론의 필요조건으로 간주되는 작동변인들 간의 항상적 연계(constant conjunctions)와 부수변이(concomitant variation)를 추적하기 위한 감각경험의 계량적 재구성 방식은 경험적 인식의 방법론적 선험성을 필연적으로 야기한다. 본질적으로 개방된 감각경험이 로짓 회귀분석(logistic regressions)과 같이 특정한 인과추론기법의 관측규준에 따라 구축된 자료용기, 곧 종속변인은 범주형 지표, 그리고 설명변인은 연속형 계량지표에 담길 수 있도록 처치됨으로써 방법론적 규준에 따른 선택적 지각(selective perception)[9]의

---

8 혹은 특정한 연구전통 내에서 과학적 적실성이 광범위하게 인정되고 있는 매체와 경로.

9 자신이 견지하고 있는 인지체계, 지식, 가치관에 상응하거나 행위 및 진술에 있어서 자기방어에 유리한 지각정보만을 선택적으로 수용하는 인지의 심리적, 의도적 왜곡

소산이 타당한 연구자료로 수용되는 것이다. 1980년대 말엽 소개된 정성적 비교사회연구방법인 부울 대수(Boolean Algebra)의 관측전략(Ragin 1989) 역시 선택적 지각을 추동하는 또 다른 사례가 될 수 있다. 즉, "변인중심전략(variable—oriented approach)"을 표방하고 있는 부울 대수는 연구대상(종속변인과 설명변인)의 표출양상을 범주형 이항변인의 형태로 구성할 것을 요구하고 있으며, 따라서 이 방법을 적용하는 사회과학자들은 모든 경험적 인식을 이항변인으로 조형할 수밖에 없다. 이는 마치 어떤 형태로든 빚어질 수 있는 모래를 네모꼴의 틀에 넣어 '네모'라 부르거나, 세모꼴의 틀에 부어 '세모'라 여기는 것과 마찬가지이다.

물론 역으로 연구대상에 관한 과학자의 자유로운 관측에 따라 적절한 연구방법이 선정된다고 말할 수도 있다. 그러나 연구방법을 선택하기에 앞서 과연 연구대상을 자유롭게 바라볼 수 있는가? 유리스틱으로부터 완전히 일탈한 과학자를 상정할 수 있는가? 모든 연구전통의 유리스틱은 관측의 적절한 맥락과 경로에 관한 일반적 전제(인식론적·방법론적 전제)를 담지하고 있으며, 따라서 자신을 특정한 연구전통의 일원으로 자처하고 있는 과학자라면 누구든 연구자료의 획득, 곧 관측과 인식에 있어서 그러한 전제를 수용할 수밖에 없다. 따라서 '자유로운 관측'은 기실 주어진 구도 내에서의 관측, 용인된 관측수단 가운데 한 가지를 선택하여 그대로 적용하거나 허락된 범위 내에서 수정하여 적용하는 작업일 뿐이다. 바꾸어 말해서, 관측과 인식의 자유로움이란 연

을 지칭. Pronin(2007), 37-43.

구전통이 허락한 자유로움에 불과하다. 이른바 '과학적 사유의 자유'가 지닌 허상에 관한 파이어아벤트(Feyerabend 1993, 16)의 급진적 견해를 인용하면,

> …잘 훈련된 〔과학자는 지식생산과정에서〕 아무리 갈피를 잡지 못해도 선생의 정신적 상(像)에 복종하며, 학습한 방법론적 규준들을 충실히 따른다...그는 자신이 '이성의 목소리(voice of reason)'라고 생각한 것이 실은 교육의 인과적 효과에 불과하며, 기꺼이 수용한 '이성의 호소(appeal to reason)' 역시 정치적 책략일 뿐이라는 사실을 깨닫지 못한다…

특히 오늘날과 같이 한 과학자의 연구정향이 주로 방법론적 정향에 따라 판정되는 상황 하에서는 경험적 인식의 선험적 조형이 지극히 당연한 것으로, 혹은 자연스러운 것으로 받아들여질 수 밖에 없다. 현대 사회과학연구, 현대 정치학연구에 있어서 "바른 방법을 사용하기만 하면 과학적 진보가 신속히, 그리고 틀림없이 달성"된다는 "방법론의 신화(Kaplan 1998, 24–27)"[10]가 완전히 극복되었다고 단언할 수 있는가?

둘째, 생산된 지식(이론이나 통칙) 간의 상호연계성과 상호축적성[11]을 보장하기 위한 방법론적 처지, 예로서 획일적 조작정의를 통해 구성개념 간의 체계적 함의(systematic import)를 확보하려는 시도 역시 경험적 인식의 방법론적·선험적 조형을 노정한다. 즉, 구성개념의 호환을 통한

10 "The Myth of Methodology."

이론망(理論網)의 구축은 설명력의 확장과 강화라는 맥락에서 과학성의 주요한 표징으로 간주되고 있으며(Merton 1968, 169), 바로 이러한 과학성을 확보하기 위해 '열린' 세계에 대한 경험적 인식은 조작주의(operationism)[12]를 충실히 반영한 동일지표(identical measures) 내지 등가지표(equivalent measures)를 통해 '닫힌' 세계로 수렴된다. 헴펠(Hempel 1966, 94)에 따르면,

> …과학의 체계화는 과학적 개념에 의해 지칭되는 경험적 세계의 다양한 면모들을 법칙이나 이론에 따라 서로 연결함으로써 가능해진다. 따라서 개념은 법칙이나 이론적 원리라는 실로 짜인 조밀한 그물망에 있어서 매듭(knots)의 역할을 수행한다...어떤 매듭으로 모이거나 그로부터 뻗어나가는 실들이 많아지면 많아질수록 그러한 개념의 체계화 역할 또는 체계적 함의가 더욱 강해진다…

헴펠의 견해는 지식생산경로의 절차적 과학성 확보를 강조하는 경험과학적 교조의 전형적 소산이라고 말할 수 있다. 즉, 이와 같은 견해는 지식생산경로 혹은 지식 자체의 과학성이 엄격한 방법론적 객관성을

11 과학적 지식의 상호축석성은 이론적 전제가 그로부터 연역된 경험적 진술(통칙)을 포괄할 경우 노정되는 상위축적성(over-cumulative)과, 역으로 경험적 진술이 이론적 전제에 의해 성공적으로 설명될 때 확보되는 하위축적성(under-cumulative) 등 두 가지 맥락에서 확보된다. Freese(1972), 472-482.

12 Kaplan(1998), 39-42 참조.

견지하는 가운데 도출된 이론이나 통칙을 체계적으로 연계·축적함으로써 그 설명력과 예측력을 강화해 나갈 때 확보되며, 따라서 용인된 분석규준과의 상응성에 따라 그 수준이 결정된다는 절차적·기계적 과학관을 반영한다. 이러한 과학 이데올로기는 오늘날 고도로 체계화된 경험과학의 연구설계(research design), 즉 과학적 지식을 거의 '자동적으로 생산'하는 자료분석 컴퓨터 패키지에 가깝도록 진화해 온 보편적 연구지침에 투영됨으로써 개방된 인식보다는 폐쇄적 인식, 지식의 일탈적 참신성보다는 상호연계성과 축적성, 이해의 수평적 확장성보다는 수직적 상호연계성을 과학성의 표징으로 받아들이도록 유도하고 있다. 다시 말해서, 오늘날의 경험과학자들, 특히 과학사회 내외에서 적실성과 효용성이 광범위하게 인정되고 있는 안정적 연구전통에 소속된 과학자들은 지식생산행위를 일단의 방법론적 공정(methodological engineering)으로 간주함으로써 인식과 사유의 창의성을 의도적으로 배제하거나 부담스럽게 여기는 경향을 보이고 있다. 이러한 상황 하에서는 "잠재적으로 무한한(potentially open)" 연구대상의 표출양상에 관한 인식과 그에 입각한 서술(Boynton 1982, 50)은 유리스틱의 틀에 갇힐 때 비로소 그 과학성이 인증되며, 따라서 '방법론적으로 합의된 실존'이 곧 '객관적 실존'으로 간주될 수밖에 없다.

셋째, 경험적 인식의 방법론적 조형은 연구자가 속한 연구전통, 혹은 연구 프로그램(research programme)[13]의 적실성에 대한 과학적 합의를 확장하려는 목적으로 진행되기도 한다. 연구 프로그램은 보유하고 있는 유리스틱의 인식론적·이론적 요체(hard core)를 충실히 반영한 보조가설들(auxiliary hypotheses)로 구성된 방어환(防禦環, protective belt)을 확대해 나갈 때 안정적 과학체계, 곧 "강한 과학(strong science)"[14]의 위상을 얻게 된다. 이와 같은 방어환의 구축은 보조가설의 검증과정에서 연구대상에 경험적으로 접근하기 위한 인식매체와 경로의 획일화를 요구하기 때문에 당연히 연구자의 방법론적 선택을 선험적으로 제어하게 마련이다. 바꾸어 말해서, 획일적 인식에 기반을 둔 보조가설들은 앞서 논의한 구성개념의 체계적 연계성을 통해 유기적으로 연결되어 방어환의 폭을 넓혀나간다.

이러한 맥락에서 전개되는 경험적 인식의 선험적 조형은 비단 연구 프로그램을 강한 과학으로 구축하려는 과학적 목적에 더해, 그러한 연구 프로그램에 기반을 둔 과학공동체의 사회적 결속력을 강화하려는 탈과학적, 사회적 목적에 따라 더욱 적극적으로 추동된다. 마골리스(Margolis 1993, 23)에 따르면,

> …어떤 공동체를 결속시키는 힘이 과연 무엇인가에 관한 의문은 그러한 공동체 내에서 핵심적인 직관을 유도하는 인지습성을 찾아냄으로써 해결된다. 공동체의 일원처럼 **특정한 방식으로만**(in particular ways) 사물을 인지하는 경험을 갖고 있지 못한 외부인들에게는 이와 같이 인지습성이 아예 떠오르지 않거나 불합리하게 여겨진다. 이러한 맥락에서

13 Lakatos(1986), 47-52 참조. 혹은 연구전통이나 패러다임.

14 견고한 유리스틱과 다수의 추종자들을 확보함으로써 비단 과학사회뿐만 아니라 범사회적으로 권위와 영향력을 광범위하게 인정받고 있는 과학체계. Fuller(2000), 45.

볼 때 패러다임의 전환은 인지습성의 변화이다…

역으로 인지습성이 변화하지 않는 한 패러다임(유리스틱)을 엄정히 준수하는 정상과학연구(normal research)가 흔들림 없이 지속되며, 이에 따라 "특정한 방식"으로 수렴된 경험적 인식을 공유하는 과학자들 간의 사회적 유대가 강화되어 이른바 '학파(schools)'의 생성을 야기하는 강력한 방법론적 연대망(methodological network)이 형성된다고 볼 수 있다. 이러한 방법론적 네트워크는 경험적 인식의 특정한 조형을 끊임없이 유도함으로써 연구대상을 동일하게 바라보는 인지습성을 재생산하는 과학공동체의 사회적 결속기제로서 작동한다.

3. 경험적 인식의 심리적 조형

두 번째로, 지식생산과정에서 전개되는 심리적 역동이 경험적 인식의 선험적 조형을 야기할 가능성이 매우 크다. 특히 강한 과학의 일원으로서 안정적 지식생산기반을 확보하는데 성공한 과학자는 연구전통이 제시하고 있는 분석규준의 엄정하고도 충실한 준수야말로 가장 중요한 과학적 규범이라는 확신과 더불어, 동료 과학자들 역시 동일한 방식과 규범에 따라 과학행위를 수행하리라는 심리적 기대로 인해 합의종속적(consensus–bound)이자 교조적인 과학관(Kuhn 1977, 227)을 갖게 된다. 이처럼 과학공동체 내에서 합의추구(concurrence–seeking)를 유도하는 심리적 역동은 연구대상에 대한 인지과정에 당연히 개입되어 경험적 인식의 조형에 있어서 앞서 언급한 획일적 인지습성을 낳게 된다. 즉, 집단에 대한 소속감과 일체감을 지속적으로 표출함으로써 '인정받은 구성원'으로서의 신분과 정체성을 확인하려는 욕구가 과학적 집단사고(groupthink),[15] 곧 연구대상을 동료 과학자들과 동일한 맥락에서 동일한 방법으로 인식하도록 이끄는 심리적 기제의 작동을 야기한다고 볼 수 있다. 이에 따라 주어진 유리스틱의 반복적·무의식적 수용으로 진행되는 정상과학연구의 지루한 과정에서 자연스럽게 생성되게 마련인 창의적 발상, '달리 보려는' 욕구가 분석규준으로부터의 일탈에 대한 과학사회의 명시적·암시적 제재에 대한 방어적 회피(defensive avoidance)의 역동(Maddux and Rogers 1983, 469—479)으로 인해 심리적으로 제어되는 것이다.

> …연구방법론의 선택과 운용에 있어서 노정되는 과학자들의 집단사고는 우선 자율검열(self—censorship), 곧 그들이 속한 과학사회가 견지하고 있는 연구방법론(유리스틱)의 타당성에 대한 의문의 표명이나 반론 제기를 최대한 자제하려는 개별 과학자들의 심리적 욕구로부터 비롯되며, 주어진 지식생산절차에 대한 순응성을 강화함으로써 과학집단의 조

15 강한 응집력을 견지하고 있는 집단의 의사결정과정에 있어서 견해의 융합과 일치에 도달하려는 심리적 집단역동(group dynamics). Janis(1972), 9; 권기성·오창택(2010), 57. 특히 과학공동체 내에서 노정되는 집단사고의 유형과 형성경로에 관해서는 김웅진(2013) 참조.

직적 결속력을 증대시키는 효과를 낳는다. 이러한 역동은 애당초 적극적 순응을 통한 과학적·과학외적 보상의 극대화와 일탈에 따른 제재의 극소화(소극적 회피)라는 개별 과학자들의 합목적적 선택으로부터 추동된다…(김웅진 2013, 48)

이처럼 형성되는 과학적 집단사고는 경험적 인식의 특정한 조형방식이 과학공동체 내에서 권위와 수월성을 광범위하게 인정받을 때 더욱 확산된다. 권위에의 편승을 지향한 대리인 의식(agentic state)[16]이 과학자들로 하여금 경험적 인식의 독자적 조형을 회피하고, 대부분의 과학자가 걷는 '안전한 길', '편안한 길'을 택하도록 제어하는 심리적 책임전가 현상을 초래하기 때문이다. 예컨대 의회분절도(parliamentary fractionalization), 유효정당수(effective number of parties), 혹은 다양한 민주성(민주주의) 측정지표[17] 등과 같이 수많은 경험과학적 의회정치연구, 비교민주주의연구에 반복적으로 채택된 측정지표들은 바로 이처럼 연구대상을 '권위자들과 같은 방식으로', 혹은 '권위자들의 견해에 따라' 인식함으로써 생산된 지식의 인증을 우회적으로 획득하려는 심리적 욕구를 충족시키기 위한 방법론적 도구로 사용되어 왔다고 볼 수 있다. 다시 말해서, 경험과학적 정치학자들 간에 의회 내 권력배분구도는 이미 그 권

16 엄격한 위계구조를 견지하고 있는 집단의 구성원이 자신을 집단지도자가 지닌 권력의 대행자로 간주함으로써 집단 내에서 표명한 견해와 행동에 대해 개인적 책임을 느끼지 않게 되는 심리상태. Milgram(1974), 145-146.

17 Coppedge and Reinicke(1990), 51-72; Vanhanen(1997) 등을 참조.

위를 널리 인정받은 '레이(Rae 1967)의 *F*(의회분절도)', '락소 · 타게페라(Laakso and Taagepera 1990)의 *Ns*(의회 내 유효정당수)'를 통해 가장 안전하게 추적될 수 있다는 방법론적 합의가 암묵적이자 집단적으로 형성된 것이다. 권위자들이 제시한 인식매체를 통해 동일하게 보인 세계의 모습이 달리 보인 세계에 비해 훨씬 더 과학적으로 타당한 세계이며, 또 그처럼 동일하게 보인 세계의 모습에 관한 지식이 '안전한 지식(safe knowledge)'으로 간주되는 셈이다.

물론 모든 (사회)과학자들이 경험적 인식의 획일화를 추동하는 집단사고에 필연적으로 함몰된다고 단언할 수는 없다. 특히 대리인 의식을 표출하는 과학자들은 주로 과학공동체의 위계적 패권배분구도에 갓 진입하여 그 하단에 자리 잡은 신진과학자들일 가능성이 높다. 이들은 장기간에 걸친 혹독하고도 집중적인 훈련과정을 통해 연구전통을 주도하고 있는 "핵심세력(core set)"[18]과의 과학적 연대의식뿐만 아니라 정서적 연대의식 또한 획득하게 된다. 이와 같은 연대의식은 이중적 연대망, 곧 특정한 유리스틱을 배타적으로 수용한 지식생산 네트워크라는 표면적 연대망과 더불어, 연구전통을 '가르친' 핵심세력과의 개인 간 신뢰망(interpersonal trust network)[19]이라는 이면적 연대망의 형성을 야기함으로

---

18 연구전통을 창출하고 그러한 연구전통에 기반을 둔 지식생산 네트워크를 관장함으로써 추종자들의 과학행위를 패권적으로 통제하는 소규모의 강력한 지도집단을 지칭함. Brown(1988), 101-106 참조.

19 예컨대 문화적 지각을 불문하고 과학공동체 내에서 일반적으로 형성되는 도제(徒弟) 관계 등.

써 이른바 "붙박이 풍경"(김현 1990, iv.)의 과학적 적실성에 대한 확신을 심리적으로 강화하게 마련이다. 즉,

> …"붙박이" 풍경, 고정된 인식과 관념이야말로 현대사회과학, 더 나아가 현대과학의 가장 두드러진 특징이라고 말할 수 있다. "저마다", 관측자마다 상이한 인식은 개념화의 엄정한 방법론적 규준에 의해 희생되고, 진술의 개방성 역시 일반화의 논리에 따라 극도로 제어된다. 연구대상에 대한 관측자의 고유한 경험과 그로부터 얻어지는 창조적 인식은...패러다임에 들어맞을 수 있도록 재단(裁斷)되며, 그에 대한 진술은 획일적 유리스틱에 따라 교도(敎導)된다. 이처럼 준엄한 방법론적 족쇄에 익숙해진 과학자들, 즉 포퍼가 개탄한 "교조의 희생자(a victim of indoctrination)"들은 인식의 변화를 "견딜 수 없는" 것으로 여기면서 하나의 풍경은 모든 사람에게 똑같은 풍경일 수밖에 없다고 강변한다…(김웅진 2009, 16–17)

요컨대 신진과학자들은 답습적 정상과학행위의 규준과 절차를 아직 완전히 체질화하지 않은 시각의 유연성에 힘입어 "붙박이 풍경"의 과감한 개방, 곧 포퍼(Popper 1974, 977–978)가 과학적 진보의 추동력으로 내세운 "과감한 추측(bold conjecture)"의 주체가 될 잠재력을 지니고 있음에도 불구하고, 과학패권의 역동에 따라 생성되는 약자 의식과 위에서 언급한 이중적 연대망에 잔류하려는 심리적 욕구를 극복하지 못하는 경우가 많다. 이러한 약자 의식과 연대망에 대한 소속 욕구는 크라우스

(J. Kruaus 2012, 330—32)가 지적한 집단의도(collective intentionality), 곧 자신이 속한 연구전통에 대한 순응적 태도(pro—attitudes)를 동료들과 더불어 적극적으로 표명하려는 의도의 확산을 야기한다고 볼 수 있다.

4. 경험적 인식의 제도적·정치적 조형

과학공동체 내에서 지식생산행위를 계도하는 다양한 제도적 기제 역시 경험적 인식의 선험적 조형을 추동할 수 있다. 예컨대 엄격한 절차적 규정에 따라 이루어지는 인용(citation)은 이론적 시각과 견해뿐만 아니라 분석모형과 연구자료의 제도적 교환을 통해 생산된 지식의 과학적 타당성을 교차인증하는 동시에, 지식위계(hierarchy of knowledge)[20] 속에서 각 지식이 차지하는 위상, 곧 상대적 수월성을 부여하는 역할을 수행한다는 측면에서 경험적 인식의 선험적 조형과 정당화를 초래할 가능성이 높다. 즉, 경험적 인식의 조형방식과 구체적 내역을 포함해 자주 인용되는 견해와 시각은 그에 상응하는 수월성을 확보함으로써 지식위계의 상단에 자리 잡게 된다. 지식위계의 상단은 과학적 권위의 배분구조에 있어서 상층부와 동일한 것이며, 인용은 이러한 상층부에 진

---

20 과학패권의 배열구도에 따라 진행되는 지식공정(knowledge engineering), 즉 주류 과학집단이 견지하고 있는 유리스틱에 대한 순응도를 판정하는 여과와 선별적 배제기제가 작동함으로써 핵심지식으로부터 주변지식에 이르기까지 수직적으로 구축되는 과학적 지식의 서열을 의미하는 용어로 사용된 것임.

입하는데 요구되는 '표(ballots)'의 역할을 수행한다. 다시 말해서 공화제적 정치체제 하에서의 선거제도가 국민의 광범위한 동의를 기반으로 정치권력의 정당성을 창출하는 것과 마찬가지로, 인용은 특정한 견해와 시각에 대한 인용자(citer)의 적극적 동의를 표명하는 수단이 됨으로써 비단 인용된 지식의 과학적 권위뿐 아니라 지식위계 자체의 과학적 정당성을 구축하기 위한 기제로 작동할 수 있다.

여기에서 인용기제가 성격상 회고투표(retrospective voting)와 유사하다는 점에 주목할 필요가 있다. 회고투표가 후보자의 정치경제적 업적과 성과에 대한 평가에 따라 이루어지는 것처럼, 인용자 역시 이미 높은 평가를 얻은 지식을 선별적으로 인용하기 때문에 인용제는 본질적으로 회고적 성격(backward-looking)을 갖게 된다(Fuller 2002, 207). 이와 같은 인용기제의 회고성은 앞서 언급한 강한 과학에 대한 지식생산자의 의존성 내지는 종속성과 어우러져 연구전통에 대한 순응성의 끊임없는 재생산 체계를 완성한다. 다시 말해서, 인용은 메디나(Medina 2014, 101)가 지적한 과학자들의 "경력 굳히기(career bonding)", 즉 직업적 궤적(professional trajectories)을 구상함에 있어서 과학행위의 정향을 강한 과학의 핵심세력과의 긴밀한 유대를 구축하는 방식으로 설정하기 위한 전략적 수단의 한 가지로 간주될 수 있다.

요컨대 빈번히 인용되는 시각과 주장이 견지하고 있는 경험적 인식의 구도는 표준적 범전(prototype)으로 간주되어 강력한 침투성을 발휘하게 마련이다. 즉, 오늘날과 같이 인용회수가 학문적 영향력을 측정하기 위한 객관적 지표, 예로서 "영향력 인자(IF, impact factor)"[21]로 간주되는 상황 하에서는 인식구도와 매체의 제도적(합법적) 차용이 더욱 확산되어 경험적 인식의 획일화, 선험적 정당화가 가속화될 수밖에 없다. 어떤 인식구도가 널리 인용된다는 사실은 곧 그러한 구도의 과학적 적실성과 수월성이 연구전통 내에서 이미 확증되었다는 근거로 받아들여지기 때문에, 굳이 색다른 구도를 제시함으로써 거부와 제재의 위험을 감내할 필요가 없다는 인식이 자리 잡게 된다.

물론 지식생산과정에 있어서 모든 인용이 권위에 편승하거나 제재와 비판을 회피하기 위해 이루어지는 것은 아니다. 즉, 인용은 특정한 견해의 이론적·방법론적 문제를 부각시키거나 자신의 고유한 주장을 뒷받침할 수 있는 동료 과학자들의 견해를 예시하기 위해 이루지기도 한다. 따라서 인용의 탈과학성은 주로 "사고 자체에 대한 사고가 없는" 과학자들, 이미 40여 년 전 사토리(Sartori 1970, 1033)가 지적한 "무의식적 사색가(unconscious thinker)"들의 지식생산과정에서 노정되는 경우가 대부분이다. 바꾸어 말해서, 이미 권위를 인정받은 경험적 인식과 그에 입각한 지식의 무의식적이자 습관적인 차용, 혹은 자신이 생산한 지식의 전달매체[22]가 지닌 "영향력 인자" 값을 단순히 제도적 장치를 이용해 높이려는 욕구가 인용을 과학적 책략(scientific manoeuvre)으로 받아들이도록 유도한다고 말할 수 있다.

---

21 Thomson Reuters, "Intellectual Property & Science, Social Sciences Citation Index," http://science.thomsonreuters.com/cgi-bin/jrnlst/jloptions.cgi?PC=SS(검색일: 2014. 9. 21) 참조.

22 예컨대 가장 대표적인 지식전달매체인 각급 학술지.

이처럼 '인용횟수=학문적 임팩트'의 등식은 인식의 획일화를 유도하는 정치적 관념으로 변질될 가능성이 매우 크다. 즉, 인용기제는 핵심적 지식과 주변적 지식, 과학적 지식과 유사과학적(pseudo—scientific) 지식을 구분하는 제도적 여과장치이며, 안정적 지식생산자격과 여건을 획득, 유지하려는 과학자들에게 있어서 강한 과학에 대한 일체감, 곧 과학적 충성심(scientific allegiance)을 표명하는데 있어서 가장 효율적인 수단으로 받아들여진다. 풀러(Fuller 2002, 207)에 따르면,

> …인용횟수는 자신이 생산한 지식이 거의 인용되지 않은 수많은 인용자들에 의해 결정된다. 이들은 〔특정한 지식을〕 몇 번이든 마음대로 인용할 수 있기 때문에 〔학문적〕 빛쟁이들이 인용횟수의 결정에 가장 큰 영향력을 행사하게 마련이다. 결국 의존성이 곧 우월성 인증의 지표가 된다. 다시 말해서 어떤 견해에 의존하면 할수록 그 견해의 우월성을 더욱 명백히 인정하게 된다…

결과적으로 인용기제는 과학정치가 전개되는 제도적 맥락을 제공한다. 유능하다는 평가를 획득함으로써 지식생산에 수반된 과학적·과학외적 보상을 확보하려는 과학자들은 강한 과학이 담지하고 있는 견해와 시각을 선별적이자 의도적으로 인용하게 마련이다. 반복적 인용을 통해 강력한 과학적 교조에 대한 순응과 동의를 우회적으로 표명함으로써 자신이 정통과학(orthodox science)의 수호자임을 강조하려는 것이다. 또한 정통과학에 대항해 새로운 과학체계를 구축하려 시도하는 일

탈자들, 곧 "범법과학자들(outlaw scientists)"[23] 역시 서로의 견해를 적극적으로 인용함으로써 결속을 강화하고, 지식생산과정에서 나름대로의 인지습성을 확대해 나간다. 인용을 포함한 과학행위의 제도적 기제들을 연합과 차별화의 수단으로 사용해 집단적 정체성을 구축하려 시도하는 것이다.

그러나 이러한 지속적 상호인용, 곧 상호인증은 안정적 과학공동체(연구전통)를 구축하기 위한 충분조건 가운데 하나일 뿐이며, 이에 더해 인용된, 혹은 인용을 통해 내적으로 정당화된 지식의 사회적 효용성을 부각시킬 필요가 있다. 즉, 비록 인용을 포함한 다양한 제도적 기제들을 유리스틱에 따라 구성된 실존(constructed reality)을 마치 객관적 실존(objective reality)인양 강변하는 수단, 곧 타우너(Towner 2011, 244)가 지적한 "실체적 수완(corporate skill)"으로 사용할 수 있다 해도, 그러한 실존을 사회적 실존(social reality)의 한 가지 표출양상으로 수용하도록 유도하기 위한 과학사회 내에서의 지지동원이 수반되지 않는 한 독자적 연구전통을 결코 구축할 수 없다. '사회적 현실'에 관한 지식을 생산할 수 없는 연구전통은 그 효용성을 결코 인정받지 못하기 때문이다. 맥카시(McCarthy 1996, 19)에 따르면,

---

23 기존 연구전통과 유리스틱에 대한 이론적·방법론적 측면에서의 조직화된 도전뿐 아니라 연구문제의 상정에 있어서 일탈, 그리고 이러한 일탈의 집단화와 확산을 통해 구축되는 과학공동체의 구성원들을 지칭하는 용어로 사용된 것임. 김웅진(1993), 535-548; 김웅진(2009), 17 참조.

…'구성된 실존'의 인식은 다양한 사회적, 문화적 근원으로부터 연원하지만, 특히 국가적 혹은 범세계적 차원에서 사회적, 정치적 관계를 구축하는데 요구되는 지식과 정보의 기능에 주목할 필요가 있다. 즉, 현대사회는...장래의 사회정치적 진로를 결정하고 계획함에 있어서 의식적으로, 또 전략적으로 지식을 사용한다. 지식은 개인적이자 사회적인 힘인 동시에, 전례 없이 강력한 사회적, 정치적 파급효과를 담지한 자원인 것이다…

따라서 연구전통의 기반을 공고하게 구축하기 위해서는 시각과 견해의 상호인증(인용)을 통해 획득할 수 있는 다양한 형태의 보상, 곧 견고한 과학공동체의 일원으로서 향유할 수 있는 안정적 지식생산과 발표기회, 명성, 경제적 이득 등의 실익을 보장함으로써 인용–보상의 사회적 교환체계를 작동시키기 위한 탈과학적이자 정치적인 시도가 요구된다고 말할 수 있다. 요컨대 지식생산행위를 규제하는 다양한 제도적 절차와 규범들은 과학성을 넘어서는 사회성, 곧 안정적 과학사회를 구축하는데 동원되는 보다 광범위한 전략기제로서의 성격을 갖고 있다고 볼 수 있으며, 과학자들은 이러한 기제들을 생산된 지식의 과학성을 사회적으로 보장받기 위한 협상도구로 사용하게 마련이다(Mulkay 2009, 95).

5. 결론: 과학적 지식의 방법론적 인증에 관한 담론주제

앞서 논의한 바와 같이, 과학적 지식의 생산과정에 있어서 경험적 인식은 연구자가 선택한 유리스틱에 따라 조형의 맥락과 방식이 선험적으로 결정되며, 그러한 선택은 특정한 연구전통 내에서 과학적 집단사고를 야기하는 인지습성의 소산일 가능성이 매우 높다. 특히 강한 과학의 위상을 획득한 연구전통은 다양한 제어기제를 통해 유리스틱에 대한 구성원들의 획일적 순응성, 곧 인식과정에 있어서 유리스틱 적재성(heuristic–ladenness)[24]을 지속적으로 강화함으로써 경험적 인식의 수렴현상을 초래한다. 이에 따라 강한 과학이 생산한 지식은 엄정한 절차적 규준을 준수하는 과학행위의 소산인 동시에, 과학패권의 배분구도를 반영하는 사회적 산물, 혹은 정치적 산물로서의 이중적 성격을 동시에 갖게 된다. 이러한 상황 하에서는 유리스틱의 준수를 전제로 한 지식생산경로의 단순한 기법적 변이(technical variation)가 창의성으로, 획일화된 인식에 따라 생산된 지식의 수직적·체계적 연계성이 곧 축적성으로 받아들여지게 되며, 과학행위는 엄격히 계도된 사회적 행위의 틀을 벗어나지 않을 때 비로소 그 과학성이 인증된다. 따라서 특정한 연구전통 혹은 '학파'에 소속되지 못한 과학자는 자신이 생산한 지식의 과학적 적실성에 대한 의구심으로 인해 불안에 함몰되고, 이러한 불안을 극복

---

24 이론적재성(theory–ladenness), 즉 경험적 인식의 이론적 선도성을 지칭한 용어를 원용한 것임.

하기 위해 독자적으로 구축한 지식생산경로와 방식이 담지하고 있는 창의성을 특정한 연구전통에 대한 순응성과 교환함으로써 안정적 지식생산기회를 확보하려는 합리적 선택, 곧 정치적 선택을 내릴 수밖에 없다.

이처럼 연구전통에 대한 순응성이 과학성의 핵심적 지표로 간주된다면 과학의 진보는 단선성을 필연적으로 노정하고, 인식과 해석의 지평을 확장하거나 개방하려는 시도는 진보의 걸림돌 내지는 범법과학적 도전으로 간주되어 과학공동체로부터 배제되기 마련이다. 과연 이러한 배제와 그에 따른 '지식 걸러내기(knowledge sifting)'가 과학의 발전을 추동함에 있어서 불가피한 것인가? 우리 사회과학연구와 우리 정치학연구, 특히 경험과학연구는 혹 배제의 사회과학이 아니었던가?

이와 같은 의문에 대한 답을 모색하기 위해서는 아래와 같은 몇 가지 맥락에서 방법론적·과학철학적 담론이 적극적으로 전개될 필요가 있다고 판단된다.

(1) 과학적 인식은 사회과학, 자연과학을 불문하고 대상의 서술적·해석적 재구성 작업이다. 또한 연구대상의 모든 면모에 대한 포괄적 접근이 본질적으로 불가능하기 때문에 인식은 선별적일 수밖에 없다. 즉, 인식주체는 일단 대상이 지닌 핵심적 면모를 선언한 후, 특정한 해석의 틀을 그러한 면모에 적용하여 논리적·체계적 서술을 시도할 뿐이다. 요컨대 서술과 해석의 방식은 앞서 지적한 바와 같이 잠재적으로 무한하며, 따라서 단지 불완전한 방법론적 인식만이 가능하다. 이러한 맥락에

서 볼 때, 특정한 방법론적 규준을 위반한 인식은 있어도 '틀린 인식'이란 애당초 존재할 수 없다. 경험적 인식의 방법론적 조형은 어떤 연구전통을 따르든 모든 과학적 연구에 있어서 불가피한 것이기 때문이다. 그러나 특정한 방법론적 인식이 '완벽한' 혹은 '옳은' 인식으로 고착될 때 과학적 연구는 쿤(Kuhn 1970, 24)이 적절히 표현한 "견고하게 틀이 짜인 상자(the preformed and relatively inflexible box)"에 갇힌다. 이른바 객관적 세계, 곧 전관측적 세계가 방법론적으로 합의된 세계로 전환되는 것이다.

방법론적 구도에 따라 인식되어 재구성된 세계의 모습은 대단히 정연하다. 또 그러한 세계의 모습에 관한 지식은 체계적으로 상호연계되어 방대한 지식의 탑을 쌓아 나감으로써 적어도 일정한 영역 내에서는 설명과 예측의 성공도가 높아진다. 보편적으로 수용된 과학의 목표인 설명과 예측이 이처럼 제한된 인식의 범주 내에서 달성되는 것이다. 그러나 과연 제한된 인식구도, '좁은 세계'에 대한 설명력 확대가 과학의 진보라는 측면에서 보다 넓은 세계에 대한 개방된 인식, 자유로운 서술보다 더 바람직하다고 단언할 수 있는가? 인식의 엄격한 방법론적 조형에 따른 지식의 체계화가 모든 과학적 연구의 금언(金言)이 될 수 있는가? 흔히 거론하는 과학적 창의성이란 결국 주어진 구도 내에서 달성되는 인식의 기법적 변이에 불과한 것이 아닌가?

(2) 더 나아가 이처럼 열린 세계를 닫는 작업, 예컨대 경험적 인식의 특정한 조형이 단지 과학적 신조가 아니라 과학정치의 역동에 따라 탈

과학적으로 유도된다면 지식생산의 대상인 실재세계 역시 과학패권의 배분양상을 반영하는 정치적 세계일 따름이라고 말할 수 있지 않겠는가? 과학패권이 전환되면 실재세계에 대한 인식의 구도와 내역도 전환되어 종전과는 전혀 다른 세계, 정치적으로 새롭게 재구성된 세계가 구축되지 않겠는가? 또 그렇다면 정치적으로 재구성된 세계를 대상으로 전개되는 강한 과학 내지 정통과학, 곧 제대로 보는 방법을 강요함으로써 포퍼(Popper 1970, 52)가 통렬히 비판한 "교조적 훈육의 희생자(a victim of indoctrination)"를 양산하는 과학공동체는 과연 무엇을 지향하는가? 상이한 연구전통과의 경쟁가능성을 패권적으로 소거함으로써 과학행위에 수반된 실익을 독점하는 것이야말로 강한 과학을 구축하는 유일한 길인가? 다른 방법과 다른 인식을 틀린 방법과 틀린 인식, 비과학적 억측으로 치부하는 과학공동체 내의 사회적 역동을 무엇으로 설명할 수 있는가? 과학적 교조에 대한 순응을 통해 과학적·과학외적 보상을 획득하려는 과학자들의 합목적적 선택은 과학행위의 불가피한 본질인가? 정상과학연구가 견지하고 있는 패러다임 간의 "공약불가능성(incommensurability)"[25]과 그에 따른 상이한 연구전통 간의 소통불가능성은 결국 과학공동체가 하나의 사회적 실체이기 때문에 나타나는 것이 아닌가? 즉, 과학적 지식의 구성양식과 과학공동체가 내재된 보다 광범위한 사회의 구성양식 간의 관계에 대한 재서노프(Jasanoff 2004, 15)의 견해를 인용하자면, 동일한 과학사회 내에서 서로 경쟁하고 있는 과학

25 Hoyningen-Huene(1993), 206-212 참조.

공동체들이 차별적 "합작(co—production)"의 역동에 빠져 있는 것이 아닌가?

(3) 생산된 지식의 과학적 적실성이 경험적 인식에 있어서 특정한 연구전통의 방법론적 규준에 대한 순응성에 따라 판정된다면, 과연 어떤 과학자가 그러한 순응성을 탈피함으로써 안정된 지식생산자격과 인식의 자유를 맞바꿀 수 있는가? 즉, 누가 "실재세계를 개념화(인식)하는 유리한 길(privileged way of conceptualizing nature)"[26]을 과감하게 버린 범법과학의 불안한 자유를 누리려 하겠는가? 인식구도에 있어서 일탈적 창의성을 지향하는 다수의 과학공동체가 부상하여 과학패권의 분절과 다원화가 이루어지지 않는 한 흔히 거론되는 '과학민주주의'란 기실 키처(Kitcher 2001, 117)가 적절히 표현한 "비천한 민주주의(vulgar democracy)", 곧 "인식의 적실성이 간과되고, 근시안적 실익만이 추구됨에 따라 연구자원이 소수 인기주제(hot topics)의 연구에 배타적으로 투입되는" 과학 포퓰리즘의 정치적 구호에 불과한 것이 아니겠는가? 확정적 진리에 대한 과학자들의 소망은 단지 정치적으로 달성될 수 있을 뿐인가?

이와 같이 다양한 측면에서 제기될 수 있는 문제들의 핵심적 근원인 지식생산의 과학적이자 탈과학적인 제어를 해체함으로써 과학행위의 창의성, 연구대상에 대한 인식의 창의성을 확보하기 위해서는 무엇보다도 먼저 과학패권, 지식패권의 다변화와 다원화가 진행되어야 한다. 지

---

26 Kitcher(2001), xii.

식생산의 인식론적, 이론적, 방법론적 정향에 대한 통제권뿐만 아니라 지식생산에 요구되는 자원의 배분권이 소수의 지식패권집단에 의해 독점되는 한, 과학행위는 어떤 연구전통을 견지하든 상관없이 연구문제 선정에 있어서의 편향성과 문제풀이 과정에 있어서의 절차적 획일성을 노정할 수밖에 없기 때문이다. 여기에서는 이러한 과학패권의 다변화를 위한 정치적 방안의 한 가지를 과학사회 내에서 작동하는 제도적 기제, 특히 서론에서 언급한 공적 지식생산기구(KMO)[27]와 관련하여 모색해 봄으로써 결론을 마무리하기로 한다.

오늘날 우리 사회과학(정치학)연구의 상당 부분이 국가권력의 통제하에서 작동하는 "XX재단" 등 극히 소수의 KMO에 의해 규제되고 있다는 사실을 결코 부정할 수 없을 것이다. 예컨대 주요 학술지에 게재된 논문의 상당수가 KMO의 지원을 받았다는 사실을 이른바 "사사표기"를 통해 명기함으로써 그 통제력을 암시하고 있으며, KMO의 지원 획득 여부는 대학, 연구소 등 각급 연구기관에 있어서 개별 과학자의 유능함을 판정하는 척도로 수용되고 있다.

물론 과학사회 내에서의 지식교환은 어디까지나 공적 기제를 통해 진행된다. 사적으로 교환되는 견해는 결코 과학적 지식으로서의 위상을 확보할 수 없고, 전문학술지, 유수 출판사에 의해 간행된 연구서적이나 학술회의 등의 교환기제를 거쳐 사적인 지적 재산인 동시에 공공재로서의 성격을 획득할 때 비로소 그 과학적 적실성이 인증된다.

---

27 Knowledge Management Organization. 앞의 각주 5) 재참조.

KMO는 바로 이러한 교환기제의 관리주체로서 지식을 선별·여과하고, 여과의 정당성에 대한 과학자들의 동의를 유도하기 위해 '자율적 통제'라는 간접적 제어방식을 채택한다. 즉, KMO는 과학자들로 하여금 지적 활동을 스스로 제어하는 동료평가제(peer review system), 곧 폴리아니(Polyani 1962, 54–73)가 언급한 "과학공화제(Republic of Science)"의 제도적 외양(institutional façade)을 구축함으로써 지식교환기제와 그를 통해 교환되는 지식을 우회적으로 관리한다. 한국의 경우 역시 크게 다르지 않다. 오늘날 다양한 형태의 지원을 획득하기 위해 제출하는 연구제안서의 심사, 학술지의 주기적 등급화 등은 특정 KMO가 선정한 과학자 집단에 의해 독립적으로 진행되는 형식을 취하고 있으나, 평가지침과 절차, 곧 평가기제가 KMO에 의해 제공된다는 측면에서 자율성이 크게 제한된다.

요컨대 경험과학연구를 포함한 우리 정치학연구의 지평을 대폭 확장하고 인식과 해석의 창의성을 확보하기 위해서는 무엇보다도 먼저 정통 과학, 주류 과학(dominant science)의 유리스틱에 대한 순응성뿐만 아니라 국가권력이 상정한 주요 연구영역("창조경제", "신성장전략" 등)[28]과의 연관성을 지식평가와 서열화의 가장 핵심적인 판정기준으로 상정하고 있는 KMO의 국가성을 희석함과 동시에, 다양한 이념적·과학적 기조를 표방하는 다수 사설(私設) KMO들을 구축할 필요가 있다고 본다. 즉, 과학패권의 다원화는 과학행위의 제도적 관리주체를 최대한 분절

---

28 이서영·김웅진(2014), 77 참조

하여 그들 간의 상호경쟁성을 추동함으로써 상당 부분 달성될 수 있을 것으로 기대된다. 물론 KMO의 분절은 사회적 지지, 곧 (사회)과학적 지식을 주요 자원으로 간주하고 있는 기업, 비정부기구(NGO), 정당을 포함한 각급 정치조직 등 다양한 사회세력의 지원을 광범위하게 동원하기 위한 과학자들의 집단적 정치기동(collective political manoeuvre)을 요구한다. 과학행위가 앞서 논의한 바와 같이 본질적으로 정치적 행위이며 과학적 지식이 "정치적 매개체(political agent)"의 성격을 가질 수밖에 없다면(Jasanoff 2004, 16) 행위의 규제를 극복하기 위한 전략 역시 정치적 측면에서 구축되어야 하기 때문이다.

참고문헌

권기성·오창택. 2010.『집단역동성』. 서울·대구: 형설출판사.

김웅진. 1994. "문제풀이, 범법과학과 과학의 진보-경험과학연구방법론의 개방경로."『국제정치논총』 제34집 2호, 535–548.

_____. 2009.『과학패권과 과학 민주주의 – 열린 사회과학의 모색』. 서울: 서강대학교출판부, 2009.

_____. 2013. "집단사고로서의 연구방법론: 과학적 지식의 탈과학적 구성경로."『21세기 정치학회보』 제23집 3호, 45–60.

이서영·김웅진. 2014. "과학정치연구의 정치학적 적실성: 국내 연구현황 검토와 논의의 제기."『현대정치연구』 제7권 2호, 67–87.

Bourdieu, Pierre. 1980. *The Logic of Practice*. Stanford: Stanford University Press, 1980.

Brown, James R. 1988. "The Experimenters' Social Circle." *Philosophy of the Social Sciences* 18:1, 101–106.

Coppedge, Michael and Wolfgang H. Reinicke. 1990. "Measuring Polyarchy." *Studies in Comparative International Development* 25:1, 51–72.

Feyerabend, Paul K. 1993. *Against Method*. London and New York: Verso.

Freese, Lee. 1972. "Cumulative Sociological Knowledge." *American Sociological Review* 37, 472–482.

Fuller, Steve. 2000. *The Governance of Science*. Buckingham and Philadelphia: Open University Press.

_____. 2002. *Knowledge Management Foundations*. Boston: Butterworth–Heinemann.

Jasanoff, Sheila. 2004. "Ordering Knowledge, Ordering Society." In S. Jasanoff, ed. *States of Knowledge*, 13–45. London and New York: Routledge.

Hempel, Carl. 1966. *Philosophy of Natural Science*. Englewood Cliffs: Prentice–Hall.

Hoyningen–Huene, Paul. 1993. *Restructuring Scientific Revolutions*. Chicago and London: University of Chicago Press.

Janis, Irving. 1972. *Victims of Groupthink*. Boston: Houghton Mifflin.

Kaplan, Abraham. 1998. *The Conduct of Inquiry*. New Brunswick and London: Transaction Publishers.

Kitcher, Philip. 2001. *Science, Truth, and Democracy*. Oxford: Oxford University Press.

Krause, Julian. 2012. "Collective Intentionality and the (Re)Production of Social Norms: The Scope for a Critical Social Science." *Philosophy of the Social Sciences* 42:3, 323–355.

Kuhn, Thomas. 1970. *The Structure of Scientific Revolutions*. Chicago and London: The University of Chicago Press.

Laakso, Markku and Rein Taagepera. 1979. "'Effective' Number of Parties: A Measure with Applications to West Europe." *Comparative Political Studies* 12:1, 3–27.

Lakatos, Imre. 1986. *The Methodology of Scientific Research Programmes*. Cambridge: Cambridge University Press.

Latour, Bruno. 1987. *Science in Action*. Cambridge: Harvard University Press.

Laudan, Larry. 1977. *Progress and Its Problems*. Berkeley·LA·London: University of California Press.

Maddux, James E. and Ronald W. Rogers. 1983. "Protection Motivation and

Self-efficacy: A Revised Theory of Fear Appeals and Attitude Change." *Journal of Experimental Social Psychology* 19:5, 469-479.

Margolis, Howard. 1993. *Paradigms and Barriers, How Habits of Mind Govern Scientific Beliefs*. Chicago: University of Chicago Press.

McCarthy, E. Doyle. 1996. *Knowledge as Culture*. London and New York: Routledge.

Medina, Leandro R. 2014. *Centers and Peripheries in Knowledge Production*. New York and London: Routledge.

Merton, Robert K. 1968. *Social Theory and Social Structure*. Toronto: Collier-Macmillan.

Milgram, Stanley. 1974. *Obedience to Authority*. New York: Harper & Row.

Mulkay, Michael J. 2009. "Knowledge and Utility: Implications for the Sociology of Knowledge." In N. Stehr and V. Meja, eds. *Society and Knowledge*, 93-112. New Brunswick and London: Transaction Publishers.

Polyani, Michael. 1962. "The Republic of Science: Its Political and Economic Theory." *Minerva* 1, 54-73.

Popper, Karl W. 1970. "Normal Science and Its Dangers." In Imre Lakatos and Alan Musgrave, eds. *Criticism and the Growth of Knowledge*, 51-58. Cambridge: Cambridge University Press.

______________. 1974. "Replies to My Critics." In Paul A. Schilpp, ed. *The Philosophy of Karl Popper*, Vol. Ⅱ, 961-1197. La Salle: Open Court Publishing.

______________. 1999. *All Life Is Problem Solving*. London and New York: Routledge.

______________. 1994. *The Myth of the Framework: In Defence of Science and Rationality*. London and New York: Routledge.

Pronin, Emily. 2007. "Perception and Misperception of Bias in Human Judgment." *Trends in Cognitive Sciences* 11:1, 37–43.

Rae, Douglas. 1967. *The Political Consequences of Electoral Laws*. New Haven: Yale University Press.

Sartori, Giovanni. 1970. "Concept Misformation in Comparative Politics." *The American Political Science Review* 64:4, 1033–1053.

Towner, George. 2011. *The Reality of Knowledge*. New York: University Press of America.

Vanhanen, Tatu. 1997. *Prospects of Democracy: A Study of 172 Countries*. London: Routledge.

Thomson Reuters, "Intellectual Property & Science, Social Sciences Citation Index," http://science.thomsonreuters.com/cgi-bin/jrnlst/jloptions.cgi?PC=SS(검색일: 2014. 9. 21).

제3장 사회과학연구에 있어서 경험적 근거의 방법론적 조형: 입증과 논박의 선험성*

1. 서론: 경험과학연구의 방법론적 교조성과 경험적 인식

현대사회과학의 경험적 연구(이하 경험과학연구)는 관측진술(observational statement)[1]에 입각한 이론적 진술(theoretical statement)[2]의 도출, 논박과 수정을 목표로 삼고 있으며, 이러한 목표를 달성하기 위한 방법론적 규준을 지속적으로 보완해 왔다. 즉 안정적 연구 프로그램(research

* 2018년 4월 30일 발간된 『현대정치연구』 (서강대학교 현대정치연구소) 제11집 1호에 게재된 논문을 수정·보완한 것임.

1 경험적 관측에 입각해 제시되는 가설 혹은 분석모형.

2 예로서 과학적 설명의 전제, 곧 설명항으로 상정되는 법칙이나 통칙.

programme)[3]으로서의 위상을 성공적으로 획득한 경험과학연구는 방법론적 정치성(精緻性)을 지식생산경로의 과학성을 판정하는 핵심적 척도로 간주함에 따라, 존재론적 입장보다는 인식론적·방법론적 구도를 유리스틱(heuristic)[4]의 요체로서 강조하고 있다.

물론 이처럼 강력한 계도성(啓導性)을 지닌 경험과학적 유리스틱의 타당성에 대한 논의가 인과추론을 포함한 광범위한 영역에 걸쳐 이루어져 온 것이 사실이다. 예컨대 비판적 합리주의의 표상으로 간주되는 포퍼(Popper 1959, 27)의 주장을 인용하면,

> …경험과학연구에 있어서 과학자는 가설이나 이론체계를 정립하고 이들을 관측과 실험을 통해 확보한 경험적 근거에 따라 검증한다. 과학적 발견의 논리, 혹은 과학적 지식〔생산〕의 논리가 지향하는 것은 바로 이러한 절차를 논리적으로 분석하는 것, 곧 경험과학적 연구방법〔의 논리적 타당성〕을 〔비판적으로〕 성찰해 보는 것이다…[5]

그렇다면 포퍼가 거론한 과학적 지식생산절차의 논리적 타당성은 어떤 맥락에서 확보될 수 있는가? 경험적 근거(empirical evidence)에 입각한

---

3 인식론적·이론적 중핵(hard core)과 그러한 중핵을 보호하기 위한 보조가설의 방어환(protective belt)으로 구성된 안정적 과학체계(Lakatos 1978, 4).

4 특정한 연구 프로그램이 견지하고 있는 "강력한 문제풀이 기제(a powerful problem-solving machinery)", 곧 과학적 적실성과 타당성이 인증된 분석규준과 협약. Lakatos(1978), 4-6.

5 [ ] 속의 말은 이 논문의 필자가 삽입한 것임.

인과추론을 시도함에 있어서 그가 맹렬히 비판한 귀납적 일반화를 완전히 배제하거나 거부해야 하는가? 귀납적 일반화의 본연적 한계를 받아들여 결정적 검증(critical test)을 통한 기존 이론의 논박(falsification)을 과학의 목표로 간주한다면(Popper 1996, 37), 논박의 대상이 되는 이론은 귀납적 추론 외에 어떤 경로를 통해 정립될 수 있는가? 즉, 이론화를 지향한 가설검증에 있어서 귀납적 추론의 대안적 논리는 무엇인가? 이처럼 이론의 논리적 도출경로에 관련된 수많은 의문들이 경험과학연구의 방법론적 규준과 연관되어 제시되어 온 것이다(D'Andrade 1986; Kincade 1996, 58–100; Keat & Urry 1975, 46–50).

경험과학연구의 방법론적 타당성은 또한 과학적 진술의 논증과 일반화에 요구되는 경험적 근거의 확보라는 측면에서도 논의되어 왔다. 경험적 근거는 어떤 방식으로 획득되어야 하며, 관측이나 실험을 통해 얻은 감각경험(sensory experience)을 어떻게 적절한 경험적 근거로서 조형할 수 있는가? "억견(臆見)의 정당화(doxastic justification)가 경험적 근거와 적절히 연계될 때" 과학적 진술의 일반화가 달성된다면(Moser 1986, 4), 그러한 연계방식은 과연 어떤 것인가? 요컨대 경험과학연구에 대한 방법론적, 인식론적, 더 나아가 과학철학적인 담론들은 바로 과학적 진술의 경험적 기반을 확보하기 위한 논리적 규준의 타당성을 중심으로 전개되어 왔다고 말할 수 있다(Alston 1998; Bonjour 1986).

이 간략한 방법론적 담론은 경험과학연구에 있어서 경험적 근거의 획득과 조형에 관련된 방법론적 규준을 논의하고, 그럼으로써 경험적 근거를 통한 과학적 진술의 입증과 논박이 함의하고 있는 선험적 성격을 규명하는데 목적을 두고 있다. 이를 위해 우선 지식생산과정에 있어서 경험적 인식이 갖는 의미와 경험적 근거의 조형에 통상적으로 적용되는 방법론적 원리들을 논의한 다음, 이러한 원리들을 적용한 과학적 진술의 입증과정에 탈과학적·정치적 인자들이 개입하는 양상을 규명하고, 마지막으로 사회과학연구에 있어서 창의성과 유리스틱 정합성 간의 균형을 확보하기 위한 규범적 좌표를 모색해 보기로 한다.

2. 경험과학적 지식생산에 있어서 경험적 인식의 의미

경험적 인식은 우선 과학행위, 곧 지식생산행위가 사회적 작업(social enterprise)이라는 측면에서 의미를 갖는다. 카플란(Kaplan 1998, 35)의 주장에 따르면,

> …인간은 상호작용하며 집단적으로 행동한다. 즉, 사회적 행위의 영역은 각 개인이 주어진 역할을 효율적으로 수행해 나가는 공유된 세계(shared world)이다. 공적 대상에 관한 사적 시각이 제시되는 경로는 바로 경험이다. [각 개인의] 주관성은 "당신도 내가 보는 것을 보고 있지요"라는 질문을 통해 제어된다…과학은 연구자료를 공유하고, 견해를 교환하며, 실험을 재현하는 사회적 작업이다. 뒤죽박죽으로 제시된 다양한 견해들은 바로 이러한 경험적 근거의 축적을 통해 누구나 받아들일 수 있는 과학적 지식으로 구축된다…[6]

이처럼 과학행위의 사회성은 개별 과학자들의 인식과 견해가 교환되고 상호 조율되는 통합과학의 집단역동으로부터 비롯된다. 경험과학연구는 이러한 맥락에서 개별적 인식을 보편적 인식으로 조형하기 위한 인식론적·방법론적 원리들을 제시해 왔으며, 그러한 원리들을 통해 주관적으로 오염되지 않은 진술, 연구 프로그램 내에서 간주관성(intersubjectivity)을 확보할 수 있는 진술의 구축을 모색해 왔다. 즉, 과학적 개념들은 일반화된 경험적 인식으로부터 도출되어야 할뿐만 아니라 그러한 개념들로 이루어진 진술은 이론적 추상(theoretical unobservables)과 선이론적 관측(pretheoretical observables) 간의 논리적 연계성을 확보함으로써 참 또는 거짓으로 판정된다는 시각에 따라(Kaplan 1998, 57–60; McGaw & Watson 1976, 122–123), 인식의 중립성(epistemic neutrality)을 담보해 주는 보편개념과 경험적 관측의 길잡이를 찾기 위한 방법론적 절차들이 마련되었다.[7]

요컨대 경험과학연구는 개별 과학자의 고유한 감각경험을 사회적으로 조율[8]하여 통합과학적 지식망(knowledge network)을 구축하기 위해 연구대상에 대한 인식의 방법론적 제어를 강조하고 있다. 연구대상에 접근하는 과정에서 개별 과학자의 '주관적 시각을 객관화'함으로써 생산

6 [ ] 속의 말은 이 논문의 필자가 삽입한 것임.

7 바로 그러한 측면에서 개념의 구축에 관한 경험과학연구의 방법론적 규준들은 전형적인 명목론적 시각(nominalism)을 견지하고 있다. Blaikie(1993), 14.

8 물론 여기에서 '사회'는 경험과학적 연구 프로그램을 견지하고 있는 과학사회를 지칭한다.

된 지식의 상호축적성과 연계성을 확보하기 위해서는 보편적 인식의 조형을 지향한 방법론적 규준의 엄격한 준수를 요구할 수밖에 없기 때문이다. 즉, 경험적 인식의 보편화는 지식생산의 절차와 생산된 지식의 과학적 타당성에 대한 연구 프로그램 내의 합의를 유도하고, 더 나아가 치밀하게 짜인 지식의 탑을 쌓기 위한 인식론적·방법론적 기제로서의 의미를 갖는다.

연구대상에 대한 인식과 관련해 경험과학적 연구 프로그램이 견지하고 있는 또 하나의 분석구도는 원자론적 시각(atomism)에 따른 설명의 논리이다. 경험적 인식의 대상은 현실세계의 구성인자로서 표출되는 개별적, 독립적이자 경험적으로 관측 가능한 사건이라는 것이다(Ayer 1952, 5–18; Harré 1970). 이러한 개별적 사건들은 그들이 함축하고 있는 잠재적 설명력(explanatory potential)을 탐색하기 위해 관측된다. 즉, 개별적 사건은 그 전개과정이 표출하는 규칙성을 귀납적으로 일반화함으로써 설명항(explanan)을 구축하기 위한 근거가 되는 동시에, 설명항의 구조적 타당성을 연역적으로 확인하기 위한 피설명항(explanandum)으로서의 의미를 갖는다.

이처럼 경험과학적 연구 프로그램이 채택하고 있는 설명의 논리는 개별적 사건에 대한 경험적 인식에 기반을 두고 있다. 그러나 설명항, 곧 설명의 전제로 상정되는 이론이나 통칙은 그 자체로서 경험적 인식의 대상이 될 수 없으며, 개별적 사건과의 논리적 연계성을 통해 입증되거나 논박될 뿐이다. 즉, 설명항의 필연적 혹은 확률적 귀결로 간주되는 개별적 사건의 표출양상에 대한 경험적 인식이 설명항의 설명능력을 판정하는 척도가 된다. 어떤 개별적 사건이 설명항에 따라 '논리적으로 기대된바'와 같이 '경험적으로 표출'된 것인가, 다시 말해서 설명항의 논리적 구조가 경험적으로 재현된 사례인가의 여부가 설명의 성공과 실패를 가름하는 결정적 검증의 근거로서 수용되는 것이다(Pinch 1985, 167—172).

따라서 경험과학적 연구 프로그램이 강조하는 경험적 인식과 그러한 인식의 대상이 되는 개별적 사건 간의 상응성, 그리고 관측진술과 이론적 진술간의 상응성은 논리적으로 판정될 뿐이다. 감각경험을 통한 관측결과가 설명항(이론적 진술)을 구축하기 위한 일반화의 경험적 근거가 되기 위해서는 설명항의 구조적 성격에 맞추어 재구성되어야 하기 때문이다. 즉, 엄격한 의미에서 볼 때 일반화는 개별적 사건의 표출양상에 대한 경험적 관측의 결과를 설명항을 진술하기 위한 논리적 구도[9]에 맞추어 배열한 관측진술을 지속적으로 제시함으로써 달성된다. 논리적·방법론적 규준이 경험적 인식을 특정한 방향으로 조형하기 위한 선험적 구도를 제공하는 것이다. 이러한 맥락에서, 흔히 거론되는 경험적 근거란 방법론적으로 계도된 경험적 인식에 불과하다고 말할 수 있다. 가설검증과정에 있어서 경험적 근거의 방법론적 위상에 관한 네이글(Nagel 1961, 13)의 견해를 인용하면,

> …과학적 연구방법을 운용한다는 것은 어떤 논증이 과연 그러한 논

9 주로 인과추론의 구도.

증에 적용된 분석규준을 충실히 따랐는가를 지속적으로 평가해 본다는 것을 의미한다. 즉 근거자료를 획득한 절차의 신뢰성과 결론을 유도한 근거의 입증력이 주어진 분석규준에 따라 충분히 확보되었는가? 분석규준이 제대로 적용되었다고 판명되면 제시된 근거의 타당성을 인정하고 가설을 받아들일 수 있다. 그러나 분석규준이 적절히 준수되어 관측진술의 타당성이 인정됨으로써 가설이 수용된다 하더라도, 근거의 진리성이 곧 가설의 진리성을 보장해 주는 것은 아니다…과학적 논증의 결론을 뒷받침하는 근거는 일정한 기준에 맞추어 제시되어야 한다. 즉, 어떤 결론[적 진술]이 그러한 결론을 도출하는 과정에서 제시된 근거를 얻은 방식과 같은 방식으로 획득된 새로운 자료를 통해서도 재확인되어야 한다…[10]

요컨대 네이글은 관측을 통해 획득된 경험적 인식은 설명항의 도출이나 구조적 재현에 요구되는 논리적·방법론적 조건을 충족시킬 수 있을 때에 한해 의미를 갖는다고 주장한다. 예로서 인과추론을 지향한 경험과학적 정치학연구에 빈번히 사용되고 있는 계량분석기법인 회귀분석은 OLS, LOGIT·PROBIT 등 수리적 유형에 관계없이 모두 부수변이(concomitant variation)의 논리를 채택하고 있으며, 그러한 논리를 적용하기 위해 연구사례의 속성에 관한 경험적 관측결과의 기법적 조형, 곧 특정한 형태의 정량화를 요구하고 있다. 따라서 경험적 인식은 일반

10 [ ] 속의 말은 이 논문의 필자가 삽입한 것임.

화, 곧 연구대상의 전개과정이 표출하는 규칙성의 탐색에 요구되는 논리적·방법론적 조건에 종속될 수밖에 없다. 키트와 어리(Keat and Urry 1975, 4)는 규칙성에 대한 경험과학적 연구 프로그램의 집착을 아래와 같이 평가하고 있다.

> …실증주의자(경험과학자)들은 자연현상에는 필연적 연계성이 존재하지 않는다고 본다. 〔따라서 이들은〕 일련의 사건이 표출하는 규칙성을 근거로 과학적 이론의 보편법칙을 구축하려 시도하는 가운데, 이러한 규칙성의 탐색을 넘어서려는 시도는 과학을…검증불가능한 형이상학적, 종교적 억설의 늪에 빠지게 할 뿐이라고 주장한다…

3. 경험적 근거의 조형: 방법론적 규준에 내재된 선험성

그렇다면 경험적 인식은 구체적으로 어떤 방법론적 규준에 따라 경험적 근거로서 조형되는가? 경험적 인식의 조형을 위한 방법론적 규준들은 앞서 논의한 바와 같이 경험과학연구의 궁극적 목표, 곧 과학적 설명의 논리적 협약을 충실히 반영하고 있다. 과학적 설명의 논리는 연역법칙적 설명이든 귀납확률적 설명이든 상관없이 모두 인과형 진술의 형태를 지닌 설명항의 존재를 전제로 삼는다. 즉, 설명이 피설명항으로 상정된 개별적 사건을 설명항의 경험적 재현사례로서 논증하는 작업이라면, 피설명항에 대한 관측진술은 설명항의 설명력을 뒷받침할 수 있는 경험적 근거를 요구한다. 바꾸어 말해서, 피설명항의 표출양상에 대한 관측진술의 작성과정에 요구되는 경험적 관측의 결과는 앞서 논의한 바와 같이 설명항이 상정하고 있는 인과형 진술(명제)의 구조에 맞추어 조형되고 배열될 수 있을 때 비로소 경험적 근거의 위상을 얻게 된다.

그러나 설명항이 상정하고 인과적 연계는 결코 경험적으로 입증될 수 없는 논리적 관념(Blalock 1964, 5–6)이기 때문에 설명항의 경험적 재현이란 결국 피설명항의 표출양상에 대한 경험적 인식을 설명항에 따라 논리적으로 서술하는 작업(logical description)이라고 말할 수 있다. 예로서 계량통계적 경험과학연구에 적용되는 인과추론척도 가운데 하나인 항상적 연계(constant conjunction)는 통계적 상관관계로 대체되고 있으나, 상관관계는 계량적으로 조형된 경험적 인식을 수리적 함수관계, 곧 부수변이의 논리에 맞추어 배열한 것에 불과하다. 따라서 상관관계에 관한 관측진술은 설명적 진술이 아니라 인과추론의 논리에 입각한 서술적 진술일 따름이며, 계량화된 경험적 인식(경험적 근거)은 이러한 서술적 진술의 구성단위로서 의미를 갖게 된다. 요컨대 설명을 뒷받침하는 경험적 근거란 설명항의 논리적 귀결로 간주되는 개별적 사건(피설명항)에 대한 관측진술과의 구조적 상응성을 갖도록 특정한 방식으로 조형된 경험적 인식인 것이다.

두 번째로, 경험적 인식은 개념의 지칭성을 규정하는 과정에서 역시 방법론적으로 조형된다. 경험과학적 개념화는 적용대상의 외연적 구획을 확정하는 수평적 지칭성(horizontal indication)[11]과 확정된 각 지칭영역과 현실세계를 경험적으로 연결하는 수직적 지칭성(vertical indication)[12]을 규정함으로써 달성된다(Kaplan 1998, 73–76). 즉, 개념은 적용대상이 지닌 보편적 속성의 분류기제(categorical device)로서의 역할(수평적 지칭)과 더불어, 그러한 보편적 속성의 구체적 표출양상을 추적하기 위한 경험적 기호(empirical referent)로서의 역할(수직적 지칭)을 모두 수행할 수 있도록 정의되어야 한다는 것이다. 그런데 수평적 지칭성으로부터 파생된 수직적(경험적) 지칭성은 상이한 역사문화적 지각을 지닌 사례들을 대상으로 한 비교정치연구에 적용되는 등가지표(equivalent measures)와 같이 사례별 변이를 나타낼 수 있다. 경험적 지칭성을 확보하기 위한 조작정의가 연구자의 시각에 따라, 그리고 연구대상과 연구설계에 따라 서로 달리 제시될 수 있는 것이다. 그러나 적용대상에 접근하기 위한 본질적 인식영역의 선언은 보편적 적용성을 확보하기 위해 상당한 경직성을 나타낸다.

물론 이러한 인식의 경직성은 동일한 지칭성을 지닌 개념을 포함한 개별적 진술들이 바로 그러한 개념의 호환성을 통해 서로 연결되어 방대한 지식망 속으로 통합될 수 있어야 한다는 경험과학연구의 방법론적 원리[13]를 준수한 결과라고 볼 수 있다. 즉, 경험과학적 연구 프로그램이 견지하고 있는 통합과학적 시각은 개념이 지닌 지칭성의 획일화를 요구하기 때문에 지칭대상에 대한 경험적 인식은 일정한 형태로 조형될

11 본질적 지칭성.

12 파생적 혹은 경험적 지칭성.

13 즉, 헴펠(Hempel 1965, 146–151)이 제시한 체계적 함의(systematic Import)의 원리.

수밖에 없다. 어떤 개념의 경험적 기호(수직적 지칭성)를 확보하기 위한 조작정의는 위에서 언급한 바와 같이 사례별 변이성을 나타낼 수 있지만, 그러한 변이는 본질적 지칭성의 외연을 결코 벗어날 수 없다.

개념화 과정에서 지칭대상에 대한 인식의 경직성을 유도함으로써 달성되는 개별적 감각경험의 보편화는 간주관성을 담보해 줄 수 있는 정보전달매체를 확보한다는 측면에서도 역시 경험과학연구의 주요한 방법론적 사안으로 부각되어 왔다. 이러한 방법론적 요구는 앞서 논의한 관측진술과 이론적 진술 간의 상응성을 확보하기 위한 다양한 기법적 조건과 맞물려 경험적 인식의 계량화를 추동했다고 볼 수 있다. 경험적 인식의 계량적 조형이야말로 관측진술과 이론적 진술간의 논리적 상응성을 객관적, 즉 간주관적으로 제시할 수 있는 거의 유일한 경로이기 때문이다. 비단 계량통계분석 뿐만 아니라 수많은 역사서술적 서사(narratives)에 있어서도 논증을 뒷받침하기 위한 경험적 근거로서 계량화된 경험적 인식(계량적 자료)을 제시하는 이유는 무엇인가? 이른바 논증의 객관화라는 과학적 규범을 준수하기 위해 사용되는 가장 보편적인 수단이 바로 경험적 인식의 계량적 조형이기 때문이 아닌가?

그러나 어떤 인식론적·방법론적 규준을 적용한다 하더라도 현실세계의 완벽한 재현은 불가능하며, 따라서 과학적으로 제시된 현실세계의 모습은 결국 논리적으로 재구성된 현실일 뿐이라는 사실을 받아들인다면, 경험적 인식의 조형은 '모형화된 세계'를 뒷받침하기 위한 수단으로 간주되어야 한다. 경험적 인식은 계량화의 방식을 따르든 다른 방식을 적용하든 상관없이 모두 특정한 연구 프로그램이 견지하고 있는 유리스틱을 준수하기 위해 그 조형의 구도와 방식이 선험적으로 결정된다. 따라서 경험과학적 정치학연구가 상정하고 있는 '정치의 세계'는 포퍼(Popper 1972, 153–190; Popper 1994)의 과학적 세계관에 따르면 현실정치의 전개과정(제1세계, physical world)에 대한 경험적 인식의 세계(제2세계, mental world)를 논리적으로 배열한 "제3세계(the Third World)"라고 말할 수 있다. 그러나 이러한 "제3세계"가 포퍼가 주장한 바와 같이 "객관적 지식(objective knowledge)의 세계"라고 단언하기는 어렵다. 왜냐하면 "제3세계"를 구성하는데 적용되는 과학적 분석규준, 특히 안정적 연구프로그램의 유리스틱은 과학자들의 경험적 인식을 엄격히 제어하는 폐쇄성과 강압성을 지니고 있기 때문이다. 그렇다면 이러한 강압성은 경험적 근거를 통한 과학적 진술의 입증과정에 있어서 어떠한 경로를 통해, 그리고 어떠한 양상으로 표출되는가?

4. 입증과 논박의 탈과학성: 지지동원의 정치적 역동

앞서 논의한 바와 같이 경험과학연구에 있어서 과학적 진술의 입증은 아래와 같은 두 가지 맥락에서 이루어진다. 첫 번째로 관측진술은 이론적 진술과의 상응성이 확보되었는가에 따라, 두 번째로 이론적 진술은 관측진술을 연역적으로 포괄할 수 있는가에 따라 입증되거나 논박된다. 우선 관측진술이 과연 이론적 진술과 상응하는 것인가, 즉 이론적 진술이 상정하고 있는 구성개념(construct)[14] 간의 인과적 연계구조가 관측진술로서 재현될 수 있는가의 여부는 양 진술 간의 논리적(구조적)·경험적 상응성에 따라 판정된다. 다시 말해서, 관측진술은 각 작동변인(operating variables)[15]에 대한 경험적 인식이 이론적 진술의 구성개념이 지칭하고 있는 본질적 속성영역을 벗어나지 않을 때,[16] 그리고 그러한 경험적 인식의 소산(예로서 측정값)이 이론적 진술의 인과적 연계구조에 따라 논리적으로 배열될 수 있을 때 입증된다. 한편 이론적 진술은 그로부터 연역적으로 도출된 관측진술이 새로운 사례들을 통해 지속적으로 재현될 때 입증되나, 이러한 연역적 재현은 이론적 진술이 도출된 귀납적 추론의 본연적 한계로 인해 입증의 단정성을 결코 보장해 주지 못한다.[17]

그런데 이와 같은 과학적 진술의 입증과 관련해 한 가지 정치학적이자 지식사회학적인 의문이 제기될 수 있다. 과학적 진술의 입증이 과연 연구 프로그램의 유지·강화를 지향한 과학사회의 집단역동으로부터 완전히 자유로울 수 있는가? 어떤 과학적 진술은 유리스틱 정합성뿐만

---

14 맥락정의(혹은 이론적 정의, contextual definition)를 통해 적용대상의 본질적 속성에 대한 접근(인식)경로가 규정되었으나 아직 조작정의에 단계에 이르지 못한 추상적·이론적 지칭용어(indicative terms)로서의 개념.

15 예컨대 모형구조 속에서 인과적으로 연계되는 일단의 내생변인(endogenous variables)과 외생변인(exogenous variables), 혹은 설명변인과 종속변인 등.

16 작동변인의 조작정의가 이론적 진술에 포함된 구성개념의 수평적 지칭성 내에서 이루어질 때.

17 굳이 포퍼의 주장(Popper 1959, 27–48)을 빌지 않더라도, 귀납적 추론을 통해 도출된 이론적 진술은 확정성을 갖지 못한 잠정적, 확률적 통칙(*ad hoc* generalizations)의 성격을 벗어날 수 없으며, 그러한 확률적 통칙은 연역적으로 수없이 재현된다 하더라도 단정성을 획득할 수 없기 때문이다.

아니라 생산과정의 과학외적 배경에 따라 입증의 타당성이 평가되는 것이 아닌가? 즉, 과학적 지식생산에 관한 미시사회학적 접근(microsociology of scientific knowledge)을 시도한 노-세티나(Knorr-Cetina 2009, 182)가 주장한 바와 같이, 과학자들은 과학적 진술을 평가함에 있어서 생산경로의 이론적·방법론적 적실성(유리스틱 정합성)보다는 생산자가 어떤 과학외적 동기를 갖고 있었고 어떤 연구자원에 접근할 수 있었는지, 그리고 어떤 후원과 지지를 받았는지에 더 큰 비중을 두고 있는 것이 아닌가? 특정한 연구 프로그램에 따라 생산된 과학적 진술의 입증이 일단 생산자 자신에 의해 잠정적으로 이루어진 후 프로그램 구성원 다수에 의해 집단적으로 재인증될 때 비로소 종료된다는 사실을 고려할 때, 입증을 중심으로 전개되는 프로그램 구성원들 간의 상호작용은 입증경로를 해체함에 있어서 반드시 고려해야 할 지식사회학적 역동이라고 말할 수 있다.

안정적 연구 프로그램의 가장 두드러진 특징은 유리스틱에 따라 재구성된 실존을 객관적 실존으로 받아들이도록 강요하는 과학적 신조(scientific creed)의 집단적 수용을 추동하여 연구대상의 임의적 조작[18]을 당연한 것으로 간주하게 만든다는 점이다. 또한 과학적 신조의 집단적 수용은 지식생산자와 생산된 지식의 평가자 간에 형성되는 분석시각의 결속을 통해 어떤 유리스틱에 입각한 연구대상의 조작결과를 바로 그

18 노-세티나(Knorr-Cetina 2009)는 이를 "사실의 조작(fabrication of facts)"이라 칭하고 있다.

러한 유리스틱에 따라 평가하도록 함으로써 평가결과에 상관없이 연구 프로그램의 타당성을 끊임없이 재확인하도록 유도한다.

> …대개의 경우 〔지식〕생산자들과 평가자들은…동일한 〔과학〕사회에 속해 있다. 그들은 〔특정한〕 지식과 지식생산절차를 공유하고 있으며, 공통적인 평가기준, 전문가적 선호와 평가방식을 지니고 있을 것이다. 〔생산된 지식의 과학적 타당성을〕 평가하고 인증하는 이들은 바로 자신의 연구를 촉진하기 위해 그러한 지식을 잠재적으로 필요로 하는 소비자들이라고 말할 수 있다. 〔따라서〕 이미 이루어진 연구들은 〔이들이 자신의〕 연구를 지속적으로 수행하는데 필요한 자원이 될 뿐 아니라, 장래에 수행하게 될 연구의 주제를 제공한다. 〔물론〕 평가자들은 한 과학자가 명성과 과학적 권위를 얻기 위해 벌이는 〔과학적〕 투쟁과정에서 가장 "위험한" 경쟁자와 적이 될 수도 있다. 〔그러나〕 연구방법을 공유하고 있는 지식생산자와 평가자, 생산자와 소비자, 명성과 돈을 얻기 위해 서로 싸우는 이들은 결코 상호독립적일 수 없으며, 그러한 맥락에서 객관적 비판자가 될 수도 없다…(Knorr—Cetina 2009, 182)[19]

이로부터 지식의 생산과 평가, 과학적 진술의 입증과 논박을 중심으로 전개되는 과학자들의 경쟁과 갈등이 동일한 유리스틱의 테두리 속에서 전개될 때 연구 프로그램이 약화되기 보다는 오히려 강화된다고

19 [ ] 속의 말은 이 논문의 필자가 삽입한 것임.

말할 수 있다. 물론 이러한 견해는 패러다임의 내적 갈등이 분석시각의 혁명적 전환을 야기한다는 쿤(Kuhn 1970, 1977)의 주장과 정면으로 배치되는 것이다. 그러나 어떤 과학적 진술이 연구 프로그램 속에서 얼마나 광범위한 집단적 지지를 획득할 수 있느냐에 따라 그 타당성이 상대적으로 인증된다는 사실을 고려할 때, 쿤의 시각은 모든 과학사회 속에서 전개되는 지지동원의 정치적 역동을 고려하지 않았다는 한계를 지니고 있다고 본다. 동일한 연구 프로그램 속에서 표출되는 대립과 갈등은 과학적으로 해결되거나 새로운 연구 프로그램으로의 전환을 추동한다기 보다는 잠정적으로 종식(closure)될 뿐이다. 즉, 맥멀린(McMullin 1987, 51)이 주장한 바와 같이 과학적 논쟁은 "(연구대상에 대한) 인식의 타당성과 관련 없는 인자들(nonepistemic factors)을 고려한 인간의 의도적 결정(human decision)"에 따라 종식된다. 이러한 의도적 결정의 핵심에 연구 프로그램의 유지와 강화라는 과학외적 목표가 놓여있다는 것은 자명한 사실이다.

하나의 연구 프로그램 속에 병존하는 유리스틱들 간의 이론적·방법론적 갈등 역시 프로그램의 안정성을 훼손하기 보다는 지지동원의 역동에 따라 잠정적으로 종식될 뿐이다. 예로서 현대정치학의 경험과학적 연구 프로그램 속에서 표출된 합리적 선택(rational choice)의 분석구도와 계량통계분석구도 간의 대립, 즉 인과적 작동기제의 존재를 전제로 한 연역적 형식논리와 경험적 관측에 따른 확률적·귀납적 인과추론의 대립은 어떻게 해결되었는가? 양자 간의 대립은 결코 중재되거나 해결되지 않았으며, 각기 지지자들을 동원함으로써 동일한 연구 프로그

램 속에서의 불편한 공존상태가 지속되고 있는 것이 아닌가? 라우든(Laudan 1984, 34)에 따르면,

> …과학자들이 과학게임의 규칙을 놓고 서로 다툴 때 도대체 무슨 말을 해줄 수 있는가? 과학외적 힘을 통해 싸움을 강제로 끝내는 것 외에 방법론적 논쟁을 합리적으로 해결할 수 있는 방법이 과연 있는가?…

요컨대 연구 프로그램 속에서 이루어지는 과학적 견해의 대립과 갈등은 지지동원의 정치적 역동, 곧 라우든이 언급한 "과학외적 힘"에 따라 잠정적으로 종식될 뿐이며, 궁극적으로는 분석시각의 획일화와 연구 프로그램에 대한 순응을 유도하는 사회적 기제(social apparatus)로서의 역할을 수행하게 된다. 물론 연구 프로그램에 대한 순응은 모든 과학행위에 내재된 사회성을 고려할 때 자연스럽고도 불가피한 현상이다. 즉, 유리스틱이 제시하고 있는 분석규준의 적극적 수용은 연구 프로그램의 안정화와 차별화에 필수적인 과학적이자 사회적 조건이라고 말할 수 있다. 연구 프로그램들은 '열린 세계를 특정한 방식으로 닫기 위한' 분석규준의 차별성을 통해 상호 구분되기 때문이다. 과학행위는 연구 프로그램에 따라 '서로 다른 세계'를 구축하려는 궁극적 목표를 갖고 있으며, 바로 그렇기 때문에 특정한 유리스틱의 수용을 강요하고 더 나아가 일탈을 저지하기 위한 과학적·과학외적 기제에 따라 제어될 수밖에 없다.

과학적 진술의 입증에 요구되는 경험적 인식 역시 연구 프로그램의

수호를 지향한 과학사회 내의 집단역동으로부터 자유로울 수 없다. 획일화된 경험적 인식은 연구 프로그램의 유지에 필수적인 정치적 자원이기 때문이다. 동일한 대상을 동일한 방식으로 인식하려는 과학자들의 습성, 곧 앞서 인용한 "당신도 내가 보는 것을 보고 있지요"라는 질문(Kaplan 1998, 35)에 대한 긍정적 반응은 경험적 인식의 획일성과 타당성을 등치시킴으로써 유리스틱을 보호하기 위한 유인전략이 성공했음을 보여준다.

유리스틱에 입각한 경험적 인식의 획일적 조형은 모든 과학적 연구에 내재된 시각의 수렴성을 보여준다. 예로서 과학적 수월성이 널리 인증된 학술지의 게재논문들은 예외 없이 수많은 인용(citation)을 포함하고 있는데, 이는 연구에 적용된 경험적 인식과 그에 입각한 지식주장(knowledge claim)이 연구 프로그램 내에서 집단적으로 형성된 인식구도와 일치하는 것이라는 점을 강조하려는 목적을 갖고 있다고 말할 수 있다. 킷처(Kitcher 1994, 117)에 따르면,

> …개인의 견해는 〔과학〕사회에 널리 알려진 견해들 가운데 하나일 때, 그리고 과학사회가 인증하는 절차에 따라 형성되었을 때 비로소 '지식'으로 간주된다…〔따라서 어떤 견해를 뒷받침하기 위한〕 인용은 그러한 연관성을 명백히 드러내는 방식으로 이루어지게 마련이다…

따라서 개인이 생산한 과학적 지식은 연구 프로그램의 구성원들이 공유하고 있는 인식구도, 즉 획일화된 인식의 범주를 벗어나지 않는 사

회성(social element)을 갖게 되며(Budd 1999, 268), 인용은 이러한 사회성을 분명히 표명함으로써 지식주장에 대한 집단적 인증을 얻기 위한 공식적·제도적 절차라고 말할 수 있다. 요컨대 인용은 연구 프로그램의 유지·강화에 요구되는 정치적 자원으로서의 획일적 인식을 확보하기 위한 과학행위의 제어기제인 것이다.

4. 결론: 유리스틱 정합성과 창의성의 균형

지금까지 논의한 바와 같이, 경험과학연구에 있어서 관측진술과 이론적 진술 간의 상응성은 관측진술을 구성하고 있는 작동변인의 표출양상에 대한 경험적 인식이 이론적 진술의 논리적 구도에 따라 배열될 수 있는가에 따라 판정된다. 즉, 이론적 진술의 제시구도에 맞추어 조형된 경험적 인식은 비단 관측진술 뿐만 아니라 이론적 진술을 입증하기 위한 경험적 근거로서 수용된다. 그런데 경험적 인식이 적절한 경험적 근거로서 조형되기 위해서는 이론적 진술이 수용하고 있는 유리스틱의 분석규준에 따라 특정한 형태로 재구성되어야 한다. 예로서 계량통계 분석의 경우, 인과적 연계의 형식으로 제시된 이론적 진술은 가설이나 분석모형과 같은 관측진술을 통해 설명변인의 변이에 따른 종속변인의 부수적 변이가 수리적으로 입증될 수 있도록 조형된 경험적 근거, 즉 일정한 형태의 측정값(계량적 자료)을 기반으로 입증된다. 물론 이러한 이론적 진술의 구축과 입증은 동일한 경험적 근거에 따라 뒷받침되는 관측진술의 지속적 재현을 통해 달성된다. 요컨대 이론적 진술의 귀납적 도출이나 도출된 이론적 진술의 연역적 재입증은 그에 상응하는 관측진술을 지속적으로 제시하기 위한 경험적 인식의 방법론적 조형, 곧 유리스틱에 따른 선험적 조형구도의 적용을 요구한다.

이러한 경험적 인식의 선험적 조형, 곧 유리스틱에 따른 경험적 인식의 제어는 경험과학연구에 한정된 현상이 아니다. 모든 과학적 연구는 고유한 존재론적·인식론적·방법론적 경계 내에서 전개되며, 유리스틱의 준수는 과학성의 핵심적 표징으로 간주된다. 바로 그렇기 때문에 경험적 인식, 더 나아가 그러한 인식을 방법론적으로 제어하여 구축된 경험적 근거의 타당성을 교차과학적으로 평가할 수는 없다. 즉, 어떤 과학적 논증이나 진술이 기반을 두고 있는 경험적 인식과 근거는 어디까지나 연구 프로그램 내에서 그 적실성이 평가될 뿐이다. 따라서 경험적 근거는 강한 방법론적 종속성을 지니고 있으며, 이러한 방법론적 종속성은 특정한 경험적 근거를 기반으로 구축된 관측진술, 더 나아가 이론적 진술에 이르기까지 전이된다. 선험적·논리적으로 구상된 세계의 틀에 따라 경험적 근거가 배열됨으로써 과학적 연구가 완성되는 것이다.

이처럼 과학적 진술은 방법론적으로 재구성된 세계를 보여주고 있으며, 그러한 진술의 객관성은 과학자들 간에 사회적으로 합의된 객관성, 곧 유리스틱에 따른 방법론적 간주관성이라고 말할 수 있다. 과학적 지식생산은 방법론적 간주관성의 논리를 빌어 현실세계를 "체계적으로 과도하게 단순화(systematic over-simplification)"하는 작업(Popper 1988, 14)이기 때문에, 결코 단정적이자 최종적인 진술의 도출을 추구하지 않는다.

> …과학의 게임은 원칙적으로 끝나지 않는다. 어떤 과학적 진술이 더 이상 검증될 필요가 없기 때문에 최종적으로 확증되었다고 단정하는 과학자는 이러한 게임〔의 장〕을 떠나야 한다…(Popper 1959, 53)

결국 과학행위는 유리스틱의 엄정한 준수를 기반으로 현실세계에 대한 인식과 사유의 논리적이자 경험적인 오류를 지속적으로 보정해 나가는 행위, 결코 끝나지 않는 탐색과 발견의 행위라는 측면에서 여타 사회적 행위와 구분된다.

여기에서 주목해야 할 것은 경험적 근거의 조형을 포함한 과학적 지식생산에 요구되는 유리스틱 정합성은 과학적 연구의 또 다른 궁극적 목표인 창조성의 구현을 억제한다는 사실이다. 즉, 유리스틱의 엄격한 준수를 통한 논리적 체계성의 확보는 자유롭고도 창조적인 인식과 사유를 억누르게 마련이며, 역으로 창조성의 극대화는 주어진 유리스틱으로부터의 적극적 일탈을 요구한다. 따라서 모든 과학자는 지식생산 과정에서 유리스틱 정합성과 창의성의 균형을 확보해야 한다는 난제에 부딪히게 마련이나, 대부분의 과학자들은 과학행위의 본연적 사회성과 위계적 과학패권구조로 인해 인식의 획일화를 지극히 자연스러운 것으로 받아들임으로써 편안한 집단사고(groupthink)가 보장해 주는 지식생산과정의 안정성을 선호하게 된다.[20] 그러나 파이어아벤트(Feyerabend 1993, 31−32)의 과격하고도 급진적인 주장을 인용하면,

…견해의 만장일치는 엄격한 교회, 공포에 질린 사람들, 탐욕스러운 신화(神話)의 희생자들, 또는 폭군에게 굴복하는 나약한 추종자들에게나 어울리는 것이다. 견해의 다양성은 객관적 지식의 필요조건이다. 그리고 이러한 다양성을 격려하는 연구방법이야말로 인도주의적 사고방식과 어울리는 유일한 방법이다…

파이어아벤트가 언급한 "인도주의적 사고방식"이 과연 어떠한 사유체계를 지칭하는 것인지 명백하지 않지만, 방법론적 교조에 따른 인식의 폐쇄성과 억압성을 타파할 때 비로소 과학적 창조성이 표출될 수 있다는 것은 명백한 사실이다. 어떤 유리스틱을 준수한다는 것과 그러한 유리스틱을 지식생산의 유일하고도 절대적인 경로로 간주하는 것은 분명히 구별될 수 있는 과학적 정향이다. 따라서 어떤 과학적 진술을 입증하기 위해 선험적으로 조형된 경험적 인식의 절대성을 인정하는 것은 곧 연구 프로그램의 분석규준을 결코 버릴 수 없는 과학적 신조로 받아들이는 것과 다르지 않다. 그러나 여타 사회적 규범과 마찬가지로, 과학적 규범(scientific norm) 역시 과학행위가 전개되는 고유한 역사문화적이자 정치적 지각 위에서 그 타당성이 상대적으로 정당화되며, 따라서 가변성을 담지하고 있다는 점에 주목해야 한다. 현대정치학에 있어서 한때 강력한 호소력과 흡인력을 발휘했던 구조주의적 실재론(struc-

20 과학적 집단사고의 생성경로에 관해서는 김웅진(2013)을 참조할 것.

tural realism)이 경험과학적 연구 프로그램에 떠밀려 급격히 약화된 '과학적 이유'를 찾을 수는 없다. 연구 프로그램 또는 패러다임의 부침은 앞서 논의한 바와 같이 과학적 논쟁으로 야기되는 전환의 내적 역동만으로는 설명되지 않기 때문이다. 연구 프로그램의 전환과 부침은 과학패권이 과학사회 내에서 어떻게 배열되고, 또 견지하고 있는 분석시각이 어떠한 과학외적 후원과 지지를 획득하는가에 따른 사회적 현상인 것이다.

요컨대 과학행위가 과학 이데올로기, 강압적이자 배타적인 과학적 규범에 따라 제어될 때 과학은 인간성의 창조적 구현이라는 본연의 목표를 결코 달성할 수 없다. 또한 경험과학적 정치학연구가 엄정한 경험적 근거를 기반으로 인간성의 극대화를 보장해 줄 수 있는 정치기제와 정치질서의 처방을 지향한다 할 때, 정치현상에 대한 경험적 인식의 경로가 특정한 유리스틱에 따라 폐쇄되어서는 안 된다. 바꾸어 말해서, 특정한 유리스틱에 따른 경험적 인식의 선험적 조형방식이 수많은 대안 가운데 하나일 뿐이라는 의식, 즉 '달리 생각할 수 있는 길'이 얼마든지 존재할 수 있다는 다원주의적 사고가 지식생산과정에서 창조성과 유리스틱 정합성 간의 균형을 도모할 수 있는 길을 열어준다고 말할 수 있다. 요컨대 인식과 사유의 방법론적 경로라는 측면에서 확보된 과학민주주의의 관념(Kitcher 2001; 김웅진 2009)이 현대정치학의 연구 프로그램 속에 확립될 때 "의도적 인간행위"(Cunningham 1988, 365)로서의 과학행위를 통한 정치적 세계의 창조적 재구현이 이루어질 것으로 기대된다.

참고문헌

김웅진. 2009. 『과학패권과 과학민주주의』. 서울: 서강대학교출판부.

______. 2013. "집단사고로서의 연구방법론: 과학적 지식의 탈과학적 구성경로." 『21세기 정치학회보』 23집 3호, 45–60.

Alston, W. P. 1986. "Concepts of Epistemic Justification." In P. K. Moser, ed. *Empirical Knowledge, Readings in Contemporary Epistemology*, 23–53. Totowa: Rowman & Littlefield.

Ayer, A. J. 1952. *Language, Truth, and Logic*. New York: Dover Publications.

Blalock, H. M., Jr. 1964. *Causal Inference in Nonexperimental Research.* New York: W. W. Norton & Company.

Blaikie, N. 1993. *Approaches to Social Inquiry*. Cambridge: Polity Press.

Bonjour, L. 1986. "Can Empirical Knowledge Have a Foundation?" In P. K. Moser, ed. *Empirical Knowledge: Readings in Contemporary Epistemology*, 95–115. Totowa: Rowman & Littlefield.

Budd, J. M. 1999. "Citations and Knowledge Claims: Sociology of Knowledge as a Case in Point." *Journal of Information Science* 25:4, 265–274.

Cunningham, A. 1988. "Getting the Game Right: Some Plain Words on the Identity and Invention in Science." *Studies in History and Philosophy of Science* 19:3, 365–389.

D'Andrade, R. 1986. "Three Scientific World Views and the Covering Law Model." In D. Fiske and R. Shweder, eds. *Metatheory in Social Science*, 19–41. Chicago and London: University of Chicago Press.

Feyerabend, P. 1993. *Against Method*. London and New York: Verso.

Harré, R. 1970. *The Principles of Scientific Thinking*. London: Macmillan.

Hempel, C. 1965. *Aspects of Scientific Explanation: And Other Essays in the Philosophy of Science*. New York: The Free Press.

Kaplan, A. 1998. *The Conduct of Inquiry: Methodology for Behavioral Science*. New Brunswick: Transaction Publishers.

Keat, R. and J. Urry. 1975. *Social Theory as Science*. London: Routledge & Kegan Paul.

Kincade, H. 1996. *Philosophical Foundations of the Social Sciences*. New York: Cambridge University Press.

Kitcher, P. 1994. "Contrasting Conceptions of Social Epistemology." In F. F. Schmitt, ed. *Socializing Epistemology: The Social Dimensions of Knowledge*, 111–134. Lanham: Rowman and Littlefield.

________. 2001. *Science, Truth, and Democracy*. New York: Oxford University Press.

Knorr–Cetina, K. 2009. "The Fabrication of Facts: Toward a Microsociology of Scientific Knowledge." In N. Stehr and V. Meja, eds. *Society and Knowledge: Contemporary Perspectives in the Sociology of Knowledge & Science*, 175–195. New Brunswick and London: Transaction Publishers.

Kuhn, T. 1970. *The Structure of Scientific Revolutions*. Chicago: University of Chicago Press.

________. 1977. *The Essential Tension: Selected Studies in Scientific Tradition and Change*. Chicago and London: University of Chicago Press.

Lakatos, I. 1978. *The Methodology of Scientific Research Programmes*. Cambridge: Cambridge University Press.

Laudan, L. 1984. *Science and Values: The Aim of Science and Their Role in Scientific Debate*. Berkeley · LA · London: University of California Press.

McGaw, D. and G. Watson. 1976. *Political and Social Inquiry*. New York: John Wiley & Sons.

McMullin, E. 1987. "Scientific Controversy and its Termination." In H. T. Englehardt, Jr. and A. L. Caplan, eds. *Scientific Controversies*, 49–91. Cambridge: Cambridge University Press.

Moser, P. K. 1986. "Empirical Knowledge." In P. K. Moser, ed. *Empirical Knowledge: Readings in Contemporary Epistemology*, 3–19. Totowa: Rowman & Littlefield.

Nagel, E. 1961. *The Structure of Science: Problems in the Logic of Scientific Explanation*. London and Henley: Routledge & Kegan Paul.

Pinch, T. 1985. "Theory Testing in Science–The Case of Solar Neutrinos: Do Crucial Experiments Test Theories of Theorists?" *Philosophy of the Social Sciences* 15, 167–187.

Popper, K. 1959. *The Logic of Scientific Discovery*. New York: Basic Books.

________. 1972. *Objective Knowledge, An Evolutionary Approach*. Oxford: Clarendon Press.

________. 1988. *The Open Universe: An Argument for Indeterminism*. London and New York: Routledge.

________. 1994. *Knowledge and the Body-Mind Problem: In Defence of Interaction*. London and New York: Routledge.

________. 1996. *Conjectures and Refutations: The Growth of Scientific Knowledge*. London and New York: Routledge.

제4장 사회과학적 개념의 방법론적 경직성: 국소성과 맥락성의 의도적 훼손*

1. 서론: 개념의 방법론적 요건과 문화적재성

사회과학연구, 특히 경험과학연구의 방법론적 시각에서 볼 때, 개념의 엄밀한 지칭성은 적용의 외연적 구획뿐만 아니라 그러한 구획 내로 포괄될 경험적 정보의 내역을 규정한다는 측면에서 진술의 과학성을 보장해 주는 필요조건이다. 개념의 모호한 지칭성은 적용범주의 자의적 이완이나 개방을 야기함으로써 진술의 명료성을 훼손하고, 더 나아

* 2016년 1월 30일 발간된 『국제지역연구』(한국외국어대학교 국제지역연구센터) 제19권 4호에 게재된 논문을 수정·보완한 것임.

가 생산된 진술들 간의 체계적 연계성과 상호축적성 상실을 야기하기 때문이다. 즉, 지칭영역을 수시로 잡아 늘이거나 줄일 수 있는 '고무줄 개념'은 결코 과학적 진술의 구축단위가 될 수 없으며, 이에 따라 엄밀한 지칭성에 근거한 체계적 함의(systematic import)[1]야말로 개념이 갖추어야 할 가장 중요한 방법론적 요건의 하나로 간주되고 있다. 요컨대 "좋은 개념(a good concept)"은 "명백한 지시항(identifiable referent)과 더불어 〔이론적·방법론적〕 중요성을 고루 갖추어야 하며," 어떤 개념의 효용성은 그러한 개념을 포함한 통칙(법칙)의 수가 많아질수록 증대된다고 본다(Brodbeck 1968, 8)[2]. 바꾸어 말해서, 개념은 그것을 동원한 개별적 진술의 실타래들을 서로 엮을 수 있는 "매듭(tying knots)"의 역할을 수행해야 한다는 것이다(Hempel 1966, 169).

그러나 "어떤 개념의 정의는 정의하는 이가 내린 바로 그것"[3]이기 때문에, 진술도구로서의 개념을 구축하는 과정에서 대상에 접근하는 기본적 시각의 선언, 곧 근본적 인식의 영역을 규정하는 맥락정의(contextual definition)는 임의성을 탈피하기 어렵다. 특히 사회과학적 담론에 있어서는 이러한 맥락정의의 임의성이 연구자가 처해 있는 역사문화적 지각, 그리고 그에 대한 관찰자의 고유한 인지구도에 따라 명백하게 노정된다. 즉, 개념정의는 정의자의 현실인식에 입각한 문화적재성(culture-ladenness)을 내포하게 마련이다. 예로서 일제 강점기에 활동한 우리 정

1 혹은 호환성(interchangeability).

2 [ ] 속의 말은 읽는 이의 이해를 돕기 위해 이 글의 필자가 삽입한 것임.

3 "A definition is what the definer says it is." Nachmias and Nachmias(1996), 30.

치학의 선구적 학자 안확(安廓, 1886~1946)이 1923년 회동서관(匯東書館)을 통해 출간한『조선문명사(朝鮮文明史)』속에서 언급한 정당과, 최근 출간된 논문 "한국의 새로운 정당모델: 대안 정당으로서의 유권자정당"에서 정진민 교수(2015)가 언급한 정당은 이들의 저술이 생산되었을 당시의 고유한 역사문화적 상황에 대한 인식의 상이성으로 인해 개념상의 체계적 연계성을 상실하고 있을 가능성이 매우 높다. 사회과학적 개념은 본질적으로 역사문화적 산물로서, 특정한 사건이나 상황의 전개양상이 표출한 속성을 탐지하여 선별적으로 일반화한, 즉 교차사례적 적용성을 지닌 속성만을 요약한 도구(summary device)인 것이다. 그러한 측면에서 사회과학적 개념들은 구축과정에 있어서 역사적 우발성(historical contingency)과 사후성을 탈피할 수 없다고 판단된다. 이처럼 고유한 역사문화적 역동의 소산으로 조성되는 개념을 이용(移用)할 경우, 즉 애당초 개념이 생성된 문화적 지각과 크게 다른 상황으로 '멀리 가져다 억지로' 적용하려 시도할 때, 그 지칭성이 필연적으로 재구성되어 개념의 변용(變容) 현상이 노정되거나 본래의 지칭성이 축소·과장·왜곡될 가능성이 매우 높다. 개념의 변용은 이미 오래 전 사토리(G. Sartori)에 의해 지적된 이래 누차 거론된 "개념 확장(conceptual stretching)"에 따른 보편개념의 경험적 지칭성 상실(경험적 공허성)이라는 문제점을 넘어서서 (Sartori 1970; Collier and McMahon 1993), 애당초 존재하지 않는 현상을 단지 관념적으로 주조(鑄造)함으로써 '유령(幽靈) 개념'을 생산할 수 있다는 또 하나의 이론적·방법론적 문제점을 야기할 수 있다고 본다. 이 간략한 방법론적 담론은 ① 사회과학의 분석규준이 상정하고 있는 개념의 엄밀한 지칭성, 곧 방법론적 경직성이 실제 연구에서 있어서 의도적으로 이완 혹은 변용되는 경로를 몇 가지 극단적 사례를 통해 추적해 보고, ② 그러한 경로를 통해 개념적 환상을 추동하는 지식생산행위의 탈과학적·정치적 역동을 논의한 후 ③ 마지막으로 사회과학(정치학)연구에 있어서 개념의 변용을 피할 수 있는 한 가지 전략으로서 개념지형의 재구축 방향을 제시하기 위해 작성된 것이다.

2. 과학적 개념의 지칭성과 변용

과학적 개념의 지칭성은 본질적 지칭성(수평적 지칭성, horizontal indication)과 파생적 지칭성(수직적 혹은 경험적 지칭성, vertical indication)으로 구분된다(Kaplan 1998, 73–76). 즉, 개념은 외연적 경계, 곧 앞서 언급한 근본적 인식영역의 선언에 따른 본질적 지칭성과 더불어 각 영역으로부터 연원한 파생적 지칭성 등 두 단계의 지칭성을 명확히 담지해야 하며, 파생적 지칭성은 적용사례에 따라 변이양상을 표출할 수 있다는 것이 통상적인 방법론적 규준이다. 그런데 이러한 규준에 따른 지칭성의 엄격한 조율은 구체적이자 역사적인 실존현상의 투사기제로서 개념의 사용맥락을 방법론적으로 제한할 뿐 아니라, 앞서 언급한 바와 같이 연구의 문화적 지각에 따라서는 실제로 존재하지 않는 현상의 허구적 재구성을 야기할 가능성을 내포하고 있다. 다시 말해서, 쿤(Kuhn 1970, 24)의 비유를 원용하자면 관측대상을 "미리 만들어진 딱딱한 〔개념적〕 상자"[4] 속에 억지로 구겨 넣어 개념과의 상호조응성을 강변하는 방법론적 조작 내지는 개념의 방법론적 변용을 초래할 수 있다(김웅진 2014, 13-18).

개념의 변용은 어떤 파생적(경험적) 지칭성에 상응하는 현상이나 실체를 탐지하여 그것이 연원한 본질적 지칭성의 존재를 단언하는 방식으로 이루어지기 때문에, 제한적인 경험적 징후만을 근거로 개념이 상정하고 있는 지칭성의 구성원리가 액면 그대로 재현될 수 있다고 추론하는 전형적 후건긍정(後件肯定, affirming the consequent)의 논리적 오류에 해당된다고 말할 수 있다(Damer 2001, 150).[5] 모든 개념정의는 지칭성을 평면적으로 나열한 것이 아니라, 그들 간의 고유한 연계 구조를 함축하고 있다. 즉, 개념이 상정하고 있는 개별적 지시항(particular referent)[6]은 지칭대상의 외연적 구획화, 곧 다른 개념과의 차별화를 위한 구조적 질서에 따라 연계된다. 개념을 구성하고 있는 모든 지시항들이 그들을 포괄적으로 통합하는 구조에 따라 특정한 방식으로 정렬되는 것이다(Boynton 1982, 46).

또한 개념은 고유한 역사문화적 배경에 따른 행태적·성향적 기의(記

4 "The preformed and relatively inflexible box." [ ] 속의 말은 이 글의 필자가 추가한 것임.

5 즉, 이는 마치 ① 인간이라면(인간의 본질적 속성, if *p*), 물건을 자유자재로 집을 수 있는 손가락을 갖고 있다(파생적 지칭성, then *q*), ② 따라서 손가락(*q*)을 가진 생명체는 곧 인간(therefore, *p*)이라고 강변하는 것과 다를 바 없다.

6 예컨대 경험과학연구에 있어서 조작지표(operational indicator).

意, signified)와 기표(記表, signifier)를 포괄한 세미오시스(semiosis, 기호작용)[7]의 매체, 곧 기호(sign)로서 작동하기 때문에(Liszka 1996, 29—36; 트라반트 2001, 54—60), 기표로서의 지시항 간의 연계구조는 문화적 코드를 필연적으로 반영한다. 예로서 경험과학적 의회정치연구에 빈빈히 동원되는 개념(기호)인 의회분절(parliamentary fractionalization: *Fp*)은 총의석수(*n*), 원내정당의 수(*Np*), 각 원내정당이 보유하고 있는 의석수(*fi*) 등의 기표를 특정한 수리적 연계구조에 따라 정렬하고 있다(Rae 1967).[8] 여기에서 '원내정당의 수'라는 기표는 구미 의회제 국가의 역사문화적 지각 위에서 '사회균절의 정치제도적 외화'라는 기의를 함의하고 있으며, 또 다른 기표인 '각 원내정당의 의석수' 역시 '제도적으로 외화된 균절 상황 속에서의 협상력 배분'이라는 기의를 담지하고 있다. 따라서 의회 내 권력배분의 변동양상에 관한 인식을 교환[9]하기 위해 구축된 기호(개념)인 의회분절도는 구미 정치사의 전개과정 속에서 ① 사회균절은 의회의 구성을 통해 제도화되었고, ② 그에 따른 의회 내 분파세력 간의 경쟁구도는 의석수에 입각한 협상력에 따라 조정되어 왔다는 문화적재성(문화적 코드)을 지닌 두 개의 기표가 특정한 방식으로 조합된 것이라고 말할 수 있다.

이러한 의회분절 개념은 남태평양 도서국가들, 예컨대 바누아투(Re-

---

7 언어나 개념과 같은 상징(symbol), 도상(icon), 지표(index) 등 다양한 지칭기호를 생성, 해석하고 교류하는 모든 유형의 행위와 과정.

8 $Fp = 1 - \frac{1}{n(n-1)}\sum_{i=1}^{Np} fi(fi-1)$

9 곧 기호작용.

public of Vanuatu)의 의회정치를 인식하는데 적절한 기호가 될 수 없다. 왜냐하면 2015년 현재 총 52석으로 구성된 바누아투 의회는 무려 16개 원내정당이 최소 1석으로부터 최대 8석(바누아쿠 당, *Vanua'aku Pati*)까지 분점하고 있는 극심한 분절양상을 보이고 있으나,[10] 이들은 사실상 영국·프랑스 공동식민통치(British–French Condominium) 하에서 형성된 언어분절 구도에 따라 영어권 세력(Anglophones)과 불어권 세력(Francophones) 등 2개 정치적 연합체로 양분, 통합되어 있기 때문이다(Morgan 2007; 김웅진 2010, 277–279). 따라서 구미문화의 적재성을 지닌 기호인 의회분절의 기의와 기표, 그리고 기표들 간의 구성원리를 구미와 전혀 다른 역사문화적 지각, 사회균절 구도를 지닌 바누아투에 적용하기란 불가능하다.[11]

개념의 파생적 지칭성은 본질적 지칭성을 기반으로 현실세계를 실제로 재단하는데 사용되는 경험적 인지의 칼날일 뿐이다. 다시 말해서,

---

10 Republic of Vanuatu, Parliament of Vanuatu (https://parliament.gov.vu/index.php/2015-01-20-00-02-35, 검색일: 2015. 09. 25).

11 파생적 지칭성만을 근거로 한 개념의 변용은 비단 과학적 연구뿐만 아니라 일부 정치사, 정치사상 연구의 경우에도 탐지된다. 예컨대 19세기의 조선 실학자 최한기(崔漢綺)의 저술 『지구전요(地毬典要)』와 『인정(人政)』에 반영된 "서구 민주정에 대한 인식"을 논의한 연구는 이미 개항기 이전 조선에 민주주의의 관념이 생성되었다고 주장한다. 즉, 최한기가 "공회소(公會所)", 곧 영국 의회뿐만 아니라 미국의 대통령제와 선거제를 상세히 기술하는 가운데 서구의 정치체제 전반을 긍정적으로 평가했으며, 유가적 군주정을 가장 적절한 조선의 정치적 대안으로 제시했음에도 불구하고 "군주정과 민주정이라는 상이한 정치체제의 공존"을 인정했다는 것이다(안외순 2001, 67). 그러나 구미식 민주주의 정치기제(파생적 지칭성)에 대한 긍정적 평가가 그러한 기제가 연원한 민주주의 개념의 본질적 지칭성을 수용했다는 근거가 될 수는 없다.

사회과학적 진술이 개념적 구도를 통해 재단된 경험적 현실의 편린들을 일정한 방식으로 연결해 현실세계를 압축적으로 재구성한 진술이라 할 때, 단지 어떤 칼날로 자른다 해서 현실세계가 그 위에서 작동하는 역사문화적 지각의 성격에 따라 규정되는 본질적 지칭성까지 재구성되는 것은 아니다. 개념적 인지의 날은 그것이 적용될 수 있는 문화지형의 특정 영역 내에서 사용되어야 한다.

요컨대 사회과학의 이론적·경험적 연구에 동원되는 모든 개념은 실제로 전개된 사회적 역동의 소산으로서, 고유한 역사문화적 성격을 필연적으로 내포한다. 즉, 개념은 현실세계의 표출양상에 대한 선별적 인식의 진술도구로 구축되기 때문에 문화적재성을 결코 탈피할 수 없다. 또한 이처럼 구축된 개념의 일부는 현실세계의 이념적 정당화와 재구성을 지향한 사회동원의 구호로서 채택되기도 한다. 예로서 '민주주의'는 수 세기에 걸친 서구사회의 변동과정에서 봉건 경제체제의 점진적 몰락과 자본주의 경제체제로의 전환이 야기한 갈등을 해결하기 위해 고안된 정치기제와 절차를 서술하기 위한 '사실적 개념'이며, 일단 구축된 후에는 그러한 정치권력의 제도적 배열방식을 정당화하기 위한 이념적 슬로건으로 널리 동원되어 왔다는 사실을 부정할 수 없다.

바로 여기에서 사회과학연구의 개념 적용이 함몰될 수 있는 오류, 특히 무분별한 짝짓기(matching)의 위험성을 강조할 필요가 있다. 앞서 논의한 바와 같이 개념의 본질적 지칭성은 지극히 고유한 역사성 내지는 문화적재성에 따라 설정된다. 그런데 특정한 사회문화적 지각 위에서 조형된 개념의 파생적 지칭성과 상응하는 현상이 지각을 달리하는 사회에서 탐지된다 해서, 즉 양자를 '짝지을 수 있다' 해서 개념의 교차사례적·보편적 적용성이 확보되는 것은 결코 아니다. 즉, 상이한 두 가지 역사문화적 지각 위에서 동일한 민주주의 개념의 파생적 지칭성(제도적 기제와 절차)이 탐지된다 해서 이들이 동일한 민주주의 개념의 본질적 지칭성이 외화된 것이라 단정할 수는 없다.

이처럼 어떤 개념의 파생적 지칭성만을 칼날로 삼아 현실세계를 재단한다면 애당초 존재하지 않는 현상의 개념적 신기루(conceptual mirage)가 노정될 가능성이 매우 크다. 그렇다면 사회과학의 개념적 변용은 어떤 경로를 통해 이루어지며, 왜 그러한 변용현상이 확산될 수밖에 없는가? 개념의 방법론적 경직성이 변용의 가능성을 애당초 내포하고 있는 것이 아닌가? 혹 개념적 변용은 과학사회 내에서 전개되는 탈과학적, 정치적 역동의 소산이 아닌가? 이러한 의문에 대한 답을 찾기 위해 우선 민주주의 개념의 극단적 변용사례로 간주되는 남태평양 도서 국가들의 정치적 역동에 대한 연구를 변용의 맥락과 양상이라는 측면에서 해체해 보기로 한다.

3. 개념의 극단적 변용양상과 맥락: '남태평양 민주주의' 연구의 사례

민주주의 개념의 극단적 변용은 남태평양 도서국가들과 같이 식민통치에도 불구하고 토착패권질서를 성공적으로 유지해 온 비서구사회의 정치적 역동에 관한 연구에서 명백하게 노정되고 있다. 예로서 1962년 1월 독일과 뉴질랜드의 연속적 식민통치로부터 독립한 사모아(Independent State of Samoa)[12]의 지위정치(title politics), 곧 위계적 족장패권에 따라 의회정치기제가 배타적으로 운영되는 정치질서는 수천 년에 걸쳐 강고하게 자리 잡은 토착신념체계인 파마타이(*fa'amatai*, 족장의 길)의 현대적 재현으로 간주된다(김웅진 2012). 즉, 사모아의 정치질서는 토착패권에 대한 구미식 민주주의 기제의 절차적 순응성(procedural conformity)을 명백하게 노정하고 있으며, 이에 따라 독립 이후 오늘날에 이르기까지 단지 마타이(*matai*, 족장)에게만 입후보권과 피선거권을 부여하는 소위 '사모아식 민주주의(Samoan democracy)'가 유지되고 있다.

남태평양 연구자들, 특히 현지 사회과학자들과 사학자들은 이러한 사모아 정치질서의 '민주성'을 상당히 흥미로운 역사적 근거로서 강변하고 있다. 예컨대 파나피 레 타갈로아(Fana'afi Le Tagaloa 1992, 117–118)는 사모아 정치질서의 민주성을 사모아 전통사회에 "실질적으로 평민이 존재하지 않았다"는 사실에서 찾고 있다. 즉, 파마타이에 따르면 "모든 사모아인은 그가 속한 아이가포토포토(*aigapotopoto*, 대가족 내지 씨족)를 이끄는 족장의 자녀"이기 때문에 누구든 족장의 지위를 계승할 자격을 갖고 있었고, 또한 족장은 가족을 충실히 돌보는 이해관계의 대변인이

---

12 구(舊) 서사모아(Western Samoa). 사모아는 1889년 독일, 미국, 영국 간의 삼국협정(Three Power Act)에 따라 양분되어 동사모아(Eastern Samoa)는 미국의, 그리고 서사모아는 독일의 식민통치(1889~1914)를 받게 되었고, 서사모아는 1914년 독일이 철수함에 따라 1962년 독립할 때까지 뉴질랜드 보호령이 됨.

기 때문에 비록 정치적 패권을 독점한다 해도 민주주의 정치질서에 반하는 것이 아니라는 것이다. 이러한 견해는 패권의 개방성을 규정하고 있는 파마타이와 독립 후 새롭게 도입된 의회정치기제가 결코 상충하지 않으며, 따라서 파마타이에 순응하고 있는 현대 사모아의 정치질서는 분명 민주성을 갖는다는 민주주의 개념의 사모아적 변용에 근거한 것이다. 다시 말해서, 정치권력에 대한 접근경로의 개방성이라는 민주주의 개념의 파생적 지칭성을 근거로 현대 사모아 정치질서의 '본연적 민주성'을 도출하려는 전형적인 개념적 변용에 해당된다고 말할 수 있다.

앞서 잠시 언급한 바누아투의 정치적 역동에 관한 연구 역시 민주주의 개념의 변용을 여실히 보여준다. 예로서 더글러스(Douglas 1998, 228)는 바누아투에 "상황종속성, 맥락성과 확산성(situational and contextual, diffused)"을 지닌 리더십이 수백 년에 걸쳐 유지되어 왔음에 따라 토착 정치질서가 애당초 민주성을 담지하고 있었다고 주장한다. 또한 볼튼(Bolton 1999, 1–2)은 바누아투에 돼지도살 등 전통의례의 각 단계에서 발휘하는 능력에 따라 상향이동이 허용된 유연한 신분구조가 형성되어 있었고, 리더십이 "지극히 취약하며 수시로 변하는 촌락민의 지지(very fragile, highly dependent upon ongoing community support)"에 의존하고 있었기 때문에 "능력에 입각한 개인적 정당성(personal legitimacy)"을 기반으로 한 패권질서가 형성되었다고 주장한다. 즉, 이들은 이러한 역사적 사실, 곧 리더십과 신분구조의 가변성 및 유연성이라는 파생적 지칭성만을 근거로 오늘날 카스톰(*kastom*),[13] 곧 전통의 복원을 강조하는 바누아투의 정치질서가 민주적 성격을 본질적으로 내포하고 있다고 본다.

국왕과 귀족(족장세력)의 배타적 토착패권이 헌정질서를 통해 정당화되고 있는 입헌군주국 통아(Kingdom of Tonga)[14]의 정치질서에 관한 연구 역시 민주주의의 개념적 변용을 노정하는 또 하나의 사례에 해당된다. 예로서 "통아가 민주주의 벌레에 물렸다(*Democracy bug bites Tonga*)"는 현지학자 헬루(Helu 1992, 139)의 풍자(諷刺)는 의회, 복수정당제 등 민주주의 정치기제가 패권에 대한 절대복종을 규정한 토착규범인 파카파파(*fakaapaapa*)에 따라 운용되는 통아식 정치질서의 역사문화적 정당성에 대한 확신을 시사하고 있다. 다시 말해서, 이들에게 있어서 민주주의 기제는 파카파파의 또 다른 역사상황적(현대적) 운용기제일 뿐이며, 비록 그러한 기제의 본연적 성격이 파카파파와 상치된다 하더라도 그 정치사회적 여파는 기껏해야 '벌레에 물린 정도'로 미미하다는 것이다.

파카파파에 따르면, 귀족계급은 초자연적 힘 마나(*mana*)를 받아 애당초 지도자로 점지되었고, 사후에도 생전에 어떤 일을 했든 상관없이 극락(폴루토, *poluto*)으로 들어가기 때문에 용맹성·전장에서의 대담성·늠름함·권위 등 네 가지 덕목[15]을 지키는 한 모든 윤리적, 도덕적 제약으로부터 자유롭다(Lawson 1996, 113–114). 반면 평민은 복종·충성·토지사랑·선한 행실[16] 등 역시 네 가지 규범을 엄격히 준수해야 할 뿐 아

13 'Custom'의 바누아투어 표기.

14 한국에서는 흔히 "통가"라 칭하나 "통아"가 바른 발음표기임.

15 토아(*'toa*)·파아(*fa'a*)·피에에이키(*fie'eiki*)·피에풀레(*fiepule*).

16 탈란고푸아(*talangofua*)·마테아키(*mateaki*)·오파 포누아(*'ofa fonua*)·안가레레이(*angalelei*).

니라, 생전에 아무리 선한 삶을 산다 해도 사후에는 예외 없이 '흙 먹는 벌레(카이난게포누아, *kainangaefonua*)'로 변하기 때문에 통아사회의 계급위계는 운명적, 종교적 도그마에 기반을 둔 강고성과 안정성을 유지할 수 있었다. "귀족의 절대적 권위에 대한 평민의 무조건적 복종이 사회윤리적 측면에서 당연하고도 적절한 행위"로 간주됨으로써 현대판 절대왕권과 계급위계가 별다른 국민적 저항 없이 헌정질서로서 제도화된 것이다(김웅진 2011, 268). 그럼에도 불구하고 남태평양 연구자들은 통아의 '민주화 과정'을 거론하고 있다. 즉 이들은 현존 권력배열구도의 역사문화적 정당성을 인정하면서, 1970년대에 극히 소수 지식인에 의해 시작된 민주화 운동의 구호에 상응하여 경제사회적 불평등 완화와 사회적 부패척결에 대한 정부의 책임성 확대를 민주화의 결정적 징후로서 포착하고 있다(Helu 1992, 145–149; Lawson 1996, 101–108). 요컨대 이들은 책임정부의 존재(민주주의 개념의 파생적 지칭성)를 곧 민주성의 핵심적 표징으로 제시한다. 또한 게일리(Gailey 1987, 322)는 '통아식 민주주의'를 토착패권을 유지하는 가운데 "문명화된 국가로부터 (정당성을) 인정받아 안정된 독립국가로 존속할 수 있도록 하는 제도적 장치"로 간주했으며, 이에 따라 민주주의를 그 본질적 지칭성을 고려하지 않은 정치공학적 개념으로 받아들이고 있다.

이처럼 남태평양 정치질서에 관한 연구에서 노정되고 있는 민주주의 개념의 변용은 파생적 지칭성의 일부와 정치제도 간의 짝짓기를 통해 교집합을 찾아내는 방식을 취하고 있다. 의회, 선거제도나 책임정부의 존재 등 제도적 측면에서 상정되는 민주주의 개념의 파생적 지칭성과 지극히 남태평양적인 토착패권구도의 부분적 상응성을 과장함으로써 '남태평양 민주주의'라는 환상을 조성하여 상호 이질적인 역사문화적 지각과 정치사회적 원리의 개념적 융융을 시도한 것이다. 남태평양 지역의 정치질서는 엄정한 민주주의 개념의 본질적 지칭성에 비추어 볼 때 결코 민주성을 담지하지 않고 있는 것이 명백하나, 그럼에도 불구하고 이들이 '남태평양 민주주의'의 관념을 애써 강변하는 이유는 무엇인가? 카플란(Kaplan 1998, 11)의 은유 "취객의 탐색(drunkard's search)"을 차용해 본다면, 애당초 존재하지 않는 민주주의 개념의 본질적 지칭성을 파생적 지칭성이라는 가로등 불빛 아래에서 '억지로 찾으려' 함으로써 실제로 전개되고 있는 경험적 현상이 지닌 고유성과 국소성(locality)을 의도적으로 훼손한 이유는 무엇인가? 왜 남태평양의 고유한 정치적 역동에 민주주의라는 개념적 외관(conceptual façade)을 덧입히려 한 것인가? 이러한 논리적 억측은 모든 사회과학자들이 탈피할 수 없는 위치적 구속성과 그로 인한 "인지습성(habit of mind)"[17]의 소산이 아닌가?(Margolis 1993, 7–8; 김웅진 2009, 31–34)

17 현상을 "특정한 방식으로만(in particular ways)" 인지하는 과학적 집단습성, 곧 유리스틱에 대한 "견고히 구축된 무의식적 (수용)반응(entrenched responses that ordinarily occur without conscious attention)"을 지칭.

4. 사회과학자의 위치성, 인지습성과 개념의 관용(慣用)

사회과학적 담론의 진행과정에서 이루어지는 개념의 관용은 연구자의 과학적 정향을 결코 벗어날 수 없으며, 이러한 정향은 과학사회 내에서 연구자가 지닌 영향력의 상대적 위치성, 곧 특정한 연구전통(research tradition)[18]이 견지하고 있는 과학패권의 위계질서 속에서 획득한 위상에 따라 결정된다. 바로 그러한 과학적 위치성이 개념적 변용을 추동하는 요인 가운데 하나라고 볼 수 있다. 왜냐하면 어떤 과학자도 자신이 속한 연구전통으로부터 자유롭지 못하기 때문이다. 과학적 위치성은 연구전통이 제시하고 있는 유리스틱(heuristic)[19]에 대한 순응의 표징으로서, 개념의 구축과 선정을 포함한 과학적 진술의 모든 생산과정 속에서 명백한 인지습성으로 노출된다. 바꾸어 말해서, 이론적·방법론적 인지습성에 함몰된 대부분의 과학자들은 연구전통이 장기간에 걸쳐 구축해 온 개념의 지칭성을 함부로 변경하거나 훼손할 수 없는 것으로 간주하게 마련이다. 즉, 비단 개념뿐만 아니라 연구전통의 "핵심세력(core set)"[20]이 제시한 모든 분석기제에 대한 순응과 추종이 과학행위의

---

18 "연구영역의 실체와 과정, 연구문제를 탐색하고 이론을 구축하는데 사용되는 적절한 방법에 대한 일반적 가정"을 획일적으로 수용하고 있는 과학공동체. Laudan(1978), 81.

19 "강력한 문제풀이 기제(a powerful problem-solving machinery)," 즉 특정한 연구프로그램(research programme, 혹은 연구전통) 내에서 과학적 적실성과 정당성이 인증된 이론적, 방법론적 협약과 절차. Lakatos(1986), 4-6.

20 과학사회 내에서 연구문제와 유리스틱을 주도적으로 창출하고, 그러한 유리스틱에 따른 과학행위를 관장함으로써 지식생산을 패권적으로 통제하는 소규모 지배집단.

일상적 규범으로 간주됨으로써(Brown 1988, 101–106) 개념의 교조적 수용현상이 노정된다고 말할 수 있다. 제도주의적 연구전통을 충실히 따르고 있는 정치학자라면 누가 레이프하트(Lijphart 1999)의 "웨스트민스터 민주주의 모델(Westminster model of democracy)" 혹은 "합의제 민주주의 모델(consensus model of democracy)" 개념을 함부로 훼손하려 하겠는가?

개념의 교조적 수용과 그에 따른 관용은 인증된 과학행위의 분석규준을 충실히 따르고 있는 과학자들 간에 상호동화의 집단역동이 전개될수록 더욱 확산된다(Forsyth 1990, 2–23; 김웅진 2009, 34). 이러한 상호동화는 더 나아가 과학적 집단사고(groupthink)의 형성을 촉진으로써 이미 구축된 개념의 적실성에 대한 의문의 표명이나 반론 제기를 스스로 제어하는 자기검열(self–censorship)과 합의추구(concurrence–seeking)의 심리적 역동을 야기한다(Janis 1982, 242–259; 김웅진 2013, 48–50). 특히 풀러(Fuller 2000, 45)가 언급한 "거대 과학(Big Science)", 곧 지식생산행위의 보편적 준거를 제시함으로써 강력한 과학패권을 행사하고 있는 연구전통의 지식생산과정[21]에서 개념에 대한 논의가 대부분 새로운 파생적 지칭성(경험적 지시항 혹은 조작지표)에 관한 논의에 제한되는 것은 바로 그러한 집단사고의 역동에서 기인한 현상이라고 볼 수 있다. 즉, 개념의 교조적 수용은 "거대 과학"의 구성원들이 집단사고를 통해 스스로를 과학패권의 대행자로 간주하는 대리인 의식(agentic state)을 공유하게 됨

21 혹은 쿤(Kuhn 1970, 1977)의 정상과학연구(normal research).

으로써 노정될 가능성이 높다(Milgram 1974, 145–146). 예로서 어떤 정치학자가 사토리(Sartori 1976)의 "정당체계(party system)" 개념을 수용하는 이유는 그러한 개념이 전반적 정당연구에서 발휘해 온 영향력을 대리 행사하여 자신의 주장이 지닌 정치학적 적실성과 타당성을 뒷받침하려는 의도 내지 심리적 욕구의 소산일 수 있다. 이러한 측면에서, 견해와 주장의 타당성을 확보하기 위해 빈번히 이루어지는 개념의 인용은 과학체계의 안정화, 강한 과학의 구축에 요구되는 집단사고의 외화, 곧 과학정치(김웅진 2009, 13)[22]의 한 가지 징후에 해당된다.

요컨대 개념을 포함한 분석기제와 규준의 적실성에 대한 연구전통 내의 합의는 조밀하고도 효율적인 방법론적 네트워크와 매체를 통해 개별 과학자의 지식생산과정에 침투하여 비단 근본적 지칭성의 영역뿐만 아니라 파생적 지칭성의 규정에 있어서도 접근구도의 획일화, 곧 개념의 관용을 초래한다. 이러한 맥락에서, 앞서 살펴본 개념의 변용사례들은 과학적 적실성이 인증된 개념에 대한 집착, 바꾸어 말해서 개념의 지칭성을 훼손하지 않으려는 방법론적 순응의 결과라고 볼 수 있다. 이는 물론 개념 자체를 보호하기 위한 것이지만, 개념의 안정성을 확보함으로써 통칙이나 분석모형의 안정성, 더 나아가 유리스틱 자체의 적실성을 보호하려는 측면도 갖고 있다. 개념의 변용은 현실세계를 유리스틱의 틀 속으로 유인하려는 의도, 특정한 유리스틱을 통해 현실세계를 논리적으로 재구성하려는 의도의 소산인 것이다.

22 과학적 지식생산의 정향과 경로를 제어하는 과학패권의 형성, 배분과 전개과정.

"… 인지습성이 변화하지 않는 한 패러다임(유리스틱)을 엄정히 준수하는 정상과학 연구(normal research)가 흔들리지 않고 지속되며, 이에 따라 "특정한 방식"으로 수렴된 경험적 인식을 공유하는 과학자들 간의 사회적 유대가 강화되어 이른바 '학파(school)'의 생성을 야기하는 강력한 방법론적 연대망(methodological network)이 형성된다고 볼 수 있다. 이러한 방법론적 네트워크는 〔개념구축을 포함한〕 경험적 인식의 조형을 끊임없이 유도함으로써 연구대상을 동일하게 바라보는 인지습성을 재생산하는 과학 공동체의 사회적 결속기제로서 작동한다 …"(김웅진 2014, 18)[23]

이러한 의도는 앞서 논의한 개념의 과학적 요건에 대한 사회과학방법론의 보편적 규준과 맞물려 상이한 현상들의 논리적 균질화(logical homogenization)를 야기함으로써, 연구대상이 담지하고 있는 역사문화적 국소성을 방법론적으로 소거하게 만든다. 물론 현상의 서술은 "잠재적으로 무한(potentially open)"하기 때문에(Boynton 1982, 50) 서술도구의 선택 역시 개방되어 있다고 볼 수 있다. 그러나 오늘날의 사회과학연구에 있어서 서술의 개방성은 주어진 목록, 인증된 목록 속에서 도구와 방식을 택해야 한다는 제한조건 하에서 허용될 뿐이다. 이는 마치 어떤 풍경을 그리려 하든 상관없지만, 그림의 성격 자체는 반드시 수묵화(水墨

23 [ ] 속의 말은 이해를 돕기 위해 이 글의 필자가 추가한 것임.

畵) 혹은 유화(油畵)여야 한다는 것과 다름없다. 수묵화로 그린다면 남태평양 도서국가 피지(Fiji) 데나라우 항(Port Denarau)의 모습이 역시 수묵화로 묘사한 한국 속초항과 다를 바 없다고 강변하는 셈이다.

개념의 변용과 개념적 허상을 초래하는 또 하나의 요인은 연구자가 견지하고 있는 문화적 위치성이라고 말할 수 있다. 즉, 사회과학적 개념은 개념의 구축자 또는 사용자를 규범적으로 계도하는 과학사회의 문화적 성격을 필연적으로 노정하게 된다. 왜 한 조선 실학자의 정치적 견해를 논의하며 굳이 '민주주의'를 거론하는가? 그 본질에 있어서 분명 비민주적인 남태평양의 정치질서, 제도적 외관으로 포장된 반민주적 정치질서와 민주주의 개념을 애써 짝지으려는 이유는 무엇인가?

사회과학자(정치학자)가 발을 딛고 있는 문화적 지각은 그에 상응하는 연구문제의 영역을 제시하게 된다. 다시 말해서, 사회과학연구는 사회의 문화적·이념적 조류와 결코 유리될 수 없기 때문에 연구문제의 적실성 내지 과학적 연구의 풍조(scientific esprit)는 문화적 역동에 따라 상대적으로 결정된다. 현대정치학 연구는 최근에 이르기까지 국내외를 불문하고 '민주화', '민주성', '민주주의로의 이행' 등 민주주의 개념을 중심으로 전개되어 왔다고 말할 수 있다. 즉, 거의 모든 연구 아젠다가 '민주주의 덫'에 빠져있다 해도 과언이 아니다. 그러나 여기에서 '민주주의 덫'이 지니는 과학적·탈과학적(정치사회적) 적실성을 평가할 필요는 없다. 왜냐하면 그것이 바로 정치학자들이 처해 있는 문화적 현실이기 때문이며, 이에 따라 어떤 정치질서, 어떤 정치적 역동이든 민주주의와의 관련성, 민주주의 개념의 지칭성과의 상응성을 중심으로 논의될 수밖에 없는 것이다. 이러한 맥락에서, '민주주의 덫'에 사로잡힌 정치학자들이 민주주의의 본질적 지칭성이 애당초 적용될 수 없는 정치사회 속에서 민주주의의 개념적 허상을 애써 구축하려 시도한다 해도 그다지 놀라운 일이 아니다.

5. 결론: 개념지형의 재구축 – '비정상성'의 탐색

개념을 포함해 사회과학적 소통에 동원되는 모든 매체들은 적용의 대상과 맥락에 따라 유연한 지칭성, 또는 원형을 벗어난 변이성을 노정할 수 있다. 즉, 서술대상의 역사문화적·교차사례적 가변성으로 인해 개념의 원형적 지칭성이 액면 그대로 적용되기는 어렵고, 대부분의 경우 애당초 상정된 지칭성에 대한 근접성에 따라 적용적실성이 판단된다. 이는 물론 서술기제로서의 개념이 문화적 지각에 따라 모두 달리 규정되는 고유개념(specific concept)이 되어야 한다는 의미는 아니다. 과학적 연구는 적어도 선택된 연구사례를 교차하여 적용될 수 있는 조건적 보편개념을 요구하기 때문이다. 그러나 바로 이러한 방법론적 요건으로 인해, 그리고 앞서 논의한 연구자의 과학적·문화적 위치성에 따른 개념적 집착으로 인해 연구사례의 형상에 맞추어 개념의 지칭성을 의도적으로 축소하거나 변조하는 개념적 변용, 즉 연구사례가 노정하는 역사문화적 국소성과 맥락성을 의도적으로 훼손하는 현상이 발생한다. 과학적 연구의 방법론적 요건을 충족시키기 위해 개념의 파편화가 노정되는 것이다. 앞서 살펴본 '남태평양 민주주의' 연구들은 이러한 개념적 파편화의 전형적이자 극단적 사례에 해당된다. 다시 말해서, '남태평양 민주주의' 연구들은 개념과 관련된 방법론적 규준을 엄격히 준수하려는 과학적 시도가 동일한 언어적 기표를 지녔으나 서로 다른 기의를 함의하는 기호(개념)들을 생산할 가능성이 크다는 사실을 여실히 보여준다.

이처럼 변용된 개념들은 서론에서 언급한 과학적 개념의 가장 중요한 요건인 체계적 함의를 상실하고 있을 뿐만 아니라, 진술(통칙)의 축적성도 보장해 주지 못한다. 따라서 개념의 변용은 사회과학연구가 함몰되기 쉬운 또 하나의 환상, 즉 통칙들이 지닌 논리적 구조의 단순한 결합을 통해 지식의 지평을 확장할 수 있다는 축적성의 환상을 야기할 가능성이 높다. 방법론적 규준을 엄정히 준수하려는 시도가 낳은 개념의 변용이 오히려 그러한 규준이 상정하고 있는 목표의 달성을 저해하거나, 달성되었다는 환상을 야기하는 '과학적 역설'이 나타나는 것이다. 바로 여기에서 연구대상이 지닌 역사문화적 국소성과 맥락성을 보호하는 동시에 과학적 분석규준을 준수할 수 있는 개념의 구축방식이 무엇인가라는 핵심적 난제가 제기된다. 그러나 이러한 난제의 해결을 위해 기존의 분석규준들을 전면적으로 이완하거나, 연구대상의 고유성에 상응하여 수많은 고유개념들을 구축하는 것은 과학사회의 본질적 역동, 곧 인증된 유리스틱에 대한 순응의 불가피성이라는 지식사회학적 현실을 고려할 때 현실적으로 불가능할 뿐만 아니라 바람직하지도 않다고 본다.

이러한 맥락에서, 개념이 변용을 거치지 않고 적용될 수 있는 사회문화적 영역의 분포도, 곧 개념지형(conceptual map)의 재구성이 요구된다. 물론 이와 같은 개념지형은 이미 기존 비교사회(정치)연구를 통해 제시된 바 있다. 예컨대 아직도 사회과학연구의 주요 분야로 자리 잡고 있는 지역연구는 역사문화적 '지역성'의 군락(群落)과 지리적 군락을 동일시하는 경향을 보이고 있다. 그러나 오늘날 지리적 군락이 더 이상 역사문화적 공통속성(지역성)을 보장해 줄 수 없다는 점은 분명하다. 다양한 사회관계망의 급격한 교차지역적 확산으로 인해 비단 정치적 동질화뿐만 아니라 경제적, 사회문화적 동질화의 분포양상이 지역적 군락과 일치하지 않고 있으며, 사회의 전 영역에 걸쳐 동질화가 진행된 것도 아니기 때문이다. 즉, 지리적 군락과 양상을 달리하는 분절적 동질화가 진행된 동시에, 영역에 따라서는 지역성이 잔존한다고 볼 수 있다. 요컨대 오늘날의 사회문화적 지형과 지리적 지형은 달리 나타나고 있다.

인류학, 사회학연구와 일부 정치학연구가 1960년대~1980년대 초엽에 걸쳐 특정한 정치사회현상의 확산호(擴散弧, diffusion arc)를 추적하려 시도한 것과 같이(Naroll and D'Andrade 1963; Strauss and Orans 1975; Weinstein and Ross 1981; Warwick 1981 등), 어떤 개념의 지칭성을 변조하지 않고 적용할 수 있는 사회문화적 지형을 경험적으로 규명하는 작업은 지난한 일임에 틀림없다. 즉, 방대한 통섭적 사회과학 연구프로젝트를 추진한다 할지라도 개별 연구사례가 노정하는 역사적, 사회문화적 고유성을 세밀히 탐지하여 몇 개의 군락으로 결집하기란 결코 쉽지 않다.

그러나 기존 개념의 지칭항과 상응하지 않는 이례적 속성, 다시 말해서 기존 개념의 인식주형(認識鑄型) 속으로 포괄되지 않기 때문에 의도적으로 소거된 고유속성들을 추적하는 것은 그다지 어려운 일이 아니다. 예컨대 앞서 살펴본 남태평양 도서국가들의 민주주의 제도를 배타적으로 통제하고 있는 족장패권은 원형적 민주주의 개념의 지칭항으로는 결코 서술될 수 없는 이례적 속성에 해당된다.

개념지형의 새로운 구축작업은 이러한 비정상적 속성에 주목해야 한다. 즉, 기존 개념의 지칭항들이 적용될 수 없는 지형을 규명함으로써 아래와 같은 두 가지 이론적·방법론적 소산을 얻을 수 있을 것으로 기대된다. 첫째, 원형적 개념을 액면 그대로 적용함으로써 생산된 통칙의 조건적 상호축적성을 확보할 수 있는 지형을 재확인할 수 있을 것이다. 둘째, 원형적 개념이 적용될 수 없는 일탈영역에 상응하는 집합개념(collective concept)을 새롭게 구축할 수 있다. 즉, 비록 완벽한 일치성이 보장되지 않는다 하더라도 종전에 비해 훨씬 큰 근접성을 지닌 새로운 개념들을 구축함으로써 적어도 특정한 '일탈 지형' 내에서는 개념의 교차사례적 적용성을 확보할 수 있을 것이다. 이처럼 분화된 개념지형이 없다면, 개념적 환영에 입각한 수많은 방법론적 실존이 지속적으로 생산될 뿐이다.

개념지형의 재구축 작업은 또한 "거대 과학", 안정된 과학체계 내에 확산된 개념적 인지습성을 타파함으로써 유리스틱의 보정과 전환을 위한 "본연적 긴장(essential tension)"의 생성을 추동할 수 있다. 연구문제의 목록과 문제풀이 방식이 견고히 자리 잡고 있는 연구전통 속에서는 "기존 지식과 〔과학적〕 신조에 있어서 무언가 잘못되었다(something has gone wrong with the existing knowledge and beliefs)"는 비판의식(Kuhn 1971, 235), 유리스틱의 전환을 위한 창조적 회의가 결코 자연스럽게 노정되지 않는다. 유리스틱의 발전적 전환은 널리 수용된 과학적 분석기제와 규준의 적실성을 철저히 재확인하려는 의도와 더불어, 기존 연구전통에 대한 순응이 보장해 주는 과학적 편안함을 오히려 불편하게 여기는 자기 파괴적 창조성의 동원을 요구하기 때문이다. 과학사는 과학체계의 창조적 전환이 바로 개념을 비롯한 기존의 분석규준을 창출한 연구전통의 주역, 곧 브라운(Brown 1988)이 언급한 "핵심세력"에 의해 달성되었다는 사실을 보여주고 있다. 쿤(Kuhn 1971, 235)의 말을 인용하자면, "〔연구〕전통을 성공적으로 격파하려면 먼저 그러한 전통을 철저히 수용해야 한다."[24]

---

24 The scientist requires a thoroughgoing commitment to the tradition with which, if he is fully successful, he will break.

참고문헌

김웅진. 2009.『과학패권과 과학민주주의』. 서울: 서강대학교출판부.

_____. 2010. "남태평양에 있어서 식민 후 권력배열 재편성: 피지의 '종족정치'와 바누아투의 '언어정치.'"『세계지역연구논총』 제28집 3호, 261-287.

_____. 2011. "남태평양 복종문화의 정치적 변용: 통아(Tonga)의 입헌군주제."『21세기 정치학회보』 제21집 3호, 259-275.

_____. 2012. "사모아의 파사모아(*fa'aSamoa*)와 파마타이(*fa'amatai*): 남태평양 정치질서의 전통적 기반."『국제지역연구』 제16권 4호, 3-21.

_____. 2013. "집단사고로서의 연구방법론: 과학적 지식의 탈과학적 구성경로."『21세기 정치학회보』 제23집 3호, 45-60.

_____. 2014. "사회과학지식의 방법론적 인증: 경험적 인식의 선험적 정당화."『국제정치논총』 제54집 4호, 9-36.

안외순. 2001. "유가적 군주정과 서구 민주정에 대한 조선 실학자의 인식: 惠岡 崔漢綺를 중심으로."『한국정치학회보』 제35집 4호, 67-85.

安自山 著, 李太鎭 校. 1983.『朝鮮文明史』. 서울: 중앙일보사.

安廓. 1923.『朝鮮文明史』. 滙東書館.

유르겐 트라반트 저·안정오 역. 2001.『기호학의 전통과 경향』. 고양: 인간사랑.

정진민. 2015. "한국의 새로운 정당모델: 대안 정당으로서의 유권자정당." 정진민 외.『정당정치의 변화, 왜 어디로』, 43-76. 서울·대구: 형설출판사.

Bolton, Lissant. 1999. "Chief Willie Bongmatur Maldo and the Incorporation of Chiefs into the Vanuatu State." Discussion Papers, Research School of Pacific and Asian Studies, The Australian National University.

Boynton, G. R. 1982. "On Getting from Here to There: Reflections on Two Paragraphs and Other Things." In E. Ostrom, ed. *Strategies of Political Inquiry*, 29–68. Beverly Hills: Sage.

Brodbeck, May. 1968. "General Introduction." In M. Brodbeck, ed. *Readings in the Philosophy of the Social Sciences*, 1–11. London: Collier–Macmillan.

Brown, James R. 1988. "The Experimenters' Social Circle." *Philosophy of the Social Sciences* 18:1, 101–106.

Collier, David and James E. McMahon, Jr. 1993. "Conceptual Stretching Revisited: Adapting Categories in Comparative Analysis." *The American Political Science Review* 87:4, 845–855.

Damer, T. Edward. 2005. *Attacking Faulty Reasoning*. Boston: Wadsworth.

Douglas, Bronwen. 1998. *Across the Great Divide: Journeys in History and Anthropology*. Amsterdam: Harwood Academic Publishers.

Gailey, Christine. 1987. *Kinship and Kingship: Gender Hierarchy and State Formation in the Tongan Islands*. Austin: University of Texas Press.

Fana'afi Le Tagaloa, Aiono. 1992. "The Samoan Culture and Government." In R. Crocombe, et al., eds. *Culture and Democracy in the South Pacific*, 117–138. Suva: Institute of Pacific Studies, USP.

Forsyth, Donelson. 1990. *Group Dynamics*. Pacific Grove: Brooks/Cole Publishing Company.

Fuller, Steve. 2000. *The Governance of Science*. Buckingham and Philadelphia: Open University Press.

Helu, I. Futa. 1992. "Democracy Bug Bites Tonga." In R. Crocombe, et al., eds. *Culture and Democracy in the South Pacific*, 139–152. Suva: Institute of Pacific Studies, USP.

Hempel, Carl. 1966. *Philosophy of Natural Science*. Englewood Cliffs: Prentice Hall.

Janis, Irving. 1982. *Groupthink*. Boston: Wadsworth.

Kaplan, Abraham. 1998. *The Conduct of Inquiry, Methodology for Behavioral Science*. New Brunswick and London: Transaction Publishers.

Kuhn, Thomas. 1970. *The Structure of Scientific Revolutions*. Chicago: University of Chicago Press.

____________. 1977. *The Essential Tension*. Chicago and London: University of Chicago Press.

Lakatos, Imre. 1986. *The Methodology of Scientific Research Programmes*. Cambridge: Cambridge University Press.

Laudan, Larry. 1978. *Progress and Its Problems: Towards A Theory of Scientific Growth*. Berkeley·LA·London: University of California Press.

Lawson, Stephanie. 1996. *Tradition versus Democracy in the South Pacific*. Cambridge: Cambridge University Press.

Lijphart, Arend. 1999. *Patterns of Democracy*. New Haven: Yale University Press.

Liszka, James J. 1996. *A General Introduction to the Semiotic of Charles Sanders Peirce*. Bloomington and Indianapolis: Indiana University Press.

Margolis, Howard. 1993. *Paradigms and Barriers: How Habits of Mind Govern Scientific Beliefs*. Chicago: University of Chicago Press.

Milgram, Stanley. 1974. *Obedience to Authority*. New York: Harper & Row.

Morgan, Michael. 2007. "The Origins and Effects of Party Fragmentation in Vanuatu." In R. Rich, L. L. Hambley, and M. G. Morgan, eds. *Political Parties in the Pacific Islands*, 117–142. Honolulu: University of Hawaii Press.

Nachmias, Chava and David Nachmias. 1996. *Research Methods in the Social Sciences*. New York: St. Martin's.

Naroll, Raoul and Roy G. Andrade. 1963. "Two Further Solutions to Galton's Problem." *American Anthropologist* 65:5, 1053–1067.

Rae, Douglas. 1967. *The Political Consequences of Electoral Laws*. New Haven: Yale University Press.

Sartori, Giovanni. 1970. "Concept Misformation in Comparative Politics." *The American Political Science Review* 64:4, 1033–1053.

______________. 1976. *Parties and Party Systems: A Framework for Analysis*. Cambridge: Harvard University Press.

Strauss, David and Martin Orans. 1975. "Mighty Sifts: A Critical Appraisal of Solutions to Galton's Problem and a Partial Solutions." *Current Anthropology* 16:4, 573–594.

Warwick, Paul. 1981. "Ross & Homer's Problem in Comparative Political Research." *Political Methodology* 7:2, 111–118.

Weinstein, Michael and Marc Ross. 1981. "Galton's Problem and the Role of Theory." *Political Methodology* 7:1, 71–80.

Republic of Vanuatu. 2015. "Parliament of Vanuatu." https://parliament.gov.vu/index.php/2015-01-20-00-02-35(검색일: 2015.9.25.)

제5장 사회과학적 일반화에 있어서 연구사례의 일탈성: 판정맥락과 척도에 관한 방법론적 성찰*

1. 경험과학적 일반화의 사례적재성

경험과학의 유리스틱(heuristic)[1]은 경험적·귀납적 일반화에 따른 인과형 통칙의 도출을 지향하고 있으며, 도출된 통칙이 연역적 논증과정에서 "잠재적 설명력(explanatory potential)"[2]을 갖춘 것으로 판명될 때 연구

---

* 2016년 12월 31일 발간된 『21세기 정치학회보』(21세기 정치학회) 제26집 4호에 게재된 논문을 수정·보완한 것임.

1 "강력한 문제풀이 기제(a powerful problem-solving machinery)," 즉 특정한 연구프로그램(research programme, 혹은 연구전통) 내에서 과학적 적실성과 정당성이 인증된 분석협약과 절차. Lakatos(1978), 4-6.

2 연역법칙적 설명(deductive-nomological explanation)이든 귀납확률적(inductive-statistical

목표가 성공적으로 달성된 것으로 간주한다(Bergman 1968; Keat and Urry 1975, 9–26; Hempel 1965, 412–425). 바꾸어 말해서 경험과학연구의 효용성은 도출된 통칙을 설명항(explanans)으로 상정한 설명의 영역이 확장될 때, 즉 설명항의 논리적·확률적 귀결로 간주될 수 있는 피설명항(explanandum)의 수가 지속적으로 증가할 경우 확보된다. 그런데 이러한 범주는 가설검증을 위한 귀납사례 뿐만 아니라 설명력을 확인하기 위한 연역적 논증의 성공사례, '설명된 피설명항'으로서의 사례가 지닌 적실성에 따라 축소되기도 하고 확장되기도 한다. 이에 따라 경험과학적 일반화는 사례종속성 또는 사례적재성(事例積載性, case–ladenness)[3]을 필연적으로 노정한다.

보다 구체적으로, 경험과학연구는 ① 연구대상이 노정하는 보편적 속성을 선별적으로 기술하기 위한 서술기제를 구축하는 작업(서술적 일반화), ② 귀납적 추론을 통해 도출된 인과형 진술(설명항), 곧 통칙, 이론이나 분석모형과 경험적 세계 간의 상호조응성(isomorphism)을 연역적으로 확인하는 작업(설명적 일반화)으로 구성되며(Kaplan 1998, 263–265), 이러한 두 가지 작업의 과학적 타당성은 상당 부분 사용된 사례의 적

---

explanation)이든 설명항의 확정성(진리성)이 논리적, 경험적으로 담보될 수 없다는 것이 현대과학철학의 보편적 전제이며, 이에 따라 모든 과학적 설명의 필연적 불완전성(explanatory incompleteness)을 인정한다면 설명항으로서의 통칙이나 법칙이 담지하고 있는 설명력 역시 잠재적 성격을 탈피할 수 없다고 보아야 한다.

3 관측단위(observational unit)로서의 사례들이 공유하고 있는 '일반화된 고유속성(generalized ideographic properties)이 이를 근거로 도출되는 통칙의 성립선행조건을 규정하게 되는 현상을 지칭하는 의미로 사용된 것임.

실성에 따라 판정된다. 특정한 분석구도에 따라 "탐색(found)"된 것이든 "구축(made)"된 것이든(Ragin and Becker 1992, 9–10), 사례의 적실성이 생산된 지식의 과학적 타당성을 판정하기 위한 핵심적 척도의 하나로 수용되고 있는 것이다.

그렇다면 경험과학연구의 일반화 과정에 있어서 적절한 사례를 선정하는 방법론적 근거는 무엇인가? 역으로 부적절한 사례를 걸러내는 방법론적 규준은 어떠한 것들인가? 나아가 서술기제나 설명항의 설명범주를 벗어나는 사례의 일탈성은 어떻게 규정되는가? 이 간략한 방법론적 담론은 이와 같은 사안 가운데 특히 사례의 일탈성에 초점을 맞추어, 앞서 언급한 서술적 일반화(descriptive generalization)와 설명적 일반화(explanatory generalization)라는 두 가지 측면에서 일탈사례를 규정하는 방법론적 규준을 평가하기 위해 작성된 것이다. 이를 위해 우선 사회과학연구에 있어서 사례가 지닌 다양한 함의를 논의하고, 이어 서술적·설명적 일반화 작업이 상정하고 있는 사례의 선정 및 배제 기준과 일탈성의 판정 논리를 해체한 후, 마지막으로 사례의 일탈성이 지닌 과학철학적 함의를 제시해 보기로 한다.

2. 사례의 사회과학적 의미와 위상

"제한된 공간적 영역 내에서 특정 시점 내지는 시간대에 걸쳐 관측된 현상의 구성체"(Gerring 2007, 19)[4]로 정의되는 사례의 사회과학적 의미는 다양하게 수용되고 있으나, 우선 설명항의 구축을 위한 관측의 기본단위를 지칭한다. 즉 사례는 귀납적 일반화를 지향한 인과추론(causal inference)에 요구되는 경험적 인식(관측)의 개별적이자 집합적인 대상으로서, 통칙, 이론이나 분석모형(설명항)의 구축과정에 있어서 작동변인(operating variables)의 변량을 제공하는 정보의 원천으로 간주된다(George and Bennett 2005, 19—22).

사례는 또한 설명항이 설명력을 발휘할 수 있는 영역을 획정함으로써 그 성립선행조건의 시간적·공간적 구간을 규정한다. 예로서 정성적 비교사회연구에 적용되는 최대유사체계분석안(Most Similar Systems Design)[5]은 가설적 설명변인들의 교차사례적 변이양상에 있어서 사례 간 유사성을 도출된 통칙의 적용범주로, 사례 간 상이성을 확정적 설명변인으로 규정하고 있다(Guy Peters 2013, 38—44; Przeworski and Teune 1970, 32—34). 사례는 이처럼 귀납적 추론, 곧 가설구축과 검증의 대상뿐만 아니라 검증된 가설(설명항)의 입증(corroboration) 내지 보정의 근거로 받아들여지기도 하며(Eckstein 1975; Gerring 2007, 39—42; Lijphart 1971, 691—693), 연역적·과학철학적 맥락에서 경험적 현상에 내재된 인과기제(causal mechanism)의 추적 기반, 설명항을 논박하기 위한 결정적 검정(critical test)의 대상, 혹은 패러다임의 전환을 추동하는 이상성(異常性)의 구체적 표징(anomalies) 등 다양한 측면에서 논의된다(Bunge 2009; Hewit-

4 "A spatially delimited phenomenon(a unit) observed at a single point of time or over some period of time."

5 또는 차이법(method of difference).

son 2004; Kuhn 1970, 1971; Popper 1959, 1963; Salmon 1984). 결국 사례는 목적지향적 관측에 따라 의도적으로 선정되거나 만들어진다고 볼 수 있다. 카플란(Kaplan 1998, 133–134)의 주장을 인용하면,

> …우리는 단지 "그냥 보이는 모든 것(everything that there is to be seen)"을 관측하지는 않는다. 관측은 의도된 작업이며, [따라서 현실세계에 대한] 소극적 노출이 아니라 적극적 선택의 결과이다. 관측행위는 목적지향적 행위이고, 관측결과가 지닌 적실성은 관측자가 상정한 목표에 비추어 판정된다…[따라서] 특정한 [관측]지형이 없다면 관측은 과학적 적실성을 갖지 못한다. [어떤 사례에 대한] 관측이 "사실정보"를 제공한다고 말하려면 그러한 정보들이 [관측자가 요구하는] 자료로서의 객관적 위상과 기능을 지녀야 한다. 그러한 기능은...관측정보가 관측자가 상정하고 있는 고유한 인식구도의 일부가 될 경우에 한해 발휘된다…[6]

이와 아울러, 사례의 과학적 위상은 서술기제로서의 개념이 지닌 지칭성과 그들 간의 연계구조를 파악하기 위한 경험적 근거로 규정되기도 한다. 즉, 과학적 개념은 적용대상에 접근하는 근본적 인식영역(외연적 경계)을 구획하기 위한 본질적 지칭성[7]과 그로부터 연원한 파생적 지칭성[8] 등 두 가지 중층적 맥락에 있어서의 지칭성을 확보할 때 이론적이

---

6 [ ] 속의 말은 이 글의 필자가 추가한 것임.

7 개념의 외연적 경계를 구획하는 수평적 지칭성(horizontal indication) 또는 이론적 지칭성(theoretical indication).

자 경험적인 함의(theoretical–empirical import)를 모두 확보한 것으로 간주되는데(Kaplan 1998, 73–76; 김웅진 2016, 5–8), 이러한 중층적 지칭성의 구체적 내역과 범주는 강한 사례종속성을 노정한다. 개념이 특정한 류(類)의 현상이나 사물이 지닌 보편적 속성을 선별적으로 지칭하는 기제라 할 때, 그러한 보편적 속성의 도출은 일단의 사례에 대한 경험적 관측을 통해 이루어질 수밖에 없기 때문이다. 다시 말해서, 개념이 상정하고 있는 지칭대상의 보편적 속성, 더 나아가 개념을 사용한 서술의 영역은 개념의 구축과정에 동원된 사례의 속성에 제한된 조건적 보편성이자 '닫힌 영역'인 것이다. 이에 따라 개념이 지닌 지칭척도(indicative yardsticks)의 성격은 개념구축의 근거가 된 경험적 정보를 제공한 사례의 역사문화적 지형에 따라 결정될 수밖에 없다.

> …개념은 고유한 역사문화적 배경에 따른 행태적·성향적 기의(記意, signified)와 기표(記表, signifier)를 포괄한 세미오시스(semiosis, 기호작용)의 매체, 곧 기호(sign)로서 작동하기 때문에(Liszka 1996, 29–36; 트라반트 2001, 54–60), 기표로서의 지시항 간의 연계구조는 문화적 코드를 필연적으로 반영한다. 예로서 경험과학적 의회정치연구에 빈빈히 동원되는 개념(기호)인 '의회분절(parliamentary fractionalization: *Fp*)'은 총 의석수(*n*), 원내정당의 수(*Np*), 각 원내정당이 보유하고 있는 의석수(*fi*) 등의

8 수직적 지칭성(vertical indication) 혹은 경험적 지칭성(empirical indication)으로 불리기도 함. 경험과학연구의 경우 파생적 지칭성은 조작정의(operational definition)를 통해 구축되는 경험적 지표(empirical indicators)들로 탐지되고 측정된다.

기표를 특정한 수리적 연계구조에 따라 정렬하고 있다(Rae 1967). 여기에서 '원내정당의 수'라는 기표는 구미 의회제 국가의 역사문화적 지각 위에서 '사회균절의 정치제도적 외화'라는 기의를 함의하고 있으며, 또 다른 기표인 '각 원내정당의 의석수' 역시 '제도적으로 외화된 균절 상황 속에서의 협상력 배분'이라는 〔역사문화적〕 기의를 담지하고 있다… (김웅진 2016, 6)[9]

이처럼 사례는 개념의 구축과 그들 간의 관계를 진술하는데 요구되는 관측정보를 제공함으로써 사회과학적 서술, 더 나아가 설명의 맥락과 구도를 결정한다. 사회과학적 서술과 설명이 기술적(記述的) 용어(descriptive terms)와 논리적 용어(logical terms) 등 두 가지 유형의 개념을 조합하는 작업이라면, 적용대상으로서의 사례의 성격으로부터 자유로운 개념은 서술용어들 간의 관계를 구조화하는 논리적 용어일 뿐이다. 따라서 기술적 용어로서의 모든 개념은 사례종속성을 필연적으로 나타낸다. 요컨대 사례는 특정한 과학적 담론이 견지하고 있는 연구전통(research tradition)[10]과 유리스틱에 따라 그 과학적 위상과 의미가 상대적으로 규정되며, 서술과 설명과정에서 선험적이자 메타이론적인 분석구도,

---

9 [ ] 속의 말은 이 글의 필자가 추가한 것임.

10 라우든(Laudan 1978, 81)은 연구전통을 "연구영역에 있어서의 실체와 과정, 그리고 연구문제를 탐색하고 이론을 구축하는데 사용되는 적절한 방법에 관한 일반적 가정"을 수용하고 있는 과학체계로 정의하고 있다. 따라서 연구전통은 라카토시(Lakatos 1978)가 규정한 연구 프로그램(research programme) 또는 쿤(Kuhn 1970)의 패러다임과 거의 동일한 의미를 지닌다.

그리고 연구자가 위치한 역사문화적 지형에 따라 선택되거나 배제되고, 조정되거나 구축된다고 말할 수 있다.

3. 서술적 일반화에 있어서 사례의 일탈성

그렇다면 사례가 서술과정에서 배제되는 이유는 무엇인가? 어떤 사례가 서술적 일탈성을 보이는 '이례(deviant case)'로 간주되는 근거는 무엇인가? 서술은 대상(사례)의 고유한 형상속성을 선별하여 진술하는 작업으로서, 시간적이자 공간적 한계를 필연적으로 노정한다. 현대사회과학은 이처럼 단순한 서술을 넘어서서, 개별 사례[11]의 고유속성을 기반으로 복수의 사례[12]가 공유하는 조건적 보편속성을 논리적으로 구축하려는 서술적 일반화를 시도하고 있다.[13] 물론 그러한 시도는 관측전략에 따라 선정된 주요 속성에 제한되며(단순화), 관측된 속성의 일반화(추상화)를 통해 구축된 서술도구, 곧 개념을 사용한 진술의 작성을 통해 완성된다(Brady and Collier 2010, 36–37; King, et al. 1994, 55–74). 요컨대 서

11 혹은 표본(sample).

12 혹은 선험적, 이론적으로 규정된 모집단(population).

13 특정한 사례의 형상을 경험적으로 관측하여 획득한 서술정보를 근거로 그러한 대상이 속한 것으로 간주되는 사례군(모집단)의 형상을 논리적, 기법적으로 도출하는 서술적 추론(descriptive inference)을 통한 일반화를 상정할 수도 있으나, 그러한 서술적 추론에 있어서 사례의 일탈성은 의미를 상실한다. 왜냐하면 추론된 속성이 추정치(estimates)에 불과하기 때문이다. 서술적 추론의 본질과 절차에 관해서는 King, et al.(1994), 55-74 참조.

술적 일반화는 ① 관측정보를 구획하고 유형화하기 위한 지칭기제(indicative device)로서의 개념을 어느 정도 명확히 구축하느냐에 따라, 그리고 ② 구축된 개념 간의 연계구조를 얼마나 논리적으로 진술하느냐에 따라 타당성이 판정된다. 이러한 맥락에서 사례의 서술적 일탈성은 개념이 담지하고 있는 구획성(Nagel 1961, 131–132),[14] 그리고 개념 간의 연계양상이 지닌 논리적 구조라는 측면에서 특정한 사례가 나타내는 불일치성(incongruity)을 지칭한다. 이러한 두 가지 측면에서 사례의 서술적 일탈성을 탐지하는 방법론적 규준을 해체해 보면 아래와 같다.

첫 번째로, 개념이 상정하고 있는 구획성에 따른 사례의 일탈성은 개념이 지닌 중층적 지칭성과 사례 속성의 일치 여부에 따라 판정된다. 개념의 지칭성, 곧 지칭영역의 범주는 앞서 언급한 본질적 지칭성과 파생적 지칭성 등 두 가지의 중층적 지칭성을 통해 확정된다. 즉, 일단 본질적 지칭성에 입각한 근본적 인식영역의 획정(외연적·이론적 경계 설정)이 완료된 후, 각 인식영역을 구성하는 다양한 파생적 지칭성의 경험적 지표[15]를 설정함으로써 구획이 종료된다. 그리고 이러한 중층적 구획의 영역으로 포섭되지 않는 사례들은 당연히 사용개념을 적용할 수 없는 일탈사례로 판정된다.

그러나 이와 같은 사례의 일탈성 판정은 확정된 구획영역을 적용하는 과정에 있어서 임의성을 노정할 가능성이 매우 크다. 왜냐하면 개념

14 "limiting notions."

15 조작지표(operational indicators).

의 구획작업은 비록 방법론 폐쇄성을 나타내나 대상의 선정에 있어서는 개방되어 있기 때문이다. 개념의 구획은 특정한 유리스틱[16]이 제시하고 있는 고유한 인식구도와 절차를 준수하는 한 어떤 사례, 어떤 현상을 대상으로 하든 그 과학적 적실성이 인정된다. 유리스틱이 개념의 구축을 포함해 연구대상에 접근하는 존재론적·인식론적·방법론적 경로를 규정할 뿐이며, 인식의 구체적 대상, 곧 개념의 구획대상이 되는 현상들을 한정하고 있지 않기 때문이다. 예컨대 경험과학적 유리스틱은 과학적 개념의 요건으로서 체계적 함의(systematic import)[17]와 경험적 함의(empirical import) 등 두 가지 방법론적 요건을 제시하고 있으나(Brodbeck 1968, 6—8; Hempel 1965, 146—151; Hempel 1966, 91—98), 인식대상과 영역의 설정에 관해 어떤 구체적 지침도 제시하지 않고 있다. 흔히 인용되는 "개념정의는 정의자가 내린 바로 그것일 따름"(Frankfort—Nachmias and Nachmias 2008, 27)[18]이라는 자조적(自嘲的) 언명은 바로 이러한 개념 구축의 개방성과 임의성을 여실히 보여주고 있다. 유리스틱을 따르는 한 어떤 현상에 관한 어떤 개념적 구획도 허용되며, 이에 따라 특정한 개념적 구획에 포섭되는 정상사례와 벗어나는 일탈사례를 얼마든지 자유롭게 '만들 수' 있다. 사례의 일탈성은 궁극적으로 개념의 구획성에 관한 연구전통 내의 이론적·방법론적 합의에 따라 판정될 뿐이다.[19]

---

16 연구자가 수용하고 있는 유리스틱.

17 혹은 이론적 함의(theoretical import).

18 "The definition is what the definer says it is."

19 또한 연구전통(패러다임)의 "공약불가능성 명제(incommensurability thesis)"를 받아들인

이러한 개념적 구획화의 본질적 개방성으로 인해 일부 서술적 일반화 작업은 근거사례의 정상성을 단지 방법론적으로 강화함으로써, 즉 일탈성을 소거함으로써 타당성과 적실성을 확보하려는 경향을 보인다. 예로서 '범세계적 민주성'의 분포양상을 추적하려는 대규모(large-*N*) 교차국가연구(Bollen 1990; Coppedge and Reinicke 1990; Vanhanen 1997) 뿐만 아니라, 일부 지역연구에 있어서도 개념의 변용(變容)을 통해 그 지칭영역을 확장하려는 시도가 발견된다. 이들은 고유한 역사문화적 지형과 유리스틱에 따라 구축된 기존 개념을 최대한 확대 적용함으로써[20] 서술적 일반성의 지평을 넓히려 시도하는 가운데, 파생적 지칭성에 상응하는 속성들만을 근거로 그러한 파생적 지칭성이 연원한 본질적 지칭성의 존재를 강변하는 전형적 후건긍정의 오류(fallacy of affirming the consequent)를 통해 개별 사례의 서술적 일탈성을 방법론적으로 제거한다. 즉, 이들은 특정한 파생적 지칭성에 상응하는 속성만을 공유하고 있는 사례들을 찾아내 본질적 지칭성을 공유하는 속성군(屬性群)으로 묶는 개념적 동질화(conceptual homogenization)의 억설을 앞세워 개념적 신기루(conceptual mirage)를 조성하고 있다고 볼 수 있다. 그러나 단지 어떤 개념의 파생적 지칭성에 상응하는 현상이 상이한 사례들, 서로 다른

다면 어떤 연구전통의 유리스틱이 견지하고 있는 인식구도의 상대적 수월성과 타당성을 객관적으로 입증할 수 있는 근거란 애당초 존재할 수 없으며, 이에 따라 개념적 구획의 상대적 수월성 역시 거론될 수 없다. Hoyningen-Huene(1993), 207-212; Kuhn(1970), 92-102.

20 즉, 이미 46년 전 사토리(Sartori 1970)에 의해 지적된 이래 콜리어와 맥마혼(Collier and McMahon 1993) 등에 의해 누차에 걸쳐 논의된 "개념확장(conceptual stretching)."

역사문화적 지형을 가진 사례들 속에서 발견된다 해서(파생성의 짝짓기, matching) 그러한 개념의 상정하고 있는 본질적 지칭성이 공통적으로 적용될 수 있는 것은 결코 아니다(김웅진 2016, 5–8). 이러한 방식으로 확보되는 교차사례적 적용성은 단지 유령(幽靈) 개념의 교차사례적 적용성일 뿐이기 때문이다.

유령개념이 주조된 대표적 예는 남태평양 지역연구에서 흔히 발견된다. 일부 남태평양 현지 사회과학자들은 도서국가 바누아투(Republic of Vanuatu)의 족장중심 정치체제가 지닌 '민주성'을 역설하고 있는데, 그 이유는 장기간에 걸쳐 공고화된 바누아투의 토착사회규범이 '족장은 모든 부족민의 아버지'이며, 따라서 누구든 일정한 능력을 보이는 한 족장직을 승계할 수 있는 본연적 권리를 가진다고 규정하고 있기 때문이라는 것이다.[21] 즉, 이들은 그러한 규범에 따른 족장선발은 정치권력의 개방성이라는 민주주의의 본질적 지칭성으로부터 연원한 파생적 지칭성에 상응하는 것이며, 따라서 바누아투 정치체제의 민주성을 확인할 수 있다고 주장한다(후건긍정). 물론 바누아투가 비록 의회제를 채택하고 있으나 의회정치가 배타적 족장패권에 따라 전개되고 있고, 일반시민(부족민)들은 족장에 대한 절대적 충성심과 복종적 정치참여행태를 보여주고 있기 때문에 바누아투를 결코 민주주의 국가로 볼 수 없다는

---

21 예로서 부족민 모두를 만족시키는 돼지도살 능력 등에 따라 족장을 선발함으로써 바누아투의 족장패권은 "상황종속성, 맥락성과 확산성(situational and contextual, diffused)"을 노정하고 있었다고 주장한다. Douglas(1998), 228; Bolton(1999), 1-2; 김웅진(2010), 274.

반론도 존재한다. 절차적 민주성을 보여주는 파생적 지칭성에 상응하는 현상이나 제도가 존재한다 해서 본연적 민주성의 존재를 단언할 수는 없다는 것이다. 결국 민주주의 혹은 민주성 개념을 구성하는 본질적이자 파생적 지칭성을 어떻게 상정하느냐에 따라 바누아투의 정치체제를 민주주의체제로 서술할 수도 있고 민주주의체제의 범주를 벗어나는 일탈사례로 규정할 수도 있다.

두 번째로, 서술적 일반화에 있어서의 일탈성은 작동변인으로 조정된 개념 간의 연계양상이라는 측면에서 탐지될 수도 있다. 즉, 작동변인 간의 특정한 연계양상을 서술적으로 일반화한 진술은 개념의 지칭성과 마찬가지로 구획성을 갖는다. 따라서 이렇게 일반화된 진술이 상정하고 있는 작동변인 간의 관계구조가 재현(replication)될 수 없는 사례, 즉 같은 방식으로 기술될 수 없는 사례는 당연히 일탈사례로 판정된다. 그러나 이러한 측면에서의 일탈성 역시 임의성을 노정할 수밖에 없다. 왜냐하면 모든 서술은 개념의 적용이든 개념 간 관계양상의 진술이든 개방되어 있기 때문이다. 보인튼(Boynton 1982, 50)의 견해를 인용하면,

> …어떤 현상에 관한 것이든 서술〔방식〕은 잠재적으로 무한하다(potentially infinite). 그리고 이러한 잠재성은 〔서술과정에서〕 서술자가 지닌 목적에 따라 제어될 수밖에 없다. 이는 또한 서술의 정밀성을 판정하는 척도 역시 서술 자체와 마찬가지로 서술자의 의도에 의해 제어된다는 것

을 뜻한다…[22]

서술의 방법론적 요건은 상응성(correspondence)과 정밀성(precision)일 따름이며, 이에 따라 서술기제로서 개념의 지칭성, 또는 개념들로 구성된 진술과 서술대상의 형상이 상응하는 한 서술의 과학적 타당성이 인정된다(Boynton 1982, 49–50). 예로서 어떤 연구자가 특정한 개념들(작동변인들) 간의 관계양상을 선형적(linear) 관계로 서술했다 할 때, 그러한 서술과정에서 방법론적·기법적 정밀성이 확보되었고 서술이 재현될 수 있는 충분한 수의 사례들이 제시되었다면 그가 생산한 일반적 진술(generalized statement) DS_1은 과학적 적실성을 확보한다. 그러나 또 한편으로 다른 연구자가 동일한 개념들 간의 비선형적(nonlinear) 관계가 재현되는 사례들을 다수 확보함으로써 역시 서술적 일반화에 성공해 DS_2를 제시했다면, 그가 사용한 사례들은 단지 DS_1에 비추어 일탈성을 갖게 되며 반대의 경우도 마찬가지이다. 즉, 한정된 사례들에 대한 서술정보, 곧 조건적 정보에 따라 진행되는 서술적 일반화에 있어서는 일탈사례를 논리적으로 상정할 수 없으며, 같은 논리가 추후 논의할 귀납적인 설명적 일반화 과정에도 동일하게 적용된다.

바로 여기에서 서술의 본질적 개방성이 야기된다. 과학행위가 "관념(idea)과 서술의 연결 작업"(Boynton 1982, 37)이라 할 때, 서술은 특정한 연구전통이나 유리스틱에 입각한 분석시각과 구도에 따라 계도될 수밖

22 [ ] 속의 말은 이 글의 필자가 추가한 것임.

에 없으며, 이때 유리스틱의 다양성은 서술의 개방성으로 표출된다. 즉, 서술은 서술기제의 구축뿐만 아니라 그러한 기제의 적용방식과 맥락에 있어서 의도성과 목적지향성을 갖게 마련이고, 이에 따라 동일한 대상이 다양한 방식으로 재구성됨으로써 앞서 언급한 상응성과 정밀성이 확보되는 한 어떠한 내역의 서술이든 그 과학성이 인정된다. 요컨대 서술기제 자체와 그러한 기제를 사용한 서술작업은 서술자가 견지하고 있는 유리스틱뿐만 아니라 그가 위치한 역사문화적 지형이 유도하는 개방성을 필연적으로 노정한다. 결국 어떤 사례가 나타내는 서술적 일탈성은 서술자가 의도적으로 선택한 서술기제와 맥락에 따라 명백히 부각될 수도 있고 완전히 소거될 수도 있는 임의성을 지닌다. 따라서 서술적 일반화에 있어서 사례의 정상성과 일탈성은 유리스틱의 적용가능성과 불가능성을 의미할 뿐이다. 유리스틱의 대체는 언제든 사례의 일탈성을 정상성으로, 정상성을 일탈성으로 전환할 수 있다.

4. 설명적 일반화에 있어서 사례의 일탈성

설명적 일반화에 있어서 표출되는 사례의 일탈성은 연역적 논증과정에서 탐지된다. 즉, 설명항의 논리적 귀결이 되지 않는 피설명항으로서의 사례는 일탈성을 갖는 것으로 판정되며, 이에 따라 설명항의 잠재적 설명력을 확인하기 위한 것이든 논박하기 위한 것이든 사례의 일탈성은 어디까지나 연역적 논증의 소산이라고 말할 수 있다.

한편 설명항을 구축하기 위한 귀납적 논증, 곧 가설검증을 위한 인과추론 과정에 있어서는 논리적으로 사례의 일탈성을 상정하기 어렵다. 왜냐하면 가설검증에 동원되는 귀납사례들은 작동변인의 속성과 그들 간의 관계양상이라는 측면에서 ① 설명변인의 변이양상이 종속변인의 변이양상으로부터 독립적으로 전개되며(conditional independence), ② 인과추론에 동원되는 모든 단위(사례)들에 있어서 설명변인의 변이가 동일한 인과적 충격, 즉 종속변인의 동일한 변이를 야기한다는(unit homogeneity) 두 가지 조건을 충족시키는 것으로 간주되기 때문이다(King, et al. 1994, 91–97). 바꾸어 말해서, 귀납적 인과추론에 있어서는 추론의 전제조건을 갖춘 것으로 가정된 사례들을 사용하기 때문에 이러한 조건을 벗어나는 일탈사례가 논리적으로 존재할 수 없다.

물론 귀납사례들이 과연 ①, ②의 조건을 충족시키는가를 경험적으로 확인할 수는 없다. 인과성(causality) 자체가 본질적으로 논리적 관념이기 때문에, 실제 연구과정에 있어서 인과추론에 관련된 논리적 규준의 적용가능성은 다양한 기법을 통해 추정될 뿐이기 때문이다.[23] 그러나 기법적으로 추정된 것이든 선험적으로 가정된 것이든 귀납적 추론에 동원되는 사례들은 이러한 조건들이 암시하는 정상성을 이미 확보한 사례들이며, 귀납적 추론 자체가 비정상성을 논리적으로 소거하는 과정이라는 측면에서 사례의 일탈성은 의미를 상실한다. 예컨대 정량적

23 요컨대 "[논리적] 분석구도와 실제 연구 사이의 본연적 괴리"(Blalock 1964, 5)를 인정한다면 인과추론에 동원되는 귀납사례들이 이러한 두 조건을 충족시켰다고 단언할 수 있는 경험적 근거를 제시하기란 애당초 불가능하다.

분석방법을 사용한 귀납적 추론에 있어서는 계량통계적 측면에서 적정성을 확보한 사례들, 곧 선택편이(selection bias)에서 비롯된 정형적 오류(systematic error)로 인해 추론이 왜곡되지 않도록 미리 조정된 사례들이 동원된다.

만약 귀납적 추론과정에서 일탈사례가 거론된다면 그것은 단지 배제된 사례(excluded cases)를 지칭할 뿐이다. 예컨대 정성적 비교지역연구에서 흔히 거론되는 '지역성'은 이러한 배제의 구획이 된다. 서유럽의 지역성, 곧 서유럽의 지리적·역사문화적 지형 위에 적용될 수 있는 통칙의 귀납적 도출과정에 있어서 그러한 지형을 벗어나는 아시아 사례를 일탈사례라 부를 수는 없다. 그것은 경험적 관측이나 이론적 시각에 비추어 볼 때 '부적절한 사례(irrelevant cases)'일 따름이다.

> …〔비교분석을 통한 가설의 귀납적 검증과정에 있어서는〕 모든 사례들이 미리 구축되어야(constructed) 한다…연구자는 적정사례의 범주를 구획하고, 〔그에 상응하는〕 적절한 연구문제를 상정해야 할뿐 아니라, 〔가설검증을 뒷받침하기 위해〕 어떤 경험적 근거들이 요구되는가를 결정해야 한다…〔즉〕 연구자는 사례들에 상응하는 개념적〔이론적〕 분석구도를 만들거나 채택해야 한다…(Guy Peters 2013, 155)[24]

이에 따라 사례의 일탈성은 연역적 논증을 통해 판정될 수밖에 없지

24 [ ] 속의 말은 이 글의 필자가 추가한 것임.

만, 이러한 일탈성은 이론적재성(theory—ladenness)[25]을 필연적으로 나타낸다. 즉, 일탈성은 설명항으로서의 이론이나 분석모형이 상정하고 있는 인과관계의 재현 여부로 판정된다. 설명항이 진술하고 있는 작동변인들 간의 관계양상이 논리적으로 기대(예측)한 바와 같이 재현되지 않는 사례가 곧 일탈사례로 간주되는 것이다. 이로부터 연역적 논증을 통해 탐지되는 일탈성은 상대성을 벗어날 수 없다는 점에 주목할 필요가 있다.

> …일탈성은 연구에 적용된 일반모형〔설명항〕이 어떤 것인가에 따라 상대적으로 판정된다. 즉, 어떤 사례가 나타내는 일탈성의 정도는 모형을 바꾸어 적용할 경우 바뀌게 마련이다…따라서 일탈사례의 개념을 거론할 경우에는 그에 앞서 아래와 같은 질문에 답할 필요가 있다. 사례 A가 일탈성을 보이는 것은 어떤 일반모형을 적용하였을 때인가?…(Gerring 2007, 106)

동일한 설명항을 견지한다 하더라도 일탈성은 항상 잠정성을 갖는다. 일탈성이 우발적(contingent)으로, 혹은 한시적으로 표출될 수 있기 때문이다. 설명의 실패 사례가 몇 회에 걸쳐, 그리고 얼마나 오랜 기간에 걸쳐 지속적으로 관측되어야 일탈성을 확인할 수 있는가? 결국 사례의 일탈성은 관측의 시간적·역사적 범주 속에서 한정적으로 판정되

25 경험적 인식과 관측의 이론적 선도성(先導性).

며, 번복될 가능성이 항상 열려있다. 따라서 설명적 일반화, 특히 연역적 논증에 있어서 탐지되는 사례의 일탈성은 불가피한 이론적·역사적 적재성과 한시성을 반영하는 유동적(fluid) 일탈성인 것이다.

방법론적·기법적 측면에서 볼 때 이러한 유동적 일탈성은 설명항의 구축에 관련된 일단의 논리적 전제를 경험적으로 충족시키기 어렵기 때문에 표출된다고 볼 수도 있다. 즉, 앞서 논의한 바와 같이 설명항을 도출하기 위한 귀납적 인과추론의 논리적 조건들은 경험적으로 충족될 수 없으며, 이러한 한계는 도출된 설명항을 통한 연역적 추론과정에 액면 그대로 전이된다. 예로서 시계열 분석을 통해 구축되는 분석모형(설명항)의 구조적 안정성을 확보하기 위해서는 작동변인의 변량이 시계열별 관측(측정)의 각 단계에 있어서 고정되어야 할 뿐 아니라, 측정된 변량에 입각해 도출된 설명변인–종속변인의 공변양상 역시 시계열적 안정성을 나타내야 한다는 평형조건(equilibrium–type condition)을 충족시켜야 한다(김웅진 2011, 61–64; James, et al. 1982, 49–51; Namboodri, et al. 1975). 비록 이러한 평형성이 모형이 구축되는 과정에서 확보된다 하더라도, 관측기간을 넘어서서 지속적으로 유지되리라 단언할 수 있는 근거는 없다. 만약 구축된 모형(설명항)의 구조적 안정성이 특정 시점에서 붕괴된다면 모형으로 설명할 수 있었던 사례들[26] 뿐 아니라 추후 모형을 통해 예측하려는 사례들까지 모두 일탈성을 노정하게 된다.

또한 설명적 일반화 과정에서 규정되는 사례의 일탈성은 중층성을

26 연역적 논증의 성공사례들.

노정한다. 왜냐하면 서술적 일반화를 통해 탐지된 일탈성이 설명적 일반화로 전이되기 때문이다. 서술이 조건적으로 일반화된 지칭성을 지닌 서술기제, 곧 개념[27]을 정립하고 이러한 기제들의 논리적 배열을 통해 대상이 표출하는 형상을 재구성하는 작업이라 할 때, 설명항의 도출을 위해 검증되는 가설은 서술로부터 연원한다. 즉, 서술정보나 서술적으로 일반화된 진술은 개별적으로, 혹은 서로 연계되어 가설을 구축하고 검증하기 위한 경험적 인식의 구도를 제공하며, 이에 따라 서술적 일탈성은 설명적 일반화를 통해 재확인될 수밖에 없다.

보다 구체적으로, 서술정보는 가설의 구축과정에 있어서 설명형 질문(explanatory questions)을 유도함으로써 작동변인들을 선정하는 기반을 제공하는 동시에, 작동변인들 간의 인과적 연계양상을 상정하여 경험적 관측의 대상(사례)을 선정하는 근거가 된다. 예로서 특정 사례, 혹은 복수의 사례를 교차하여 나타나는 정치불안정의 변이양상에 관한 서술정보는 이러한 변이의 추동인자를 탐색하려는 설명형 질문을 유도하고, 정치불안정(종속변인)의 전개양상에 관한 다양한 서술적 진술들은 작동변인(설명변인)들을 선정하는 이론적·경험적 인식의 맥락을 제공한다. 즉, 카플란(Kaplan 1998, 329)이 적절히 지적한 바와 같이 설명은 "연쇄적 서술(concatenated description)"로서 결코 서술의 범주를 벗어날 수 없으며, 특정한 서술정보나 서술적으로 일반화된 진술들을 논리적으로 연결함으로써 진행된다고 볼 수 있다.

---

27 즉, 특정한 단수 혹은 복수의 서술대상에 제한해 적용될 수 있는 개념.

요컨대 서술과 가설은 서로 경합한다기보다는 상호보완적이고(King, et al. 1994, 45), 바로 이러한 연계성과 상호보완성으로 인해 서술적 일반화 과정에서 탐지된 사례의 이례성과 일탈성은 설명적 일반화를 통해 재현되게 마련이다. 가설은 위에서 논의한 바와 같이 서술의 맥락과 구도 내에서 구축되기 때문에, 서술적 일반화의 범주를 벗어나는 일탈사례는 추후 설명항의 도출을 위한 가설검증 과정에서 의도적으로 배제되거나 연역적 설명과정에서 애당초 담지하고 있던 일탈성을 노출하게 된다.

5. 결론: 합의된 일탈성과 정상성

사회과학연구에 있어서 사례의 일탈성은 서술적 일반화와 설명적 일반화에 걸쳐 판정되는 중층적 일탈성의 성격을 갖는다. 즉, 서술적 일반화 과정에서 서술기제로서의 개념의 지칭성 혹은 서술된 개념 간의 관계구조와 상응하지 않거나, 설명적 일반화 과정에서 연역적 논증의 논리적 귀결이 되지 않는 사례들은 모두 일탈사례로 규정된다. 그러나 앞서 논의한 바와 같이 설명항의 도출을 위한 귀납적 논증의 경우에는 사례의 일탈성이 탐지될 수 없다. 귀납적 추론에 동원되는 사례들이 인과추론의 전제에 맞추어 조정되기 때문이다. 방법론적·기법적 정상성을 확보하지 못한 사례들은 귀납적 추론과정에서 애당초 배제되며, 이에 따라 일탈사례의 존재 자체를 논리적으로 상정할 수 없다.

이로부터 사례의 일탈성은 특정한 연구전통의 유리스틱, 곧 연구자의 경험적 인식을 제어하는 분석규준으로부터의 일탈성에 불과하다고 말할 수 있다. 일탈성은 연구자가 어떤 유리스틱을 견지하고 있는가에 따라 판정되며, 그러한 맥락에서 목적성, 상대성과 임의성을 나타낸다. 다시 말해서, 유리스틱을 수호하기 위해서는 '기대하지 않았던 모습'을 보이는 사례를 일탈사례, 곧 비정상적 사례로 규정할 수밖에 없다.

정상과학자들(normal scientists), 곧 "강한 과학(strong science)"[28]의 구성원들은 실제 연구의 진행과정에서 경험적 혹은 논리적으로 탐지된 일탈사례들을 하찮은 사례, 대수롭지 않은 사례, 감추어진 변인의 무작위적 효과(random shock)로 인해 우연히 발생한 사례 등으로 간주하여 경직된 인식지형, 곧 마골리스(Margolis 1993, 7–8)가 지적한 "인지습성(habits of mind)"을 유지하려 시도한다.[29] 이들은 사례의 일탈성에 주목한다 하더라도 이를 결정적 논박을 위한 설명항의 비판적 검정대상으로 받아들이거나 설명항이 기반을 두고 있는 유리스틱 자체를 훼손하는 인자로 간주하기보다는, 기존 설명항을 보정하기 위한 경험적 근거로 수용하는 경향을 보인다. 예컨대 흔히 거론되는 "이례분석(deviant case study)"이나 "임상적 사례분석(clinical case study)" 등은 일탈사례가 확률

---

28 "견고한 유리스틱과 다수의 추종자들을 확보함으로써 비단 과학사회 뿐만 아니라 범사회적으로 권위와 영향력을 광범위하게 인정받고 있는 과학체계", 곧 풀러(Fuller 2000, 45)가 지칭한 "거대과학(Big Science). 김웅진(2009), 15.

29 특정한 과학체계 속에서 연구대상을 "특정한 방식(in particular ways)"으로만 인식하려는 집단적 습성. 이러한 인지습성이 사회과학연구를 통해 구체적으로 표출되는 경로와 양상에 관해서는 김웅진(2013, 2014)의 논의 참조.

적 설명항을 보강하기 위한 보완정보(complementary information)를 제공한다고 주장한다(Lijphart 1971, 692; Dogan and Pellassy 1984, 107−110). 즉, 비록 일탈사례와의 조우를 "새로운 개념, 새로운 변인, 새로운 인과기제를 도출하기 위한 이론"을 모색할 수 있는 계기로 받아들이고 있으나(George and Bennett 2005, 114), 이러한 견해 역시 기존의 설명항을 완전히 대체한다기보다는 그 설명력을 확장한다는 맥락에서 제시된 것이라고 볼 수 있다. 바꾸어 말해서, 이처럼 새로운 개념과 새로운 이론은 보정된 개념, 보정된 이론일 따름이다. 즉, 일탈성은 정상성을 지속적으로 확인하고 재구성하기 위한 근거로 여겨질 뿐이다.

또한 완전히 새로운 분석구도, 기존 분석구도와의 명백한 차별성을 나타내는 분석구도를 구축하여 일탈사례를 성공적으로 설명한다 해도 일탈성은 의미를 상실하게 된다. 새로운 분석구도 하에서는 종전의 일탈성이 정상성으로 즉시 전환되기 때문이다. 따라서 "어떤 일탈사례를 통해 새로운 이론을 도출할 수 있다면 새롭게 구축된 인과기제가 어떻게 서로 다른 맥락에서 일반화될 수 있는지 파악하게 된다"는 주장(George and Bennett 2005, 115)에 있어서 "서로 다른 맥락"은 결국 동일한 연구전통, 유리스틱의 분석구도 내에서 일탈성이 정상성으로 받아들여질 수 있는 맥락을 지칭할 뿐이다.

이상성(일탈성)은 어디까지나 정상성을 전제로 하며, 정상성은 합의성을 의미한다. 즉, 인식정보가 표출하는 정상성과 이상성을 판정하는 유리스틱의 적실성은 연구전통 내의 합의에 따라 확보된다. 특히 강한 과학의 유리스틱이 지닌 견고성과 억압성은 광범위한 합의에 의해 지속적으로 강화되기 때문에, 그에 따른 정상성과 이상성의 판정 역시 광범위한 정당성을 획득하게 마련이다. 요컨대 강한 과학의 유리스틱에 비추어 탐지된 일탈사례는 유리스틱의 중핵(中核, hard core)[30]을 결코 훼손할 수 없는 사소한 사례로 치부된다. 유리스틱이 일탈사례들을 "소화(digest)"하여 중핵, 곧 핵심적 전제와 분석규준을 정당화하는 "긍정적 근거(positive evidence)"로 바꾸기 때문이다(Lakatos 1978, 4).

이른바 "수렴적 사고(convergent thinking)"를 추동하는 강한 과학, 정상과학은 이미 쿤(Kuhn 1971)이 간파한 것처럼 일탈사례를 "결코 사소하지 않은 것(more than non—trivial)"로 받아들이도록 유도하는 패러다임 내의 "본연적 긴장(essential tension)"을 자동적으로 야기하지 않는다.[31] 왜냐하면 모든 정상과학체계 속에 관측사례들을 경직된 인식주형(認識鑄型)(김웅진 2016, 16)에 억지로 가두거나 일탈성의 사소함을 부각시키기 위한 수많은 방법론적·기법적 기제, 예로서 정량적 경험과학연구의 경우 이상치(outliers)를 처리하기 위한 계량통계적 기제 등이 작동하기 때문이다. 이로부터 이상성과 일탈성이 정상성을 약화시키기보다는 오히려 부각시킨다는 강한 과학의 역설이 나타난다. 연구전통이 근거하고 있는 근본적 인식지형, 곧 세계관의 급격한 전환만이 일탈사례를 의미

---

30 특정한 연구 프로그램(research programme)이 견지하고 있는 존재론적·인식론적·방법론적 핵심전제. Lakatos(1978), 4.

31 일탈성을 일반화함으로써 기존 분석구도를 새로운 분석구도로 대체하려는 과학적 욕구와 충동이 새로운 과학적 시각으로 구체화됨에 따라 조성되는 패러다임 내의 긴장상태.

있는 사례로 받아들일 수 있는 과학정신(scientific ethos)을 유도한다. 그리고 그러한 에토스는 자신이 견지하고 있는 유리스틱의 본질에 대한 과학자들의 끊임없는 재성찰과 계도된 지식생산행위에 대한 창조적 회의가 확산될 경우에만 조성될 수 있다.

결론적으로 본질적 이상성(일탈성)은 명확히 규정될 수 없을 뿐더러 어떤 연구전통 속에서든 단정적으로 판정될 수 없다. 설령 일탈성이 경험적으로 탐지된다 하더라도 그것은 누차 지적한 것처럼 임의적 일탈성, 상대적 일탈성일 뿐이다. 그리고 어떤 사례가 나타내는 일탈성이 새로운 분석시각을 구축하는 계기를 제공한다 하더라도 그렇게 구축된 새로운 분석시각과 기존의 분석시각은 동일한 연구전통을 견지하게 마련이다. 이러한 상대적 일탈성은 연구전통, 혹은 연구전통이 기반을 두고 있는 고유한 세계관을 결코 파괴할 수 없다. 강한 사회과학의 연구과정에서 탐지되는 사례의 일탈성은 특정한 연구전통이 견지하고 있는 일반화의 논리에 따라 표출되는 논리적·방법론적 일탈성에 불과하다. 그리고 바로 그러한 측면에서 일탈사례는 탐지되는 것이 아니라 구축된다고 말할 수 있다.

참고문헌

김웅진. 2009. 『과학패권과 과학민주주의』. 서울: 서강대학교출판부.

______. 2010. "남태평양에 있어서 식민 후 권력배열 재편성: 피지의 '종족정치'와 바누아투의 '언어정치'." 『세계지역연구논총』 28집 3호, 261–287.

______. 2011. 『인과모형의 설계: 사회과학적 접근』. 서울: 한국외국어대학교출판부.

______. 2013. "집단사고로서의 연구방법론: 과학적 지식의 탈과학적 구성경로." 『21세기 정치학회보』 23집 3호, 45–60.

______. 2014. "사회과학지식의 방법론적 인증: 경험적 인식의 선험적 정당화." 『국제정치논총』 54집 4호, 9–36.

______. 2016. "사회과학적 개념의 방법론적 경직성: 국소성과 맥락성의 의도적 훼손." 『국제지역연구』 19권 4호, 3–22.

유르겐 트라반트 저. 안정오 역. 2001. 『기호학의 전통과 경향』. 고양: 인간사랑.

Barns, Barry. 1982. *T. S. Kuhn and Social Science*. New York: Columbia University Press.

Bergman, Gustav. 1968. "Imperfect Knowledge." In M. Brodbeck, ed. *Readings in the Philosophy of the Social Sciences*, 415–436. London: Collier–Macmillan.

Bollen, Kenneth A. 1990. "Political Democracy: Conceptual and Measurement Traps." *Studies In Comparative International Development* 25:1, 7–24.

Bolton, Lissant. 1999. "Chief Willie Bongmatur Maldo and the Incorporation of Chiefs into the Vanuatu State." http://ssgm.bellschool.anu.edu.au/experts–publications/publications/1567/chief–willie–bongmatur–maldo–and–incorporation–chiefs–vanuatu(검색일: 2016. 09. 01).

Boynton, G. R. 1982. "On Getting from Here to There: Reflections on Two Paragraphs and Other Things." In E. Ostrom, ed. *Strategies of Political Inquiry*, 29–68. Beverly Hills: Sage.

Brady, Henry E. and David Collier. 2010. *Rethinking Social Inquiry.* Plymouth, UK: Rowman & Littlefield.

Brodbeck, May. 1968. "General Introduction." In M. Brodbeck, ed. *Readings in the Philosophy of the Social Sciences*, 1–11. London: Collier–Macmillan.

Bunge, Mario. 2009. *Causality and Modern Science.* New Brunswick and London: Transaction Publishers.

Collier, David and J. E. McMahon. Jr. 1993. "Conceptual Stretching Revisited: Adapting Categories in Comparative Analysis." *The American Political Science Review* 87:4, 845–855.

Coppedge, Michael and Wolfgang H. Reinicke. 1990. "Measuring Polyarchy." *Studies in Comparative International Development* 25:1, 51–72.

Dogan, Mattei and Dominique Pellassy. 1984. *How to Compare Nations.* Chatham: Chatham House.

Douglas, B. 1998. *Across the Great Divide: Journeys in History and Anthropology.* Amsterdam: Harwood Academic Publishers.

Eckstein, Harry. 1975. "Case Studies and Theory in Political Science." In F. I. Greenstein and N. Polsby, eds. *Handbook of Political Science*, Vol. 7, 94–137. Reading: Addison–Wesley.

Fuller, Steve. 2000. *The Governance of Science.* Buckingham and Philadelphia:

Open University Press.

Frankfort—Nachmias, Chava and David Nachmias. 2008. *Research Methods in the Social Sciences.* New York: Worth Publishers.

George, Alexander L. and Andrew Bennett. 2005. *Case Studies and Theory Development in the Social Sciences.* Cambridge: MIT Press,

Gerring, John. 2007. *Case Study Research: Principles and Practices.* Cambridge: Cambridge University Press.

James, L. R., S. A. Mulaik, and J. M. Brett. 1982. *Causal Analysis.* Beverly Hills: Sage Publications.

Hempel, Carl G. 1965. *Aspects of Scientific Explanation.* New York: Free Press.

______________. 1966. *Philosophy of Natural Science.* Englewood—Cliffs: Prentice—Hall.

Hewitson, Mark. 2014. *History and Causality.* Basingstoke, UK: Palgrave Macmillan.

Hoyningen—Huene, Paul. 1993. *Restructuring Scientific Revolutions.* Chicago: University of Chicago Press.

Kaplan, Abraham. 1998. *The Conduct of Inquiry.* New Brunswick and London: Transaction Publishers.

Keat, Russell and John Urry. 1975. *Social Theory as Science.* London: Routledge & Kegan Paul.

King, G., R. Keohane, and S. Verba. 1994. *Designing Social Inquiry.* Princeton: Princeton University Press.

Kuhn, Thomas. 1970. *The Structure of Scientific Revolutions*. Chicago: University of Chicago Press.

____________. 1971. *The Essential Tension.* Chicago and London: University of Chicago Press.

Lakatos, Imre. 1978. *The Methodology of Scientific Research Programmes.* Cambridge: Cambridge University Press.

Lijphart, Arend. 1971. "Comparative Politics and the Comparative Method." *The American Political Science Review* 65:3, 682–693.

Liszka, James J. 1996. *A General Introduction to the Semiotic of Charles Sanders Peirce.* Bloomington and Indianapolis: Indiana University Press.

Margolis, Howard. 1993. *Paradigms and Barriers: How Habits of Mind Govern Scientific Beliefs.* Chicago: University of Chicago Press.

Nagel, Ernest. 1961. *The Structure of Science.* London and Henley: Routledge & Kegan Paul.

Namboodiri, N., L. Carter, and H. Blalock. *Applied Multivariate Analysis and Experimental Designs.* New York: McGraw–Hill.

Notturno, Mark A. 2000. *Science and the Open Society.* Budapest and New York: Central European University Press.

Peters, B. Guy. 2013. *Strategies for Comparative Research in Political Science.* Basingstoke, UK: Palgrave Macmillan.

Popper, Karl R. 1959. *The Logic of Scientific Discovery.* New York: Basic Books.

__________. 1963. *Conjectures and Refutations.* London: Routledge.

Przeworski, A. and H. Teune. 1970. *The Logic of Comparative Social Inquiry.* New York: John Wiley & Sons.

Rae, Douglas. 1967. *The Political Consequences of Electoral Laws.* New Haven: Yale University Press.

Ragin, Charles and Howard S. Becker. 1992. *What is A Case? Exploring the Foundations of Social Inquiry.* Cambridge: Cambridge University Press.

Salmon, Wesley. 1984. *Scientific Explanation and the Causal Structure of the World.* Princeton: Princeton University Press.

Sartori, Giovanni. 1970. "Concept Misformation in Comparative Politics." *The American Political Science Review* 64:4, 1033–1053.

Vanhanen, Tatu. 1997. *Prospects of Democracy: A Study of 172 Countries*. London: Routledge.

제2부 정치학 연구의 방법론적 분화－과학철학적 담론·정성분석과 정량분석·규범적 서사

이상협, 김형철, 홍재우, 김지희, 장선화, 조은정, 김형기

연구방법론은 특정한 과학체계 내에서 적실성과 타당성이 광범위하게 인증된 분석규준과 협약으로서, 지식생산의 논리적·경험적 절차를 제시할 뿐만 아니라 그러한 절차에 따라 생산되는 지식의 구조적 성격을 규정한다. 제2부에서는 정성적·정량적 교차사례분석, 형상서술적 서사(configurative narratives) 등 다양한 방법론적 구도를 수용하고 있는 일곱 명의 정치학자들이 작성한 연구논문을 통해 현대정치학의 방법론적 분화양상을 추적해 본다. 우선 제6장 『과학사회의 배제성과 선택성』(이상협)은 과학체계가 성숙한 상태에 도달하기 위해서는 견지하고 있는 존재론적·인식론적 전제와 문제풀이 기제(problem—solving machinery)가 광범위한 사회적 지지를 성공적으로 동원해야 한다는 전제 하에, 그러한 지지의 동원과정을 ① 과학적 인식의 표준화, ② 과학 헤게모니에 입각한 담론의 배제성과 선택성, ③ 과학행위의 국가적·제도적 통제, ④ 과학자 집단의 배타적 충원이라는 네 가지 측면에서 논의하고 있다.

정치체제의 전환에 관한 현대정치학의 경험적 연구는 미시적·거시적 분석수준을 오르내리며 상정한 다양한 연구문제를 대상으로 전개되어 왔다. 제7장 『**민주주의 정착을 위한 구조적 결정요인의 탐색**』(김형철)은 신생민주주의의 공고화 과정에 대한 경험적 비교연구를 시도하고 있다. 즉, 저자는 8개 국가에 대한 교차사례분석을 통해 민주주의의 정착단계에서 표출되는 정치적 민주주의의 수준은 민주화 이행의 구조적 요인과 사회경제적 요인보다는 정치제도적 요인에 의해 상대적으로 강한 영향을 받고 있음을 발견하였다. 이러한 발견은 민주주의의 성공적 정착을 위해서는 정치제도의 선택과 제도화가 중요하며, 공고화를 달성하기 위해서는 민주주의적 가치를 구현할 수 있는 제도개혁이 요구된다는 것을 의미한다. 한편 제8장 『**세대정치와 정치 사회화**』(홍재우)는 설문조사자료를 통해 대학생의 투표참여과정에 미치는 정치사회화의 영향력을 추적하였다. 저자에 따르면, 젊은 대학생들은 비록 부모세대에 비해 진보적 정향을 갖고 있음에도 불구하고 부모의 이념적 영향력으로부터 완전히 벗어나지 못하고 있으며, 정당지지도에 있어서도 역시 유사한 양상을 보인다. 또한 이들은 가정 내의 정치적 담화에 노출되면 될수록 더욱 강한 정치참여 동기를 갖게 되기 때문에, 세대 간에는 정치사회화를 통한 영향력의 행사경로가 유지되고 있다는 것이다.

부울의 대수학적 연산(Boolean Algorithm)을 적용해 남태평양 4개국의 정치안정성에 대한 정성적 교차사례분석을 시도한 제9장 『**남태평양 정치질서의 안정성**』(김지희)은 이 국가들이 표출하는 정치적 안정성의 수준이 토착패권질서를 유지해 온 경로의 특성에 따라 결정되었다는 사실을 발견하였다. 즉, 외세의 침투에도 불구하고 토착패권구도를 성공적으로 유지해 온 사모아, 통아와 바누아투는 독립 후 채택한 구미식 정치기제가 담지하고 있던 문화적 이질성을 여과해 내는데 성공함으로써 남태평양 특유의 정치질서, 곧 '민주적 기제 속에서 작동하는 비민주적 정치질서'를 안정적으로 확립할 수 있었으나, 식민통치 하에서 위계적 토착패권질서가 훼손된 피지는 전통적 정치지형의 변형으로 인해 의회정치기제의 안정적 변용에 실패하였다는 것이다.

제10장 『**사회협약의 정치**』(장선화)는 1980년대 말엽 이후 노사정간의 사회협약체결이 급증한 핀란드, 벨기에, 스페인, 아일랜드 등 유럽 4개국을 대상으로 사회협약의 형식, 내용과 지속성을 비교분석하여 사회협약정치의 특징을 규명하고 있다. 즉, 1990년대부터 2013년까지 이 국가들에서 나타난 노동시장제도의 변화와 집권정당의 경제위기 대응전략을 중심으로 사회협약의 형식과 내용을 살펴본 결과, 1990년대 이후 정부주도적 사회협약이 형식적으로 제도화되었음에도 불구하고 아일랜드를 제외하고는 전후 네오코포라티즘이 수행했던 노사정 정책협의, 노사갈등조정과 경제안정화의 기능을 효율적으로 수행하지 못했다는 것이다.

조은정은 제11장 『**원자력 협력의 핵확산 기여 논쟁의 비판적 검토**』에서 핵확산 억제를 위한 핵물질 공급국의 역할을 논의하고 있다. 즉, 저자는 미국의 원자력협력 회의론과 핵확산 공급국 책임론을 비판적으로 검토하여 양자원자력 협정이 냉전시기부터 핵비확산과 평화적 원자력 사용을 위한 다자레짐을 보완하는 역할을 수행함으로써 비확산에 기여해 왔다고 주장한다. 그는 이러한 맥락에서 상업적 원자력협력이 평화에 기여할 것이라고 믿는 맹목적 낙관론뿐만 아니라 핵확산의 책임을 상업적 원자력협력으로 돌리는 극단적 국제원자력협력 회의론 역시 경계할 것을 강조한다.

마지막으로 제12장 **『남북관계와 미북관계의 갈등·협력에 대한 경험적 연구』**(김형기)는 탈냉전기 역대 한국과 미국정부의 대북전략이 북한과의 협력과 갈등의 굴곡에 어떤 영향을 주었는가를 경험적으로 추적하고 있다. 즉, 남북간 협력과 갈등양상을 경험적으로 측정하기 위해 이벤트 데이터 분석기법을 한반도 상황에 적용한 결과, 탈냉전기 한국정부의 대북정책은 북한의 협력을 이끌어 내는 데 성공적이었으나 북한의 대남 갈등 완화에는 경험적으로 관측될 수 있는 영향을 미치지 못하였음을 발견하였다는 것이다. 저자는 또한 미국과 북한 간 협력-갈등관계의 경우, 미국 정책결정자의 변화에 따라 북한의 미국에 대한 협력과 갈등이 모두 유의미한 변화를 보여 왔다고 주장한다.

제6장 과학사회의 배제성과 선택성: 과학행위의 헤게모니적 제도화*

이상협** · 김웅진***

1. 서론: 안정적 지식생산의 요건

과학은 자연현상과 사회현상에 대한 지식의 타당성을 담보해 주는 보편적 사유체계[1]로서, 인식의 규준과 방식을 지배적으로 구성하는 주

---

* 2003년 8월 발간된 『사회과학논집』(한국외국어대학교 사회과학연구소) 제21권 1호에 게재된 논문을 수정·보완한 것임.

** 인제대학교, 제1저자

*** 한국외국어대학교, 제2저자

체의 역할을 수행하여 왔다. 즉, 오늘날에 이르러 과학은 인간이 처한 실존적 환경을 이해함에 있어서 가장 타당한 분석기제로서 인정받고 있으며, 그러한 위상의 확립은 이른바 과학적 지식(scientific knowledge)의 생산을 강력하게 지원하는 경제사회적·정치적 역동과 여건에 힘입은 바 크다고 말할 수 있다. 이러한 과학과 그 핵심적 구성인자가 되는 과학방법론의 위상에 관해서는 비단 과학철학자들이나 과학사학자들뿐만 아니라 지식의 본질적 성격이 지니는 사회적 함의를 파악하려 시도하는 사회과학자들에 의해서도 광범위하게 논의된 바 있다. 그런데 이와 같은 논의들은 대부분 과학적 지식이 통합적 분석규준(unified analytic canons)에 따라 정당화되기 때문에 일원적 성격을 지닐 수밖에 없으며, 따라서 타당성과 적실성이 광범위하게 인증된 방법에 의해 생산되어야만 한다는 전제를 암묵적으로 수용하고 있다. 이로부터 이들은 과학의 진보를 인식론적·방법론적으로 합리적인 지식생산경로의 점진적 구축, 그리고 지식생산과 평가의 사회적 조건들에 부합되는 연구공정의 발전으로 간주한다(Whitley 1984, 1–41).

그러나 과학체계의 전환과정에 대한 역사적 분석은 과학의 권위가 포퍼(Popper 1985, 25–45)가 적극적으로 옹호한 비판적 합리성(critical rationalism)에 의해서만 확보되는 것이 아니라는 사실을 보여주고 있다.

1 여기에서 '보편적'이라는 용어는 특정한 연구전통을 견지하고 있는 과학사회(과학체계) 내에 한정된 보편적 수용성, 즉 패러다임 한정적인 보편성을 지칭하는 것이다. 왜냐하면 교차패러다임적(cross-paradigmatic) 보편성이란 애당초 기대할 수 없기 때문이다.

예로서 쿤은 과학체계의 혁명적 변동양상을 논의하는 가운데 과학행위의 사회적 통합, 즉 분석규준의 획일화에 관해 언급하면서 이야말로 정상과학(normal science)[2]이 안정적으로 구축될 수 있는 조건이라 주장한 바 있다(Kuhn 1970, 10–42). 즉, 과학사적인 맥락에서 볼 때, 과학체계는 과학적 사유의 논리적 객관성에 대한 절대적 신념에 기초한 기존 이론의 "합리적 재구축(rational reconstruction)"이라기보다는(Popper 1985, 134), 특정한 존재론적·인식론적 전제와 문제풀이 기제(problem–solving machinery)[3]가 광범위한 사회적 지지를 성공적으로 동원할 경우에 한해 성숙한 상태에 도달하게 된다는 것이다. 바꾸어 말해서, 지배적이자 수렴적인 과학방법론의 구축이야말로 성숙한 과학체계가 보장해 주는 안정적 지식생산의 필수 요건이 된다는 것이다. 이 글에서는 이처럼 과학자들의 사유와 인식이 사회적으로 통합되고 그에 따라 '선택적 지식생산'이 이루어지는 과학 헤게모니(hegemony of science)의 전개과정을 ① 과학적 인식의 표준화, ② 과학 헤게모니에 입각한 담론의 배제성과 선택성, ③ 과학행위의 국가적·제도적 통제, ④ 과학자 집단의 배타적 충원이라는 네 가지 측면에서 논의해 보려 한다.

2 혹은 패러다임의 규준을 준수하는 지식(paradigmatic knowledge).
3 혹은 유리스틱(heuristic). Lakatos(1986), 4장 참조.

2. 과학적 인식의 표준화

과학적 지식 혹은 '과학적으로 타당한' 지식이 개별 과학자들의 고유하고도 독립적인 사유의 산물이 아니라는 것은 자명하다. 즉, 과학적 지식은 과학체계 내에서 이루어지는 연구문제, 연구의 시각 및 방법에 관한 사회적 협약(societal convention)에 입각하여 생산되며, 따라서 특정한 과학 이데올로기를 편향적으로 반영한다고 보아야 한다. 그렇다면 과학체계의 핵심적 구성인자인 과학방법론은 어떠한 의미를 갖는가? 과학방법론은 과학체계 외부로부터 부여된 절대적 규준이라기보다는, 개별 과학자의 방법론적 신념과 그러한 신념을 표현하기 위한 논리적·인식적 기호(symbols)들이 과학체계 내에서 교차인증됨으로써 구축된다고 말할 수 있다. 따라서 어떤 과학방법론에 따라 생산된 지식이 개별 과학자의 고유한 사유를 배타적으로 표사한다고 간주하는 것은 과학 행위의 본질에 대한 오해의 소산이다.

바로 여기에서 과학적 지식의 타당성을 판정하는 기준의 본질과 정체가 문제시될 수 있다. 즉, 단순히 과학자들 간에 광범위하게 수용된, 혹은 교차인증된 방법론적 규준을 준수한다 해서 지식의 타당성이 자동적으로 보장되는 것은 아니라는 점에 주목할 필요가 있다.[4] 과학적

4 이기홍(1998)은 과학적 지식의 타당성은 가설적 실체들이 존재할 개연성의 정도, 가설적 실체들이 존재함으로써 나타날 결과들이 경험적으로 지지되는 정도, 가설적 실체에 입각한 설명이 일반적인 설명 개념 및 진리 개념과 조응하는 정도 등 존재적 측면과 인지적 측면들을 고려하여 판정된다고 주장한다. 즉, 과학적 지식의 타당성

지식의 타당성은 흔히 지적하는 바와 같이 판정자들이 견지하고 있는 언어적·사회적·지적 정향(定向)과의 조응 여부, 혹은 판정자–생산자 사이의 방법론적 상호주관성이라는 표재적 기준을 넘어서는, 보다 본질적이며 강압적인 '사회적 기준'에 따라 최종적으로 판정된다. 따라서 과학적 지식의 타당성과 적실성에 대한 판정척도의 근거가 무엇으로부터 연원하여 과학자들의 사고와 판단에 전이되는가에 관한 문제를 해결하지 않고서는 과학행위 자체의 본질을 명확히 파악할 수 없다고 본다. 요컨대 역사적 상황에 따라 정치사회적으로 형성되는 실존인식의 보편적·주도적 범전(prototype)이 과학행위를 규제한다고 볼 수 있으며, 이러한 범전을 해체할 경우에 한해 과학적 지식의 타당성이 지니는 함의를 이해할 수 있다.

특정한 사회체계가 장기간 견지하고 있는 보편적 인식의 범전은 당연히 그 하부체계인 과학체계로 유입되어 과학행위의 포괄적 기준들을 제공하게 된다. 그리고 이러한 범전은 그것을 견지하고 있는 과학체계[5]가 '당연히 풀어야 할 연구문제', 즉 풀 것을 '사회적으로 요구받고 있는 연구문제'를 성공적으로 해결하는 한 안정적으로 수용된다. 다시 말해서, 사회적 인식의 범전은 과학체계로 하여금 일정한 유형과 내역을 지

은 사유 내부적 과정에 의해서만 판별되는 것이 아니라, 사유 속의 실체와 세계에 존재하는 실체 사이의 연관에 입각하여 판단된다는 것이다. 그러나 이와 같은 주장은 과학사회(과학체계) 내에서 전개되는 개별 과학자의 지식생산행위라는 측면에서만 타당할 뿐, 그러한 개별적 행위를 암묵적으로 통제하는 보다 근원적인 사회적 제한조건, 즉 과학 헤게모니의 작동양상을 고려하고 있지 않다는 한계를 지닌다.

5 혹은 연구전통(research tradition).

닌 연구문제와 그 풀이방식을 선택하도록 강요하는 억압기제, 즉 인식과 분석의 표준화·획일화 기제로서 작동한다는 의미이다.

이러한 과학적 인식의 표준화는 헤게모니적인 과학적 담론을 통해 강화되게 마련이다. 무엇보다도 먼저, 과학자 집단이 보편적으로 수용하고 있는 인식의 표준에 조응하는 과학행위의 강요가 과학적 담론을 통해 정당화된다. 즉, 비단 연구문제(혹은 연구대상)의 선택과 이에 관한 지식을 가공할 수 있는 연구방법의 선정뿐만 아니라, 연구결과에 대한 타당성의 판정이 '정당한' 과학적 담론[6]의 형식을 빌어 적어도 표면적으로는 자연스럽게 이루어진다. 인식의 표준화는 또한 특정한 과학적 정향으로부터의 일탈(逸脫), 혹은 그에 대한 조직적 저항을 제어하기 위한 효율적 압력행사 경로로서의 기능뿐만 아니라, 더 나아가 그러한 정향에 신화적(神話的) 성격을 부여하는 기능을 수행하기도 한다.[7] 바꾸어 말해서, 인식의 표준화는 과학체계 내에서 방법론적 합의를 구축하기 위한 제도적 장치와 그에 대한 국가권력의 강력한 후원을 확보하는 근거가 된다(Brown 1993, 155).

---

6 즉, 헤게모니에 의해 정당성이 부여된 과학적 담론.

7 카플란은 이러한 현상을 일컬어 '방법론의 신화(the myth of methodology)'라 칭하고 있다. Kaplan(1964), 24-27 참조.

3. 선택과 배제의 담론

표준화된 인식을 통해 외화된 진술(externalized statements)[8]은 과학사회 내에서 담론의 형식을 빌어 표출된다. 그런데 담론은 지식을 표현하는 수단이라기보다는 지식 그 자체를 구성하는 사회적 규칙이기 때문에, 담론이 진행되는 곳에는 항상 선택과 배제가 행사된다. 즉, 모든 담론은 특유의 선택성(selectivity)과 배제성(exclusion)을 통해 지식으로서의 권력을 행사하며, 권력 또한 지적 담론을 통해서 스스로를 정당화한다.[9] 예컨대 푸코는 지식이 사실(fact)과는 별개로 담론적 실천의 과정에서 사회적으로 재구성될 뿐만 아니라, 그 구성양식 또한 역사적 상황에 따라 달라진다고 보고 있다(푸코 1986; 1991; 1996). 그리고 과학적 지식을 표방한 담론은 여타의 과학적·비과학적 담론에 의해 생산된 지식을 분쇄하면서 자신의 규범적 정체성에 정치사회적 정당성과 헤게모니를 부여한다는 것이다.[10]

근대 과학이 추구하는 진리 또는 객관적 지식은 논리성과 합리성, 규칙성과 재현성(replicability)을 전제로 하기 때문에, 비논리적·비합리적 현실인식은 지식생산과정에서 소외되거나 억압된다. 더 나아가 진리 혹은 타당하다고 인정된 과학적 지식은 과학 헤게모니에 힘입어 반론을

8 가설이나 이론, 분석모형 등.

9 전경갑(1997)은 지식과 권력의 이와 같은 구조적 유착관계를 강조하기 위해서, 지식과 권력을 지식/권력 혹은 권력/지식으로 붙여 쓰기도 한다.

10 과학 역시 문화적·권력적 특권의 그물에 걸려있는 사회적 힘이라고 볼 수 있다.

억압하고 과학적 강자의 논리를 정당화하며, 약자의 주장을 담론의 대상에서 배제시킨다. 이러한 과학적 담론의 정치적 성격은 방법론적 측면에 있어서도 특정한 과학방법(론)을 신성화하거나, '다른 과학하기'의 가능성을 배제시킨다. 김웅진은 성숙한 과학방법론이 나타내는 선택과 배제의 정치적 특성을 방법론의 성화 현상(methodological sacralization)이라고 비판하면서 아래와 같이 주장한다.

> …하나의 과학체계, 혹은 패러다임은 특정한 학자집단 내에서 지속적으로 수행되는 인식론적·방법론적 가정의 집단사회화와 습성화를 통해 형성된다. 그리고 연구대상의 보편적 이미지에 관한 공통인식이나 합의가 어떠한 경로를 통해서이든 일단 이루어지면, 패러다임 그 자체, 더 나아가서는 그러한 패러다임을 고수하고 있는 집단의 정체성과 결속력을 재생산하려는 현상유지의 역동성이 생성된다…

이로부터 더 나아가,

> …결국 과학체계의 현상유지를 지향한 역동성은 위에서 지적한 바와 같이 "달리 생각할 수 있는 방법"이 없다는 사고의 확산을 통해 더욱 가속화된다…(김웅진 2001, 20)

결국 과학적 지식생산은 주도적인 인식의 틀과 분석규준을 공유하는 과학자 네트워크의 결성을 전제로 하며(Brown 1993, 155). 특정한 역사적 상황이 인증하는 정상과학은 이러한 공통적·통합적 사고체계에 기반을 둔다. 이는 결국 역사사회적 조건과 정치적 환경, 또는 이데올로기의 통제에 의해 과학자의 인식적 자유가 억압된다는 것을 의미한다.

헤게모니적 담론은 또한 과학자들로 하여금 자신의 사회적 위상[11]과 지식생산행위의 지속성과 안정성을 확보하기 위한 가장 효율적이자 합리적인 대안이 무엇인가를 모색하도록 한다. 특히 담론을 통한 선택과 배제는 과학행위와 과학적 지식의 정치성을 '경험적 성격(empirical nature)'이라는 표피와 구호로서 덮어버린다. 즉, 방법론적 규준의 구체적 적용과정에서 확보되는 경험적 성격을 이용하여 연구문제와 연구방법의 선택과정에 개입하는 정치성을 위장한다. 김웅진은 이러한 담론을 통해 중심 패러다임이 견지하고 있는 방법론적 입장에 대한 정서적·감성적 반항이나 일탈은 '무지의 소산'으로 간주되며, 그러한 선택행위를 하는 연구자는 '범법 과학자의 주홍글씨'를 받게 된다고 주장한다. 즉,

> …널리 받아들여지고 있는 기존의 방법론적 규준을 벗어나는 연구는 범법적(犯法的)이며, 그와 같은 연구를 통해 생산된 지식은 '나쁜(bad)' 지식으로 간주된다. 역으로 규준에 맞는 연구는 준법적(law-abiding)이며, 그에 따라 제시된 지식은 '좋은(good)' 지식이 되는 것이다. 바꾸어 말해서 연구방법의 성화는 생산된 지식의 판정맥락을 '맞고 틀림'으로부터 '좋고 나쁨'으로 대체하게 마련이다…(김웅진 2001, 24–25)

11 즉, 과학사회 내에서의 위상과 신분.

4. 과학행위의 국가적·제도적 통제

앞서 논의한 바와 같이, 과학체계는(혹은 과학방법론)은 표준화된 과학적 인식을 전제로 한 지속적 담론을 통해 유지된다. 이러한 과학적 인식과 담론은 과학체계가 처해 있는 정치사회적·규범적 환경과 조건들에 상응하여 형성·전개되며, 따라서 과학방법론 역시 독립적이며 폐쇄적인 영역 내에서 자율적으로 구축되는 것이 아니라 과학외적 요소들과 상호작용하는 가운데 형성되게 마련이다. 김웅진(2002, 4)에 의하면,

> …과학사회를 주도하는 지배집단의 과학적 정향과 정치적 신념에 대한 추종집단의 동조는 상호 별개의 것으로 보이나, 과학사의 전개과정을 살펴 볼 때 이들이 필연적으로 연계되어 있다는 사실을 발견할 수 있다. 즉, 지배집단의 과학적 정향은 정치사회의 주도적 정치이념, 그리고 그들이 통제하고 있는 과학사회가 표방하고 있는 폐쇄적 과학 이데올로기(scientism)를 중첩적으로 반영하게 마련이다. 왜냐하면 과학적 정향이란 결국 과학사회 내에서 이루어지는 강압적 합의가 정치사회적으로 정당화된 것이기 때문이다….

또한 브뤼노 라투르(Latour 1999, 258)의 견해를 빌자면,

> …자본주의 국가에서 과학이란 불필요한 논쟁이나 왜곡이 필요 없는

> 정보(혹은 지식) 전달의 이상적인 형태이다. 자본주의 체제하에서 과학은 단순히 과학자가 수행하는 작업을 일컫는 말이 아니다...,(과학은) 이데올로기의 성격을 갖고 있으며, 항상 정치적인 무기 내지는 정치적 반대자를 제거하는 도구로 사용되어 왔다... 이러한 과학의 개념, 즉 무기로서 의도된 과학은 정치적 경쟁자를 침묵시킴으로써 자본주의 국가의 대리자로서 기능하여 왔다….

다소 과격하게 여겨지는 이러한 견해들은 지식생산이 항상 합목적적인 근거 위에서 진행되어 왔으며, 그러한 근거는 바로 국가 혹은 정치적 지배세력의 이해관계와 직접적으로 연관되어 있다는 점을 시사하고 있다. 실제로 과학적 지식은 경제적 이익과 혁신의 핵심자원으로서 그 가치를 증대시켜 왔으며,[12] 대부분의 국가가 정치적 목적을 달성하기 위한 직접적 자원으로서 과학적 지식을 운용하기도 한다.[13] 또한 굴드너(Gouldner 1968; 1970)와 같은 비판사회학자 혹은 실재론자(realists)들의 경험과학비판을 예로 들자면, 경험과학과 경험과학방법론은 자본주의 체제하에서 지배계급(국가)의 지배, 즉 계급체제를 공고히 하는 역할을 수행한 것으로 간주된다. 이와 아울러, 근대 민족국가의 탄생과 산업혁

12 예로서 김대중 정권의 집권초기 '신지식인'의 양성이라는 구호 아래 적극적으로 이루어진 정보·지식사회의 정립을 위한 투자는 IMF 이후 국가 경쟁력 재고라는 경제적 이해관계에 의해 정당화되었다.

13 특히 국방과 군수산업에 관련된 과학적 지식이 국제정치 영역에서 '무기화' 되는 경향을 부정할 수 없다.

명 이후 자본주의체제의 성숙과정에서 목도된 통계학의 국가적 운용에 대한 최정운의 연구(Choi 1984)는 과학행위에 대한 국가의 개입과 통제를 여실히 보여주고 있다. 물론 과학행위와 과학적 지식에 대한 국가 통제가 자연과학을 중심으로 한 과학의 모든 영역에서 획일적으로 이루어져 왔다고 말할 수는 없다. 그러나 제2차 세계대전의 종전 이후, 경제정책과 외교정책을 포함한 국가 공공정책의 결정과정에 있어서 서구 자본주의 국가들에 의한 사회과학자들의 적극적 동원, 혹은 국가주도형 연구 프로젝트의 활성화 등은 과학행위에 대한 국가의 포괄적이자 적극적 통제를 부정할 수 없는 사실로 받아들이게 한다.

과학행위에 대한 국가의 필연적 개입과 통제를 주장하는 견해는 이른바 자본주의 국가의 '합리성'에 근거를 두고 있다. 즉, 자본주의 국가의 사회에 대한 인식은 경험적이자 합리적인 지식에 기반을 두고 있다는 것이다. 최정운(1992, 30)에 의하면, 자본주의 체제하에서 과학적 지식의 생산은 ① 국가기관에 의한 생산의 제도적 독점, ② 생산과정에서의 합리적·과학적 방법론의 동원, ③ 지배적인 자본가 계급의 정치의식과의 이론적 연관성 등 세 가지 특징을 나타낸다.[14] 이 가운데에서도 특히 첫 번째 특징인 국가에 의한 지식생산의 제도적 독점은 국가의 지배집단과 과학자 집단의 정치적 정향이 합치할 경우에 더욱 신속히 이

14 최정운은 이처럼 정치사회적 인식(계급의식)이 투영된 지식을 "공공지식"이라고 칭하고 있다. 즉, "공공지식"은 "국가권력과 그 관리계급에 의하여 여타의 지식체계와 구별되어 타당성을 인정받은 지식체계"로서 "사회정책의 의사결정과정에서 유일한 인식적 기반"이 된다. Choi(1984), 455-78 참조.

루어지며, 따라서 국가는 과학체계의 중심집단을 직접 구성하거나 혹은 다양한 제도적 통제장치를 이용하여 대항적 정향을 지닌 과학자들을 과학사회로부터 조직적으로 배제해 나간다.

이와 유사한 맥락에서, 위틀리(Whitley 1984)는 현대과학의 발전이 국가주도형 지식생산체제와 학제(學制)를 도입함으로써 이루어졌다고 보고 있다. 예를 들어 1970년대에 이루어진 급격한 과학적 연구환경의 개선은 국가가 주도하는 과학기술연구의 확대와 정책과학의 적극적 도입을 통해 가능하였으며, 1970년대 이후에도 역시 과학연구는 정치경제적 위기에 대응하는 방향으로 국가에 의해 주도되었다는 것이다. 즉, 대부분의 서구 국가들이 1970년대의 냉전상황과 원유파동을 극복하기 위해 과학기술연구에 대한 적극적 정책지원을 전개하였으며, 이에 따라 특정 분야의 배타적 발전과 국가주도 지식생산체제의 강화현상이 표출되었다고 보고 있다(Danziger 1990; Manicas 1987).

1980년대의 상황을 살펴보더라도 과학적 지식생산에 대한 국가의 정책적 개입을 쉽게 탐지할 수 있다. 당시의 특징적인 정치지형학적 변화로서는 구소련의 붕괴, 그리고 사회주의 국가들의 시장경제체제 도입과 민주주의 체제로의 전화(democratic transition)를 들 수 있다. 이러한 상황적 변화에 따라 재구성된 미국의 과학정책 모델은 응용분야보다는 기초과학분야에 대한 지원을 강조하였으며, 특히 핵전쟁 위험이 급격한 감소됨에 따라 국방·안보분야로부터 보다 일반적이고 사회경제적인 영역으로 연구의 초점이 전환되었다. 즉, 1980년대 말엽으로부터 표출되기 시작한 북유럽형 복지국가의 붕괴, 동유럽의 급격한 체제전환에 따른 시장의 거대화, 대량생산과 대량소비 등 새로운 정치경제적 상황에 효율적으로 대응하기 위한 국가전략의 모색이 특히 사회과학분야 있어서 새로운 문제설정과 지식생산의 방향을 강요하게 된 것이다.[15]

결국 지식생산과정에 대한 국가의 통제는 과학연구에 대한 후원의 제도화를 통해 달성된다. 즉, 국가 통제의 제도화는 후원자로서의 국가와 수혜자로서의 과학자 집단 간의 교호작용을 유지하기 위한 안정적 경로를 제공하며, 국가는 이러한 경로를 독점적으로 관리함으로써 과학연구의 방향과 영역에 대한 헤게모니를 행사한다. 보다 구체적으로, 통제의 제도화는 국가의 고유 이익에 합치하는 ① 전문화된 담론의 억압적 구성, ② 훈육, 인증과 배제의 강압적 메커니즘 확보, ③ 과학자의 신분, 평판과 사회적 특혜에 대한 방어기제의 제공이라는 세 가지의 기능을 수행한다고 볼 수 있다. 이에 따라 수혜자(과학자)는 비단 제도화에 적극 호응할 뿐만 아니라, 과학사회 내에서 제도화에 요구되는 조건을 자발적으로 구축해 나감으로써 후원자의 이해에 합치하는 방향으로 과학행위를 전개해 나가게 마련이다(Brown 1993, 165–66).

15 한편 이처럼 새롭게 제기된 문제들을 풀기 위한 연구방법으로서, 사회과학계 내에서 장기간에 걸쳐 신랄한 비판의 대상이 되었던 계량통계분석이나 수리모형의 정립 등 경험과학적 연구방법이 적극적으로 동원되어 주도적 위상을 차지하게 되었다는 점을 주목할 필요가 있다.

5. 과학자 집단의 배타적 충원: 이데올로기적 조작과 훈육

과학행위에 대한 정치적 통제는 또한 과학자 집단의 배타적·선별적 충원을 통해 달성된다. 푸코의 표현처럼 '규칙에 의해 통제된(rule-governed)' 사회적 행위로서의 과학행위는 인증된 분석규준과 시각을 전폭적으로 수용하지 않는 '범법과학자(犯法科學者 outlaw scientists)'들을 과학사회로부터 축출함으로써 간접적으로 통제되는 것이다(김웅진 2001, 60-70; Trigg 1985, 27). 김웅진 역시 이와 유사한 맥락에서 과학사회의 지배집단은 '주어진 목록을 벗어나는' 연구문제를 상정하는 과학자들을 배척함으로써 주도적 연구전통을 견지해 나간다고 주장한다. 다시 말해서, 과학정치(politics of science)는 구성원의 충원에 있어서 강한 배타성과 선별성을 나타내는 과학 네트워크를 기반으로 삼고 있으며, 그러한 정치적 배타성을 과학성으로 위장하려는 경향을 보인다는 것이다. 즉, 과학 헤게모니는 과학사회의 충원과정에 있어서 지배집단의 과학적 정향과 그 상위맥락으로서의 정치사회적 이념을 적극적으로 수용하거나 적어도 소극적인 동조를 보이는 과학자만을 선별적으로 충원한다는 맥락에서 여실히 표출된다(김웅진 2002, 6). 배타적 충원을 통한 과학 네트워크의 강화는 비단 기성 과학자들의 경우에만 한정되지 않는다. 즉, 이러한 선택과 배제의 논리는 후보 과학자 집단의 훈육에도 역시 적용된다. 예컨대 대학에서 이루어지는 과학교육은 소위 정통적(orthodox)이자 주도적인 과학 이데올로기를 반영하는 인식체계와 이론, 개념을 강조한다(Freidson 2001, 95). 또한 학위논문의 주제설정, 기존문헌의 인용과 같은 순수학문적·기계적 절차에 이르기까지 은밀한 과학 헤게모니의 효과가 발휘된다(홍성민 2000, 151).

한국의 경우, 이처럼 '배타적 전문성'을 확보하려는 과학연구와 교육의 정향은 정치권력집단의 이념정향과 맞물려 심각한 학문적 서구 종속성을 야기하였다고 볼 수 있다. 특히 정치학 연구에 있어서, 한국전쟁의 잠정적 종결 이후 광범위하게 확산되어 온 안보 이데올로기가 비단 정치학계 뿐만 아니라 정부기관으로 하여금 국방·안보문제를 핵심적인 연구영역으로 채택하게 하였다는 것은 주지의 사실이다. 그런데 이처럼 국방·안보문제가 주된 연구영역으로 자리 잡게 된 데에는 실질적인 안보상황과 권력집단에 의해 조직적으로 유포된 안보 이데올로기뿐만 아니라, 우리 정치학 연구 자체의 대미(對美) 종속성이 상당한 영향력을 발휘하였다고 볼 수 있다. 다시 말해서, '서구성은 곧 선진성'이며, '서구성의 극치'인 미국의 학문적 정향을 신속하게 수용하는 것이 가장 효율적인 과학발전의 경로가 된다는 환상이 우리 정치학자들을 사로잡았으며, 이에 따라 정치군사적·경제적 헤게모니의 유지라는 미국 정치학의 핵심적 연구주제가 마치 우리에게도 적실한 연구주제인양 착각하여 이론적·방법론적 대미종속을 자발적으로 심화시켜 온 것이다.[16] 이러한 정치학(사회과학)의 대미 종속성이 초래한 결과에 대해 김웅진(2001,

16 특히 국제정치연구에 있어서 나타나는 대미종속성에 관해서는 홍성민(2000)의 글을 참조할 것.

148–49)은 다음과 같이 지적하고 있다

> …결국 구미의 연구방법론(존재론적·인식론적·방법론적 시각)을 축으로 삼은 과학 네트워크는 오늘날에 이르러 그 존재를 의식할 수 없을 정도로 지극히 자연스러운 것이 되었으며, 이러한 네트워크에의 가입은 거의 자동적으로 이루어지고 있는 것이 사실이다. 바꾸어 말해서, '방법론은 곧 구미 방법론'이라는 고정 관념이 정치학자들의 인식 속에 깊숙이 각인(刻印)되기에 이르렀으며, 이에 따라 이러한 네트워크가 보장해주는 사회적 실익 역시 더욱 부각되었다고 볼 수 있다. 예로서 연구결과의 평가는 주로 구미 연구방법론의 분석논리를 적절히 적용하였는가의 여부에 따라 이루어지고 있으며, 구미 연구방법론의 숙지와 사용이 그러한 평가에 수반되는 각종 사회적 실익, 예를 들어 연구비의 지급, 출판기회의 부여, 교직의 획득 등에 있어서 필수 불가결한 조건으로 간주되고 있다는 점을 부정할 수는 없을 것이다. 요컨대 구미 연구방법론의 숙지는 곧 '과학적 유능함의 보증서'로서 널리 받아들여지고 있다 해도 과언이 아니다. 반면 네트워크에의 가입 실패 내지는 일탈은 곧 '무능함'의 주홍글씨와 연결된다고 말할 수 있다. 그런데 실제로 우리 정치학계에서 네트워크로부터의 자발적이며 적극적인 일탈 사례는 거의 발견되지 않고 있으며, 구미 연구방법론의 적실성에 대한 비판이 시도되었다 해도 어디까지나 구미의 사유체계 내에서 우회적으로 이루어졌을 뿐이다…

한편 과학연구와 교육의 통제는 주로 대학이라는 제도적 장치를 통해 이루어져 왔다는 점에 주목할 필요가 있다. 과학적 지식의 주된 생산자로서의 위상을 견지하여 온 대학은 20세기에 진입하면서부터 과학자들의 고용과 피고용을 목적으로 하는 거대한 지식시장으로서 발전하여 왔다. 즉, 대학은 제도적·전통적 권위에 힘입어 과학자들에게 지식생산자로서의 능력을 인증하고 권한을 부여하며, 역으로 과학자들은 대학으로부터 유·무형적 자원을 수혜함으로써 과학행위를 지속적·안정적으로 전개해 나간다(Manicas 1987; Mulkay 1992; Merton 1967; Rouse 1991; Trigg 1985; Wagner 1994). 이렇게 생산된 지식은 우선 대학 내에서, 그리고 보다 광범위한 과학사회 내에서 이데올로기적인 여과를 거쳐 공식적 인증을 획득하게 되는데, 이러한 인증은 결국 자본주의 국가가 지향하는 합리성의 제도적 인증(institutional authorization)의 한 형태로서 대학이 공익을 표방한 국가이익의 달성을 위한 합리적 도구로서 작동한다는 함의를 갖는다.[17]

17 현대 과학체계가 상정하고 있는 학제구분 역시 대학 내에서 제도화되었다. 즉, 산업화와 대학의 제도화가 진전되고 있던 18세기 말엽에 이르기까지 이른바 '전통적' 대학으로서의 옥스퍼드, 캠브리지나 소르본은 대단히 고전적인 형태를 유지하고 있었다. 그러나 1795년에 설립된 프랑스의 에콜 폴리테크, 1810년 독일의 베를린 대학, 1876년 미국의 존스 홉킨스 대학 등은 '대학 근대화'의 창시가 되었다. 즉, 대학 학제의 전면적인 재구성이 자본주의 국가의 도약 과정에 이루어진 것이다. 특히 19세기 후반에는 독일과 미국에서 자연과학과 기술과학의 비약적 발전이 대학을 통해 이루어졌으며 이는 국가적 요청에 따른 학제의 특화와 전문화에 힘입은 것임이 자명하다(Manicas 1987, 193).

6. 정상과학에서 '좋은 과학'을 위한 긴장의 변증(辨證)

'좋은 과학(good science)', 좋은 학문, 혹은 좋은 지식이 인증되는 과정은 대학을 중심으로 한 과학체계와 국가, 그리고 사회질서와의 꾸준하고 종료되지 않는 합리화의 투쟁 과정이다. 그리고 사회적 도구로서의 과학지식이 통용되고 권위를 획득하는 과정에서 생산자와 사용자 간의 긴장, 호환가능한(compatible) 범용성에 대한 타 학제와의 긴장 등이 다양한 층위에서 합리화 투쟁을 촉발시킨다.

최근 국내외 지식사회학 연구에서 언급되기 시작한 '모드 2' 지식생산 관념(이하, 모드 2 테제)은 정상과학 이후의 정상과학, 혹은 정상과학의 새로운 성격을 설명한다(홍형득 2007; Etzkowitz and Leydesdorff 2000; Funtowicz and Ravetz 1993; Gibbons, et al. 1994; Hessels and van Lente 2008; Jasanoff 2004; Rip 2004). 이들 '모드 2' 테제가 시사하는 바는 전통적인 지식생산 양태(모드 1)가 사라지고, 지식생산의 여러 층위에서 발견되는 긴장의 변증을 통해서 — 정상과학으로부터 — '좋은 과학'이 생산된다는 점이다.

〈표 6-1〉 지식생산의 양태들

모드 1	모드 2
학문적 맥락	적용(사용자)의 맥락
단학제적	초학제적
균질적	불균질적
자율성	재귀/ 사회적 책임
전통적 내용통제(동료집단)	다자적 내용통제

* Hessels and van Lente(2008), 741 참조

기존의 과학철학 논의들이 어떻게 과학지식이 생산되며 '정상 과학'으로서의 권위를 획득하는가에 대한 철학적 규준들을 다루어 왔다면, 모드 2 테제는 지식 생산체계(과학체계)가 사회적으로 배분되어 있다고 주장한다(Gibbons, et al. 1994). 대학과 정부 연구소, 기업 실험실 등의 과학지식 생산의 정수(canon) 뿐 아니라, 새로운 물리적 장소와 실천, 그리고 다학제로부터 추출된 원칙들로 구성된 불균질한(hetorogeneous) 체계라는 것이다. 불균질한 체계로부터 생산된 과학지식은 단일한 순수 학문적 맥락으로서의 자기완결성으로부터 탈출한다. 여기서 모드 2 테제가 지칭하는 과학지식의 첫 번째 특성인 사용자 맥락성이 있다. 같은 과학적 진술이라 하더라도 시간과 장소에 따라, 그리고 사용자의 여건과 실천의 조건에 따라 과학지식이 가지는 도구적 유용성이 있을 수도 있고, 그렇지 않을 수 있다는 점을 함의한다. 물론 과학지식이나 진리의 상대성 개념이 이러한 과학지식의 사회적 특성과 사용자(실천자) 개체주의(예를 들어 파이어아벤트 류의 방법론적 무정부주의)에 대해 설명한 바 있으나, 이들 논의는 실제 지식생산 과정과 적용을 엄격히 분리한다. 모드 2 테제가 지시하는 사용자 맥락이란 지식생산 과정을 넘어서는 적용과 실천의 과정에서의 사용자 개체주의로 보아야 한다.

둘째로, 모드 2 테제의 특성은 초학제성(transdisciplinarity)이다. 모드 2 테제의 과학지식이 다학제성 혹은 학제 간(inter-disciplinary) 특성을 넘어서는 것은 지식을 실천하는 동학에서 찾을 수 있다. 가령 학제 간에 특정한 이론에 대한 합의가 이루어지면 그것은 각 학제의 일부로 다시 수용되는 것이 아니라 학제를 뛰어넘는 일반이론으로 적용되고, 이론을 적용한 연구결과 역시 전 분야의 학제로 전파되고 확장된다.[18] 이러한 보편적 실천의 증거와 타 학제와의 끊임없는 상호검증 작용이 '좋은 과학'의 초석인 것이다.

셋째로, 모드 2 테제는 당연히 불균질적(heterogeneous) 지식생산 체계를 강조한다. 전통적인 지식생산 조직인 대학과 연구소 뿐 아니라 정부기구, 싱크탱크, 하이테크 스핀오프 기업들이 지식생산의 새로운 구성원이 된다. 당연히 이들 전통적인 지식생산자와 신규 지식생산자 간에는 소통과 긴장의 네트워크와 상호교류가 일어난다. 2000년대 초 정치경제학 연구에 혁신을 가져온 자본주의 다양성 연구는 생산체계와 교육체계, 그리고 고용체계 간의 제도적 상보성을 밝혀낸바 있다. 이 연구를 통해서 얻은 또 다른 시사점은 과학지식의 생산 지점이 이미 대학을 벗어났다는 것과 좋은 과학지식은 생산과 소비, 그리고 고용 증가라는 사회적 요구와 압력에 직면해 있다는 것이다.

따라서 모드 2 테제가 강조하는 과학지식의 네 번째 특성은 재귀 혹은 성찰성(reflexivity)이다. 과학지식의 생산체계는 이제 다양한 이해관계자들 간의 변증적 과정 속에 있다. 과학지식의 생산자들은 이제 자신들의 과학행위가 가져올 사회적 변화에 대해 인식한다(social accountability). 이는 동시에 안정적이고 좋은 과학지식 생산을 보장해 줄 수 있는 지배적이고 수렴적인 과학방법론에 대한 필요성 역시 더욱 적극적으로

18 사회학의 기능주의(functionalism) 이론이 경제학, 국제경제학, 유럽통합론, 심지어 국제개발원조 등의 실천적 영역으로까지 일반이론으로 적용되는 것을 보라.

요청하게 한다. 다시 말해 사회적 책임과 윤리, 과학지식이 가져올 재귀적 결과물—알 수 있든 모르든 간에—로부터 과학자 자신을 지켜주고 과학행위 자체를 인증해 주어야 할, 절대적 신념에 기초한 논리와 사유의 합리적 구축물로서의 과학방법론과 인증절차에 절대적으로 의존할 수밖에 없다.

그러나 전술한 바와 같이, 과학행위의 규준은 비판적 합리성에 있기보다는 사회적으로 합의되고 통합된 문제풀이 기제, 즉 선택적 지식생산이 이루어지는 과학 헤게모니 안에 있음을 상기할 필요가 있다. 그리고 논리와 사유의 합의와 통합이라는 사회적 성격을 기존의 특정 학문분야 과학자 집단(peer)으로 한정하는 것이 아니라, 지식생산의 경제학, 정치학, 사회학과 문화 인류학 등 다자적 내용통제의 집합(wider set of quality criteria)으로 확대시킨다. 여기에 모드 2 테제의 마지막 특성이 있다. 학문 고유의 배타적인 과학방법론이란 것이 애초에 존재하기 어렵기 때문에 과학행위는 결국 지배적인 범-과학 헤게모니와의 정치적 타협과 수용, 그리고 이러한 과학 헤게모니를 구성하는 다양한 사회적 이해관계자들(과학자, 정부와 기업 등)과의 긴장의 네트워크 안에 편입되어야 한다.[19] 재서노프(Jasanoff 2004)가 주장하였듯이, 과학지식은 과학자

19 최근 청년실업의 증가, 제4차 혁명의 도래를 통한 산업구조의 재편 등의 이유로 인해 전통적인 순수학문 학과들이 학문적 정체성을 잃고 학과명을 바꾸거나 일군의 학과군이 서로 통합, 재편되는 과정을 보라. 이는 비단 대학의 지속가능성에 대한 대안적 전략이라기보다는 그간의 전통학문들이 이제는 '좋은 과학'이 아니라는, 새로운 사회적 질서로부터의 사형선고에 다름 아니다.

집단과 사회적 질서 간의 교호작용, 그리고 그들 간의 긴장의 변증과정에 의해 탄생하는 공동생산(co-production of knowledge)의 결과물이다. '좋은 과학'을 결정하는 것은 더욱 어려워졌으며, 더욱 정치적인 변증의 과정이다.

7. 결론: 과학체계의 산업화와 관료화

앞서 논의한 바와 같이, 과학사회 내에서 과학자의 고용은 국가가 제어하는 제도적 기제를 통해 이루어지고 있다. 이는 곧 현대 과학체계의 산업화와 과학자들의 점진적인 위상변화, 즉 고용시장 내에서의 소극적 피고용자로서의 전략을 의미한다. 이에 따라 과학자들은 개인적이든 집단적이든 산업화된 과학체계 내에서 고용주에 의한 연구방향과 내역의 통제, 그리고 연구행위의 조직적 억압을 탈피할 수 없다. 요컨대 과학행위는 국가가 효율적으로 수행하는 제도적 통제의 네트워크라는 범주와 한계 내에서만 안정적으로 이루어질 수 있는 것이다. 보다 구체적으로, 국가에 의해 사회적 권위와 영향력을 부여받은 과학사회 내의 다양한 제도와 기제들은 연구문제, 이론적 시각과 연구방법의 선정뿐만 아니라 생산된 지식의 발표와 운용에 이르기까지 전포괄적인 통제력을 행사하고 있으며, 이에 따라 과학행위에 대한 국가적(제도적) 지원은 국가와 과학사회의 지배집단이 견지하고 있는 이해에 대한 공헌의 수준에 따라 결정되기에 이르렀다. 즉, 과학행위에 대한 후원은 정치적·과학적 순응성(politico—scientific conformity)을 전제로 하고 있다고 보아야 한다(Whitley 1984, 68). 바꾸어 말해서, 국가의 후원은 강력한 정치적 배타성과 선별성을 나타낸다. 요컨대 과학행위의 제도화는 수사적이자 동시에 인식적인 '정치과정'이라고 말할 수 있다. 단지거(Danziger 1990, 182)에 따르면,

> …〔과학의 제도화는 과학자들 간에〕 동맹이 형성되고, 경쟁자들이 제거되며, 연구 프로그램이 확립되고, 충원이 이루어지며, 권력의 기반을 획득하고, 기구가 설립됨을 의미한다. 이러한 정치적 사안들은 학문과 학제 자체에 필연적으로 흔적을 남긴다. 즉, 정치적 환경은 특정한 시간과 장소에서 어떤 유형의 지식생산이 성공적으로 시장화될 것인지를 결정한다. 적합한 유형의 지식을 생산하려는 목표는 학제 내에서 투자대상의 선택에 중요한 영향을 미친다. 이러한 과정에 투입되는 사회적 권력은 그 자체의 이해관계에 합일하는 지식의 생산을 추동한다…

이처럼 과학행위는 지배집단에 의한 국가통제의 효용성과 합리성을 제고하는데 공헌해야 한다는 '탈과학적' 목표를 강요받게 된다. 특히 진보된 산업사회, 자본주의 사회에서는 과학의 전문화·분화 현상이 가속화되면서 '경쟁력'과 '효율성' 확보라는 지침이 이데올로기의 그림자 아래 지식생산과정으로 침투되고 있다(Freidson 2001, 88—93). 이러한 국가헤게모니의 침투과정 속에서 과학자 집단은 전문화된 관료집단과 유사한 성격을 얻게 된다. 왜냐하면 앞서 언급한 국가—과학체계 간의 기능

적 교호관계는 국가의 지배집단–전문관료집단과의 관계와 그 성격에 있어서 다를 바 없기 때문이다. 전문관료집단이란 다양한 맥락에서의 사회적 생산을 주도함으로써 사회적 실존을 재생산·재구성하는 집단을 포괄적으로 지칭하며, 과학자 집단은 당연히 이러한 전문관료집단의 일원이 된다. 전문관리집단으로서의 과학자 집단(과학체계)이 지배집단의 정치적 정향과 이데올로기를 의식적, 혹은 무의식적으로 흡수하게 되는 것은 당연한 결과이다. 따라서 과학행위의 소산인 과학적 지식은 본질적으로 사회적 실존의 이념적 여과물이라고 보아야 한다.

참고문헌

김웅진. 2001. 『신화와 성화: 과학방법론의 패권정치』. 서울: 전예원.

______. 2002. "'지식정치'와 방법론적 네트워크: 과학 헤게모니의 형성과 변동." 『사회과학논집』 20권 1호, 63-76.

리요타르, J. F. 저. 유정완 외 역. 1992. 『포스트 모던의 조건』. 서울: 민음사.

이기홍. 1998. "실재론적 과학관과 사회과학의 연구방법." 『경제와 사회』 39, 178-205.

전경갑. 1997. "푸코의 역사적 구조주의와 지식이론." 『교육사회학연구』 7집 4호, 95-108.

최정운. 1992. 『지식국가론: 영국, 프랑스. 미국에서의 노동통계 발달의 정치적 의미』. 서울: 삼성출판사.

푸코, M. 저. 조광래 역. 1986. 『말과 사물: 인문과학의 고고학』. 서울: 민음사.

________ 저. 김부용 역. 1991. 『광기의 역사』. 고양: 인간사랑.

________ 저. 이정우 역. 1992. 『지식의 고고학』. 서울: 민음사.

홍성민. 2000. "한국학문의 정체성과 학자들의 아비투스." 『진보평론』 5, 136-159.

홍형득. 2007. "과학기술정책의 거버넌스적 이해를 위한 이론모형." 『Journal of Governance Studies』 2:1, 143-162.

Brown, R. H. 1993. "Modern Science: Institutionalization of Knowledge." *The Sociological Quarterly* 34:1, 153-68.

Choi, Jungwoon. 1984. "The English Ten Hours Act: Official Knowledge and the Collective Interest of the Ruling Class." *Politics and Society* 13:4, 455-78.

Danziger, K. 1990. *Constructing the Subject: Historical Origins of Psychological Research*. New York: Cambridge University Press.

Etzkowitz, H. and L. Leydesdorff. 2000. "The Dynamics of Innovation: From National Systems and 'Mode 2' to a Triple Helix of University–Industry–Government Relations." *Research Policy* 29:2, 109–123.

Freidson, E. 2001. *Professionalism, The Third Logic: On the Practice of Knowledge*. Chicago: University of Chicago Press.

Funtowicz, S. and J. Ravetz. 1993. "Science for the Post–Normal Age." *Futures* 25, 735–755.

Gibbons, M., C. Limoges, H. Nowotny, S. Schwartzman, P. Scott, and M. Trow. 1994. *The New Production of Konwledge: The Dynamics of Science and Research in Contemporary Societies*. Sage: London.

Gouldner, A. 1968. "The Sociologists as Partisan: Sociology and Welfare State." *American Sociologist* 3, 103–116.

____________. 1970. *The Coming Crisis of Western Sociology*. New York: Basic Books.

Hessels, L. and H. van Lente. 2008. "Re–thinking New Knowledge Production: A Literatuer Review and a Research Agenda." *Research Policy* 37, 740–760.

Jasanoff, S., ed. 2004. *States of Knowledge: The Co-production of Science and Social order*. London: Routledge.

Kaplan, A. 1964. *The Conduct of Inquiry*. New York: Harper & Row.

Kuhn, T. 1970. *The Structure of Scientific Revolutions*. Chicago: University of Chicago Press.

Lakatos, I. 1986. *The Methodology of Scientific Research Programmes*. London: Cambridge University Press.

Latour, B. 1999. *Pandora's Hope: Essays on the Reality of Science Studies*. Cambridge and London: Harvard University Press.

Laudan, L. 1981. "A Problem–Solving Approach to Scientific Progress." In I. Hacking, ed. *Scientific Revolutions*, 144–155. Oxford: Oxford University Press

Manicas, P. T. 1987. *A History and Philosophy of the Social Sciences*. New York: Basil Blackwell.

Merton, R. K. 1967. *Social Theory and Social Structure*. New York: The Free Press.

Miller, D., ed. 1985. *Popper Selections*. Princeton, New Jersey: Princeton University Press.

Mulkay, M. 1992. *Science and the Sociology of Knowledge*. Brookfield: Gregg Revivals.

Nowotny, H., P. Scott, and M. Gibbons. 2003. "Introduction: 'Mode 2' Revisited: The New Production of Knowledge." *Minerva* 41, 179–194.

Popper, K. 1961. *The Logic of Scientific Discovery.* New York: Science Editions.

________. 1972. *Objective Knowledge: An Evolutionary Approach*. Oxford: Oxford University Press.

________. 1975. "The Rationality of Scientific Revolutions." In I. Hacking, ed. *Scientific Revolutions*. 80–106. Oxford: Oxford University Press.

Rip, A. 2004. "Strategic Research, Post–modern Universities and Research Training." *Higher Education Policy* 17:2, 153–166.

Trigg, R. 1985. *Understanding Social Science: A Philosophical Introduction to the Social Sciences*. New York: Basil Blackwell.

Wagner, P. 1994. *A Sociology of Modernity: Liberty and Discipline*. New York: Routledge.

Whitley, R. 1984. *The Intellectual and Social Organization of the Science*. New York: Oxford University Press.

제7장 민주주의의 정착을 위한 구조적 결정요인의 탐색: 8개 국가에 대한 경험적 비교연구*

김형철**

1. 서론

이 연구는 민주주의 정착 단계에 있는 국가들의 정치적 민주주의 수준에 영향을 주는 결정요인을 탐색하는데 목적이 있다. 그리고 이 글에서 주장하고자 하는 바는 민주주의의 정착단계에 있는 국가들의 경우,

---

* 이 글은 『비교민주주의연구』 제1집 1호에 게재된 논문을 보완한 것임.
** 성공회대학교

정치적 민주주의의 수준이 민주화 이행경로의 유형에 따라 경제적 요인과 정치제도 요인의 영향력에 있어 차이를 보이고 있으며, 사회경제적 요인보다 정치제도 요인이 민주주의에 강한 영향을 미치고 있다는 점이다.

1970년대 중반에 시작된 '제3의 민주화의 물결'은 비교정치 분야에서 민주주의에 대한 관심을 높였으며, 더불어 주요한 경험연구의 주제로 부각시켰다. 또한 1990년대부터 지금까지 민주주의 체제로 진입한 국가들이 어떻게 하면 '민주주의 공고화'(democratic consolidation), '심화된 민주주의'(deepening democracy) 그리고 '높은 질의 민주주의'를 이룰 수 있을 것인가라는 문제의식과 함께 그 조건들을 제시하는 연구들이 다양하게 제시되고 있다.[1] '제3의 민주화 물결'을 경험한 국가들 중 다수의 신생 민주주의 국가들은 아직 민주주의의 가치와 규범 그리고 민주적 규칙을 제도화 또는 일상화하는 민주주의 공고화 단계로 진입하지 못하고 있다. 그렇지만 과거의 경험처럼 비민주주의로의 역류가 진

1 일부의 민주주의 연구자들은 '민주주의 공고화'와 '민주주의의 심화'란 명확한 개념적 구분이 어렵기 때문에 다른 차원의 연구주제가 아니라 하나의 연구주제라고 지적한다(Diamond 1996; 오창헌 2002, 108). 즉, 민주주의 공고화를 최대정의적 관점에서 정의하면, 민주주의 공고화와 심화는 실질적 민주주의 또는 보다 질 높은 민주주의라는 목적을 지향하는 과정이라는 동일한 의미를 지니게 된다(Shin 1994). 반면에 최소정의적 관점에서는 민주주의 공고화와 민주주의 심화를 구분하여 정의하고 있다. 즉, 민주주의 공고화란 이행기에서 구축된 민주적 절차와 규범이 주어진 정치적, 사회적 그리고 경제적 조건하에서 '유일한 게임'으로 받아들여지는 상태(Przeworski 1991, 26; Linz and Stepan 1996, 5)로서 정의된다면 의사결정의 참여와 민주적 통제를 주요내용으로 하는 실질적 민주주의의 확대를 의미하는 '민주주의의 심화'와 구별된다고 지적한다(조효래 1995, 553).

행될 것이라는 일부 학자들의 우려와는 달리,[2] 이 국가들은 민주주의 공고화의 조건이 충족되지 못하였음에도 불구하고 비민주주의 체제로 회귀하지 않고, 최소한의 민주적 규칙 또는 절차를 갖는 민주주의를 유지하고 있다. 그리고 이 국가들은 적어도 최소정의적 관점에서 정의되는 형식적 또는 정치적 민주주의를 수행하고 있다.

이 연구에서는 이러한 국가들의 체제를 민주화 단계를 거쳐 민주주의 이행의 완성 또는 민주주의 공고화 단계로의 진입을 준비하는 과정에 있는 체제로 규정하고, 그러한 과정을 민주주의 정착 단계 또는 국면이라고 지칭하고자 한다. 즉, 이 단계는 비민주적 정권의 퇴장과 민주적 헌법제정이라는 민주화 단계와 민주적 절차와 규범이 일상화, 내면화, 습관화 그리고 정당화 되는 민주주의 공고화 단계를 시·공간적으로 연결하는 매개적 단계이다. 민주주의 정착 단계는 민주주의의 기본원리를 반영하는 민주적 규칙과 절차의 지속성이라는 기본속성을 특징으로 한다.[3] 그러나 이러한 국가들의 정치적 민주주의 수준은 각 국가가 처해 있는 조건에 따라 차이를 보이고 있다. 예를 들어 지역적으로 남부유럽과 동유럽 국가들은 프리덤하우스(Freedom House)나 콜로라도 대학(University of Colorado)에서 매년 발표되는 민주주의 지수가 매우 높

2 대표적으로 헌팅턴(S. Huntington)은 수단과 나이지리아의 권위주의적 통치로의 회귀를 지적하면서 민주주의를 공고화하는 어려움 때문에 민주주의를 유지하는데 유리하지 않은 조건을 가진 나라들에서 권위주의로의 역류가 더 많이 일어날지 모른다고 지적한다(Huntington 1993).

3 이에 대한 구체적인 정의와 특성은 다음 장에서 자세히 다루고자 한다.

은 반면, 라틴 아메리카 국가들은 민주주의의 수준이 낮은 것으로 나타나고 있다.[4]

그렇다면 민주주의 정착 단계에 있는 국가들이 민주화 단계를 거친 후 민주적 규칙과 절차가 붕괴되지 않고 지속될 수 있었던 원인은 무엇인가? 이 국가들에 있어 정치적 민주주의의 수준을 결정하는 요인은 무엇인가? 그리고 탐색된 요인들의 영향력은 민주화 이행경로, 즉 타협에 의한 민주화와 비타협에 의한 민주화 이행경로들 사이에 차이가 존재하는가? 이러한 연구문제에 답하기 위해, 이 연구는 '제3의 민주화 물결'을 경험한 국가들 중 민주주의 정착 단계에 있는 국가를 대상으로 정치적 민주주의 수준이라는 종속변인에 영향을 주는 민주화 이행구조, 사회경제적 구조, 그리고 정치제도 구조라는 구조적 요인에 초점을 맞춰 변인정향적(variable-oriented) 비교분석을 수행하고자 한다. 분석기법으로는 종속변인과 독립변인들의 관계심도와 방향성, 그리고 분석모형의 설명력을 관찰할 수 있는 다중회귀분석(multiple regression)을 이용하기로 한다.

연구의 시간적 범주는 1990년부터 2000년까지이다. 이렇게 시간적 범주를 채택한 이유는 남부 유럽 국가들을 제외한 나머지 국가들의 경우 이 기간 동안 민주화 단계를 거쳐 민주주의 정착 단계로 진입했기 때문이다. 즉, 1990년~2000년에 걸쳐 민주화 이행이 이루어진 많은 국

---

4 각 국가들의 민주주의 지수 또는 민주주의 수준을 측정하는 방법에 대해서는 비교민주주의 연구센터 편(2005) 참조.

〈표 7-1〉 분석대상국가의 민주화 경로와 정부형태(1990-2000)

	타협에 의한 민주화	비타협에 의한 민주화
대통령제	브라질(1985), 한국(1987)	아르헨티나(1982), 칠레(1989)
내각제 및 준대통령제	폴란드(1989), 헝가리(1990)	그리스(1974), 포르투갈(1974-75)

* 괄호는 민주화의 초기시점을 의미

가들이 민주적 규칙에 의해 두 번 이상의 선거를 평화롭게 진행하였으며 또한 선거를 통한 정권교체를 달성하였지만, 민주주의 공고화에는 이르지 못하였다. 분석사례로서는 같은 기간 동안 비록 민주주의 공고화를 이루지는 못하였으나 정치적 민주주의를 유지하여 온 대표적 8개의 국가를 선정하였다. 선정된 8개국은 남부유럽의 그리스, 포르투갈, 동유럽의 폴란드, 헝가리, 라틴아메리카의 아르헨티나, 브라질, 칠레 그리고 아시아의 한국이다. 이 국가들을 민주화 이행경로와 정부형태의 유형을 기준으로 분류하면 〈표 7-1〉과 같다.[5]

연구의 구성방식은 먼저 제2절에서는 민주주의 정착 단계에 대한 개념정의와 특성을 제시하고, 그 조건이 무엇인지를 이론적 측면에서 살펴보고자 한다. 제3절에서는 연구모형, 종속변인과 독립변인의 측정방식 및 지표를 제시하고자 한다. 제4절에서는 모형을 경험적으로 검증

5 일반적으로 민주화 이행경로의 분류는 위로부터의 민주화, 아래로부터의 민주화 그리고 타협에 의한 민주화로 구분된다(Huntington 1991-92). 이 연구에서는 민주화 이행경로를 타협에 의한 민주화와 비타협에 의한 민주화로 구분하여 측정하고자 한다. 그리고 정부형태는 대통령제와 내각제 및 준대통령제로 양분하였다.

하여 그 결과들을 논의하고, 마지막 결론에서는 분석결과를 간략히 요약한 후 그 의미와 중요성을 논의해 보기로 한다.

2. 민주주의 정착과 조건들

(1) 민주주의 정착의 개념과 특징

민주주의 정착의 개념과 특징을 언급하기에 앞서, 먼저 이 연구에서 사용되는 민주주의 개념을 제시하기로 한다. 오늘날 민주주의 개념은 민주주의의 역사와 '개념 잡아 늘이기'(conceptual stretching)에 의해 다양하게 정의됨으로써 개념적 혼란과 모호성을 보이고 있다.[6] 즉, 민주주의의 개념은 시·공간적 조건과 정의하는 학자들의 가치정향에 따라 개념의 확장이 이루어짐으로써 매우 산만하게 제시되고 있다(김형철 2005b). 이 글에서는 민주주의를 최소정의적 관점에 기초한 정치적 민주주의로 정의하고자 한다.[7] 즉, 정치적 민주주의란 개인이나 집단들 사이에 의미

---

6 사르토리(Sartori 1987)는 민주주의 개념의 혼란을 가중시키는 원인으로 포괄성에 의한 산만함과 용어적 이념적 왜곡의 확대라고 지적하고 있으며, 다알은 다의성과 개념적 혼란의 원인을 오랜 민주주의의 역사 속에서 "민주주의가 상이한 시간과 상이한 장소에서 상이한 사람들에게 상이한 의미를 지녀왔기 때문"이라고 지적한다(Dahl 1998, 17).

7 정치적 민주주의는 강조하는 핵심원칙에 의해 다양하게 정의되고 있다. 우선 정치적 민주주의를 체계화한 볼렌(K. A. Bollen 1990)은 정치적 민주주의를 엘리트들의 정치권력이 최소화되고 비엘리트의 정치권력이 최대화되는 것이라고 정의하고 있다. 그

있고 확장적인 경쟁이 존재하며, 대표자의 선택이나 정책결정에 있어 특정한 개인이나 집단의 배제가 존재하지 않는 정치참여 수준의 높은 포괄성을 나타내고, 정치적 경쟁과 참여를 보장하는 시민적·정치적 자유가 확대된 정치체제이며, 그 특성으로는 정치적으로 평등한 시민들의 선호에 대한 정부의 높은 반응성을 지적할 수 있다(Dahl 1971, 2–3; Diamond, Linz, and Lipset 1995, 6–7; Mainwaring and Shugart 1997; Sørensen 1993). 요컨대 정치적 민주주의의 기본적 속성은 경쟁성과 참여성 그리고 시민적·정치적 자유라는 법적으로 보장된 기본적 권리와 더불어 대표자의 시민에 대한 책임성이며, 이러한 속성들이 외부적 또는 내부적 위협에 의해 침해되지 않고 지속될 때를 정치적 민주주의가 정착되었다고 말할 수 있을 것이다.

일반적으로 민주화 이행과정은 민주화 단계와 민주주의 공고화 단계라는 두 단계를 포괄하는 개념으로 인식되고 있으며, 민주화 이행을 구조주의적 시각에서 접근하는 학자들은 두 단계의 연속적 과정을 강조한다. 반면 행위자 중심적 시각에서 접근하는 학자들은 두 단계가 행위자와 전략 그리고 구조적 조건에서의 차이를 강조하면서 비연속적 과정으로 인식하고 있다(임혁백 2001). 즉, 민주화 단계를 유인 또는 촉

리고 정치적 민주주의가 충족해야 할 요소로서 인민주권(popular sovereignty)과 정치적 자유(political liberty)를 지적한다. 하데니우스(Hadenius 1992)와 비담(Beetham 1994)은 정치적 민주주의를 대중적 통제(popular control)와 정치적 평등(political equality)을 갖는 인민에 의한 통치로 정의하고 있으며, 핵심적 속성으로 인민주권의 원칙, 자유의 원칙 그리고 평등의 원칙을 제시한다. 정치적 민주주의의 다양한 정의에 대해서는 D. Beetham(1994) 참조.

진했던 많은 조건들이 민주주의 공고화 단계에서는 장애요인으로 작용하고 있음을 강조한다.[8] 그러나 이 글에서는 민주화 이행과정을 민주화 단계, 민주주의 정착 단계 그리고 민주주의 공고화 단계라는 3가지 단계로 구성된 연속적 과정으로 규정하고자 한다. 민주화 단계란 일반적으로 지적하는 구(舊) 권위주의 세력의 퇴장과 새로운 민주적 헌법의 제정을 특징으로 하는 과정이며, 민주주의 공고화 단계는 이처럼 새로운 민주적 헌법이 제도화되고, 대중과 엘리트 사이에 민주적 규범과 절차가 사회적, 정치적, 경제적 영역에서 유일한 게임으로 받아들여지는 단계이다. 즉, 민주주의 공고화는 소외받고 억압된 사회집단 또는 계급 등이 사회적, 정치적, 경제적 영역에서 광범위한 참여가 보장되고, 정치적 시민권뿐만 아니라 사회경제적 시민권을 실현하는 복지제도가 확대된 상태를 의미한다(최장집 1997). 마지막으로 민주주의 정착 단계란 민주화 이행과정 중 민주화 단계와 민주주의 공고화 단계를 매개하는 단계로서, 새로이 설계된 민주적 규칙과 절차가 위협받지 않고 지속적으로 민주주의를 발전시키는 과정을 의미한다. 이 단계는 결정국면에서 민주주의의 심화과정을 의미하는 쇠렌센(G. Sørensen 1993)의 '공고화의 초기 단계' 그리고 프리드함(G. Pridham 1995)이 제시한 민주화에 대한

---

8 한국의 경우, 권위주의에서 민주주의로의 전환을 가져온 중요한 조건 중에 하나로 중산층, 즉 '넥타이 부대'라는 화이트칼라의 자발적이고 대중적인 동력을 들 수 있다. 그러나 이들은 민주주의로의 전환 이후 과거 권위주의 정권의 경제발전 우선정책 등을 지지하는 보수적 성격을 보임으로써 한국사회에서 민주주의 공고화를 위해 필수적으로 수행해야 할 사회경제적 개혁이 지체되고 있다(최장집 1997; 2003).

〈그림 7-1〉 민주화 이행과정의 모형

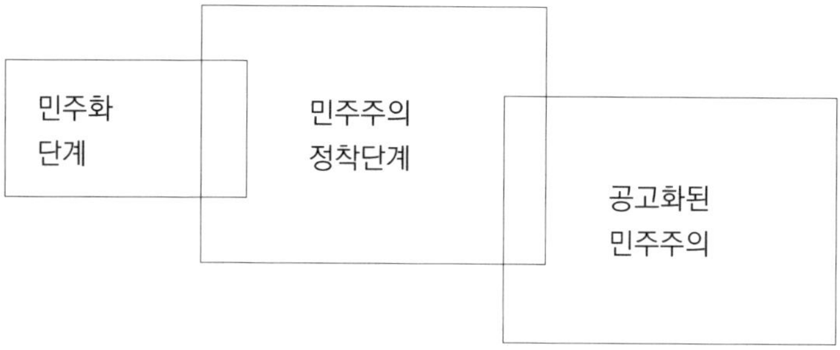

심각한 도전의 차단과 민주주의 체제에 대한 또 다른 대안의 전망을 효과적으로 제거하는 단계로서의 '소극적 공고화(negative consolidation)'를 포괄하는 이행과정 중 하나이다.[9] 이러한 민주화 이행 단계를 그림으로 정리하면 〈그림 7-1〉과 같다.

민주주의 정착 단계의 첫 번째 특징은 비록 사회경제적, 문화적, 정치적 영역에서 민주적 절차와 규범이 내면화, 일상화 그리고 제도화된 민주주의 공고화 단계로 진입하지 못하였지만 정치적 영역에서 최소한의 민주적 규칙과 절차가 지속성을 갖고 있다는 점이다. 즉, 공고화 단

9 민주화 이행과정을 4개의 국면으로 제시한 로스토우(D. Rustow 1970)는 민주적 질서가 정착되기 시작한 시기를 '결정국면'(decision phase)으로 제시한다. 이 시기에는 민주주의 절차의 중대한 측면을 제도화하기 위해 정치 지도자들이 신중한 결정을 내리는 단계로서 이전 국면인 예비국면(preparatory phase)과 이후 국면인 공고화 국면(consolidation phase)에 부분적으로 중첩되어 있다고 지적한다(Rustow 1970). 또한 쇠렌센은 로스토우의 '결정국면'을 제한된 민주주의에서 보다 실질적인 민주주의로 이끄는 단계로 설정하고 결정국면의 점진적 발전이 공고화를 증대시킬 것이라고 주장한다(Sørensen 1993).

〈표 7-2〉 30년간 민주주의 국가수와 비율의 변화

	1973	1983	1993	2003
자유 (Free)	43(29%)	54(33%)	75(40%)	89(46%)
부분적 자유 (Partly Free)	38(25%)	47(28%)	73(39%)	55(29%)
비자유 (Not Free)	69(46%)	64(39%)	38(21%)	48(25%)

출처: http://www.freedomhouse.org(2005)

계는 광범위한 영역에서 민주주의적 가치와 규칙에 대한 엘리트나 대중의 신념 및 신뢰가 높은 수준에 이른 단계를 의미하지만, 정착 단계는 이러한 신념과 신뢰가 아직 일상화 또는 습관화 되지 않고 단지 민주적 규칙과 절차라는 정치적 민주주의가 지속성을 보이는 단계를 의미한다.

두 번째 특징은 민주주의의 점진적 발전이 이루어진다는 점이다. 즉, 대부분의 민주화 이행 국가들을 대상으로 민주주의의 수준을 경험적으로 측정한 지수들을 살펴보면, 민주주의의 수준이 향상되고 있음을 발견할 수 있다. 예를 들면, 프리덤하우스에서 분류한 자유로운 국가의 수와 비율이 위 〈표 7-2〉와 같이 확대되고 있다.

세 번째 특징은 민주주의 공고화를 위한 엘리트와 대중으로 하여금 민주주의에 대한 믿음과 신념을 구축하고 법의 지배에 순응하도록 하는 방법을 교육하는 단계이다. 이는 린쯔와 스테판(Linz and Stepan 1996)이 제시한 공고화된 민주주의로 발전하기 위한 적응 또는 준비 단계라고 할 수 있다. 그리고 이러한 지속성, 발전성 그리고 적응성은 권위주의 체제와 같은 비민주주의 체제로의 회귀가능성이 공고화 단계보다 높지만 점차적으로 감소하고 있음을 시사해준다. 요컨대 민주주의 정착 단계란 민주화 단계와 민주주의 공고화 단계의 중간 단계로서 정치적 영역에서 민주적 규칙과 절차가 엘리트와 대중 모두에게 '유일한 게임'으로 인정될 뿐만 아니라, 더 나아가 공고화된 민주주의 또는 심화된 민주주의를 위한 조건으로서 사회경제적 영역에서 민주주의의 가치와 규범, 그리고 민주적 규칙이 습관화, 일상화 그리고 내면화되어가는 심화과정을 의미한다.

(2) 민주주의 정착을 위한 구조적 결정요인

민주주의 정착 단계는 앞서 살펴보았듯이 민주화 이행의 완성 또는 민주주의의 공고화가 이루어진 단계를 의미하는 것이 아니라, 민주적 규칙과 절차가 설계된 후 지속성과 안정성을 통해 공고화된 민주주의로의 이행 가능성을 확장하는 단계이다. 그렇다면, 민주주의 정착에 영향을 주는 구조적 결정요인은 무엇인가?

일반적으로 민주주의를 위한 조건, 보다 구체적으로 민주주의 체제의 생성, 발전 그리고 붕괴 등을 설명하는 주요 요인들에 대한 논의는 다양하게 제시되고 있으며, 크게 사회경제적 요인과 정치제도 요인에 초점을 맞추고 있다. 그리고 이와 같은 요인들이 민주주의의 공고성, 안정성과 질(democratic quality)에 비교적 강하고 유의미한 영향을 미치고 있음이 경험적으로 검증되고 있다. 즉, 사회경제적 조건을 강조하는 구조주의(structuralism) 시각은 경제발전수준, 경제적 수행력, 문화구조의 동질성과 이질성, 그리고 민주주의에 대한 신뢰와 지지 등을 민주주의에 영향을 주는 주요한 결정요인으로 제시하고 있다.[10] 반면 정치제도를 강조하는 신제도주의(new institutionalism) 시각은 정부형태, 정당체계, 선거제도 그리고 이익대표체계 등의 특성과 제도적 배열(institutional arrangement) 또는 제도적 설계(institutional design)의 중요성을 강조한다.[11] 그리고 최근에는 두 시각을 통합하여 민주주의 공고화와 지속가능성에 영향을 주는 결정요인들의 관계심도를 분석하는 연구들도 진행되고 있다.[12] 이 연구에서는 민주주의 정착에 영향을 미치는 조건으로 사회경제적 요인과 정치제도 요인뿐만 아니라 민주화 이전 정치체제의 성격 그리고 민주화 이행경로 요인을 함께 제시하고자 한다. 그 이유는 민주화 이전의 정치체제가 어떠하였는가에 따라 민주화 이행과 공고화의 양상이 차이를 보이고 있기 때문이며, 또한 민주화 이행경로는 이러한

10 사회경제적 발전과 민주주의 또는 민주주의 공고화 사이의 관계에 대한 연구들로는 Lipset(1959; 1994), Bollen and Jackman(1985), Diamond, Linz, and Lipset(1993), Marks and Diamond(1992), Przeworski, et al.(2000), Rueschmeyer, Stephens and Stephens(1992) 등이 있다.

11 정치제도의 특징 및 배열관계와 민주주의 사이의 관계를 분석한 연구들로는 Crepaz(1996), Lane and Ersson(2003), Lijphart(1999), Lijphart and Waisman(1996), Linz(1990), Linz and Stepan(1978), Linz and Valenzuela(1994), Mainwaring(1993; 1999), Mainwaring and Scully(1995), Mainwaring and Shugart(1997), Powell(1982; 2000), Reynolds(2002), Sartori(1976; 1994), Weaver and Rockman(1993), Woldendrop, Keman, and Budge(2000) 등이 있다.

12 이러한 연구들로는 Bernhard, Nordstrom, and Reenock(2001), Lijphart, Rogowski, and Weaver(1992), Powell(1982), 김형철(2005a) 등이 있다.

과제를 수행하는데 있어 중요한 영향을 미치고 있기 때문이다(Huntington 1991–92: Linz and Stepan 1996; 임혁백 1995).

린쯔와 스테판(J. Linz and A. Stepan)은 민주주의로 새롭게 진입한 체제의 경우, 공고화된 민주주의로의 발전을 위해서는 민주화 이전의 비민주적 정권의 특성과 이행경로에 따라 해결해야 할 과제가 다르며, 민주화 이전 체제의 성격과 이행경로라는 두 조건에 대한 충분한 고려가 신생민주주의 국가들을 대상으로 하는 민주주의 연구에 있어 중요함을 지적한다(Linz and Stepan 1996). 즉, 권위주의 정권은 민주화 및 공고화를 위해서 자율성과 권위, 권력과 민주기관의 합법성의 창출 등과 같은 과제를 해결해야 하며, 전체주의 정권은 정치사회와 경제사회뿐만 아니라 시민사회, 법의 지배 그리고 국가관료의 자율성 등 각 영역에서의 해결해야 할 과제들을 갖고 있다. 또한 임혁백(1994)은 이행경로의 유형도 민주주의 정착 및 공고화에 강한 영향을 미치고 있다고 주장한다. 그는 협약에 의한 민주화 이행을 사회적 정체 또는 현상유지적 성격을 갖는 이행경로라고 지적한다. 즉, 협약에 의한 민주화는 다양한 세력의 자유로운 경쟁을 억제하는 배제적 속성과 권력 카르텔의 형성, 그리고 아래로부터 제기되는 사회경제적 개혁 의제의 간과에 의해 민주주의 정착과 공고화에 부정적 영향을 준다는 것이다. 반면에 권위주의 체제 하에서 정치적 그리고 경제적으로 배제되어온 집단들이 아래로부터의 평화적인 대중동원을 통해 이루어진 개혁적 민주화는 구(舊) 권위주의 세력들의 이익인 권력 지속성을 사전에 보장하지 않는 비타협적 이행경로로서 민주주의의 정착 및 공고화시키는데 유리하다고 주장한다

(임혁백 1994).

다음으로 제시될 조건은 사회경제적 요인이다. 일반적으로 민주주의의 형성과 발전의 추동력으로 지적되는 것은 사회경제적 발전이다. 사회경제적 발전이란 사회적 그리고 경제적 근대화 또는 성장의 수준을 의미하는 것으로서, 사회경제적 발전이 민주주의의 발전에 강한 영향력을 행사한다는 것이다. 대표적으로 "한 국가가 부유해질수록 민주주의를 유지할 수 있는 가능성이 높다"고 주장한 립셋(S. Lipset 1959, 75)은 민주주의의 필요조건으로서 높은 경제적 수준, 도시화, 교육의 확대, 중산층의 증가, 그리고 매스커뮤니케이션의 발전 등을 제시하고 있다.[13]

이후 립셋의 명제를 받아들인 수많은 학자들이 경제적 수행력의 측면에서 실업률, 인플레이션, 경제성장률, 소득불평등 그리고 사회복지에 대한 공공지출비율 등이 민주주의와 어떠한 관계를 갖고 있는지를 탐색하고 있다. 예컨대 신근대화론자로 분류되는 쉐보르스키 등(Prze-

13 최근에 립셋의 테제를 재구성한 마크스와 다이아몬드(Marks and Diamond 1992)는 142개국을 대상으로 경제발전과 민주주의 사이의 강한 인과관계가 존재함을 검증하고 있다. 즉, 한 국가의 국민들이 잘 살수록 민주적 체계의 선호, 성취, 유지가 더 잘 될 것이라고 립셋의 테제를 재구성한다. 반면 달(Dahl 1971, 65)은 사회경제적 수준이 높은 국가일수록 민주주의가 되기 쉽고 안정된다는 사실에 대해서는 거의 논박할 여지가 없다고 지적하면서도, 경제발전 수준과 경제적 수행력이 민주주의에 위협 요인으로 작용함을 밝히고 있다(Dahl 1998). 그는 경제발전 또는 경제성장을 가져오는 시장자본주의는 민주주의에 우호적 조건이지만, 반면에 시장자본주의의 결과로서 불평등이 불가피하게 야기되며 이는 정치적 자원의 배분에 있어 불평등을 발생시킴으로써 민주주의 발전을 저해한다고 주장한다(Dahl 1998, 229-232).

worski, et al. 2000; 2001, 169–170)은 경제발전이 민주주의에 긍정적 상관성을 가지고 있지만, 가난한 국가에서도 온건한 인플레이션과 경제성장에 의해 민주주의가 유지되고 있음을 지적한다.[14] 또한 뮬러(Muller 1988)는 소득불평등이 심화될수록 정치불안정 수준이 증대됨을 발견함으로써 민주주의와 소득불평등 사이의 상관관계가 있음을 지적하였다. 이러한 견해들은 경제발전뿐만 아니라 정치체제의 경제적 수행력, 즉 인플레이션, 실업률, 경제성장률, 그리고 소득불평등 등이 민주주의에 유의미한 영향을 미치고 있음을 보여주는 것이다.

한편 최근에 이르러 사회경제적, 정치적 갈등을 관리하고 조정하는 정치제도에 대한 관심이 높아지고 있다. 즉, 민주주의와 정치제도 사이의 관계를 강조하는 수많은 학자들이 민주주의를 위협하는 사회경제적 조건이 존재함에도 불구하고 민주주의가 안정될 수 있는 근거로서 정치제도의 역할을 강조한다(Crepaz 1996; Dahl 2002; Mainwaring 1999; Przeworski 1995; 김재한 2001). 그리고 이들은 정부형태의 유형, 의회구조, 선거제도, 그리고 정당체계 등 권력구조와 관련된 정치제도들이 민주주의 또는 민주주의 공고화에 미치는 효과를 검토하고 있다. 이러한 제도들을 크게 다수제 정치제도와 합의제 정치제도로 분류하여 살펴보면, 합의제 정치제도의 채택이 다수제 정치제도의 채택보다 민주주의의 정

14 이들은 1인당 국민총소득이 매년 $6,000이상인 부유한 국가들일 때 민주주의 생존이 확실하지만, 가난한 국가들에서도 온건한 인플레이션의 수준에서 경제성장이 이루어진다면 민주주의가 지속될 수 있음을 경험적으로 증명하고 있다(Przeworski, et al. 2000).

착과 공고화에 더 효과적이라는 주장이 제기되고 있다.[15] 즉, 합의제 정치제도의 채택은 비례성이 높은 정치제도가 소수이익의 대표, 선거경쟁에 있어 공평성 보장, 그리고 투표에 있어 다수의 참여를 보장함으로써 사회 내에 존재하는 소수세력과 반대세력의 이탈(exit)을 방지하고 그 결과로 민주주의의 정착과 공고화를 가져올 수 있다는 것이다(Crepaz 1996; Kaiser, et al. 2002; Linz 1994; Powell 1982; Tavits 2004; 김용복 1999; 김재한 2001).[16] 반면 다수제를 선호하는 학자들은 다수선거제와 양당제가 책임 있는 공공정책을 생산하고, 배타적이고, 강력하고, 결단력 있고, 책임있는 정당들과 일당정부를 가져오고, 민주주의를 위협하는 환경하에서도 안정성, 생존성 그리고 문제해결 능력이 뛰어나다는 이유를 들고 있다(Anderson 2001; Armingeon 2002; Mainwaring 1993). 이 연구도 이들이 제시하는 제도적 조건들 중 새로운 민주주의의 정착을 위해 요구되는 조건이 무엇인지를 탐색하기 위해 정부형태, 의회구조, 선거제도, 선거불비례성 지수, 그리고 정당체계를 중심으로 경험적 분석을 수행하고자 한다.

15 다수제 정치제도는 대통령제, 단원제 또는 불균형적 양원제, 다수선거제, 그리고 양당제를 특징으로 하는 정치제도이며, 합의제 정치제도는 의회제, 균형적 양원제, 비례선거제, 그리고 다당제를 특징으로 하는 정치제도이다. 이러한 분류는 레이프하트(A. Lijphart 1984; 1999)의 민주주의 모형에 기초하고 있다.

16 포웰(G. B. Powell)은 29개 민주주의 국가에 대한 비교연구를 통해 내각제와 비례대표제의 결합이 정치참여를 확대하고 정치적 위협을 낮게 한다고 지적한다(Powell 1982).

3. 분석모형의 구축

신생민주주의국가들에 있어서 민주주의의 정착은 민주주의의 공고화 또는 질 높은 민주주의로의 발전을 위한 필수불가결한 단계이며, 또한 이 단계에서의 정치적 민주주의의 수준은 안정된, 또는 심화된 민주주의로의 발전가능성을 결정할 것이다.[17] 이에 따라 이 연구에서는 민주주의 정착의 수준을 정치적 민주주의의 지수로 측정하고, 정치적 민주주의의 수준을 결정하는 주요 요인이 무엇인지, 그리고 민주화 이행경로를 통제하였을 때 정치적 민주주의 수준에 영향을 주는 결정요인이 무엇인지를 탐색하기 위해 다음과 같은 분석모형과 연구가설을 제시하고자 한다.

(1) 분석모형의 기본구조

분석모형은 앞에서 제시된 총 12개 독립변인과 민주주의 정착을 지표화한 정치적 민주주의 지수를 종속변인으로 상정한다. 12개의 독립

---

17 후버와 그의 동료들(Huber, et al. 1997)은 형식적 민주주의에서의 민주주의의 정의는 포괄적 의미로서의 참여민주주의 및 사회적 민주주의를 향한 진보의 가능성을 열어 놓았다는 장점을 지적한다. 즉, 최소한의 민주적 규칙과 절차를 요구하는 정치적 민주주의는 실질적 의미에서 '다수의 지배'와 '다수에 의한 지배'를 보장할 수 있는 민주주의를 실현시키기 위한 필수불가결한 조건일 것이다. 그 이유는 다수의 참여와 경쟁을 보장하는 최소한의 절차가 존재할 때 실질적인 대중의 정치참여의 확대와 사회경제적 그리고 정치적 결과의 평등한 분배를 정당화할 수 있기 때문이다(Rueschemeyer, et al. 1992; 김형철 2005).

변인들은 ① 민주화 이행구조를 특징짓는 민주화 이전의 정치체제(X_1), 민주화 이행경로(X_2) 등 2개 변인, ② 사회경제적 수준을 측정하기 위한 1인당 국민총소득(X_3), 문자해득률(X_4), ③ 경제적 수행력을 측정하기 위한 경제성장률(X_5), 실업률(X_6), 인플레이션(X_7), ④ 정치제도 요인으로서 정부유형(X_8), 의회구조(X_9), 선거제도(X_{10}), 선거불비례성(X_{11}) 그리고 의회 내 유효정당수(X_{12}) 등을 포함한다.

이러한 변인들이 상정된 분석모형은 아래와 같은 3개 연구가설과 그에 따른 다중회귀모형으로 구성된다.

- H_1: 민주주의 정착수준은 민주화 이전 정치체제의 유형, 민주화 이행경로,1인당 국민총소득, 문자해득률, 경제성장률, 실업률, 인플레이션, 정부유형, 의회구조, 선거제도, 선거불비례성, 그리고 의회 내 유효정당수에 의해 결정된다.

모형-1: $Y_{H1} = a + b_1X_1 + b_2X_2 + b_3X_3 + b_4X_4 + b_5X_5 + b_6X_6 + b_7X_7 + b_8X_8 + b_9X_9 + b_{10}X_{10} + b_{11}X_{11} + b_{12}X_{12} + E_t$

- H_2: 비타협에 의한 민주화 이행 국가의 민주주의 정착수준은 민주화 이전 정치체제의 유형, 민주화 이행경로, 1인당 국민총소득, 문자해득률, 경제성장률, 실업률, 인플레이션, 정부유형, 의회구조, 선거제도, 선거불비례성, 그리고 의회 내 유효정당수에 의해 결정된다.

모형–2: $Y_{H2} = a + b_1X_1 + b_2X_2 + b_3X_3 + b_4X_4 + b_5X_5 + b_6X_6 + b_7X_7 + b_8X_8 + b_9X_9 + b_{10}X_{10} + b_{11}X_{11} + b_{12}X_{12} + E_t$

IF $X_2=0$(비타협에 의한 민주화 이행경로)

- H_3: 타협에 의한 민주화 이행 국가의 민주주의 정착수준은 민주화 이전 정치체제의 유형, 민주화 이행경로, 1인당 국민총소득, 문자해득률, 경제성장률, 실업률, 인플레이션, 정부유형, 의회구조, 선거제도, 선거불비례성, 그리고 의회 내 유효정당수에 의해 결정된다.

모형–3: $Y_{H3} = a + b_1X_1 + b_2X_2 + b_3X_3 + b_4X_4 + b_5X_5 + b_6X_6 + b_7X_7 + b_8X_8 + b_9X_9 + b_{10}X_{10} + b_{11}X_{11} + b_{12}X_{12} + E_t$

IF $X_2=1$(타협에 의한 민주화 이행경로)

(2) 주요변인의 측정

1) 종속변인: 민주주의 정착수준

비민주적 정권의 퇴장과 민주적 규칙(즉 민주적 헌법)의 제정이 이루어진 이후부터 공고화 단계로 진입하기까지의 이행단계를 의미하는 민주주의 정착의 수준은 어떻게 측정될 수 있는가? 본 연구에서는 민주주의 정착이 함의하는 민주주의를 정치적 영역에서 자유롭고 의미 있는 경쟁, 정치참여의 포괄성을 보장하는 민주적 규칙과 절차를 속성으로 하는 정치적 민주주의로 정의하고, 이러한 속성을 경험적 지표로 구성한 폴리티 IV(Polity Ⅳ: 이하 폴리티)의 지표를 선정하고자 한다. 이 지표는 1800년부터 현재까지 인구 50만 이상의 161개 독립국가를 대상으로 정치적 민주주의의 수준을 매년 제시하고 있다. 폴리티 지표는 10점 척도의 민주주의의 지수와 10점 척도인 권위주의 지수를 합산하여 −10점부터 10점까지의 지수범위로 측정된다. 즉, 10점에 가까울수록 민주주의의 수준이 높으며, −10점에 근접할수록 비민주주의적 성격이 강함을 의미한다. 그리고 부가적으로 정초선거(founding election) 이후 자유롭고 의미 있는 선거가 두 번 이상 진행되었으며, 선거결과에 순응하여 평화로운 정권교체가 이루어졌을 때 이를 민주주의의 정착단계로 볼 수 있다.[18] 따라서 분석기간인 11년간의 폴리티 지표를 이용하여 정치적 민주주의 수준을 측정하고자 한다.

2) 독립변인: 민주화 이행구조, 사회경제적 구조, 정치제도 구조

분석모형에 상정된 독립변인들은 다음과 같은 지표를 이용하여 측정된다. 먼저 민주화 이행구조를 구성하는 변인으로서 민주화 이전 체제의 성격과 민주화 이행경로를 측정하고자 한다. 민주화 이전 체제는 크게 권위주의 체제(0)와 전체주의 체제(1)로 구분하여 이항변인(dummy

18 이러한 기준조건은 민주주의 공고화에 대한 기준으로 제시되고 있다(Gasiorowski and Power 1998; Huntington 1991). 그러나 본 논문에서는 민주화 이행이후 공고화 단계로 진입하는 중간단계를 평가하는 기준으로 사용하고자 한다.

variable)으로 측정하였다. 이렇게 구분한 이유는 앞서 논의한 바와 같이 민주주의로의 이행과 공고화에 있어 종전의 비민주적 정치체제가 어떠한 성격을 갖고 있는가에 따라 최소한의 필요조건이 차이를 나타내기 때문이다(Linz and Stepan 1996). 또한 민주화 이행경로는 비타협에 의한 민주화(0)와 타협에 의한 민주화(1)로 구분하여 역시 이항변인으로 측정하였다. 수많은 민주화 이론가들이 지적하듯이, 타협에 의한 민주화가 민주화의 초기 단계에서 용이한 이행을 수행하지만, 아래로부터의 사회경제적 개혁의 실종과 포괄적이고 의미 있는 경쟁을 배제한다는 점에서 장기적인 민주주의 정착에 효과적이지 않다는 주장(임혁백 2001)을 검증하기 위해서이다. 이를 위한 자료는 헌팅턴(Huntington 1991—92), 린쯔와 스테판(Linz and Stepan 1996) 그리고 임혁백(1995)의 분류를 재정의하였다.

민주주의 정착에 영향을 주는 사회경제적 지표로서는 기존의 교차국가연구를 통해 타당성이 검증된 변인들 중 1인당 국민총소득(GNI per capita), 문자해득률, 경제성장률(GDP per capita 성장률), 실업률, 그리고 인플레이션을 선정하였다.[19] 이러한 지표들을 측정하기 위한 자료로서는 세계은행(World Bank)의 세계발전지표(World Development Indicators)를 이용하였다.

그리고 정치제도 요인은 정부유형을 권력의 집중과 분산의 측면에서

19 다수의 연구들은 1인당 GNP, 실업률, 인플레이션, 교육의 정도, 그리고 문자해득률의 정도 등 사회경제적 지수와 민주주의와 깊은 상관관계를 갖는다고 보이고 있다는 것이다(Bollen and Jackman 1985; Dahl 1971; Marks and Diamond and 1992).

대통령제와 비대통령제라는 이항변인으로 측정하였다. 즉, 통치권력이 집중된 대통령제는 0, 통치권력이 분산적인 의회제와 준대통령제는 1로 측정하여 어떠한 정부유형이 민주주의 정착에 효과적인가를 탐색하고자 한다. 또한 의회구조가 어떠한 영향을 미치고 있는지를 밝히기 위해 의회구조를 단원제와 양원제로 구분하고, 단원제는 0, 양원제는 1로 측정하였다. 다음으로 선거제도는 선거제도의 유형을 다수대표제와 비례대표제로 구분하였으며 다수대표제는 0, 비례대표제는 1로 측정지표를 구축하였다. 그리고 선거불비례성 지수는 갤러거(Gallagher 1991)의 불비례성 공식을 이용하여 측정하였다.[20] 마지막으로 의회 내 유효정당수는 락소-타게페라(Laakso and Taagepera 1979)의 공식을 이용하여 측정하였다.[21] 정치제도의 측정지표를 구축하기 위해 *Elections around the World, International Foundation for Election Systems, Parties and Elections in Europe,* 그리고 *Political Database of the Americas* 등의 자료들을 이용하였다. 측정지표들을 정리하면 〈표 7-3〉과 같다.

---

20 선거불비례성 지수를 구하는 공식은 다음과 같다. 선거불비례성 지수 $G=\sqrt{\frac{1}{2}\sum_{i=1}^{n}(Vi-Si)^2}$ 이며, Vi는 선거에 참여한 각 정당의 득표율을 그리고 Si는 의회 내 각 정당의 의석분점율을 의미한다.

21 효과적 의회정당의 수를 측정하는 공식은 $Ns=1/\sum_{i=1}^{n}S^2$ 이다. Si는 의회 내 각 정당의 의석분점율이다.

〈표 7-3〉 개념정의와 측정지표의 설정

구성개념	맥락정의	조작정의	측정방식
종속변인: 민주주의 정착	정치적 민주주의	경쟁성 참여성	폴리티 4(Polity Ⅳ)
독립변인: 구조적 요인	민주화 이행구조	민주화 이전의 정치체제	권위주의 체제(0), 전체주의(1)
		민주화 이행경로	비타협에 의한 민주화(0) 타협에 의한 민주화(1)
	사회 경제적 구조	사회경제적 수준	분석대상기간 각 국가의 1인당 국민총소득 (GNI per capita. PPP)
			분석대상기간 각 국가의 문자해득률(%)
		경제적 수행력	분석대상기간 각 국가의 1인당 국민총생산(GDP) 성장률(%)
			분석대상기간 각 국가의 실업률(%)
			분석대상기간 각 국가의 인플레이션(%)
독립변인: 구조적 요인	정치제도 구조	정부유형	대통령제(0), 의회제 및 준대통령제(1)
		의회구조	단원제(0) 양원제(1)
		선거유형	다수대표제(0) 비례대표제(1)
		선거 불비례성	갤러거 지수 $G=\sqrt{\frac{1}{2}\sum_{i=1}^{n}(Vi-Si)^2}$
		의회 내 유효정당수	$Ns = 1/\sum_{i=1}^{n} S^2$

4. 모형검증결과

(1) 8개 민주화 이행 국가에 대한 분석결과

총 8개 민주화 이행 국가를 대상으로 다중회귀모형을 양방소거 또는 단계선택 방식을 통해 검증한 결과, 통계적 유의미성이 존재함을 발견할 수 있다. 즉, 모형-1의 F값은 유의수준에서 129.133(p=.000)으로 통계적 유의도를 만족하고 있다. 그리고 탐색된 결정요인들에 의한 회귀모형의 조정된 결정계수는 0.891로 89%의 높은 설명력을 갖고 있음이 확증되었다. 이러한 분석결과를 정리하면 〈표 7-4〉와 같다.

〈표 7-4〉 총 8개 민주화 이행 국가에 대한 모형검증결과

	비표준 회귀계수	표준 오차	표준 회귀계수	t값	유의 확률	공차한계
상수	9.862	.444	-	22.2	.000	-
문자 해득률	.095	.013	.342	7.454	.000	.661
정부유형	1.846	.136	.675	13.607	.000	.566
의회구조	-.878	.147	-.314	-5.99	.000	.507
선거제도	1.677	.216	.425	7.751	.000	.463
의회내 유효정당수	-.137	.029	-.198	-4.776	.000	.809
최종 회귀모형	YH1=9.862+0.095X4+1.846X8-0.878X9+1.677X10-0.137X12+Et R^2=0.898, Ad R^2=0.891, F=129.133 Sig.F=0.000					

종속변인: Polity 지수

위의 표에서 알 수 있듯이 민주주의 정착에 영향을 주는 결정요인으로서는 사회경제적 요인으로서 문자해득률, 정치제도 요인으로서 정부유형, 의회구조, 선거제도 그리고 의회 내 유효정당수가 탐색되었으며, 나머지 요인들은 모두 통계적 유의미성(p≦0.05)을 만족시키지 못하고 있다. 그렇다면 발견된 결정요인들 사이에 어떠한 요인이 상대적으로 강한 설명력을 갖는가? 〈표 7-4〉에 따르면 정부유형이 종속변인과 가장 강한 관계심도를 보이고 있다. 즉, 정부형태의 표준회귀계수(BETA)는 0.675로서 내각제 및 준대통령제를 채택하였을 때 민주주의 정착에 효과적임을 알 수 있다. 다음으로는 선거제도로서, 비례대표제일 때 정치적 민주주의 지수에 대한 영향력이 0.425로서 비교적 강하게 나타나며, 문자해득률과 의회구조 역시 표준회귀계수가 ±0.3 이상으로 비록 약하지만 의미 있는 관계심도를 보이고 있다. 마지막으로 효과적 의회정당수는 표준회귀계수가 유의미한 수준에서 −0.198로 비교적 약하게 나타났다. 이러한 분석결과는 민주주의 정착에 필요한 결정요인은 민주화 이행 요인이나 사회경제적 요인보다는 정치제도 요인임을 보여준다. 즉, 민주주의 정착은 내각제나 준대통령제, 비례선거제, 단원제를 채택하고 의회 내 유효정당수가 적을수록 더 효과적으로 이루어짐을 알 수 있다. 바꾸어 말해서, 민주화 단계에서 어떠한 정치제도가 채택되고 설계되는가에 따라 정치적 민주주의의 수준이 결정된다고 볼 수 있다.

본 연구는 민주화 이전 정치체제와 민주화 이행경로가 민주주의 정착에 강한 영향을 미칠 것이라 예측하였다. 그러나 분석결과는 이 변인들의 영향력이 거의 없음을 확인해 준다. 즉, 단계선택(STEPWISE) 방법을 통해 분석한 결과, 최종 모형에서 민주화 이전 정치체제의 유의성은 0.097로서 0.05를 만족시키지 못하고 있으며 진입 표준회귀계수(BETA In)는 0.125에 불과하다.[22]

그러나 민주화 이전 정치체제가 민주주의 정착에 미치는 방향성을 살펴본다면, 권위주의에서 민주주의로 이행된 국가들보다 전체주의에서 민주주의로 이행된 국가들의 정치적 민주주의의 수준이 높음을 알 수 있다. 또한 민주화 이행경로 변인은 유의기준을 만족시키지 못하며, 표준회귀계수도 0.099로서 민주주의 정착과 의미 있는 상관성을 갖고 있지 못하다. 그 외에 사회경제적 요인들, 즉 1인당 국민총소득, 성장률, 실업률 그리고 인플레이션 등은 모두 유의수준을 만족시키지 못하고 있으며, 종속변인과의 관계심도 역시 지극히 미약하다.[23] 이러한 분석결과는 민주화 이행 국가들의 경우 사회경제적 조건과 민주주의가 강한 상관성을 갖는다는 립셋, 가시오로프스키와 파워(M. Gasiorowski and T. Power 1998)의 주장을 반증하는 것이다.[24] 요약하자면, 민주화 이행 국가들의 민주주의 정착은 민주화 이행 요인이나 사회경제적 요인에 의해 결정되기보다는 정치제도 요인에 의해 결정되며, 특히 정부유형과 선거

---

22 진입 표준회귀계수(BETA In)는 모형에 포함되지 않은 변인의 표준화 부분회귀계수(Standard Partial Regression Coefficient)이다(오택섭 1994, 320).

23 이에 대해서는 부록 1을 참조하시오.

24 가시오로프스키와 파워는 민주화 이행 국가들을 대상으로 민주주의 공고화에 영향을 주는 구조적 결정요인을 탐색한 연구에서 발전과 관련된 사회경제적 요인들이 민주주의 공고화와 강한 긍정적 효과를 갖으며, 정치제도로서 정부유형과 정당분절도의 영향은 매우 낮다고 지적하고 있다(Gasiorowski and Power 1998, 764-767).

제도의 유형은 민주주의 정착에 매우 강한 영향을 미치고 있음이 밝혀졌다.

(2) 민주화 이행경로에 따른 결정요인의 비교분석

그렇다면 민주화 이행경로를 통제하였을 때 분석모형의 설명력과 결정요인들은 어떠한 변화를 보일 것인가? 여기에서는 민주화 이행경로를 타협에 의한 민주화 이행경로와 비타협에 의한 민주화 이행경로로 구분하여, 민주주의 정착에 영향을 주는 결정요인을 탐색하고 그들의 상대적 영향력을 비교하고자 한다.

〈표 7-5〉 비타협에 의한 민주화 국가에 대한 분석결과

	비표준 회귀계수	표준 오차	표준 회귀계수	t값	유의 확률	공차한계
상수	9.361	.149	-	62.724	.000	-
실업률	-.023	.008	-.064	-2.881	.007	.666
인플레이션	.000	.000	-.069	-3.733	.001	.956
정부유형	2.333	.049	.908	47.943	.000	.913
의회내 유효 정당수	-.649	.069	-.203	-9.353	.000	.695
최종 회귀모형	$Y_{H2}=9.361-0.023X_5-0.000X_6+2.333X_8-0.649X_{12}+E_t$ $R^2=0.989$, Ad $R^2=0.988$, F=755.552, Sig.F=0.000					

종속변인: Polity 지수

우선 민주화 이행경로가 구 권위주의 세력과 민주화 세력 사이에 상호이익을 보장하는 타협이나 협상에 의하지 않고 민주화로 이행한 그리스, 포르투갈, 아르헨티나 그리고 칠레 등 4개 국가를 분석한 결과, 분석모형의 설명력은 유의미한 수준(F값=755.552, Sig.F=0.000)에서 약 99%로 매우 높게 나타났다(조정된 결정계수=0.988).

비타협에 의해 민주주의로 이행한 국가들의 경우, 민주주의 정착에 영향을 주는 결정요인은 사회경제적 요인으로서 경제적 수행력을 의미하는 실업률, 인플레이션과 정치제도 요인으로서 정부유형과 의회 내 유효정당수이다. 이 중 실업률과 인플레이션은 유의기준을 만족하고 있지만, 종속변인과의 관계심도가 지극히 미약하여 민주주의 정착에 대한 영향력이 거의 없다고 볼 수 있다. 그러나 이 두 변인과 민주주의 정착 사이의 관계방향을 살펴보면, 실업률과 인플레이션이 낮을수록 민주주의 정착에 효과적임을 발견할 수 있다.

다음으로 정부유형, 의회 내 유효정당수와 종속변인 간의 관계심도를 살펴보면, 비타협에 의해 민주주의로 이행한 국가들의 민주주의 정착에 가장 강한 영향력을 행사하고 있는 것은 정부유형이다. 즉, 정부유형은 유의수준을 만족할 뿐만 아니라 표준회귀계수의 값이 0.908로서 종속변인과 매우 강한 상관성을 보이고 있다. 이는 통치권력이 집중된 대통령제보다 통치권력의 분산이 이루어진 의회제나 준대통령제가 민주주의 정착에 더 효과적임을 보여준다. 그리고 의회 내 유효정당수는 0.05의 유의수준을 만족하나, 민주주의 정착에 미치는 영향력은 BETA=−0.203으로 비교적 낮은 관계심도를 보이고 있다. 이는 의회 내 유효정당의 수가 적을수록 정치적 민주주의 수준이 높아짐을 의미하는 것이다.

이러한 검증결과를 정리하면, 비타협에 의한 민주화 이행 국가들의 정치적 민주주의 수준은 정치제도 요인인 정부유형과 의회 내 유효정당의 수에 의해 상당한 영향을 받고 있음을 발견하였다. 즉, 통치권력이 분산되고, 의회에 진입하여 정책결정과정에서 영향력을 갖는 정당의 수가 적을수록 민주주의 정착이 효과적으로 이루어진다고 말할 수 있다.

한편 최종모형에서 제외된 변인들의 영향력을 살펴보면, 이들은 모두 유의수준을 만족하지 못하고 있으며, 또한 진입 표준회귀계수는 ±0.05 이하로 나타났다. 여기서 선거제도의 경우는 비타협에 의해 민주주의로 이행한 국가들이 비례선거제를 채택하고 있음으로 분석과정에서 제외되었다. 그리고 제외된 변인들과 종속변인 간의 관계방향성을 살펴보면, 1인당 국민총소득과 의회구조는 정관계(+)를 보이고 있는 반면 문자해득률, 성장률, 그리고 선거불비례성은 모두 역관계(−)를 나타내고 있다. 이는 1인당 국민총소득이 높고 양원제일 때 민주주의 정착에 효과적이며, 문자해득률, 성장률 그리고 선거불비례성이 낮을수록 정치적 민주주의 수준에 긍정적 영향을 미친다는 잠정적 추론을 가능케 한다.

다음으로 타협에 의한 민주화 이행 국가를 대상으로 한 분석결과를 살펴보면, 도출된 결정요인들은 민주화 이전 정치체제, 1인당 국민총소득, 의회구조 그리고 선거제도이다. 그리고 최종모형의 설명력은 통계적

〈표 7-6〉 타협에 의한 민주화 이행 국가(4개국)에 대한 분석결과

	비표준 회귀계수	표준 오차	표준 회귀계수	t값	유의 확률	공차한계
상수	3.935	.586	-	6.714	.000	-
민주화 이전 정치체제	.492	.213	.176	2.314	.027	.44
1인당 국민 총소득	.000	.000	.433	4.576	.000	.271
의회구조	-.882	.225	-.313	-3.913	.000	.396
선거제도	3.672	.336	1.171	10.932	.000	.221
회귀 모형	Y_{H3}=3.935+0.492X_1+0.00X_3-0.882X_9+3.672X_{10}+E_t R^2=0.911, Ad R^2=0.901, F=89.78 Sig.F=0.000					

종속변인: Polity 지수

으로 유의미한 수준(F값=89.78, Sig.F=0.000)에서 약 90%로 매우 높은 것으로 나타났다(〈표 7-6〉 참조).

타협에 의해 민주주의로 이행한 브라질, 한국, 폴란드 그리고 헝가리의 정치적 민주주의의 수준에 영향을 주는 결정요인은 다른 이행경로를 경험한 국가들과 달리 민주화 이전 정치체제와 1인당 국민총소득임을 발견할 수 있다. 이 변인들은 모두 유의수준을 만족하고 있으며, 관계심도는 각기 0.176과 0.433으로 나타난다. 즉, 1인당 국민소득이 높을수록, 그리고 민주화 이전의 정치체제가 전체주의를 경험한 국가일수록 정치적 민주주의의 수준이 높다고 말할 수 있다.

정치제도 요인 중 민주주의 정착에 영향을 주는 주요변인은 의회구

조와 선거제도이다. 특히 선거제도는 매우 높은 관계심도를 보이고 있다(표준회귀계수 1.171). 그리고 의회구조는 −0.313으로 민주주의 정착과 약한 상관성을 갖는다. 이러한 분석결과는 비례대표제일수록, 그리고 단원제의 의회구조를 가질수록 정치적 민주주의의 수준이 향상될 수 있다는 점을 보여준다. 반면 앞선 분석에서 민주주의 정착에 영향을 준 정부유형과 의회정당의 수는 모형으로부터 제외되었다. 즉, 정부유형은 공차한계(tolerance)값이 0.00으로 상당한 다중공선성(multicollinearity)을 갖는다. 또한 의회 내 유효정당수는 유의수준을 만족시키지 못하고 있다.

제외된 변인들을 살펴보면, 비타협에 의해 민주주의로 이행한 국가들과 정반대의 관계방향을 보이고 있다. 먼저 경제적 수행력을 의미하는 변인들의 경우, 경제성장률은 낮을수록, 그리고 인플레이션과 실업률은 높을수록 민주주의 정착에 효과적인 것으로 밝혀진다. 이러한 결과는 비록 통계적 유의미성은 없지만 높은 경제성장률이 민주주의의 불안정을 가져온다는 올슨(Olson 1982)과 헌팅턴(Huntington 1968)의 주장을 뒷받침해 준다. 즉, 높은 인플레이션과 실업률, 낮은 경제성장 등은 경제의 부실과 경제위기를 의미하는 것으로서 민주주의 안정성을 위협하는 조건이라는 다수의 주장(Haggard and Kaufman 1995; Londregan and Poole 1990; Przeworski, et al. 2000; 2001)이 이들 국가들에서 적용되지 않음을 보여주는 것이다. 그리고 문자해득률과 선거불비례성은 높을수록 정치적 민주주의 수준에 긍정적 영향을 미치고 있는 것으로 발견된다.

이러한 결과에 대해서는 보다 구체적인 분석이 필요할 것이다. 그러나 본 연구의 주제를 벗어나는 것이므로 후속 연구를 통해 타협에 의해 민주화를 이룬 사례들을 확장하여 분석하고자 한다. 분석결과를 요약하면, 타협에 의한 민주화 이행 국가의 경우 전체주의로부터 민주주의로 이행한 국가일수록, 1인당 국민총소득이 높을수록, 비례대표제를 채택하고 단원제인 국가일수록 민주주의가 효과적으로 정착된다고 볼 수 있다.

5. 결론

이 연구는 민주주의의 정착 단계에 있는 국가들을 대상으로 정치적 민주주의의 수준에 영향을 주는 결정요인을 탐색하려 시도하였다. 이를 위해 공고화된 민주주의 체제로 진입하지 못하였지만 민주적 규칙과 절차가 지속되는 대표적인 8개 국가를 대상으로 구조적 요인, 즉 사회경제적 요인과 정치제도 요인, 그리고 기존 연구에서 중요하게 다루어지지 않았던 민주화 이행구조(민주화 이전 정치체제와 민주화 이행경로)를 상정한 분석모형을 구축하여 경험적 교차국가분석을 수행하였다. 또한 민주화 이행경로의 유형에 따른 결정요인의 변화를 탐색하기 위해 비타협에 의한 민주화와 타협에 의한 민주화를 통제한 분석모형을 검증하였다.

검증 결과, 8개 국가를 대상으로 한 분석모형뿐만 아니라 민주화 이행경로를 통제한 분석모형 모두에서 구조적 요인에 의한 설명력이 약 90% 이상으로 강하게 나타나고 있다. 특히 비타협에 의해 민주주의로 이행한 국가들의 경우는 구조적 요인 중 사회경제적 요인과 정치제도 요인에 의한 설명력이 약 99%로 매우 높게 나타난다.

그렇다면 민주주의의 정착 단계에서 민주화 이전의 정치체제와 민주화 이행경로는 정치적 민주주의 수준에 강한 영향을 미치고 있는가? 모형-1의 검증결과는 민주화 이전의 정치체제와 민주화 이행경로가 정치적 민주주의 수준에 의미 있는 영향을 주지는 않지만, 관계방향은 정(+)관계, 즉, 전체주의 국가일수록 그리고 타협에 의한 국가일수록 정치적 민주주의에 긍정적 효과를 미치고 있음을 발견할 수 있었다. 이러한 결과는 비록 단정적으로 주장할 수 없지만 정치개혁뿐만 아니라 사회경제개혁이 동시에 진행될 때 민주주의가 효과적으로 정착된다는 점을 보여주는 것이다. 즉, 전체주의로부터 민주주의로의 이행은 권위주의와 달리 사회경제적 개혁이 필수적으로 요구되었으며, 이러한 개혁의 결과 정치적 민주주의의 수준이 높아졌다고 볼 수 있다. 이를 뒷받침하는 또 하나의 검증결과는 타협에 의해 민주화가 이루어진 국가들을 분석한 모형-3에서 나타난다. 다시 말해서, 타협에 의해 민주화가 이루어진 국가들 가운데에서 전체주의를 경험한 국가일수록 정치적 민주주의의 수준은 더 높게 나타난다.

반면 타협에 의한 민주화 이행이 정치적 민주주의의 수준에 긍정적이라는 검증결과는 타협에 의한 민주화가 장기적인 민주주의의 정착에 그다지 효과적이지 않다는 주장을 반증하는 것이다. 즉, 일부 학자들은 구권위주의 세력과 민주화 세력 간에 이루어진 타협은 정치적 경쟁을 엘리트 집단 사이의 경쟁으로 협소화시키며, 권력 카르텔을 형성시킴으로써 '배제적 민주주의(exclusionary democracy)'를 초래하여 민주적 규칙과 절차를 위협할 것이라 주장하였다(Remmer 1985-86; 임혁백 1995). 그러나 이 연구의 분석결과는 통계적 유의미성은 없지만 이들의 주장과 반대되는 것으로 밝혀졌다.

다음으로 언급해야 할 주요한 검증결과는 정치적 민주주의 수준에 대한 사회경제적 요인의 영향력이 큰 차이를 보이고 있다는 점이다. 즉, 모형-1은 높은 문자해득률이 정치적 민주주의에 긍정적 효과를 미친다는 사실을, 그리고 모형-2는 비타협에 의한 민주화 이행국가들의 경우 실업률과 인플레이션이 낮을수록 높은 정치적 민주주의의 수준을 갖고 있다는 사실을 보여준다. 마지막으로 타협에 의한 민주화 이행 국가는 1인당 국민총소득이 높을수록 민주주의 정착에 효과적인 것으로 나타났다. 이렇듯 사회경제적 요인의 영향력이 모형에 따라 차이를 보인다는 것은 사회경제적 요인이 민주주의와 깊은 상관성을 갖는다는 주장을 일반화할 수 없음을 증명하는 것이다. 즉, 사회경제적 조건은 민주주의를 위한 충분조건이 아니라 필수조건이다(Dahl 1998; Przeworski, et al. 2001).

마지막으로 이 연구를 통해 증명할 수 있는 사실은 민주주의 정착에 있어 정치제도 요인이 사회경제적 요인보다 강한 영향을 미치고 있다는 점이다. 즉, 민주주의의 정착 단계에 있는 국가들의 정치적 민주주의 수준은 정부유형, 선거제도, 의회구조 그리고 의회 내 유효정당수에 의해 영향을 받고 있으며, 비타협에 의한 민주화를 경험한 국가들도 정부유형과 의회 내 유효정당수에 의해 강한 영향을 받고 있다. 특히, 모형-1과 모형-2에서 정부유형은 매우 강한 영향력을 보이고 있다. 즉, 정치적 민주주의를 지속하기 위해서는 통치권력이 집중된 대통령제보다 분산된 의회제나 준대통령제가 효과적임을 증명하는 것이다.

이와 더불어 지적할 수 있는 것은 다수의 의회 내 유효정당 수에 의한 경쟁구조보다는 양당에 의한 경쟁구조가 민주주의 정착에 더 효과적이며, 선거제도의 경우 다수선거제보다 비례대표제일 때 민주주의 정착에 효과적임을 지적할 수 있다. 그리고 의회구조의 효과는 비록 비타협적 민주화를 경험한 국가들과 타협적 민주화를 경험한 국가들 사이에 상반되게 나타나지만, 모형-1의 결과를 고려한다면 단원제일수록 정치적 민주주의에 긍정적 상관관계를 갖고 있음을 알 수 있다. 이러한 분석결과는 신생민주주의 국가들에 있어서 민주주의 정착은 사회경제적 발전이나 경제적 수행력보다는 어떠한 정치제도를 선택할 것인가, 그리고 어떻게 정치제도를 효과적으로 운영할 것인가에 따라 성공여부가 결정된다는 점을 보여주는 것이다.

참고문헌

김용복. 1999. "정치개혁과 권력구조 논의." 『계간사상』 41:1, 1–16.

김재한. 2001. 『분열의 민주주의』. 서울: 소화

김형철. 2005a. "민주주의 체제 안정성 모형의 탐색: 20개 국가의 비교분석." 한국외국어대학교 박사학위논문.

______. 2005b. "민주주의 개념과 측정지표: 경험적 비교연구의 맥락." 비교민주주의연구센터 편. 『비교민주주의: 분석모형과 측정지표』, 89–122. 서울: 한국외국어대학교 출판부.

김홍규. 1997. 『사회과학통계분석』. 서울: 나남출판.

비교민주주의연구센터 편. 『비교민주주의: 분석모형과 측정지표』. 서울: 한국외국어대학교 출판부.

오창헌. 2002. "민주주의의 공고화: 개념적·방법론적 고찰." 『대한정치학회보』 10:2, 97–120.

오택섭. 1994. 『사회과학 데이터 분석법』. 서울: 나남출판.

임혁백. 1995. 『시장·국가·민주주의』. 서울: 사회비평사.

______. 2001. 『세계화시대의 민주주의: 현상·이론·성찰』. 서울: 나남출판.

조효래. 1995. "민주화 이행과 민주적 공고화." 임현진·송호근 공편. 『전환의 정치, 전환의 한국사회』, 531–583. 서울: 사회비평사.

최장집. 1997. "한국 민주화의 현 단계와 질 높은 민주주의를 위한 과제." 『한국사회와 민주주의』, 387–409. 서울: 나남출판.

______. 2003. 『민주화 이후의 민주주의』. 서울: 후마니타스.

Anderson, L. 2001. "The Implications of Institutional Design for Macroeconomic Performance." *Comparative Political Studies* 34:4, 429–452.

Armingeon, K. 2002. "The Effects of Negotiation Democracy: A Comparative Analysis." *European Journal of Political Research* 41, 81–105.

Bernhard, M., T. Nordstorm, and C. Reenock. 2001. "Economic Performance, Institutional Intermediation, and Democratic Survival." *The Journal of Politics* 63:3, 775–803.

Beetham, D. 1994. *Defining and Measuring Democracy.* London: Sage.

Bollen, K. 1990. "Political Democracy: Conceptual and Measurement Traps." *Studies in Comparative International Development* 25:1, 7–24.

Bollen, K. and R. Jackman. 1985. "Political Democracy and the Size Distribution of Income." *American Sociological Review* 50, 438–457.

Crepaz, M. 1996. "Consensus versus Majoritarian Democracy: Political Institutions and Their Impact on Macroeconomic Performance and Industrial Disputes." *Comparative Political Studies* 29:1, 4–26.

Dahl, R. 1971. *Polyarchy: Participation and Opposition.* New Haven, CT: Yale University Press.

________. 1998. *On Democracy.* New Haven, CT: Yale University Press. 김왕식 외(공역). 2002. 『민주주의』. 서울: 동명사 5판.

Diamond, L. 1996. "Is the Third Wave Over?" *Journal of Democracy* 7, 20–37.

Diamond, L., J. Linz, and S. Lipset. 1995. *Politics in Developing Countries: Comparing Experiences with Democracy.* Boulder: Lynne Rienner.

Gallagher, M. 1991. "Proportionality, Disproportionality and Electoral Systems." *Electoral Studies* 10, 33–51.

Gasiorowski, M. and T. Power. 1998. "The Structural Determinants of Democratic Consolidation." *Comparative Political Studies* 31:6, 740–771.

Hadenius, A. 1992. *Democracy and Development.* Cambridge: Cambridge University Press.

Haggard, S. and R. Kaufman. 1995. *The Political Economy of Democratic Transitions.* Princeton, NJ: Princeton University Press.

Huber, E., D. Rueschemeyer, and J. D. Stephens. 1997. "The Paradoxes of Contemporary Democracy: Formal, Participatory, and Social Dimensions." *Comparative Politics* 29:3, 323–343.

Huntington, S. 1967. *Political Order in Changing Societies.* New Haven, CT: Yale University Press.

__________. 1991. *The Third Wave: Democratization in the Late Twentieth Century.* The University of Oklahoma Press.

__________. 1991–1992. "How Countries Democratize." *Political Science Quarterly* 106:4. 김웅진 편역. 1992. 『비교정치론 강의 2』, 171–232. 서울: 한울.

Kaiser, A., M. Lehnert, B. Miller and U. Sieberer. 2002. "The Democratic Quality of Institutional Regimes: A Conceptual Framework." *Political Studies* 50, 313–331.

Landman, T. 1999. "Economic Development and Democracy: The View from Latin America." *Political Studies* 47:4, 607–626.

Laakso, M. and R. Taagepera. 1979. "'Effective' Number of Parties: A Measure with Applications to West Europe." *Comparative Political Studies* 12, 3–27.

Lane, Jan–Erik and S. Ersson,. 2003. *The New Institutional Politics: Performance and Outcomes.* London: Routledge.

Lijphart, A. 1984. *Democracies: Patterns of Majoritarian and Consensus Government in Twenty-One Countries.* New Haven: Yale University Press.

__________. 1999. *Patterns of Democracy: Government Forms and Performance in*

Thirty-Six Countries. New Haven: Yale University Press.

Lijphart, A. and C. Waisman. 1996. *Institutional Design in New Democracies: Eastern Europe and Latin America.* Oxford: Westview Press.

Lijphart, A., R. Rogowski, and K. Weaver. 1993. "Separation of Power and Cleavage Management." In K. Weaver and B. Rockman. Rockman, eds. *Do Institutions Matter?.* Washington: The Brookings Institution.

Linz, J. and A. Stepan. 1996. *Problems of Democratic Transition and Consolidation: Southern Europe, South America, and Post-Communist Europe.* Baltimore: Johns Hopkins University Press.

Linz, J. and A. Valenzuela, eds. 1994. *The Failure of Presidential Democracy: The Case of Latin America.* Baltimore: Johns Hopkins University Press. 신명순·조정관 공역. 1995. 『내각제와 대통령제』. 서울: 나남출판.

Lipset, S. 1959. "Some Social Requisites of Democracy: Economic Development and Political Legitimacy." *American Political Science Review* 53:1, 69–105.

_______. 1994. "The Social Requisites of Democracy Revisited: 1993 Presidential Address." *American Sociological Review* 59:1, 1–22.

Londregan, J. and K. Poole. 1996. "Does High Income Promote Democracy?" *World Politics* 49, 1–30.

Mainwaring, S. 1999. "Democratic Survivability in Latin America." H. Handelman, and M. Tessler, eds. *Democracy and Its Limits: Lessons from Asia, Latin America, and the Middle East,* 11–68. Notre Dame: University of Notre Dame Press.

Mainwaring, S. and M. Shugart. 1997. *Presidentialism and Democracy in Latin America.* Cambridge: Cambridge University Press.

Mainwaring, S. and T. Scully, 1995. *Building Democratic Institutions: Party Sys-*

tems in Latin America. Stanford: Stanford University Press.

Marks, G. and L. Diamond, eds. 1992. *Reexamining Democracy: Essays in Honor of Seymour Martin Lipset.* Newbury Park: Sage Publications.

Muller, E. 1988. "Democracy, Economic Development, and Income Inequality." *American Sociological Review* 53, 50–68.

Olson, M. 1982. *The Rise and Decline of Nations: Economic Growth, Stagflation, and Social Rigidities.* New Haven: Yale University Press.

Powell, G. 1982. *Contemporary Democracies.* Cambridge: Harvard University Press.

Pridham, G. 1995. "The International Context of Democratic Consolidation: Southern Europe in Comparative Perspective." In R. Gunther, Hans–Jurgen Puhle, and P. Diamandourous. *The Politics of Democratic Consolidation*, Baltimore: The Johns Hopkins University Press.

Przeworski, A. 1991. *Democracy and Market.* Cambridge: Cambridge University Press.

____________. 1995. *Sustainable Democracy.* Cambridge: Cambridge University Press.

____________. 2001. "What Makes Democracies Endure?" In L. Diamond, and M. Plattner, eds. *The Global Divergence of Democracies*, 167–184. Baltimore: The Johns Hopkins University Press.

Przeworski, A., M. Alvarez, J. Cheibub, and F. Limongi. 2000. *Democracy and Development: Political Institutions and Well-Being in the World, 1950-1990.* Cambridge: Cambridge University Press.

Remmer, K. 1985–1986. "Exclusionary Democracy." *Studies in Comparative International Development* 20:4, 64–83.

Reynolds, A., eds. 2002. *The Architecture of Democracy: Constitutional Design,*

Conflict Management, and Democracy. Oxford: Oxford University Press.

Rustow, R. 1970. "Transitions to Democracy." *Comparative Politics* 2:3, 337–365.

Rueschmeyer, D., E. Stephens, and J. Stephens. 1992. *Capitalist Development and Democracy.* Chicago: The University of Chicago Press.

Sartori, G. 1970. "Concept Misformation in Comparative Politics." *The American Political Science Review* 64:4, 1033–1053.

________. 1976. *Parties and Party Systems: A Framework for Analysis.* Cambridge: Cambridge University Press. 어수영 옮김. 1986. 『현대정당론』. 서울: 동녘.

________. 1987. *The Theory of Democracy Revisited, Part One: The Contemporary Debate.* Chatham: Chatham House. 이행 옮김. 1992. 『민주주의 이론의 재조명 I』. 고양: 인간사랑.

________. 1994. *Comparative Constitutional Engineering: An Inquiry into Structures, Incentives, and Outcomes.* London: Macmillan.

Shin, Doh Chull. 1994. "On the Third Wave of Democratization: A Synthesis and Evalution of Recent Theory and Research." *World Politics* 47:1, 135–170.

Sørensen, G. 1993. *Democracy and Democratization.* Westview Press. 김만흠 옮김. 1994. 『민주주의와 민주화』. 서울: 풀빛.

Tavits, M. 2004. "The Size of Government in Majoritarian and Consensus Democracies." *Comparative Political Studies* 37:3, 340–359.

Woldendorp, J., H. Keman, and I. Budge. 2000. *Party Government in 48 Democracies 1945-1998.* London: Kluwer Academic Publishers.

World Bank. 2002. World Development Indicator.

Elections around the World(www.electionworld.org).

Freedom House(www.freedomhouse.org).

International Foundation for Election Systems(www.ifes.org).

Parties and Elections in Europe(www.parties-and-elections. de).

Political Database of the Americas(www.georgetown.edu/pdba).

제8장 세대정치와 정치사회화: 19대 국회의원 선거 시 대학생에 대한 가정 내 정치사회화의 영향력*

홍재우**

1. 정치사회화(political socialization) 연구

이 연구는 한국 대학생들 사이에서 나타나는 정치사회화의 영향력을 분석하고자 한다. 보다 정확히는 부모가 대학생 자녀들의 정치행태에 어떤 영향을 주는지 알아보고자 한다. 정치사회화(political socializa-

* 이 연구는 2012년 『21세기 정치학회보』 22집 3호에 게재된 논문임.
** 인제대학교

tion)는 정치문화가 다음 세대로 전수되는 과정을 의미하는 기초 정치학 개념으로 오랫동안 정치학 교육 과정에 포함되어 왔다. 그러나 놀랍게도 한국 사회를 대상으로 한 정치사회화 연구는 한동안 거의 진행되지 않았다.[1] 정치사회화 연구가 별다른 진전이 없이 표본실 개념에 머물렀던 이유는 80년대 이후 나타난 새로운 정치학의 패러다임이 집단이 공유하는 정서에 대해 크게 관심을 갖지 않았기 때문이지만 더 중요하게는 한국정치, 특히 선거행태를 연구하는데 있어서 정치사회화 개념이 그리 쓸모 있는 개념이 아니었기 때문이다.[2]

이런 과거와 달리 최근 한국의 선거 과정을 통해 정치사회화에 대해 다시금 관심을 가질 새로운 현상이 나타나고 있다. 이론의 측면에서 살펴보면 유권자들 사이에 새로운 균열 현상이 등장했다는 연구가 진행되었다. 기존의 지역감정을 대체할 새로운 균열과 선거행태에 영향을 미치는 여러 변수에 대한 관심이 증가해 왔다. '진보–보수'의 이념 축에 관심을 갖는 연구도 있지만(조성대 2008), 상당수의 연구들이 지난 10년 동안 "세대"가 선거현상을 설명하는데 중요한 변수로 등장하고 있다고 본다(강원택 2002; 김욱 2006; 안순철 2002; 어수영 2006; 이갑윤 2008; 정진민 2012). 이들은 세대 사이에 정치행태 특히 투표행태가 상당한 차이를 보

1 국내의 거의 모든 정치학 개론/원론 교과서가 정치사회화에 대한 항목을 포함하고 있다. 최근 정치사회화에 대한 직접적 연구는, 특히 젊은 유권자들에 대한 연구는 전용주·차재권·김은미(2007)의 공동연구가 거의 유일하다.

2 이에 대해서는 여러 가지 반론이 가능할 것이다. 1980년대 한국 학생운동은 체제 전환의 주요한 변인이었지만 이상할 정도로 이들에 대한 권위주의 국가의 정치사회화의 실패 원인에 대한 연구는 거의 없었다.

인다는데 주목해왔다. 어떤 세대가 특정한 정치적 정향을 공유한다는 가정이 검증된다면 투표행태를 설명하는 단순하지만 매우 강력한 변인이 생겨나는 것이다. 이런 가정은 세대 사이의 정치참여, 특히 후보자 선택 뿐 아니라 투표율이 상당한 차이를 보인다는 점에서 실제 정치사회에서도 그 의미가 커진다. 여러 사회집단 사이에 상당히 다른 선호와 태도가 나타나고 그 중 어떤 집단의 정치 참여가 현저히 떨어지거나 혹은 반대로 매우 높다라면 그 집단의 특징은 현실 정치의 균형과 구조를 유지 혹은 변화시키는데 주요한 변인으로 간주할 수 있다. 지난 2010년 제5회 지방자치선거와 2012년 19대 국회의원 선거를 통해 야당과 진보세력이 투표율을 높이기 위해 갖가지 대중운동을 벌리고 전략을 실행했던 이유는 세대마다 정당 선호에 차이가 있다고 믿었으며 세대 사이의 투표율이 상당히 차이가 나왔기 때문이었다. 이런 맥락에서 언론은 젊은 세대의 투표율을 선거 경쟁의 중요한 관전 지점으로 다루어왔다. '스무 살에 자유주의자가 아니라면 가슴이 없는 것이고, 쉰 살에도 보수주의자가 아니라면 가슴이 없는 것이다'라는 서양 격언이 있지만[3] 한국정치에서 세대 차이가 단순히 나이를 먹어가며 생겨나는 '연령 효과(aging effect)'인지 아니면 특정 세대의 고유한 특성인지는 아직 충분히 분석되지 않았다. 한국의 선거행태 연구에서 세대의 구분과 그 구분된 집단이 갖는 특징은 상당기간 동안 중요한 연구 대상이 될 것

3 이 말은 영국 수상 윈스턴 처칠(Winston Churchill)이 했다고 전해지지만 그 자신은 15세부터 보수당원이었고 35세에 자유당원이 되었고 48세에 다시 보수당원이 되었다.

이다.

각각의 세대가 고립되어 존재하는 것은 아니기 때문에 세대 사이의 관계와 영향력에 대한 이해도 세대 차이를 이해하는데 필요하다. 특히 젊은 유권자들의 행동 양태를 이해하기 위해서는 윗세대가 어떤 역할을 하며 영향을 미치는지 분석해봐야 한다. 이것이 정치사회화라는 오래된 개념이 다시 쓸모 있는 이유다. 이 오래된 개념은 새로운 '세대정치'(politics of generations)를 이해하는데 유용한 도구로 쓰일 수 있다. 정치사회화는 정치문화가 다음 세대로 전수되는 과정을 의미한다. 안정된 (혹은 정태적인) 정치사회와 불안정한 (혹은 역동적인) 정치사회에서 세대 사이의 사회화 과정과 그 결과는 다르게 나타날 수 있다. 정치사회화 과정에 대한 분석은 투표선택이라는 행위 양태 뿐 아니라 특정 시기 민주주의 질적 내면을 이해하는데도 상당한 도움을 줄 것이다.

이런 문제의식 아래 이 연구는 정치사회화의 가장 기본 국면을 탐색한다. 2012년 제19대 국회의원 선거 이후 대학생들을 대상으로 한 설문조사를 진행하여 정치사회화의 주요 매개체(agent)인 가정(부모)의 영향력을 추적하고자 한다. 가정에서 정치사회화가 이뤄지는 맥락과 환경들을 살펴보고 대학생들의 정치문화가 부모 세대와 어떻게 다르며 어떤 영향을 받는가를 살펴볼 것이다. 무엇보다 구체적으로 가정의 정치사회화가 대학생들의 정치참여에 어떤 영향을 미치는지 분석해 볼 것이다. 이 논문은 전체 세대를 대상으로 하여 세대 사이의 차이를 분석하거나 여러 세대의 정치사회화 현상에 초점을 맞추고 있지는 않다. 대신 정치사회화의 영향력이 현저하게 나타나면서 동시에 개인의 정치적 태도를 공고화하기 시작하는 20대 초반의 연령층에 초점을 맞춘다.

아래에서 이 논문은 다음과 같이 구성된다. 2절에서는 세대정치와 정치사회화에 대한 기존의 이론적, 경험적 논의들을 검토해 본다. 최근 한국 선거에서 나타난 세대 차이에 대한 분석과 이를 더 심층적으로 이해하기 위해 정치사회화의 개념이 다시 필요한 상황을 논의해 본다. 3절에서는 본 논문이 초점을 맞추고 있는 대학생들의 정치적 태도와 정치사회화에 관한 연구 질문을 구체화하고 연구 자료와 방법에 대해 밝힌다. 4절에서는 19대 총선이후 대학생들을 조사한 데이터를 중심으로 정치사회화의 여러 양상과 영향력을 분석해 본다. 5절에서는 세대정치와 정치사회화 연구에 대한 이후 분석 과제를 제시한다.

2. 세대정치, 정치문화, 정치사회화

(1) 정치적 균열과 세대효과

투표행위를 설명하는 경험과학 연구를 수행 할 때, 연구자들은 행위자들의 사회경제적 배경(socioeconomic status)을 일종의 "의무" 통제변인으로 간주한다. 특히 연령은 영향력이 있을 때나 없을 때나 특별한 관심을 끌지 못한다. 영향력이 없으면 통제변인으로서의 역할만을 한 것으로 여겨졌고, 연령의 영향력이 있다면 그것은 언제나 있을 수 있는 상식의 재확인에 불과한 것이었다. 그러나 연령이 이렇게 늘 포함되는 통제변인이 된 이유는 연령의 영향력이 잠재할 가능성에 대한 대다수 학자들의 암묵적 합의를 의미하는 것일 수도 있다. 연령을 기초로 인간을 집단으로 나눈 "세대"의 개념은 이론상 유권자들이 개인으로서의 특징 뿐 아니라 그들이 속한 집단의 특징을 공유한다는 가정에 뿌리를 두고 있다. 이는 비교적 초기 행태주의 가설에 기인한다. 오랫동안 특정한 역사적 시기와 사건을 공유하는 세대는 비슷한 가치정향과 태도를 보일 가능성이 있으며, 더구나 청(소)년기에 생성된 이런 정향들은 이후에도 손쉽게 바뀌지 않는다는 설명이 있다(Mannheim 1952; Hyman 1959; Easton and Dennis 1969).

세대 개념이 정치적 의미를 갖기 위해서는 특정한 연령대가 공동의 사회적 기억이 있어야 하며 이것이 다른 연령대와 구분되어야 한다. 예를 들면 전쟁, 기아, 공황 등을 경험한 세대와 평화, 번영, 활황을 경험한 세대는 개개인의 가치관에서 커다란 차이를 보일 수 있다.[4] 서구의 경우 전후세대 유권자들은 물질보다는 개인의 자아실현과 삶의 질을 더 중요하게 여기기 시작했고 이는 탈물질주의(Postmaterialism)의 가치관으로 개념화 되었다(Inglehart 1977, 1990, 1997). 이런 세대가 공유하는 가

4 세대효과(generation effects)는 연령효과(aging effects)와 구별된다. 연령효과는 인생주기효과(life-cycle effects)로 볼 수도 있는데 나이가 많아짐에 따라 지킬 것이 많아져서 위의 처칠의 말처럼 보수화된다는 것이다. 세대 사이의 차이는 연령효과의 차이와 병행하기도 하지만 한 세대가 기억한 경험에 따라 연령효과에 역행하는 것도 이론상 가능하다. 한국 사회에서는 외환위기를 청소년기에 겪은 세대와 이전 세대 사이에 이념 성향에 있어 연령효과와 반대되는 일정한 차이가 나는 것을 가정할 수도 있다. 즉 이 두 개념은 이론 차원에서 서로 구분된다.

치가 선거정치와 정당정치의 주요한 변인으로 의미가 있다면 세대의 차이가 일종의 사회균열(social cleavage)로 작동하는지 검토할 필요가 있다. 립셋과 로칸의 전통적인 균열 이론은 사회 내 존재하는 균열 양편의 집단을 (정당이) 동원하고 정렬시켜 "유권자 연합"을 형성하고 이 연합에 의해 정치체제의 안정성이 유지된다는 것이다(Lipset and Rokkan 1967). 균열 이론이 흥미로운 점은 정치적 안정과 더불어 정치적 변화에 대한 설명도 가능하게 한다는 것이다. 한 사회의 변화와 더불어 새로운 쟁점이 형성되고 그 쟁점이 선거를 통해 주기적으로 반복되어 나타나면 새로운 균열 축이 형성되게 되고 기존의 유권자와 정당 사이의 연합은 재편성(realignment)된다. 균열 이론 속에서 정당정치의 역사는 이런 정당체계의 결빙과 재편성의 반복이라 할 수 있다.

한국 사회에서 세대 차이가 정치적 균열 축을 새롭게 하고 재편성을 가져올지는 아직 알 수 없다. 게다가 균열 축의 정의 자체가 시간적 변화를 수반하는 "세대"이기 때문에 장기적인 결빙효과를 만들어낼 수 있는 균열 축인가는 의문의 여지가 있다. 한국 정치의 균열 축은 상당 기간 동안 민주-반민주(독재)의 균열 축이었고 민주화 이후 지역 균열이 매우 공고하게 작동되어 왔다. 그러나 2002년 16대 대통령선거로부터 지역 균열이 영향력을 발휘함에도 불구하고 세대나 이념 같은 새로운 (잠재된) 균열 가능성을 무시하기 어려워졌다(강원택 2003; 김욱 2006). 새로운 균열이 기존의 균열을 늘 자동으로 완전히 대체하는 것은 아니다. 새로운 균열 축이 정렬되기 전에 기존의 균열을 중심으로 한 정치체제가 일종의 해체(dealignment)과정을 겪기도 한다. 세대는 그 과정에서 이념 균열과 함께 정치 구조의 변화에 일정한 역할을 할 수 있다.

한국 정치에 있어 세대 효과와 이념의 균열이 병행하여 나타나는가는 흥미로운 부분이다. 세대가 젊을수록 진보적인 경향이 나타나지만 이념과 세대의 변화 양상에 대해서는 다른 주장이 공존한다. 조중빈(2003)은 세대들의 정치적 경험에 따라 한국전쟁세대–전후세대–유신체제세대–민주화/노동운동세대–탈냉전세대–탈정치화세대 등으로 나누었고 이들 사이에 이념적 가치[5]가 다르다는 사실을 밝혀냈다. 한편 정진민(2012)은 젊은 세대가 매우 실용적인 선택을 하는 탈이념적 성격을 가졌다라고 주장하며 이들의 투표 선택이 매우 짧은 기간 동안에 변동하는 이유를 설명했다. 이념과의 연관은 과도한 것으로 보았다. 반면에 젊은 세대의 개인주의 성향은 정치 무관심을 특징으로 하고 있는데 이를 탈물질주의 가치관으로 보아 상대적으로 진보적이라고 평가하는 연구(김욱 2006)도 있다. 분명한 것은 세대 차이는 이론상 이념 차이와 완전히 일치하지 않으며 경험 분석 결과도 완전히 서로 대체 가능할 정도로 병행하여 나타나지 않는다. 그러나 세대와 이념의 중요성은 기존의 지역 균열의 변화와 더불어 높아지고 있다. 최근 영남 지역에 상당수의 연구들은 강고한 지역주의에도 불구하고 세대 별로 지지하는 정당과 후보가 유의미하게 차이가 난다는 것을 지적하고 있다.(가상준 2007; 최준영 2007; 최준영, 조진만 2005), 이 지역의 젊은이들이 보수인 지역 특징 보다는 진보인 전국적 세대 특징에 따라가는 모습도 관측되고

5 북한 문제와 시장경제에 대한 인식 차이.

있다(전용주, 차재권, 김은미 2007).

이처럼 세대 효과에 대한 관심의 증가는 세대정치(generation politics)라 불릴만한 현실정치의 변화 모습을 반영한 것이기도 하다. 19대 총선에서 20대 유권자를 대변하는 청년비례대표제가 도입되기도 하고, 청년층을 상대로 한 특화된 공약이 여야를 막론하고 광범위하게 생산되었고 무엇보다 투표율과 세대 효과에 초점을 맞춘 다양한 정치참여 캠페인이 있었다. 각 세대들이 보여주는 정치문화의 차이와 그것에서 비롯된 서로 다른 정치 참여의 정도와 양상은 상당 기간 동안 한국정치 연구에 중요한 대상이 될 것이다. 지금까지 연구를 통해 이념 혹은 지역균열과의 복합적 관계 속에서 세대 간의 의미 있는 차이가 발견된다는 데는 대략적인 동의가 이루어지는 것처럼 보인다. 이제는 세대 사이 차이의 원인과 그 차이가 현실 정치에서 의미를 획득하는 동학, 또 이에 대응하는 동원의 전략과 양상에 대한 보다 구체적인 연구가 시작되어야 한다.

세대 차이의 원인에 대한 분석은 두 가지 측면에서 진행될 수 있다. 우선 세대가 공유하는 공통의 기억에 대한 거시 분석과 그 기억을 상징하는 것들에 대한 분석이 첫 번째 측면이다. 다른 한 측면은 미시 분석으로 세대들의 정치사회화 과정에 대한 분석이다. 이 연구는 두 번째 측면에서 대학 재학생이라는 가장 젊은 유권자 층의 정치사회화에 초점을 맞추었다.

(2) 정치문화와 정치사회화

정치문화(political culture) 연구는 행태주의 시대의 총아였다. 과학으로서의 정치학(Merriam 1921)은 인간의 정치적 행동과 감성에 대한 과학적 접근으로 비로소 현대 정치학이라 불렸다. 행태주의는 다양한 연구주제와 접근을 정치문화라는 하나의 커다란 개념으로 수렴시킬 수 있었다(Almond and Verba 1963). 정치적 인간을 합리적 인간으로 재설정한 "제2의 과학혁명"(Munck 2006)과 신제도주의 시대에도 정치행태 또 정치공동체가 공유하는 특성에 대한 연구는 광범위한 교차국가 분석 등을 통해 발전해왔다(Inglehart 1997, 2003).

정치공동체 내의 정치문화는 한 세대에 머물지 않고 다음 세대에도 이전되는데 이 과정이 정치사회화의 과정이다. 물론 그것은 똑같은 복사과정을 의미하지는 않는다. 개인의 차원에서 정치사회화란 "시민이 정치세계에 대한 자기 자신의 관점을 습득해 나가는 과정"이다(Dawson and Prewitt 1969, 6). 일반적인 사회화(socialization) 과정 속에서 어린이들은 때때로 평생토록 유지하는 태도나 말하는 방식 등을 습득하기도 한다. 어떤 것들은 형식적(목적적)으로 교육되기도 하지만 대부분은 다른 사람들을 흉내 내며 자연스럽게 흡수한다. 마찬가지로 정치사회화도 정치적 가치와 특정한 정치적 관습이 교육되는 과정으로 공식적, 비공식적 성격을 모두 띤다. 정치사회화의 과정은 인생 전체에 걸쳐 일어나지만 청소년기까지의 정치사회화 과정은 나머지 일생에 있어서도 매우 중요한 역할을 한다. 국기에 대해 경의를 표하는 일, 국가를 외우고 부르는 일, 법과 질서를 존중하고 지키는 일, 국가와 정부의 역할에 대해 이해하는 일, 성인으로서 시민의 의무와 권리를 아는 일 등은 가족, 교사, 친구, 대중매체를 통해 전파되고 교육된다. 전 사회를 관통하는 정치사회화는 안정된 정부를 유지하는데 매우 중요하다. 미국의 거대 도시에 거주하는 유색인종의 예에서 보듯이 문화적으로 고립된 게토(ghetto)등에서 자란 어린이가 배우는 하위(정치)문화는 때때로 그 사회의 주류문화와 갈등을 빚을 수도 있다(Greenberg 1970; Roskin, et al. 2012, 132).

일반적인 사회화 과정과는 달리 정치사회화는 학습대상, 즉 정치세계가 대부분의 어린이, 청소년들에게 생활 속에서 직접적인 관련이 없기 때문에 사회화의 매개체(the agents of socialization)가 중요하다(김충남 1982). 대부분의 정치학 교과서들은 정치사회화의 중요한 매개체로서 가족, 동료집단, 학교, 정부, 대중매체 등을 꼽고 있다. 이들은 진공상태가 아닌 다른 매개체 혹은 여러 사회 환경 속에서 복합적으로 작동하지만 각각의 매개체는 시기와 환경에 따라 개념적으로 구분되는 영향력을 갖는다.

가정: 사회화 매개체로서의 가정은 대개 부모를 의미하는데 다른 사회화 매개체에 비해서 압도적인 영향을 갖는 것으로 알려져 있다. 권위주의 정부나 학교의 공개적인 사회화 내용이 가정의 사회화와 다른 경우에는 어린이들도 이를 무시할 만큼 영향력이 강하다. 어린시기에 끼친 부모의 영향력은 수십 년간 한 개인의 정치적 태도에 영향을 미친

다. 많은 유권자들이 부모의 투표 선택과 유사한 선택을 한다. 부모의 영향력은 규범, 가치, 믿음에 영향을 미치고 정당에 대한 일체감, 정부에 대한 신뢰 혹은 불신을 발전시키는데도 상당한 영향을 발휘한다. 대체로 3세에서 13세 사이에 영향력 강도가 가장 크게 나타나는데 이 시기에 무의식적, 무비판적으로 수용한 부모의 정치적 태도를 평생 동안 유지하는 경향이 있다. 부모가 조성한 가정환경도 성인의 정치적 태도에 영향을 미친다. 가족 내의 결정사항에 있어 자기 의견을 표출한 경험이 있는 성인들은 높은 정치적 효능감을 보인다(Almond and Verba 1963). 정치사회화에 대한 연구는 전통적으로 십대 전후 청소년기를 대상으로 한다. 그러나 한국 사회에서는 자녀가 부모로부터 독립하는 연령이 높을 뿐 아니라 전통적으로 가족과의 유대관계가 상대적으로 오랫동안 깊게 유지되기 때문에 가족, 특히 부모의 정치사회적 영향력에 대한 분석은 최소한 20대 전반부 즉 대학생 시기까지 포함할 필요가 있다.

학교: 정치사회화는 학교 교육을 통해서 훨씬 세련되고 체계적으로 진행된다. 학교 교육을 통해 정부는 애국심과 민족적 자부심을 교육하고 때로는 현재의 정치체제가 정당성을 획득할 수밖에 없는 윤리적, 역사적 이유를 교육하기도 한다.[6] 예를 들어 많은 부족과 다양한 언어집

6 사회, 역사 교과목을 통해서 이런 교육이 가능하지만 국어와 같은 다른 영역에서도 진행될 수 있다 특히 국립대학에 학과까지 설치했던 "국민윤리"교육은 체제의 정당성을 주입하는데 상당한 역할을 했다.

단으로 구성된 아프리카 국가들은 단일한 국가였던 "영광스런 역사"를 영어와 프랑스어로 가르치기도 했다.[7] 미국은 학교 교육을 통한 정치사회화가 매우 성공적인 나라로 이민자들이 미국인이라는 정체성을 획득하고 새로운 애국심을 키우는데 많은 노력을 해왔다. 학교교육 그 자체로서도 개인의 정치적 태도에 상당한 영향을 준다. 보다 많은 교육을 받을수록 정부 정책에 대한 효능감이 높고, 사회의 다양성에 대해 보다 개방적이며, 참여에 대한 의지와 관심도 많다. 특히 높은 교육 수준은 높은 경제적 수준과 연관되어 개인의 정치적 태도에 영향을 미친다.

동료 집단(peer group): 학교에서의 또래/동료 집단 역시 정치사회화에 중요한 역할을 한다. 핵가족화가 진행되고 부모가 모두 직업이 있거나 혹은 어느 한 쪽이 부재하는 경우 또래집단의 영향력은 강화된다. 충분한 연구는 부재하지만 한국사회의 경우 대학에서의 동료 집단의 영향력은 1980년대에 학생운동의 기초를 구성했다고 가정할 수 있다. 기존의 학교와 국가가 강요하던 정치사회화의 내용에 대한 반발은 이들 동료집단(특히 한국적 선후배 관계)에 의해 강화되었으며 때로는 가족이 전수한 가치나 태도와 충돌하기도 했다. 80년대 한국 학생운동 과정

7 영광스런 과거는 국가가 학교 교육을 통해 역사를 가르치는 대표적인 이유이다. 그러나 아프리카 국가들의 이런 노력은 콩고에서 보듯이 늘 성공적인 것은 아니었다. 중국의 예에서 보듯이 때로 역사에 대한 재해석과 창조는 현실 정치적인 목적을 갖고 있기도 하다. 거듭되는 일본의 교과서 파동도 정치사회화 과정에서 갖는 학교 교육의 중요성을 상기시켜주는 예이다.

에서 나타난 정치사회화에 대한 경험분석은 매우 제한되어 있는데 오늘날의 대학생 세대와 비교하는 연구를 수행하면 매우 흥미로운 연구 결과를 기대할 수 있을 것이다.

대중매체(mass media): 대규모 대중매체의 영향력은 계속해서 증가했다. 특히 TV의 영향력은 매우 압도적이다. 그러나 흥미롭게도 정치사회화 과정에서 TV가 만들어내는 효과는 긍정적이지 않다. 퍼트남(R. Putnam)에 의하면 TV 시청 시간이 길수록 공동체나 그 활동에 관심이 떨어지고 수동적이 되는 것으로 나타났다(Putnam 1996). 즉 TV가 사회적 자본을 저하시키는 역할을 하게 되는데 사회자본의 저하는 공공의 일에 관심에 대한 저하와 정치참여의 저하를 가져오며 이는 민주주의에 심각한 위험으로 간주될 수 있다. TV는 매우 어린 아이들에게까지도 정치적 이미지를 전달하는데 세 살 정도의 어린이도 대통령이 어떤 종류의 "우두머리(boss)"임을 인지하기도 한다(Roskin, et al. 2012, 134). 그러나 학교와 마찬가지로 대중매체의 영향력도 제한적일 수 있다. 특히 대중매체와 정부가 구분되지 않는 권위주의 체제의 경우에 대중매체에 대한 신뢰도는 낮을 수밖에 없고 이를 통한 사회화의 결과는 그리 성공적이지 못하다. 그러나 대중매체가 국가가 아니라 자본에 의해 통제되고 일방적인 사회계급의 이익을 대변하는 경우에는 그 영향력은 권위주의적 통제와 비교해서 다를 수 있다. 최근에는 인터넷의 발전으로 한 새로운 대중매체의 정치사회화 역할과 그 영향력도 흥미로운 연구 대상으로 부상하고 있다.

정부: 정부는 압도적인 자원으로 정치사회화를 시행할 수 있다. 특히 사회의 전반적인 생활조건이 향상될 때 정부의 정치사회화는 매우 효과적이다. 올림픽과 같은 대규모 행사 등을 통해서도 정부는 국민들에게 체제에 대한 신뢰와 자부심을 고양시키고 지도자들에 대한 지지를 끌어올리려고 한다.[8] 정부의 정치사회화 과정은 학교 교육을 통해 보다 정교하게 수행될 수 있다. 하지만 정치적 태도에 미치는 정부의 영향력은 생각보다 제한적이다. 개인이 정부로부터 정치적 메시지와 경험을 전달받는다 하더라도 그것은 가족, 친지, 동료 집단 등 보다 1차 집단에 의해 다시 한 번 왜곡, 과장, 축소, 반박, 비판, 재해석 등의 형태로 재단되기 때문이다. 더구나 고립되거나 압박을 받는 집단에서 청소년층은 정부의 정치사회화 과정에서 전달되는 메시지를 무시하거나 반박하도록 또 다른 사회화 과정을 거치곤 한다.

앞에서 언급했듯이 정치사회화는 매우 보편적인 정치학 개념이었지만 1970년대부터 1990년대 초까지는 서구에서도 철지난 연구 주제였다. 그러나 이후 사회학과 교육학 쪽에서의 장기간에 걸친 패널 데이터가 축적되었고 또 다른 지역에서는 냉전 후 급변하는 정치적 환경이 나타나 세대 간의 차이에 관심이 모아졌고 이에 대한 정치사회화 개념의

8 대규모 대중동원 행사를 정치적으로 기획한 예는 많다. 1934년 독일 나치스의 뉘른베르크 전당대회(거대한 원형 경기장(Reichsparteitagsgelände)은 일종의 무대였다), 1936년의 베를린 올림픽, 2008년 베이징 올림픽에서 나타난 국가주의적, 민족주의적 상징들이 그 대표적 예이다.

재사용이 나타났다. 최근 정치사회화 연구는 유아, 아동에 대한 연구에서 청소년 및 젊은 성인들에 대한 연구로 확장되었는데 전통적 사회화 연구처럼 이들은 공히 특정한 연령대에서 정치사회화의 효과가 크다는 "민감 연령 모형(impressionable year model)"에 기반하고 있다 하지만 기존의 개별 매개체에 대한 영향력 분석과는 달리 맥락효과(contextual effects)를 분석하는 방향으로 나가고 있다(Jennings 2007). 한 개인에 대한 인터뷰나 설문조사 뿐 아니라 그 개인이 속한 지역의 정치적 맥락(제도와 정당정치) 그리고 그를 둘러싼 가족, 선생, 동료, 공동체의 사회정치적 특성 같은 여러 층위에 대한 조사가 병행되어 정치사회화 현상의 맥락을 파악하는 쪽으로 발전하고 있다(Gimpel, et al. 2003).[9] 하지만 이 같은 연구는 매우 오랜 계획 하에 진행되어야 할 뿐 아니라 상대적으로 커다란 재정적 자원이 필요로 하기 때문에 특정 개념에 대한 독립된 설문조사가 힘든 우리 학계의 상황에서는 기존의 연구와 같은 개별 매개체를 분석하는 방법을 수행한 이후 이를 종합하는 전략이 필요하다.

9 한국의 경우에는 세대 공통의 정치, 사회 경험도 매우 중요한 맥락이다. 경험 분석이 필요하지만 외환위기, 민주화 같은 거시 정치경제의 변화 뿐 아니라 특정한 형태의 대학입시제도의 채택, 가족구성의 변화(핵가족화), 교육환경의 변화(전교조의 등장), 사회 내 이벤트(월드컵) 등도 미시적 측면에서 세대 간의 서로 다른 기억을 구성하고 서로 다른 맥락을 형성하는 것으로 가정할 수 있다.

3. 정치사회화의 영향력

(1) 정치사회화의 차이와 정치적 결과

정치사회화 연구의 목적은 정치문화의 전수 과정 자체를 탐구하는 것 이외에도 사회화 과정이 시민의 정치행태에 어떤 영향을 미치는가를 분석하는 것이다. 세대정치의 등장 속에서 정치사회화의 개념이 필요한 까닭은 특정 세대가 집단 안에서 공유하거나 집단 밖과 비교하여 전유하는 "어떤 것"이 그들의 정치적 행태에 변화를 가져오기 때문이다. 세대정치에 대한 정치사회화를 통한 접근은 그 "어떤 것"이 사회화의 경로를 통해 만들어질 수도 있다는 가정에서 시작한다. 대표적인 것은 정치사회화의 매개체 가운데 가정 특히 부모의 영향력이다. 그들은 어떤 부모를 가졌고 어떤 사회화를 경험했는가?

최근 우리의 젊은 세대(20대 초반의 대학생)는 이른바 386(486)세대의 자녀들로 주목받고 있다. 386세대는 여러 연구에서 '민주화 세대'로 지칭되는 세대로 이들의 정치적 가치는 이전 세대와 다른 차원에 있으며 그 가치관이 민주화를 이끈 원동력 중 하나였다고 가정할 수 있다. 따라서 이들 386세대의 자녀들도 그들의 부모와 자신의 세대 사이에 놓인 다른 세대들과 다른 정치사회화의 과정을 거쳤을 가능성이 있다. 2012년 현재 대학생들은 대개 1986년에서 1994년 사이 출생자들로 이들 중 일부는 386세대를 부모로 두었다. 이들은 민주주의와 권위주의를 경험적으로 비교하기에는 불가능한 연령대이며 외환위기 전후의 삶을 비교하기에는 당시에 너무 어렸다. 이들이 갖는 보다 중요한 집단적 사회경험은 2002년 월드컵, 효순·미선 촛불시위, 2003년 대통령탄핵 반대 시위, 2008년 광우병 관련 시위 등으로 비조직적, 자발적 광장의 경험이다. 다른 세대들보다는 일련의 사회적 사건에 비교적 일찍 노출되고 참여하는 경험을 가졌다. 이런 세대적 경험은 이들의 부모 세대가 민주화를 이끈 매우 정치적 세대였다는 사실과 연관되어 언론의 관심을 끌기도 했다.

그 같은 저널리즘식의 논의가 예단하는 것과 같은 단순한 사회화 효과가 있는지는 결론 내리기 어렵다. 예를 들면, 386세대의 첫 자녀들이 이제 막 대학에 들어왔을 뿐이고, 이들의 부모 세대의 대학진학률은 80%를 넘는 지금과 비교해서 현저하게 낮다.[10] 다시 말해 현재 젊은 세대의 부모 세대가 명명 자체에 대학경험을 가정하는 386세대의 특징을 가졌다고 단정하기는 어렵다. 따라서 세대의 외부 특징 뿐 아니라 이들이 경험한 사회화의 내용에 초점을 맞추는 작업이 필요하다. 그러나 부모로 대표되는 가정에서의 정치사회화의 내용이 어떠한지는 참여관찰을 하지 않는 한 정교한 분석을 수행하기가 어렵다. 따라서 우선 정치에 대한 가족 내의 대화, 평가 등을 간접적으로 측정해 보는 방법에서 출발해야 할 것이다. 또한 부모와 자녀 세대가 이념, 정당 지지, 가치 등에 대해서 어떻게 다르며 어떤 영향을 받고 있는지를 분석하는 게 정치사회화의 일면을 파악하는데 도움이 될 것이다.

10 1980년 대학진학률은 18.5%였으며 1980년대 말에 되어서야 30%에 도달했다.

〈그림 8-1〉 정치사회화의 영향력

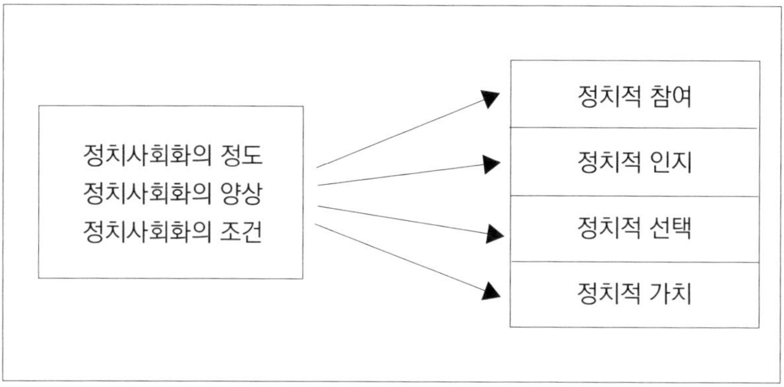

이런 정치사회화의 과정은 과연 자녀들의 정치적 행태에 어떤 변화를 가져오는가? 정치사회화의 영향력에 대한 일반적 모형은 〈그림 8-1〉과 같이 볼 수 있을 것이다. 가정에서의 정치사회화는 (다른 변인들과 함께) 크게 개인의 정치적 참여, 정치적 인지의 수준, 정치적 선택 그리고 정치적 가치/이념 등에 영향을 준다. 정치사회화는 여러 측면에서 측정될 수 있겠지만 사회화 과정의 정도(강도), 사회화의 방향, 그리고 사회화의 여러 조건 등이 함께 존재하며 진행될 것이다. 예를 들면 가정에서의 비춰지는 정치는 매우 긍정적이거나 혹은 반대로 극단적으로 부정적일 수도 있다. 또 만족할만한 가정 경제 상황인가 아닌가도 영향을 미칠 수 있으며 부모의 이념성향도 정치사회화 과정에 투용될 수 있다. 따라서 정치사회화가 일어나는 조건, 내용, 강도 등이 함께 분석 될 때 세대정치를 구성하는 정치사회화의 동학을 좀 더 체계적으로 이해할 수 있을 것이다.

(2) 연구 퍼즐(가설)

정치 행태에 대한 연구, 특히 투표행위를 다룬 연구들이 상정하는 주요한 종속변수는 투표 참여와 투표선택이다. 쉽게 말해 투표를 했는지 안했는지 여부와 어떤 후보(정당)에게 투표를 했는가 하는 두 가지 질문에 초점을 맞춘다. 이 연구에서는 정치적 선택의 설문조사에 대한 시기적 제한 때문에 정치적 참여 즉 투표 참여 여부에만 초점을 맞춰서 인과관계를 살펴보기로 하겠다. 아래는 정치사회화와 투표 참여에 대한 가설이다.

(H1) 정치사회화 과정이 활발할수록 투표에 참여한다.

(H2) 정치사회화의 내용이 정치에 대해 긍정적일수록 투표에 참여한다.

(H3) 정치사회화의 내용이 정치에 대해 부정적일수록 투표에 불참한다.

세 가설 내의 논리적 관계는 매우 간단하다. 첫 번째 가설은 정치사회화의 과정이 활발할수록 투표할 확률이 더 높다는 것이다. 즉 정치사회화의 기능이 활발하다는 것은 정치적 정보와 의사소통이 활발하고 이는 정치적 관심과 연결되며 투표 참여에 긍정적인 영향을 미칠 것으로 기대될 수 있다. 여기서 던져지는 문제는 그렇다면 "어떤 종류의 정치사회화인가"이다. 정치사회화가 "정치" 혹은 "민주주의" 전반에 대해 긍정적인 내용이라면 투표 참여가 활발할 것이고 그렇지 않다면 투표 참여를 저해하거나 혹은 부진할 것이라는 가설이 가능하다. 두 번째와 세 번째 가설이 이에 해당한다. 이 가설을 통계분석을 통해 검증하기 위한 조작정의는 아래 절에서 제시한다.

이어 다음 장에서는 이런 정치사회화의 영향력에 대한 주요한 가설을 검증하는데 그 이전에 본 연구는 정치사회화의 여러 양상을 설명하고 이에 결부된 몇 가지 질문을 더 던질 것이다. 즉 정치사회화의 배경인 가정의 사회경제적 여건, 또 지역적 여건, 부모와 자녀의 견해 차이 등이 어떻게 나타나 있으며 이들은 정치사회화를 구성하는데 어떤 역할을 하는지 검토할 것이다. 이는 정치사회화의 여러 맥락을 이해하는데 도움이 될 것이다.

(3) 설문조사 데이터와 변수 설계

이 연구는 선거연수원 지원으로 시행한 "바른정치참여와 시민육성을 위한 정치교육의 역할 연구: 대학생 및 전문가 설문조사"를 통해 구축한 데이터를 주요 자료로 사용하였다. 이 조사는 19대 총선 이후인 2012년 7월 30일에서 8일 3일에 진행되었으며 전국 4개 권역의 대학생 407명에 대한 구조화된 면대면 설문조사이다.

서울특별시(고려대, 단국대, 성균관대), 경남·부산광역시·울산광역시(인제대, 동의대, 울산대), 경북·대구광역시(경북대), 전남·광주광역시(조선대) 등에서 시행되었으며 남학생이 56.0%, 여학생이 44.0%이다. 지역

〈표 8-1〉 조사대상의 지역/학년 분포

	광주-전남	부산-경남	대구-경북	서울	총합
1학년	26명 (25.2%)	27명 (26.2%)	30명 (29.1%)	20명 (19.4%)	103명 (100%)
2학년	26명 (27.7%)	22명 (23.4%)	24명 (25.5%)	22명 (23.4%)	94명 (100%)
3학년	19명 (20.2%)	25명 (26.6%)	22명 (23.4%)	28명 (29.8%)	94명 (100%)
4학년	29명 (25.0%)	32명 (27.6%)	24명 (20.7%)	31명 (26.7%)	116명 (100%)
총합	100명 (24.6%)	106명 (26.0%)	100명 (24.6%)	101명 (24.8%)	407명 (100%)

과 학년 분포는 〈표 8-1〉과 같다. 이 조사는 여론조사 사례수가 통상적으로 보아 대규모 조사는 아니며 또한 무작위추출에 의한 전국조사는 아니지만 전화조사가 아니라 1대1 조사이기 때문에 응답률이 매우 높고 무엇보다 대학생들만을 대상으로 한 선거행태 조사로는 매우 드문 것으로 한국에서 정치사회화 연구의 문을 다시 여는 데는 충분하다고 판단된다.

이 조사는 정치사회화, 그 중에서도 부모의 역할에 대한 분석을 시도할 수 있는 몇 가지 설문 항목을 포함하고 있다. 부모 이외의 보호자와 가족을 이룬다는 응답은 2%에 불과했으며 이들의 보호자는 성별에 따라 아버지와 어머니에 포함시켰다. 정치사회화를 측정하는 질문은 가족 내에서의 정치적 대화의 빈도, 대학 진학 이후 부모와 정치적 견해 차이의 변화, 정치적 성향이나 투표에 영향을 미친 사회화의 매개체(가정, 학교, 언론), 정당/후보 선택에 대한 부모의 권유 등을 묻는 질문들을 포함하고 있다. 또 부모와 응답자의 이념적 차이에 관한 질문과 구체적인 정책적 가치 선호에 관한 질문들을 포함하고 있다. 부모에 대한 설문 응답은 부모를 직접 인터뷰 하지 않고 응답자인 대학생들이 "인지하는"대로 응답하게끔 했다. 위에서 논의했듯이 정치사회화 연구의 확장을 위해서는 주변 인물과 환경에 대한 직접 조사 등 한 응답자에 대한 복합적인 조사가 필요하지만 조사 여건 상 불가능하였다. 그럼에도 이 조사가 의미 있는 이유는 부모에 의한 정치사회화의 경우 실제 객관적인 사실보다는 응답자가 인지하고 있는 인지적 사실이 보다 중요하기 때문이다. 예를 들면 부모의 실제 정치적 이념 지수와 자녀가 인지하는 부모의 이념 지수가 다를 수 있어도 자녀의 인지 정보 자체도 정치사회화를 분석하는데 있어 상당히 풍부한 정보를 제공해 줄 것이라고 판단한다.

실제 경험 분석에서 가장 중요한 변수의 성립은 "정치사회화"를 정량화하는 것이다. 본 연구에서는 몇 가지 사안에 대한 부모의 언급여부를 조사하여 정치사회화의 강도를 측정하고 그 언급을 정치에 대한 "긍정"과 "부정"으로 나누어 정치사회화와 다른 정치적 결과의 인과관계를 분석하는데 사용한다. 부모의 정치적 발언의 목록은 다음과 같다.

(1) 집회/시위 등 부모의 과거 정치참여 경험(긍정)

(2) 투표하라는 권유(긍정)

(3) 특정 정치인인 혹은 정당에 대한 호감과지지(긍정)

(4) 학생 혹은 노동자들의 집회/시위 같은 집단행동에 대한 비판(부정)

(5) 정치인은 모두 부패했거나 싸움만 일삼는다는 언급(부정)

(6) 대통령이나 집권당이 바뀌어도 별 차이가 없다는 언급(부정)

본 연구에서는 정치사회화 변수를 가설에 따라 3가지로 나누었다. 첫 번째 〈정치사회화1〉은 정치사회화의 긍정과 부정에 상관없이 정치적 대화의 양으로 구성하였다. 즉 위의 여섯 가지 변수 이외에도 (7) 가정 내 정치적 대화의 빈도, (8) (19대 총선 시) 부모의 특정정당 지지권유 여부를 정치사회화 지수로 종합하였다. 앞 절에서 제시한 두 번째와 세 번째 가설을 위한 〈정치사회화2〉, 〈정치사회화 3〉 변수는 긍정·부정 여부를 판단하기 어려운 (7), (8)을 제외하고 위의 여섯 변수를 나누어서 각각 변수화했다. 투표 참여에 대한 정치사회화의 영향력을 알아보려는 가설 아래 종속변수가 이항변인(binary variable)이므로 본 연구는 첫 번째 가설의 경우 아래와 같이 로지스틱 회귀분석(logistic regression) 모형을 제시한다. 정치사회화의 주요 변수 이외에 일반적인 투표 참여 요인들을 포함하였다.

Logit(ρ: Y=투표 참여)=$\beta_0+\beta_1$*정치사회화n+β_2*정당지지자+β_3*이념강도+β_4*현정부평가+β_5*경제수준+β_6*아버지교육수준+β_7*어머니교육수준+β_8*성별+ε

〈정당지지자〉는 응답자들의 정당지지 여부를 묻는 것이다. 일반적으로 지지정당이 있는 사람들은 무당파보다 투표 참여율이 높은 것으로 알려져 있다. 〈이념강도〉는 다음 단락에서 설명하는 이념성향과는 다른 것이다. 이념성향은 좌우/진보–보수의 분포를 의미하는데 비해서 이념 강도는 좌/우에 가까운지 아니면 중도에 가까운지를 살피는 것으로 극좌나 극우는 같은 값을 가진다. 강한 이념 성향을 가진 사람들이 더 투표장에 갈 것으로 예상한다. 〈현정부평가〉는 투표행태의 회고적(retrospective) 판단을 의미하는 것이다. 즉 현 정부에 불만족할수록 불만을 표출하고 징벌하기 위해서 투표권을 행사할 것으로 기대된다. 〈경제수준〉은 응답자의 가정경제 수준을 의미하지만 직접적인 수익금이 아니라 응답자가 인지하는 계층을 측정하였다. 다음은 부모의 교육 수준이다. 일반적으로 개인의 교육 수준이 높으면 투표율이 높다고 알려져 있으며 부모의 교육 수준도 간접적으로 영향을 미친다는 연구도 있다.

4. 정치사회화 분석

(1) 정치사회화의 배경

정치사회화의 내용을 추적하기 위해 조사 대상 학생들과 그들의 부모에 대한 배경부터 살펴볼 필요가 있다. 〈표 8–2〉는 조사 대상 학생들 가정의 사회경제적 배경이다. 즉 정치사회화의 매개체로서 가정(부모)의

〈표 8-2〉 가정의 사회경제적 배경

연령				
	아버지		어머니	
	빈도(명)	비율	빈도(명)	비율
45세 이하	3	0.78%	38	9.45%
46-49세	53	13.73%	131	32.59%
50-55세	236	61.14%	190	47.26%
56-59세	81	20.98%	36	8.96%
60세 이상	13	3.37%	7	1.74%
합계	386	100.00%	402	100.00%
부모 교육수준				
	아버지		어머니	
초졸이하	0	0.00%	5	1.25%
초졸	5	1.30%	6	1.50%
중졸	16	4.16%	24	6.00%
고졸	150	38.96%	216	54.00%
대졸이상	214	55.58%	149	37.25%
합계	385	100.00%	400	100.00%
경제수준				
~5%	6		1.47%	
6%~30%	57		14.00%	
31%~50%	143		35.14%	
51%~70%	141		34.64%	
71%~95%	54		13.27%	
96%~100%	6		1.47%	
합계	407		100.00%	

역할이 만들어지는 환경을 검토한 것이다. 부모의 연령을 살펴보면 부모 모두 50-55세 이상이 가장 높은 비율을 차지했다. 386세대를 1980년부터 대학에 입학한 사람이라 단순히 가정한다면 1960~1961년생부터로 2012년 현재 만 51~52세이다. 아버지의 비율을 보면 49세 이하가

14.5%이고 50~55세가 61.14%, 어머니의 비율은 49세 이하가 42.04%, 50~55세가 47.26%이다. 전반적으로 386에 속하는 연령대가 아직 절대 다수는 아니지만 과반에 육박하는 숫자임을 알 수 있다.

부모의 교육수준을 보면 아버지의 경우 대졸이상이 55.58%이며 어머니의 경우 37.25%이다. 전체적으로는 46.24%이다. 당시의 대학 진학률을 고려할 때 조사대상 부모의 대학 교육 수준은 모집단보다 높다. 부모의 교육 수준은 정치사회화에 일정한 영향이 있다고 분석되어 왔다. 그러나 버바 등에 의하면 부모의 교육 수준이 높을수록 자녀의 정치 참여가 높아지는데, 가정에서의 정치적 환경뿐 아니라 자녀의 교육 수준을 높이기 때문으로 나타났다(Verba, Schlozman, and Burns 2005). 이런 분포를 고려할 때 전체적으로 부모 세대를 386세대라는 학력 중심적 명칭으로 호칭하기는 어렵다. 연령대로도 절대 다수는 아니며 교육 수준으로도 과반수가 되지 못한다. 따라서 현재의 대학생 세대를 "386의 자녀들" 세대라고 쉽게 지칭하기에는 어렵다. 그러나 조사 대상의 부모세대는 그 일부가 고도성장 속에서 성장해서 민주주의의 승리를 이끈 주역이었으며 그 386의 자녀들이 대학 문에 들어서기 시작했다는 사실은 명확하다.

가정의 경제 수준에 대해 살펴보자. 경제 수준은 높은 교육 수준과 일정한 상관관계가 있는 것으로 알려져 있으며 정치참여를 높이는 중요한 변수로 간주되어 왔다. 조사대상자가 학생들이기 때문에 본인의 소득을 조사하는 것은 의미가 없고 대부분의 경우 가정 소득에 대해서 정확히 알지 못할 것으로 판단했다. 따라서 이 설문문항은 피조사자들

〈표 8-3〉 부모와 자녀의 정당지지 일치도

	전체 응답자			정당 지지자		
	일치	불일치	합계	일치	불일치	합계
부(父)	205 (51.6%)	192 (48.4%)	397 (100.0%)	152 (72.4%)	58 (27.6%)	210 (100%)
모(母)	210 (52.1%)	193 (47.9%)	403 (100.0%)	141 (70.1%)	60 (29.9%)	201 (100%)
부모 (父母)	73 (17.9%)	324 (79.6%)	397 (100.0%)	65 (35.5%)	118 (64.5%)	183 (100%)

이 자신의 가정 경제의 수준이 사회 전체에서 어떤 비율군에 있다고 인식하는지를 조사하였다. 상위 31%–50% 수준으로 인식하는 학생이 35.14%로 가장 많았으며 전체의 50.61%가 상위 50%에 들어간다고 답변하였다. 비교적 정확하게 측정되었으나 소득의 절대량을 측정한 것이 아니고 단순히 순위의 비율을 측정한 것이기 때문에 소득수준의 객관적 영향력을 알기에는 일정한 한계가 있다.

〈표 8–3〉은 부모와 조사대상 학생들의 정당 지지에 관한 교차 분석이다. 부모의 정당 지지여부는 실제 정당 지지가 아니라 학생들이 "인식"하고 있는 부모의 정당 지지이다. 따라서 정확한 정당지지 정도를 제공하는 것은 아니지만 정치사회화라는 측면에서 보면 사회화의 수용자인 자녀의 인지가 오히려 더 중요한 정보라고 할 수 있다. 선거법상 실제 지지정당은 밝히지 않았고 일치/불일치 여부만 관측했다. 〔전체 응답자〕를 대상으로 한 비교에는 지지정당이 없는 응답자도 포함되었다. 즉, 지지 정당이 없는 부모의 영향력에 따라 자녀도 지지 정당이 없

을 수 있기 때문에 포함했다. 어느 부모와 자녀 중 어느 한 쪽이라도 지지 정당이 없는 경우를 제외한 [정당 지지자] 역시 선별하여 일치/불일치 여부를 살펴보았다.

전체 응답자를 중심으로 보았을 때 아버지와 일치하는 응답자는 51.6%, 어머니와 일치하는 응답자는 52.1%였다. 부모와 자녀가 모두 동일한 정당지지 혹은 동일하게 지지 정당이 없는 경우는 17.9%였다. 한편 정당 지지자 그룹을 대상으로 했을 때 아버지와 일치하는 경우는 72.4%, 어머니와 일치하는 경우는 70.1%였다. 그러나 가족 구성원 셋이 모두 일치하는 경우는 35.5%에 그쳤다. 전체 응답자에서는 절반 이상이, 정당 지지자 집단에서는 70% 이상이 부모 중 한 명과 동일한 정당을 지지하고 있는 것을 보여준다. 흥미로운 것은 두 부모와 자녀 모두의 정당 지지가 일치하는 경우는 정당 지지자 집단의 경우에도 1/3 수준이라는 점이다. 부모가 서로 다른 정당을 지지하는 경우도 상당하는 의미이다.

개별 정당에 대한 지지의 일치 정도를 보았을 때, 1) 전체 응답자의 경우 아버지(pearson χ^2=127.877 p=0.000) 그리고 어머니(pearson χ^2=147.422 p=0.000) 각각과의 일치 여부가 통계적으로 유의미하였다. 마찬가지로 교차분석의 과소 사례 경우를 삭제하기 위해 2) 새누리당과 민주당 등 두 주요 정당 지지자들만 포함한 경우에도 아버지(pearson χ^2=64.027 p=0.000) 그리고 어머니(pearson χ^2=53.510 p=0.000)와의 일치 여부가 통계적인 유의미하였다. 정당 지지에 문제가 있어 부모와 자녀들 간의 상관관계가 존재한다고 하겠다.

〈그림 8-2〉 부모-자녀의 이데올로기적 분포

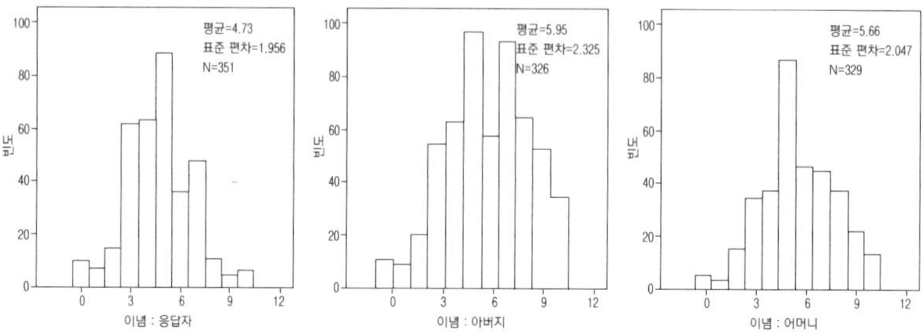

〈표 8-4〉 부모와 자녀의 이데올로기 평균 비교

	t 값(표준편차)	*Pearson* 상관계수	n
아버지-자녀	8.577(2.292)***	0.446***	308
어머니-자녀	7.705(1.977)***	0.519***	312
아버지-어머니	3.035(1.511)***	0.770***	312
아버지/어머니-자녀	8.483(2.007)***	0.512***	296

* $p \leq 0.05$ ** $p \leq 0.01$ *** $p \leq 0.001$

〈그림 8-2〉는 이념성향의 분포도이다. 이념 성향은 0-10까지 11점 척도로 조사한 결과 응답자들의 평균은 4.73이었다(0은 진보, 10은 보수). 반면 아버지의 이념 성향은 5.95. 어머니의 성향은 5.68이었다. 예상했듯이 자녀들이 부모보다 상대적으로 진보적이었으며 어머니가 아버지보다 상대적으로 진보적으로 나타났다. 〈표 8-4〉에서 보듯이 자녀-아버지/자녀-어머니/아버지-어머니/자녀-아버지/어머니(평균) 집단의 이념 평균을 비교할 때 이데올로기 평균값의 차이는 각각 통계적 유의도가 높았다. 즉 아버지, 어머니, 자녀는 각기 다른 이념적 성향을 보인다는 사실이다. 그러나 *Perason* 상관계수를 살펴보면 부모와 자녀 사이

에는 이념적으로 일정한 상관관계가 있다는 사실을 알 수 있다. 아버지에 비해 어머니가 어머니에 비해 자녀가 더 진보적이지만 아버지가 보수적일수록 자녀도 절대치는 작지만 더 보수적이며 어머니의 영향력은 더 크게 나타난다. 아버지와 어머니 부부 사이에도 상당한 상관관계가 나타났다.

(2) 정치사회화의 양상

가정 내에서의 정치사회화의 가장 중요한 도구는 "대화"이며 '정치에 관한' 대화이다. 그것은 정치사회화의 가장 직접적인 도구이다. 그러나 그 대화가 반드시 부모와 자녀 간의 직접적인 대화만을 의미하는 것은 아니다. 부모가 TV나 신문을 보며 평가하는 정치적 발언, 부모와 타인의 대화 등에도 간접적으로 영향을 받는다.

〈그림 8-3〉은 가정 내에서 정치적 대화의 빈도를 묻는 질문에 대한 답변이다. 매우 자주 한다는 응답이 5.20%, 가끔씩 하는 편이다가 45.79%로 나타나 절반 이상의 가정에서 정치적 대화가 어느 정도는 진행되고 있는 것으로 보인다. 그러나 22.77%는 정치적 대화를 거의 하지 않는 것으로 나타났다. 정치적 대화 중에서 가장 노골적인 것은 선거 때 정당이나 후보 선택을 권유하는 것이다

〈그림 8-4〉에 의하면 부모로부터 19대 국회의원 선거 당시 특정 후보나 정당에 대한 투표 권유를 받은 경험이 49.5%이다. 절반 정도의 학생들이 부모로부터 지지 권유를 받은 것이다. 이 항목에서 흥미로운 것

〈그림 8-3〉 가정 내 정치적 대화의 빈도

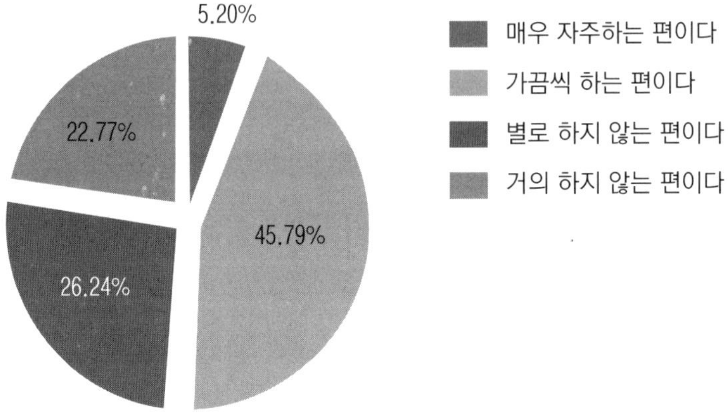

〈그림 8-4〉 부모의 지지 권유 경험

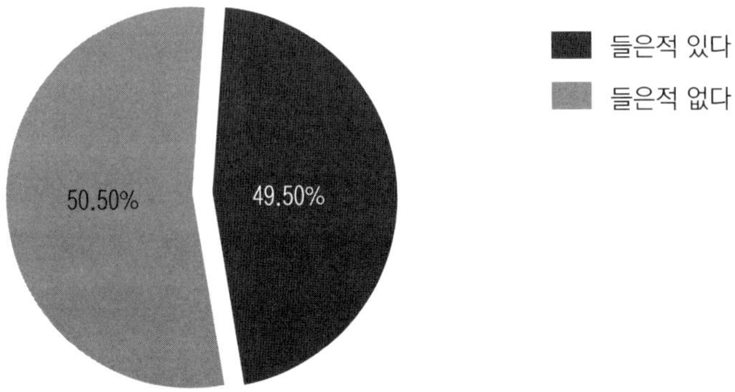

은 지역적인 차이다. 호남의 경우에는 59%, 경남의 경우에는 58%, 서울의 경우에는 51%가 부모로부터 투표 선택에 대한 권유를 받은 적이 없다고 응답한데 비해 경북의 경우에는 이 수치가 36% 밖에 되지 않는다. 즉 64%의 학생들이 투표 선택에 대한 부모의 의견을 들었던 경험이 있다.

〈표 8-5〉 대학 입학 후 부모와 정치적 견해 차이 변화

	빈도	전체	응답
차이가 매우 줄었다	6	1.5%	2.0%
차이가 조금 줄었다	33	8.1%	11.0%
거의 변화 없다	194	47.7%	64.7%
차이가 조금 커졌다	52	12.8%	17.35
차이가 매우 커졌다	15	3.7%	5.0%
잘 모르겠다.	107	26.3%	100.0%
합계	407	100.0%	

그렇다면 성년이 되고 투표권을 획득한 이후의 대학생들에게 부모와의 정치적 견해 차이는 어떤 식으로 변화 되었을까? 〈표 8-5〉는 이에 대한 질문이다. 47.7%가 부모와의 정치적 견해 차이에 거의 변화가 없다고 답변했다. 차이가 커졌다는 응답은 16.5%, 차이가 줄었다는 응답은 9.6%에 불과했다. 물론 이 설문 문항으로는 부모의 변화가 있었는지 자녀의 변화가 있었는지는 알 수 없지만 기성세대의 정치적 견해가 쉽게 바뀌지 않는다는 점을 고려할 때, 자녀의 변화로 이해하는 것이 더 적절할 것이다. 그렇다면 부모와의 차이가 커졌다는 응답이 줄었다는 응답에 비해서 많다는 것은 부모의 영향력에서 벗어난 사례가 많다는 의미로 읽힐 수 있다. 그러나 여기서 더 흥미로운 사실은 변화가 없다는 사례가 절반을 차지했을 뿐 아니라 잘 모르겠다는 응답이 26.3%나 된다는 사실이다. 즉 차이의 변화가 있는지 없는지에 대한 평가조차 명확하지 않다면 정치에 대한 의사소통이 제대로 이루어지고 있지 않다는 것을 의미한다. 앞의 〈그림 8-3〉과 연관해서 보면 부모와의 차이가

〈그림 8-5〉 정치사회화 매개체의 영향력

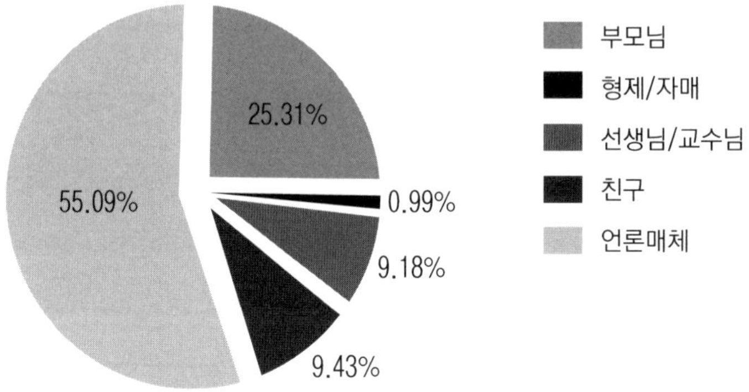

있는지 없는지 모르겠다는 응답자의 71.15%가 가정 내에서 정치적 대화를 거의 하지 않거나 별로 하지 않는 집단에 포함되었다. 모르겠다고 답한 응답자를 제외하고 정치적 대화와 정치견해 차의 변화를 상관관계를 보면 통계적으로 유의미한 상관관계가 나타났다(*Pearson* coefficient=0.325 $p \leq 0.01$). 즉 정치적 대화를 안 할수록 정치적 견해 차이가 커지는 것으로 나타났다.

〈그림 8-5〉는 정치사회화의 매개체(agents)에 대한 응답자의 평가이다. 투표나 정치적 성향에 가장 영향을 많이 미친 대상을 묻는 질문에 응답자의 55.09%는 언론매체를 꼽았다. 일반적으로 사회화 연구들이 가정의 영향력이 강하다고 보는데 비해 응답자들은 언론매체를 가장 영향력이 크다고 보았다. 물론 객관적 인과관계를 밝히기 위해서는 보다 추가적인 연구를 필요로 한다. 부모와 형제자매를 포함한 가정의 영향력은 26.3%였다. 동료집단을 대표하는 친구는 9.43%이며 학교를 대표하는 선생님/교수님은 9.18%였다.

(3) 정치사회화와 정치참여

정치사회화는 다양한 방식으로 측정이 가능하며 정확한 분석을 위해서는 아주 오랫동안의 참여관찰이나 설문조사를 통한 패널 데이터의 구축이 필요하다. 현재 한국의 정치사회화를 장기간 동안 분석할 수 있는 패널 데이터는 존재하지 않는다. 이 연구가 사용한 설문 데이터에도 정치사회화만을 조사한 것이 아니라 이에 대한 설문 문항이 충분히 포함되어 있지는 않다. 하지만 정치사회화의 매개체 가운데 가정(부모)의 영향력 그 중에서도 가정 내에서 정치적 주제의 발언에 대한 간단한 이항변인의 질문들을 합산하여 정치사회화의 지표를 구축할 수 있었다.

투표 참여는 가장 대표적인 정치행태의 연구 주제 중 하나이다. 정치사회화가 활발하게 일어난 경우 개인의 투표 참여 가능성은 올라갈 것으로 예상하였다. 〈표 8-6〉에서 종속변수는 지난 19대 총선에서 투표했는지의 여부이다. 조사된 사례 집단의 투표율은 51.4%이다. 실제 19대 총선의 투표율은 53.4%이다. 20대의 투표율이 20대 전반의 경우에는 실제 45.4%, 20대 후반의 경우에는 37.9%로 낮았다는 점을 고려하면 이번 설문조사에서도 약간의 과대 응답비율은 발견된다. 그러나 일반적으로 설문조사의 투표율은 실제 투표율보다 20% 정도 높게 나오는 것을 보면 심각하게 과장된 수준은 아니며 오히려 실제를 매우 잘 반영한 것으로 보인다.

〈표 8-6〉에서 모형 I의 〈정치사회화1〉 변수는 총 여덟 개의 정치적 발언을 합산한 것이다. 앞에서 보여준 여섯 개의 질문에다 부모가 특정

〈표 8-6〉 정치사회화와 정치참여 Ⅰ

	Model 1			
변수	B	표준오차	Wald	Exp(B)
정치사회화1	0.232***	(0.069)	11.230	1.261
정당지지	0.483*	(0.264)	3.346	1.621
이념강도	0.051	(0.094)	0.289	1.052
현정부평가	0.387*	(0.177)	4.784	1.473
경제수준	0.223	(0.127)	3.067	1.250
부모교육	0.054	(0.217)	0.062	1.055
부모교육	0.008	(0.188)	0.002	1.008
성별	-0.082	(0.243)	0.113	0.922
상수	-3.145*	(1.440)	4.769	0.043
-2Log likelihood	398.500			
Chi-Sqaure	24.930**			
N	309			
$^{+}p\leq0.10$ $^{*}p\leq0.05$ $^{**}p\leq0.01$ $^{***}p\leq0.001$				

정당에 대한 지지를 권고한 경험, 그리고 가족 내에서의 정치적 대화의 수준을 포함하였다. 따라서 이 〈정치사회화1〉 변수는 정치사회화의 긍정적 혹은 부정적 내용이나 방향은 반영하지 않은 것이다.

분석 결과 〈정치사회화1〉 변수는 통계적으로 투표 참여에 유의미한 영향력이 있는 것으로 나타났다($p\leq0.001$). 이분형 로지스틱 회귀분석에서는 승산비인 Exp(B) 값으로 독립변위의 단위 증가 당 종속변수의 변화 가능성(odds)을 알 수 있다. 표에서 〈정치사회화1〉이 보여주는 Exp(B) 값 1.261은 정치사회화의 한 단위 강화될수록 투표에 참여할 가능성은 1.261배 늘어난다는 것이다. 다음으로 〈정당지지〉 여부는 대표적인 투표 참여의 설명 변수이다. 지지하는 정당이 있는 사람과 없는 사람이 투표에 참여할 가능성은 서로 다르다는 가정이 가능하다. 이 분석을 위해 가깝게 느끼는 정당에 대한 질문으로 정당지지를 변수화해서 정당지지가 있는 경우와 없는 경우(무당파)를 나누었다. 분석 결과 예상했듯이 정당지지가 있는 경우가 없는 경우에 비해 1.621배 투표할 가능성이 늘어났다. 반면에 또 다른 전통적인 변수인 〈이념강도〉의 효과는 통계적으로 유의미하지 않았다. 대개 좌나 우의 이념에 대해 강한 정체성을 나타날 때 투표할 확률이 높지만 젊은 유권자의 경우에는 영향력이 없는 것으로 나타났다.[11] 〈현정부평가〉는 회고적 투표를 설명할 때 대표적인 설명변수 가운데 하나인데, 분석결과 현정부의 성과를 나쁘게 평가할수록 투표에 참여할 가능성이 1.473배 늘어난다. 〔모형I〕에서 〈정당지지〉와 〈현정부평가〉의 통계적 유의확률은 〈정치사회화1〉 변수의 유의확률에 미치지 못했다. 일반적으로 교육수준과 경제적 환경도 투표 참여에 일정한 영향을 미친다고 알려졌지만 이번 조사에서는 통계적으로 검증되지 못했다. 아무래도 대학생들의 경우에는 경제활동에 따라 투표 참여의 기회여부가 가려지는 경우가 많지 않기 때문으로 추측된다. 부모의 교육환경도 영향을 미치지 못했다.

11 표에는 나와 있지 않지만 좌우 이념지표만 포함한 모형에서도 통계적으로 의미 있는 관계는 없었다.

〈표 8-7〉 정치사회화와 정치참여 II

변수명	Model 2 B	Model 2 표준오차	Model 2 Wald	Model 2 Exp(B)	Model 3 B	Model 3 표준오차	Model 3 Wald	Model 3 Exp(B)
정치사회화2	0.475***	(0.146)	10.532	1.608				
정치사회화3					0.247*	(0.122)	4.094	1.280
정당지지	0.496+	(0.264)	3.531	1.642	0.518*	(0.261)	3.935	1.679
이념강도	0.050	(0.094)	0.286	1.052	0.065	(0.093)	0.478	1.067
현정부평가	0.476**	(0.179)	7.089	1.610	0.357*	(0.176)	4.116	1.429
경제수준	0.219+	(0.127)	3.004	1.245	0.211+	(0.125)	2.845	1.234
부모교육	0.054	(0.216)	0.062	1.055	0.028	(0.214)	0.017	1.029
부모교육	0.014	(0.187)	0.006	1.014	0.042	(0.186)	0.052	1.043
성별	−0.087	(0.243)	0.129	0.917	−0.036	(0.239)	0.023	0.965
상수	−3.286+	(1.445)	5.175	0.037	−2.623	(1.405)	3.484	0.073
−2Log likelihood	399.306				406.115			
Chi-Sqaure	24.123**				17.315*			
N	309				309			

+$p \leq 0.10$ * $p \leq 0.05$ ** $p \leq 0.01$ ***$p \leq 0.001$

〈표 8-7〉은 같은 분석 모형 가운데 〈정치사회화〉에 관련된 변수만 일부 변경한 모형이다. [모형 II]의 경우는 지수화된 부모의 발언이 '정치'와 '민주주의'에 대해서 긍정적인 경우이며, [모형 III]의 경우에는 부정적인 경우이다. 표를 보면 이들 경우도 [모형 I]과 유사한 결과가 나왔다는 사실을 알게 된다. 주목할 만한 것은 긍정적인 정치사회화가 부정적인 정치사회화보다 투표 참여의 가능성을 높인다는 점이다(Exp(B) 1.608/1.280). 정당지지 여부와 현정부 평가도 일정한 영향력이 있는

것으로 나타났다.

〔모형 I〕과 〔모형 II〕의 결과는 위에서 제시한 가설 (H1)과 (H2)를 채택하게끔 하는 결과이다. 그러나 〔모형 III〕의 결과는 앞에서 제시한 가설 (H3)에서 예측하지 못한 결과이다. 이 사실은 이 연구에서 가장 흥미롭고 중요한 발견인데 정치에 대한 부정적인 발언에 노출되어도 그것이 정치에 관한 것인 한, 정치사회화의 효과는 투표 참여로 이어진다는 것이다. 이 논문에서 분석 결과로 보여주지는 않았지만 〈정치사회화2〉와 〈정치사회화3〉을 각기 양과 음으로 치환하여 영향력을 서로 상쇄시키며 지표화한 〈정치사회화4〉의 변수는 투표 참여율과 유의미한 상관관계를 보여주지 못했다. 즉, 긍정적 정치사회화의 내용과 부정적 정치사회화의 내용이 투표 참여에 대해 서로 상쇄효과를 가져 오는 것이 아니라 정치적 발언과 내용 그 자체가 정치참여(투표)에 영향을 미쳤다. 다시 말하면 어떤 이야기이든 정치에 대해 언급하고 소통하는 것이 전혀 없는 상황에 비해서는 투표 참여와 긍정적인 관계를 보여준다는 점이다. 어떤 형태든 정치사회화가 존재하는 것이 존재하지 않는 것보다는 민주주의에 도움이 된다는 결론이 가능하다. 물론 〈모형 II〉와 〈모형 III〉을 통해 살펴보았듯이 긍정적인 사회화가 부정적 사회화보다는 참여의 가능성을 높인다는 점은 지적할 수 있다.

마지막으로 세 모형 모두 모형 자체의 설명범위는 크지 않았다. 카이제곱 검정도 모두 유의미했으나 Nagelkerke R^2의 값은 비교적 작았다 (0.104, 0.101, 0.073). 그러나 투표 참여를 결정하는 수많은 요인들 중에 정치사회화의 요인 중 가정에서 부모의 정치에 대한 언급 내용이 다른 전통적인 투표 참여 요인을 통제한 가운데서도 일정하게 영향력을 가졌다는 사실을 보여주었다는데 의미가 있다.

5. 결론

세대 차이가 새로운 정치적 균열축이 될 것인가는 앞으로 조금 시간이 지나야 판가름이 날 것이다. 그러나 세대라는 개념 자체가 시간적 개념이기 때문에 연령효과에 따라 독자적인 성격은 희석될 가능성이 있다. 세대정치(generation politics)의 모습은 만약 그것이 특이한 형태로 존재한다면 이념균열과 같은 다른 정치적 균열 축과 함께 작동할 가능성이 높다. 물론 이 균열들이 서로 대체할 정도로 상관관계를 보여주지는 않을 것이다. 이런 측면에서 정치문화, 정치행위에 있어서의 세대정치의 맥락은 현존하는 세대를 출생년도나 연구 당시의 연령 등으로 구분해서 차이를 보여주는 것으로는 충분히 설명하기 어렵다. 또한 각각의 세대가 차이를 보이는 것이 이전 세대의 영향력이 이후 세대에게 미치지 않기 때문이라고 단정하기도 어렵다. 따라서 세대정치를 명확히 이해하기 위해서는 세대와 세대 사이에서 일어나는 정치사회화의 과정을 분석할 필요가 있다.

본 연구는 정치사회화의 여러 매개체 중에서 전통적으로 가장 중요하다고 평가를 받아온 가정, 특히 부모의 영향력에 초점을 두었다. 400여 명의 대학생을 설문조사 하여 그들의 가정환경 속에서 부모와 자녀들의 정치적 차이에 대해서 살펴보았으며 부모의 정치사회화가 자녀들의 정치행위에 어떤 영향을 주었는지도 분석해 보았다. 분석 결과에 의하면 젊은 대학생들은 부모 세대보다 이념적으로 진보적이지만 부모의 이념에 영향을 받고 있으며, 정당 지지도 일정한 영향력 하에 있는 것으로 나타났다. 가장 주요한 발견은 가정에서 정치사회화는 그 내용이 정치와 민주주의에 대해서 부정적이든 긍정적이든, 활발하게 일어날수록 정치참여를 높인다는 점이다.

가정 내에서의 정치사회화는 어느 한 쪽으로 일방적으로 진행되지 않는 것으로 추측된다. 즉 정치사회화의 내용은 흔히 긍정적인 내용과 부정적인 내용이 섞여 있으며 이런 사회화가 강화되면 수용자에게 정치에 대한 일정한 관심을 불러일으킬 수 있다고 판단된다. 일반적으로 정치참여를 높이기 위한 정치교육의 문제가 직면하는 가장 큰 난제는 정치에 대한 "무관심"이며 두 번째는 정치에 대한 "혐오"이다. 위의 연구 결과는 잠정적이기는 하지만 혐오보다는 무관심이 더 큰 정치교육의 장애가 될 수 있다는 사실을 의미한다. 물론 정치 무관심과 정치 혐오가 개념적으로 어떻게 구분되며 현실 속에서 어떻게 작동하는가는 보다 심도 깊고 광범위한 연구가 필요할 것이다. 그러나 공적인 정치교육의 측면에서 우선 '정치' 그 자체에 대한 논의와 관심을 불러일으키는 것이 가장 중요하다는 점은 분명해 보인다. 다시 말해 정치에 대한 교육이 정치에 대한 비판에서 시작되는 것이 자연스러울 수 있다는 점이다. 마지막으로 이 연구의 한계를 몇 가지 밝히고자 한다. 이 연구는 여러 정치행태 중에서 정치참여, 그 중에서 투표 참여라는 한 가지 변수만을 대상으로 분석했다. 그러나 세대 정치의 맥락은 일반적인 정치행태의 다른 변수들, 즉 정치적 인지, 정치적 가치, 무엇보다 정당과 후보자에 대한 정치적 선택이 추가적으로 분석되어야 좀 더 분명하게 이해할 수 있을 것이다. 따라서 후속 연구에서는 사례 수의 증가 등 설문 자체의 한계를 뛰어넘어야 하는 과제와 더불어 더 다양한 종속변수들을 분석해야 하며, 독립변수에 있어서도 개인을 둘러싼 여러 환경들을 고려해야 할 것이다. 가능하면 설문조사가 한 개인이 아니라 개인의 가족이 동시에 진행하는, 우리 학계에서는 거의 이루어진 적이 없는 형태로 진행된다면 보다 정치사회화와 세대 정치를 이해하는데 큰 도움이 될 것이다.

참고문헌

가상준. 2007. "2007년대선과 이념." 『NGO연구』 5:2, 27-58.

강원택. 2002. "유권자의 정치이념과 제16대 총선: 지역균열의 중첩?" 『한국의 선거 IV: 제16대 국회의원선거를 중심으로』, 99-132. 서울: 한국사회과학데이터센터.

김욱. 2006. "16대 대선에서 세대, 이념, 그리고 가치의 영향력." 어수영 편. 『한국의 선거 V: 제16대 대통령 선거와 제17대 국회의원 선거』, 77-107. 서울: 오름,

김충남. 1982. 『政治社會化와 政治敎育』. 서울: 법문사.

안순철. 2002. "16대 총선의 이데올로기적 예측공간 분석." 진영재 편. 『한국의 선거IV: 제16대 국회의원 선거를 중심으로』, 59-97. 서울: 한국사회과학데이터센터.

어수영. 2006. "세대와 투표양태." 어수영 편. 『한국의 선거V: 제16대 대통령 선거와 제17대 국회의원 선거』. 서울: 오름.

이갑윤. 2008. "한국선거에서의 연령과 투표 참여." 『의정연구』 14:2, 93-115.

전용주, 차재권, 김은미. 2007. "정치사회화와 정치성향 형성에 관한 연구: 부산지역 대학생들을 대상으로 한 설문조사결과를 중심으로." 『한국정당학회보』 6:2, 97-132.

정진민. 2012. "한국 유권자들의 투표행태와 세대: 2010년 지방선거를 중심으로." 『한국정치연구』 21:2, 1-21.

조성대. 2008. "균열구조와 정당체계." 『현대정치연구』 1:1, 169-198.

최준영. 2008. "17대 대선과 지역균열." 『21세기 정치학회보』 18:3, 47-66.

최준영, 조진만 2005. "지역균열의 변화 가능성에 대한 경험적 고찰: 제17대 국회의원 선거에서 나타나는 이념과 세대균열의 효과를 중심으로." 『한

국정치학회보』 39:3, 375–394.

Almond, G. and S. Verba. 1963. *The Civic Culture: The Political Attitudes and Democracy in Five Nations.* Princeton: Princeton University Press.

Dawson, Richard, Kenneth Prewitt, and Karen Dawson. 1977. *Political Socialization*. Boston: Little, Brown and Company.

Easton, David and J. Dennis. 1969. *Children in Political System*. New York: McGraw Hill.

Gimpel, J. G., J. C. Lay, and J. E. Schuknecht. 2003. *Cultivating Democracy: Civic Environment and Political Socialization in America*. Washington DC: Brookings Institute.

Greenberg, Edwards. 1970. "The Political Socialization of Black Children." In G. Edwards, ed. *Political Socialization.* New Brunswick: Transaction publishers.

Hyman, Herbert. 1959. *Political Socialization*. New York: Free Press.

Inglehart, Ronald. 1977. *The Silent Revolution: Changing Values and Political Styles among Western Publics.* Princeton: Princeton University Press.

________________. 1990. *Culture Shift in Advanced Industrial Societies*. Princeton: Princeton University Press.

________________. 1997. *Modernization and Postmodernization: Cultural Economic, and Political Change in 43 Societies*. Princeton: Princeton University Press.

________________. 2003. *Human Values and Social Change: Findings from the Values Surveys.* Boston: Brill.

Jennings, M. Kent. "Political Socialization." In Russell Dalton and Hans-Dieter Klingemann, eds. *The Oxford Handbook of Political Behavior.* New

York: Oxford University Press.

Lipset, Seymour Martin and Stein Rokkan, eds, 1967 *Party Systems and Voter Alignments: Cross National Perspective.* New York: Free Press.

Mannheim, Karl. 1952. "The Problem of Generations." In Paul Kecskemeti, ed. *Essays on the Sociology of Knowledge.* New York: Oxford University Press.

Merriam, Charles. 1921. "The Present State of the Study of Politics." *American Political Science Review.* 15:2, 173–185.

Munck, Gerardo. 2007. "The Past and Present of Comparative Politics." In Gerardo Munck and Richard Snyder, eds. *Passion, Craft, and Method in Comparative Politics.* Baltimore: Johns Hopkins University Press.

Putnam, Robert. 1996. "The Strange Disappearance of Civic America." *The American Prospect* 7:24, 34–48.

Roskin, Micahel, Robert Cord, James Medeiros, and Walter Jones. 2012. *Political Science: An introduction.* 12th edition. Boston: Longman.

Verba. Sidney, K. L. Schlozman, and N. Burns 2005. "Family Ties: Understanding the Integenerational Transmission of Political Participation." In A. S. Zuckerman, ed. *The Social Logic of Politics.* Philadelphia: Temple University Press.

제9장 남태평양 정치질서의 안정성: 불리언 연산(Boolean Algorithms)을 통한 피지·사모아·바누아투·통아 4개국 교차사례연구*

김지희** · 김웅진***

1. 서론: 남태평양 정치질서의 이례성–"태평양 방식"

지금까지 국내·외를 불문하고 비교지역연구의 대상에서 거의 배제되어 온 남태평양 도서 국가들은 민주주의 정치기제가 원시적 공동체

---

* 2015년 12월 31일 발간된 『세계지역연구논총』(한국세계지역학회) 제33집 3호에 게재된 논문을 수정·보완한 것임.

** 비교민주주의연구센터, 제1저자.

*** 한국외국어대학교, 제2저자.

의식(primitive communalism)의 지형[1] 위에 형성된 토착패권질서 속으로 완벽하게 융해된 민주주의체제의 독특한 변이양상을 노정하고 있다.[2] 예컨대 "사모아식 민주주의(Samoan Democracy)"는 강력한 토착규범 파마타이(*fa'amatai*, 족장의 길)를 반영한 헌정질서에 따라 단지 족장(族長)에게만 총선 입후보권과 피선거권을 배타적으로 부여하고 있으며, 입헌군주국 통아(Tonga)[3] 역시 모든 정치기제가 패권에 대한 절대복종을 강조

---

1 남태평양 도서군(島嶼群)에 산재했던 원시적 정치사회는 약 3,500년 전 인도차이나 반도로부터 "남태평양의 대이동"에 따라 진입하기 시작한 멜라네시언(Melanesians)과 폴리네시언(Polynesians)들에 의해 형성되었으며, 18세기 초 유럽의 해양탐험가들에 의해 발견되기까지 외부세계로부터 단절된 상태에 놓여 있었다. 이러한 고립상태가 남태평양 특유의 원시적 공동체 의식을 형성했다고 볼 수 있다. 김웅진(2009), 25-34 참조.

2 오늘날 오스트레일리아와 뉴질랜드를 제외한 남태평양 지역은 19개 정치체(polities)를 포함하고 있으나, 미국 자치령인 미국령 사모아(Territory of American Samoa) · 괌(Territory of Guam) · 북마리아나 제도(Commonwealth of Northern Mariana Islands), 프랑스 자치령인 프랑스령 폴리네시아(Pays d'outre-mer de la Polynesie Francaise, French Polynesia)와 뉴칼레도니아(Territoire des Nouvelle-Caledonie et Dependances, New Caledonia), 그리고 뉴질랜드 자치령인 니우에(Niue)와 쿡 제도(Cook Islands)를 제외한 12개국만이 국제법적, 정치경제적 의미에 있어서 국가의 속성을 갖고 있다고 말할 수 있다. 이러한 12개국 가운데 피지(Republic of the Fiji Islands) · 파퓨아 뉴기니(Independent State of Papua New Guinea) · 사모아(Independent State of Samoa) · 솔로몬 제도(Solomon Islands) · 투발루(Tuvalu) · 바누아투(Republic of Vanuatu)등 6개국은 의회제 정부를, 키리바스(Republic of Kiribati) · 마샬군도(Republic of the Marshall Islands) · 마이크로니저 연방(Federated States of Micronesia) · 나우루(Republic of Nauru) · 팔라우(Republic of Palau) 등 5개국은 대통령제 정부를 유지하고 있으며, 통아(Kingdom of Tonga)는 유일한 입헌군주국이다.

3 흔히 '통가'로 칭해지나 원어발음상 '통아'가 적절함. 뉴질랜드 북방, 피지 남동쪽에 위치. 통아타푸(Tongatapu), 하파이(Ha'apai) 등을 포함한 176개 도서로 구성되어 있음. 면적 750km^2, 인구 10만 명(2014). 통아어와 영어가 공용어이며, 종교는 기독교(개신교, 모르몬교, 가톨릭 포함 총 인구의 98%). 주요산업은 서비스업, 제조업, 농업이고 GDP는 5억 달러(2014). 한국수출입은행 해외경제연구소(2015), 114.

한 토착신념체계 파카파파(*fakaapaapa*)에 입각해 운용됨으로써 팔레 알레아(*Fale Alea*), 곧 단원제 의회의 총 26석 가운데 9석이 헌법에 규정된 세습귀족 대표들에게 배당되고 있다.

이러한 남태평양의 이례적 정치질서는 동 지역에 있어서 민주주의의 제도적 충격이 극도로 제한되어 왔다는, 다시 말해서 제도에 따른 문화적 변용과 행태적 조율이 거의 진행되지 않았다는 사실을 보여준다. 즉, 식민통치 하에서 새로운 국가건설을 위한 준비작업이 영국, 프랑스 등 식민당국의 적극적 후원 하에 이루어졌지만, 독립 후 채택된 민주주의 기제는 토착패권을 정당화하기 위한 절차적 수단이자 "문명화된 국가로부터 인정받아 안정된 독립국가로 존속할 수 있도록 하는 제도적 장치"(Gailey 1987, 32)로 간주되었을 뿐이다.

이들은 또한 민주주의 정치질서의 제도화를 성공적으로 달성하지 못한 신생 민주주의 국가들이 보편적으로 겪게 되는 정치불안정을 노정하지 않고 있다는 측면에서도 상당히 이례적이다. 즉, 남태평양 국가들은 원주민(Fijians)과 이주인도인(Indo-Fijians)의 갈등에 따른 "인종정치(ethnic politics)"[4]의 여파로 인해 수차에 걸쳐 군사 쿠데타를 경험한 피지[5]를 제외하고는 거의 대부분 안정적 정치질서를 유지해 왔다. 예컨대

---

4 피지의 인종정치, 곧 "인종집착(obsession with race)"의 역사적 배경에 관해서는 Lal(2006), Ⅷ-23 참조.

5 남태평양상 호주 동북방에 위치한 의회제 국가로서 수도는 비티 레부(Viti Levu) 섬에 위치한 수바(Suva). 총면적 18,333 km², 총인구 약 90만 명(2014). 공용어는 영어, 피지어, 힌두어, 종교는 기독교 개신교(45%), 힌두교(28%), 가톨릭(9%). GDP 42억 달러(2014), 산업구조는 서비스업(70%), 제조업(18%)과 농업(12%). 한국수출입은행

세계은행그룹(World Bank Group)이 매년 측정하고 있는 거버넌스 지표(*Worldwide Governance Indicators*)에 따르면,[6] 전통적 사회규범, 곧 카스톰(Kastom)[7]을 강조하는 토착패권질서 하에서 의회제 정부를 유지하고 있는 바누아투(Vanuatu)[8]의 정치안정도(91, 2013년)는 미국(65.9, 2013년) 혹은 영국의 안정도(63, 2013년)를 훨씬 상회하고 있다. 이러한 현상은 외세의 침투 혹은 식민화 이전에 이미 토착패권과 토착문화의 용융에 따른 원시적 정치제도화를 성공적으로 달성한 경우, 독립 후 새롭게 도입된 이질적 민주주의 정치기제가 장기간에 걸쳐 형성된 전통적 정치지형에 상응하여 변용될 수 있다는 점을 시사해 준다.

이 연구는 이러한 남태평양 정치질서의 이론적 일탈성에 초점을 맞추어, 정치질서의 안정성이라는 측면에서 피지·사모아[9]·통아·바누아

해외경제연구소(2015), 104.

6 Worldwide Governance Indicators 가운데 "Political Stability and Absence of Violence/Terrorism" 참조. The World Bank Group. 2015. "World Governance Indicators." http://info.worldbank.org/governance/wgi/index.aspx#country Reports(검색일: 2015. 10. 5).

7 영어 custom의 바누아투어 표기.

8 호주 북동쪽에 위치한 의회제 국가로서 국토 총면적은 12,000 km², 수도는 에스피리투 산토(Espiritu Santo) 섬에 위치한 포트빌라(Port Villa). 총인구는 30만 명(원주민 99%, 2015), 사용언어는 바누아투어(비슬라마, *Bislama*), 영어, 프랑스어 외에 100여 개 현지어이며, 종교는 기독교(개신교 및 가톨릭 포함, 전 인구의 82%). 1980년 영국과 프랑스의 공동식민통치로부터 독립한 이래 의회제 정부를 유지하고 있고, 산업구조는 서비스업, 농업과 제조업으로 구성. GDP 8억 달러(2014). 한국수출입은행 해외경제연구소(2015), 116.

9 남태평양 적도 하에 위치한 의회제 국가. 사바이(Savai'i), 우폴루(Upolu) 등 두 개의 큰 도서와 여타 작은 도서들을 포함한 국토의 총면적은 2,831 km². 수도는 아피아(Apia)이며, 총인구 196,000명. 공용어는 영어와 사모아어, 종교는 기독교(개신교, 가

투 등 4개 남태평양 국가가 표출하는 교차사례적 변이양상을 추적한 후, 그러한 양상을 유발한 역사문화적 조건을 정싱적 비교분석선략인 불리언 연산(Boolean Algorithms)을 통해 탐색해 보는데 목적을 둔다. 피지·사모아·통아·바누아투를 비교사례로 선정한 이유는 이들이 이른바 "태평양 방식(Pacific Way),"[10] 곧 독립 후 정치질서를 재구축함에 있어서 "토착 정치체계와 관습법의 최적화된 재현"(Lawson 2008, 2–3)을 가장 적극적으로 지향한 국가들이라는 측면에서 이 연구가 채택하고 있는 역사적 담론의 구도와 상응하는 특성을 갖고 있기 때문이다. 즉, 대부분의 남태평양 연구자들은 식민화와 탈식민화의 과정 속에서 전개된 피지·사모아·통아·바누아투의 정치사를 외세의 압력에 대응해 전통적 패권질서를 회복하려는 토착주의(nativism)의 구현경로로 간주하고 있으며, 따라서 이들은 남태평양 특유의 역사문화적 지형으로부터 정치안정의 결정인자를 찾아내기 위한 교차사례연구에 있어서 최적의 사례가 될 수 있다고 본다.

톨릭, 모르몬교 포함 총인구의 91%). 2014년 GDP는 8억 달러로서 산업구조는 서비스업(64%), 제조업(26%)과 농업(10%). 한국수출입은행 해외경제연구소(2015), 110 참조.

10 1970년 당시 피지 총리였던 수뇌족장 마라(*Ratu* Sir Kamisese Mara)의 UN총회 연설에 등장한 용어로서, 남태평양의 역사문화적 고유성과 정체성을 강조하기 위한 이념적 슬로건으로 널리 채택됨.

2. 역사문화적 지형의 강고성과 제도적 변용

신제도주의적 분석구도에 따르면 “중대 상황(critical juncture)” 하에서 도입된 정치제도는 경로의존성(path dependency)을 통해 사회구성원들의 행위와 의식을 제어한다(Guy Peters, et al. 2005, 1275–1300). 이러한 시각에서 볼 때, 남태평양 각국에 있어서 식민시대 말기, 곧 새로운 국가건설 준비작업이 진행되던 “중대 상황” 속에서 도입된 민주주의기제는 독립 후 “통제력을 스스로 강화하게 만드는 사건의 연속선상”(Deeg 2005, 22)에서 민주적 정치행태와 의식을 유도하는 경향을 노정했어야 한다. 물론 이들이 도입한 민주주의 기제, 예로서 선거는 피지를 제외한 대부분의 국가에서 정례성을 확보해 왔으며, 그에 따라 의회와 행정부(내각) 구성 역시 적어도 절차적 측면에서는 상당한 안정성을 획득해 온 것이 사실이다. 그러나 여기에서 이처럼 강화된, 혹은 안정적으로 구축된 정치기제의 운용양상에 주목할 필요가 있다. 즉, 남태평양의 민주주의 기제들은 그것이 담지하고 있는 민주성을 스스로 강화함으로써 시민의 민주적 정치행태와 의식을 추동했다기보다는, 토착패권의 현대적 재구축을 시도하기 위한 정치공학적 도구로서 작동해 왔다. 바꾸어 말해서, 비민주적 정치질서를 구축하기 위한 민주적 기제의 안정화라는 역설적 경로의존성이 노정된 것이다.

피지의 〈보세 레부 바카투랑아(*Bose Levu Vakaturaga*, 족장대평의회)〉는 이러한 비민주적 민주주의 기제의 대표적 사례에 해당된다. 즉, 소수의 라투(*ratu*, 수뇌족장)들로 구성된 족장대평의회는 1897년 영국 식민통치

하에서 총독의 자문기관으로 설치된 이래, 2012년 폐지될 때까지 대통령과 32명의 상원의원 가운데 14명을 지명하는 역할을 담당함으로써 의회민주주의 체제 하에서 족장들의 토착패권을 제도적으로 뒷받침하는 최고의 헌법기관으로 작동해 왔다.[11] 1970년 독립 후 2006년까지 진행된 총선이 채택한 인종투표제(communal voting system) 역시 토착패권을 헌정질서를 통해 강화하기 위한 정치기제의 역할을 수행했다. 예컨대 2006년 총선은 46개 인종선거구(communal constituencies)와 25개 개방선거구(open constituencies)로 구성된 선거구 체제 하에서 치러졌으며, 인종선거구에 배당된 46석은 원주민 의석 23개, 이주인도인 의석 19개, 로투마(Rotuma) 섬 거주민 의석 1개와 기타 인종 의석 3개 등으로 배분되어 있었다.[12] 이러한 의석배분방식은 두말 할 나위 없이 의회(하원) 내 권력배분구도에 있어서 이주인도인 정치세력에 대한 원주민 족장들의 우위를 제도적으로 확보하기 위한 수단으로서, 피지가 "쿠데타의 땅(coup—coup land)"이라는 오명을 얻게 만든 인종정치의 제도적 표징이라고 볼 수 있다(Naidu 2007, 24—33).

로슨(Lawson 2008, 14)에 의해 "전통적 권력자들의 자리다툼(jockeying

11 1967년~1999년 사이에는 13명, 그리고 1999년~2012년 사이에는 5명의 라투들로 구성되었고, 총리와 대통령을 역임한 마라(Kamisese Mara), 1987년 쿠데타를 주도한 후 피지군 총사령관으로서 막강한 정치적 영향력을 행사하다 총리직(1992~1999)에 오른 람부카(Sitiveni Rabuka), 2000년 군사쿠데타를 통해 집권한 현 총리 바이니마라마(Frank Bainimarama) 등이 포함되어 있었음.

12 2006년 총선에 따른 의석배분양상에 관해서는 Fraenkel and Firth(2007), 457-475 참조.

between traditional Samoan leaders)"으로 표현되는 사모아의 의회정치 역시 전형적인 비민주적 민주주의 기제 속에서 전개되고 있다. 즉, 선거법 제5조는 족장(마타이, *matai*)의 지위를 가진 자만이 총선에 입후보할 수 있다고 규정하고 있으며,[13] 이에 따라 2015년 현재 단원제 의회 〈포노(*fono*)〉의 의석은 비사모아계 혈통을 지닌 인사들에게 배당된 2석을 제외하고는 모두 마타이로 채워져 있다(총 49석 가운데 47석).[14] 이러한 토착 패권의 제도화 현상은 500여 년에 걸쳐 자리 잡은 토착 이데올로기, 곧 파마타이에 기인한다. 즉, '족장의 길(방식)'이라는 의미를 지닌 파마타이는 '사모아의 길(방식)'을 뜻하는 전통적 사회규범 파사모아(*fa'aSamoa*)의 요체로서, 족장에 대한 절대복종을 가장 중요한 덕목으로 강조하고 있다.[15] 따라서 현대 사모아의 "지위정치"(김웅진 2012, 3–7)는 토착정치문화 속에 완벽히 자리 잡은 패권에 대한 복종의 관념이 헌정질서를 통해 제도적으로 외화된 것으로서, 민주주의 기제의 도입효과, 곧 제도적 충격이 역사문화적 지형의 강고성에 의해 희석될 수 있다는 사실을 보여주는 경험적 증거라고 말할 수 있다.

퍼든(Ferdon 1987, 287)이 "근대적·전통적 정부관(政府觀)의 절묘한 통합사례(a masterful example of the integration of modern and traditional ideas of

13 Office of the Electoral Commissioner(Independent State of Samoa). 2010–2015. "1963 Electoral Act."http://www.oec.gov.ws/Portals/180/documents/Electoral%20Act%201963/ELECTORAL%20ACT%201963%20Eng.pdf(검색일: 2015. 10. 5).

14 Government of Samoa. 2014. "Members of Parliament." http://www.samoagovt.ws/directories/members-of-parliament/(검색일: 2015. 10. 5).

15 파마타이와 파사모아에 관해서는 Lawson(2008), 151–155 참조.

government)"로 표현한 입헌군주국 통아의 비민주적 정치질서 역시 민주주의 기제로서 정당화되고 있다. 즉, 통아의 헌정질서는 투이(*Tui*), 곧 국왕에 대한 저항을 가장 중요한 금기(禁忌)로 간주하고 있는 토착사회 규범 파카파파의 현대적 재현으로서, 국정 전 영역에 있어서 왕권(prerogatives)의 무제한적 행사를 용인하고 있다.[16] 또한 9명의 귀족(nobles)과 17명의 일반시민대표로 구성된 의회는 국왕의 포괄적 통치행위를 보조하거나 정당화하는 입법기제에 불과하다.[17] 국왕과 의회가 입법권을 공유한 가운데 모든 법안은 3차에 걸친 다수결로 통과된 후 국왕의 인준을 거쳐 법률적 효력을 갖게 되며(통아 헌법 56조), 국왕은 의회의 의결을 거친 법안을 거부할 수 있을 뿐 아니라 거부된 법안의 재의는 헌법적으로 금지된다(통아 헌법 68조).[18] 일반시민대표를 선출하는 총선을 중심으로 전개되고 있는 정당정치 역시 민주적 기반, 곧 경쟁성과 대표성을 확보하지 못하고 있다. 예로서 2010년 총선에 참여한 4개 정당[19] 가운데 〈프렌들리 아일런즈 민주당(Democratic Party of the Friendly Islands: DPFI)〉[20]만이 의석(12석)을 확보하는데 성공했으며, 나머지 5석은 모두

---

16 통아헌법 제36조-49조 참조. Parliament of Tonga. 2015. "Constitution of Tonga(Revised 1988)."http://www.parliament.gov.to/parliamentary-business/documents/constitution-of-tonga/file/115-constitution-of-tonga-revised-1988(검색일: 2015. 10. 5).

17 Parliament of Tonga. 2015. "Members of Legislative Assembly." http://www.parliament.gov.to/members-of-parliament(검색일: 2015. 10. 5). 9명의 귀족대표들은 29명의 전통적 귀족들이 자체 선발하며, 일반시민대표는 보통선거를 통해 선출됨.

18 Parliament of Tonga. 2015. http://www.parliament.gov.to/parliamentary-business/documents/constitution-of-tonga/file/115-constitution-of-tonga-revised-1988(검색일: 2015. 10. 5).

무소속 인사들에게 돌아갔다. 또한 유일하게 의석을 확보한 DPFI 역시 정부의 책임성 강화와 부패척결 등 피상적 구호를 앞세우고 있을 뿐, 명확한 정책적·이념적 정향을 갖고 있지 않다. 이는 통아에 경쟁적 정당정치의 핵심전제인 정치경제적 이익의 분절지형이 존재하지 않고 있다는 사실을 보여 준다. 의회, 정당, 내각 등 통아의 민주주의 기제는 국왕과 귀족의 정치경제적 기득권을 유지·보호하기 위한 정치공정의 수단일 뿐이다.

또 다른 의회제(단원제) 국가 바누아투의 민주주의기제 역시 토착패권질서의 재현수단으로 작동하고 있다. 오늘날 바누아투 의회가 노정하고 있는 극심한 분절양상, 곧 수많은 소규모 정당들 간의 끊임없는 이합집산[21]은 영국·프랑스 공동식민체제(British–French Condominium, 1906~1980)라는 독특한 식민통치방식이 야기한 "언어정치"의 소산이다(김웅진 2010, 273–280). 즉, 식민통치 하에서도 영향력을 발휘하던 전통적 후견주의(clientelism)는 족장들을 영어권 세력(Anglophones)과 불어권 세력(Francophones)으로 나뉘어 대립하도록 유도했으며, 이들은 독립 이후 오늘날에 이르기까지 언어적 대립구도를 유지하는 가운데 수많은 소규모 정당으로 재결집, 주로 자신이 관할하는 지역의 이해관계에 따

19 DPFI 외에 PDP(People's Democratic Party), SNP(Sustainable Nation–Building Party), TDLP(Tonga Democratic Labor Party) 등.

20 프렌들리 아일런즈(Friendly Islands), 곧 '친절한 섬'은 1773년 통아를 방문한 제임스 쿡이 붙인 명칭.

21 바누아투의 의회분절 양상에 관해서는 Morgan(2008), 117–142 참조.

라 각 세력권 내에서 수시로 '말을 갈아타는' 양상을 보이고 있다. 이러한 후견주의적 이합집산으로 인해 대부분 연합내각의 형태를 지녔던 의회제 정부는 불신임 결의를 통해 수시로 붕괴되었고, 2015년 6월에 집권한 〈인민진보당(Peoples Progress Party: PPP)〉 당수 킬먼(Sato Kilman) 총리의 내각 역시 9개 정당의 연합내각[22]이다. 〈말바투 마우리(*Malvatu Mauri*, 국가족장위원회)〉 또한 민주주의 제도와 족장패권을 병치하기 위해 설치된 헌법기구이다. 즉, 1976년 국어인 비슬라마(*Bislama*)를 포함해 바누아투 전통문화의 보존에 관한 의회의 자문기관으로 출범한 〈국가족장위원회〉는 기실 족장의 패권을 보장하기 위한 제도적 장치로서, 비단 전통문화뿐만 아니라 원주민의 생활 전반에 걸친 사안에 대한 의회의 심의과정에 절대적인 영향력을 행사하고 있다. 니 바누아투(*ni-Vanuatu*),[23] 곧 '바누아투 방식'을 강조하는 헌정질서를 통해 토착패권이 사회문화적으로 정당화되고 있는 것이다.

요컨대 남태평양 도서국가들의 정치질서는 앞서 논의한 바와 같이 강력한 토착패권질서가 민주주의 기제를 통해 지속적으로 재구축되는 양상을 노정하고 있다. 역사문화적 지형이 도입된 민주주의 기제에 상응해 변형되기보다는, 오히려 민주주의 기제가 역사문화적 지형에 용

22 PPP, Green Confederation, Lauko Group, Union of Moderate Parties, Vanuatu Liberal Democratic Party, RMC, Natatok, National United Party, Vanuatu National Party 등 9개 정당.

23 바누아투어에 있어서 '*ni*'는 영어의 'of'에 해당되며, 따라서 니 바누아투는 국민생활의 전 영역에 있어서 전통의 유지와 복원을 강조하는 구호로서 사용되고 있음.

융되고 있는 것이다. 이러한 남태평양의 정치질서는 제도의 운용이 정치행태와 의식의 전환을 추동하는 효과가 정치질서 자체에 내재된 강력한 문화적재성(culture-ladenness)으로 인해 약화될 수 있다는 사실을 명확히 보여준다.

물론 남태평양 지역 내에서도 정치질서의 안정성은 교차국가적 변이를 나타내고 있다. 즉, 서론에서 언급한 바와 같이 본 연구가 다루고 있는 4개국 가운데 피지는 1977년으로부터 2006년에 이르기까지 약 30년에 걸쳐 발생한 5회의 쿠데타로 인해 심각한 정치불안정에 시달려 왔으나,[24] 바누아투, 사모아, 통아는 비교적 안정적인 정치질서를 유지해왔다. 즉, 1980년대 이후 현 총리이자 DPFI 당수 포히바(Akilisi Pohiva) 등 소수 지식인들이 주도해온 통아의 사회개혁, 부패척결 운동을 제외하고는 정치적 파급효과를 발휘한 대중운동이 전개되지 않았을 뿐더러, 통아의 제한적 '민주화 운동' 조차 지도자 포히바가 제도권에 진입함으로써 그 정치적 의미가 퇴색되었다고 볼 수 있다.

> "…통아의 민주화 운동은 독립 후 "민주주의 벌레에 물린" 소수 지식인 집단이 ① 권력배분의 형평성 확보, ② 의회의 실질적 권한과 책임성 보장, ③ 사회정의의 구현을 목표로 상정하여 전개한 개혁운동이었으나, 주도집단의 제한성으로 인해 사회적 침투력과 대중동원능력이 떨어졌을 뿐만 아니라 통아 사회에 공고히 정착된 수구 이데올로기를 극복하

24 Naidu·김웅진(2008), 98-106; Lal(2006) 참조.

지 못했기 때문에 정치지형을 근본적으로 변화시킬 수 있는 충격을 주지 못했다…”(김웅진 2011, 271).

이와 같은 상황은 누차 지적한 바와 같이 남태평양의 정치적 역동에 있어서 제도적 인자의 영향력이 크게 제한되어 있다는 해석을 뒷받침해 준다. 따라서 남태평양의 정치적 역동은 강력한 역사문화적 적재성에 비추어 조망될 필요가 있다. 이러한 맥락에서, 남태평양 4개국의 정치안정을 결정하는 주요 인자들을 이들이 장기간 유지해 온 역사문화적 지형에 초점을 맞추어 추적해 보기로 한다.

3. 남태평양 정치질서의 안정성: 역사적 결정인자의 탐색

남태평양의 정치적 역동에 관한 기존 연구들은 남태평양 정치질서가 노정하는 '지역성'을 토착패권의 성격과 외세의 침투효과, 특히 식민통치의 여파라는 두 가지 역사적 측면에서 논의하고 있다.[25] 본 연구 역시 이러한 인자들에 초점을 맞추어, 피지·사모아·통아·바누아투 4개국의 정치질서가 노정하는 안정성의 변이양상을 교차사례적으로 비교 추적하여 그 결정인자를 불리언 연산을 통해 규명해 본다.

---

25 예컨대 Lawson(2008), Crocombe(2008), Crocombe, et al.(1992) 등.

(1) 역사적 인자의 교차사례적 변이양상

1) 토착패권의 성격: 폐쇄성, 침투성과 구조적 결집성

역사적으로 볼 때 토착패권, 특히 족장의 패권은 피지와 통아의 경우 강력한 폐쇄성과 침투성을 노정해 왔다. 즉, 족장의 가계가 명확히 구분되어 혈통에 따른 패권의 배타적 계승이 이루어졌으며, 패권의 영역이 지역적으로 배분되어 족장들은 일정한 위계질서에 따라 자신의 영역 내에서 절대 권력을 행사하고 있었다. 예로서 피지의 전통사회는 가장 작은 사회조직인 이 토카토카(*i tokatoka*, 가문)로부터 시작해 마탕갈리(*mataqali*, 씨족) → 야부사(*yabusa*, 부족) → 바누아(*vanua*, 지역부족 연합) → 마타니투(*matanitu*, 바누아 연합)에 이르는 정치경제적·지역적 영역으로 구획되어 있었고, 각 영역의 규모에 따라 투랑아(*turaga*, 족장), 라투(*ratu*, 수뇌족장), 혹은 투이(*tui*, 왕)에 의해 통치되었다. 물론 이러한 토착패권의 분산구도는 1871년 최초의 왕국(Kingdom of Fiji)이 출현할 때까지 끊임없는 내전을 통해 지속적으로 변화해 왔다. 개별 족장 혹은 족장세력들 간의 대립은 영국 식민통치 하에서 대거 유입된 인도인 계약노동자들이 새로운 정치경제적 경쟁세력으로 부상함에 따라 잠시 이완되는 경향을 보였으나, 독립 후 토착패권의 제도화 과정 속에서 재현되기 시작해 오늘날 피지정치의 기본적 갈등구도로 작동하고 있다. 요컨대 피지의 토착패권은 장기간에 걸쳐 강력한 사회침투력을 견지하고 있었음에도 불구하고 분산성을 벗어나지 못했다.

통아의 토착패권은 피지와 달리 강한 제도적 결집성과 응집성을 보여 왔다. 즉, 11세기에 출현한 왕권중심 토착패권질서가 약 900년에 걸친 공고화 과정을 거쳐 1875년 공포된 헌법을 통해 공식적으로 정착됨으로써 오늘날 투푸 6세(Tupou VI)가 이끌고 있는 입헌군주제의 권력기반으로 작동하고 있다. "하늘 아버지와 땅 어머니"의 혈통을 지닌 왕가의 자손(Cummins 1977, 63), 곧 투이 통아(*Tui Tonga*)[26]의 본연적 정당성에 대한 원시종교적 신념이 왕권의 후원을 얻으려는 족장들의 충성심과 권위에 대한 도전을 엄격히 금한 사회규범 파카파파에 힘입어 안정적인 중앙집권적 정치질서로서 표출된 것이다. 이러한 역사문화적 지형 위에서 땅의 자손, 곧 통아타푸(Tongatapu) 섬의 "검고 작은 벌레"(Poulsen 1977, 7–8)로부터 나온 평민들은 하늘로부터 초자연적 힘 마나(*mana*)를 받아 내려 온 귀족(왕가와 족장)에게 복종하는 것이 당연하다는 운명적 계급관이 "평민을 마음대로 타살하는 족장의 절대권력"(Goldman 1970, 302)과 어우러져 권위에 대한 복종의 에토스를 유도한 것은 지극히 자연스러운 현상이다. 물론 이처럼 안정적인 왕권중심 패권질서는 15세기 말에 이르러 족장들 간의 내전으로 상당한 타격을 입었으나, 권력배분구도의 재조정을 시도한 국왕의 정치적 기동을 통해 복원됨으로써 통아는 18세기 초엽에 이르러 "남태평양 위계사회의 전형적 유형을 갖춘 고도로 층화된 왕국"(Marcus 1977, 5)으로 자리 잡게 된다.

---

26 '통아 왕'을 지칭.

사모아의 족장관(族長觀)은 "정치[곧 족장의 역할]는 아버지가 가족을 돌보는 일(fatherly business)"(김지희 2012, 150)이라는 피지인의 관념 내지 족장–부족민 간 의무의 상호성을 강조했던 통아의 예전(禮典) 파통기아(*fatongia*)와 상응하는 가부장적 족장관이었지만, 족장직에 대한 접근성은 강력한 폐쇄성을 노정하던 피지, 통아와 달리 개방성을 표출하고 있었다. 즉, '예외 없이 족장의 자녀'인 모든 부족민은 누구든 족장직을 획득할 수 있다고 봄으로써 패권의 개방성을 정당화하고 있었다(Fana'afi Le Tagaloa 1992, 117–118). 족장은 비록 파마타이에 따라 절대적 패권을 갖게 되나, 그 지위 자체는 경제사회적 자원의 동원·배분과 다양한 의식(儀式)에서 발휘되는 개인 능력에 따라 부족민 누구에게나 부여될 수 있는 개방적 직위로 간주된 것이다. 피지와 통아의 족장이 자신의 권역 내에서 단원적 패권을 향유했던 반면, 사모아의 족장은 역할에 따라 의례지도자 알리(*ali'i*)와 실질적 통치권의 행사자 툴라팔레(*tulafale*) 등 두 가지 직함을 가졌다는 사실은 바로 이러한 족장의 기능적 직위성을 시사해 준다. 결국 사모아의 토착패권질서는 "족장과 부족민을 연결하는 포괄적 계보로 인해 계승경로가 다선성과 유연성을 노정"(김웅진 2012, 6)함으로써 상당한 개방성을 함축하고 있었으며, 또한 명망(마말루, *mamalu*)과 실질적 통치권력(풀레, *pule*)이 분리됨에 따라 구조적 응집성을 확보하지 못했다(Norton 1984, 103).

마지막으로 바누아투의 토착패권은 연성패권(soft hegemony)의 성격을 갖고 있었다. 전통사회 내에 견고한 토착패권질서가 구축되지 않았을 뿐더러 명백한 족장의 관념도 존재하지 않았기 때문이다. 즉, 극도로 분절된 언어와 관습의 지형 위에 수많은 촌락들이 산개되어 있었고, 별도의 직위나 권한이 뚜렷하게 규정되지 않은 촌락지도자들이 일상사를 통제하고 있었다. 또한 이러한 지도자의 통제력이 혈통 혹은 "지극히 취약하며, 수시로 변하는 촌락민의 지지에 크게 의존"(Bolton 1999, 1–2)하고 있었기 때문에, 패권에 대한 접근경로의 절차적 성격 역시 모호했다고 볼 수 있다. 토착패권이 신분, 계급구조, 사회규범이나 원시적 종교관에 입각한 사회구조적 정당성이라기보다는 능력에 따른 개인적 정당성에 기반을 두고 있었던 것이다.

바누아투 사회에 족장의 지위가 공식적으로 출현한 것은 영국·프랑스 공동식민통치 시대이다. 즉, 식민통치의 실질적 대리인이었던 영국과 프랑스 선교사들은 기독교의 파급이 전통적 지도자들의 권위를 훼손함에 따라 촌락 내 권력 갈등이 야기되고 있다는 사실을 파악하고, 이들 가운데 기독교로 개종한 일부 인사를 지프(*jif*)[27]로 내세워 패권을 장악하도록 한 것이다. 요컨대 바누아투의 토착패권은 형성경로나 행사방식에 있어서 절차적 안정성과 구조적 응집성을 갖고 있지 않았다.

2) 외세의 침투효과: 식민통치의 전략과 침투성

본 연구가 채택한 4개 비교사례 가운데 실질적인 식민통치를 경험한 국가는 통아를 제외한 피지, 사모아, 바누아투 3개국이다. 즉, 통아는

---

27 chief의 바누아투어 표기.

앞서 논의한 바와 같이 11세기에 왕권을 정점으로 한 위계적 토착패권 질서가 구축되어 장기간에 걸쳐 안정적 기반을 다져왔으며, 1875년 근대적 입헌군주제 정부가 출범함으로써 17세기 초엽 이래 시작된 백인의 침투에 효율적으로 대응할 수 있었다. 그러나 1900년에 이르러 정치적 내분이 심화되어 독일과 결탁한 일부 유럽계 인사들과 족장세력이 국왕 투푸 2세(Tupou Ⅱ)를 축출하려 시도하자, 통아는 영국과 〈친선조약(Treaty of Friendship)〉을 체결하여 1970년에 이르기까지 표면상으로는 영국의 보호령(British protectorate)으로 전락하게 된다. 비록 〈친선조약〉에 따라 헌법이 최고법으로서의 위상을 상실하고 대외관계와 국가재정의 운영에 있어서 영국의 승인을 얻어야 했으나, 주권과 국왕의 통치권은 타격을 입지 않았을 뿐만 아니라 외세의 영향력 역시 극도로 제한되어 왔다. 강고한 토착패권질서를 유지함으로써 외세의 정치경제적 침투를 저지하는데 성공했던 것이다.

한편 피지, 바누아투와 사모아는 모두 장기간에 걸친 식민통치를 경험함으로써 전통사회의 전 영역이 외세의 영향력에 노출되었다. 이미 17세기 초엽에 타즈만(Abel Tasman), 쿡(James Cook)과 같은 해양탐험가나 기독교 선교사, 무역상 등 유럽계 백인들이 이들로 진입했으며, 이러한 외세의 침투는 토착패권질서에 상당한 영향력을 미쳤다. 예로서 근 1세기 달한 영국의 식민통치(1874~1970)는 피지의 토착패권 배열구도를 근본적으로 재편하는 계기를 제공했다. 영국은 식민통치의 개시 단계로부터 "피지인의 권익 우선(paramountcy of Fijian interests)"이라는 대전제(Lal 2006, 3)에 따라 구(舊)피지 왕국 하에서 결성된 족장들의 패권 네트워크를 적극적으로 수용하여 식민통치의 기제로 삼는 간접통치전략을 구사했다. 이러한 간접통치전략에 따라 1876년 〈원주민법(Native Affairs Ordinance)〉을 공포, 앞서 언급한 〈족장대평의회〉와 〈원주민관리위원회(Native Regulation Board)〉 등 원주민 족장들로 구성된 총독의 자문기관을 설치했고, 지방행정조직을 구축해 원주민 족장들이 각 행정단위를 실질적으로 관장하도록 했다. 즉, 전통적 촌락단위 사회구조를 식민행정조직으로 개편하여 토착패권을 식민제도 속으로 유인하는데 성공했으며, 이로 인해 토착패권구도 내에서 족장들 간의 관계가 노정했던 엄격한 위계성이 제도적으로 희석되었다.

영국 식민당국은 또한 추후 피지의 정치경제적 역동에 결정적 충격을 준 식민경제정책을 채택했다. 즉, 산업구조를 목화와 사탕수수 플랜테이션을 중심으로 한 대단위 집단농업구조로 전환하려 시도했고, 그러한 전환에 요구되는 노동력을 확충하기 위해 1879년부터 1916년까지 총 6만여 명에 달하는 인도인 계약노동자들을 유치했다. 인도피지언(Indo-Fijian)으로 불린 이들은 노동계약이 종료된 이후에도 피지에 잔류해 급속히 확대된 제당업을 뒷받침하는 사탕수수 자영농으로 변화했거나, 상업, 단순노동 등에 종사하는 가운데 이질적 정치경제세력으로 성장했다. 이들의 경제적 부상과 1963년 〈국민연합당(National Federation Party: NFP)의 결성을 기점으로 시작된 정치적 조직화는 이후 악명 높은 인종정치, 쿠데타 정치의 지형을 형성하게 된다. 식민당국의 정치적 기동 역시 인종정치를 추동했다고 볼 수 있다. 즉, 식민당국은 1960년대 초엽에 이르러 독립을 준비하기 위한 일련의 정치적 실험을 시작했으며, 이에 따라 식민의회에 해당되는 〈입법위원회(Legislative Council)〉의 구성에 있어서 피지인의 참여를 대폭 확대하되 앞서 언급한 "피지인의 권익 우선" 정책에 따라 위원직을 원주민에게 유리한 방식으로 배분했다. 예로서 독립 2년 전인 1968년 구성된 입법위원회는 원주민 14명, 인도피지언 12명, 당연직 위원(식민관료) 4명, 일반 위원 10명을 포함하고 있었고, 위원선출에 있어서 인종투표방식을 채택하여 원주민 위원 14명 가운데 9명은 원주민이, 인도피지언 위원 12명 가운데 역시 9명은 인도피지언만 선출하도록 한 것이다(김웅진 2009, 113). 결국 영국 식민통치의 기본전략은 원주민 족장을 중심으로 한 토착패권세력을 적극적으로 후원함으로써 식민통치의 전위대로 포섭하는 것이었고, 이렇게 재편된 토착패권의 네트워크가 작동함에 따라 식민권력은 피지 사회의 모든 영역으로 효율적으로 침투할 수 있었다.

한편 바누아투에서 국익과 관련된 심각한 사안을 찾지 못했던 영국과 프랑스는 단지 자국계 이주민들이 현지에서 확보한 경제적 이익을 보호하는데 공동식민통치의 역점을 두었다. 영국과 프랑스가 1906년 바누아투의 공동식민통치에 동의한 이유는 19세기 말엽에 이르러 "뉴 헤브리디즈 문제(New Hebrides Problem),"[28] 곧 경작지 거래와 소유권을 둘러싸고 영국계 이주민과 프랑스계 이주민, 그리고 이들과 원주민과의 분쟁이 심화되어 폭력사태가 빈번히 발생했기 때문이다. 이와 더불어 프랑스계 토지개발업체 CCNH(Companie Calédonienne des Nouvelles-

28 뉴 헤브리디즈는 1980년 독립 이전 바누아투의 명칭.

Hébrides)와 영국계 개발업체 ANHC(Australian Hebrides Company) 간의 토지확보경쟁에 따른 이해관계의 충돌 역시 공동식민통치를 유도한 원인이라고 볼 수 있다. 이러한 배경으로 인해 공동식민당국은 바누아투를 4개 식민행정구역으로 분할한 후 구역담당관(District Agent)을 파견해 경제적 거래와 관련된 분쟁을 조정하게 했을 뿐이다. 즉, 공동식민당국은 적극적이자 구체적인 식민전략에 따라 바누아투의 토착패권질서를 개편하려 시도하지 않았을 뿐더러, 원주민 사회의 관리를 주로 기독교 선교사들에게 의탁하는 소극적 위임통치방식을 채택한 것이다. 이처럼 공동식민당국이 토착패권질서에 관심을 기울이지 않았던 것은 물론 외세의 침투에 저항할 수 있는 구조적 결집성을 갖춘 토착패권이 애당초 존재하지 않았기 때문이기도 하나, 가장 중요한 이유는 식민행정의 목표 자체가 자국계 이주민들의 경제적 권익을 보호하는데 제한되어 있었기 때문이다. 바로 이러한 토착패권의 취약성으로 인해 영국·프랑스 공동식민통치는 바누아투의 정치지형에 적지 않은 영향을 미쳤다고 말할 수 있다. 즉, 앞서 논의한 바와 같이 기독교 선교사들이 급조한 신(新)족장 지프, 곧 볼튼(Bolton 1999, 11)이 "식민통치의 가공물(colonial fiction)"이라 칭한 새로운 유형의 리더십이 출현해 전통사회의 개편작업이 진행되는 과정에서 발생한 정치적 공백을 메꾸기 시작했으며, 백인들이 과시한 물질적 풍요에 대한 동경이 화물숭배(cargo cult)와 같은 역설적 무속[29]을 통해 확산되었다. 그러나 식민통치의 전반적 침투성은

29 백인을 쫓아내면 그들이 가져온 화물(cargo), 즉 물질적 부를 원주민들이 차지할 수

목표의 제한성과 구조적 취약성으로 인해 영역에 있어서 제한적이었다고 볼 수 있다.

이미 식민시대(1889~1961) 이전에 시작된 외세의 침투는 사모아의 토착패권질서에 상당한 충격을 주었다. 즉, 1830년 최초로 소개된 외래 종교 기독교가 백인의 '신비한 힘', 곧 결코 대항할 수 없을 정도로 수월한 군사력과 항해술에 매혹된 최고 수뇌족장 바이누포(Malietoa Vainuupo)의 적극적 후원에 힘입어 급속히 확산되었으며, 이러한 기독교의 전파는 수많은 유럽 이주민의 진입을 유도하게 된다. 주로 독일계, 미국계와 영국계였던 이주민의 진입은 분산·결집을 반복하던 토착패권의 재결집 현상을 초래했다. 원주민 세력의 내전으로부터 심각한 경제적 타격을 받고 있던 백인 이주민들이 대항세력을 외세의 힘을 빌려 진압하려 시도한 바이누포와 정치군사적으로 결탁하여 중앙집권적 정치질서를 구축하는데 성공했던 것이다. 그러나 중앙집권적 정치질서와 근대적 행정조직이 구축되어 백인의 진입이 더욱 가속화되자 이주민–원주민 간의 심각한 분규가 연속적으로 발생했고, 이러한 분규를 효율적으로 해결하지 못한 중앙정부의 무능력으로 인해 1886년 원주민 세력 간의 내전이 재발한다. 내전은 각 원주민 정파를 지원하는 독일, 미국, 영국 등 후원세력 간의 갈등으로 확대되어 국제분쟁으로 비화될 수 있는 상황이 초래되었으나. 1889년 〈3국 협정(Three Power Act)〉이 체결됨으로써

있기 때문에 일단 모든 서구적인 것을 배척해야 한다는 역설. 김웅진(2010), 279-280; Steinbauer(1997) 참조.

사모아를 양분하되 독일이 서사모아(현 사모아)를, 그리고 미국의 동사모아(현 미국령)를 식민통치한다는 합의가 이루어졌다. 서사모아에 대한 독일의 식민통치는 1914년에 이르기까지 25년간 지속되었으나 제1차 세계대전이 발발하자 뉴질랜드가 독일을 축출하고 1961년까지 사모아를 통치하게 된다.

토착패권을 정당화하는 사회규범 파사모아(파마타이)[30]에 대한 몰이해로 인해 직접통치전략을 채택한 독일과 뉴질랜드의 연속적 식민통치는 심각한 민족적 저항을 유발했다. 즉, 토착패권질서의 성격을 명확히 파악하지 못했던 식민당국의 억압적 통치가 "문화적 규례에 입각한 일체감"(Fana'afi Le Tagaloa 1992, 117)을 근간으로 한 반(反)식민 정서와 그에 따른 민족주의 의식의 생성을 촉진한 것이다. 이러한 반외세 의식은 사모아 사회 내에 더욱 확산됨으로써 마우 운동(*Mau a Pule*)[31] 같은 반식민운동을 유발하여 주요 지도자들이 진압군에 의해 살해된 "검은 일요일(Black Sunday)" 사건이 발생하기에 이른다. "검은 일요일" 사건 이후 뉴질랜드는 유화적인 통치전략을 구사했으나 반외세 의식의 확산을 저지하는데 실패했으며, 파사모아의 정당성에 대한 전 국민적 집착과 확신이 반외세 의식과 연계되어 독립 후 '사모아식 민주주의'의 기반을 제공하게 된다.

30 파사모아와 파마타이 관해서는 앞서 논의한 사모아 토착패권의 성격 참조.
31 마우 운동에 관해서는 Field(1991) 참조.

(2) 4개국 정치안정성 결정인자의 교차사례적 탐색: 불리언 연산의 적용

지금까지 소수의 사례를 대상으로 한 대부분의 정성적 비교사회연구는 최대유사체계분석안(Most Similar Systems Design), 최대상이체계분석안(Most Different Systems Design), 혹은 혼합사례분석안(Mixed–case Design) 등 사례중심전략(case–oriented approach)을 적용해 제한적 선행조건 하에서 설명력을 발휘하는 통칙을 구축하려 시도해 왔다.[32] 그러나 본 연구는 사례중심전략이 작동변인들 간의 단원적 인과경로만을 보여줄 뿐이라는 방법론적 한계에 착안하여, 불리언 연산을 통해 설명변인으로 상정된 다양한 역사적 인자들의 대안적 조건(조건조합)을 규명함으로써 비교사례로 선정된 남태평양 4개국의 정치적 안정성이 표출되는 다원적 인과경로(multiple causal conjunctures)를 탐색하려 한다.[33] 불리언 연산의 적용에 사용된 소프트웨어는 래긴(Charles Ragin)이 개발한 비교분석 패키지인 QCA(Qualitative Comparative Analysis)이다.[34]

---

32 사례중심전략의 분석논리에 관해서는 김웅진·김지희(2000), 25–51 참조.

33 불리언 연산의 상세한 절차는 Ragin(1987); 김웅진·김지희(2000), 52–69에 소개되었음.

34 QCA 패키지는 fuzzy set/Qualitative Comparative Analysis(http://www.u.arizona.edu/~cragin/fsQCA/)에서 다운로드 할 수 있다(검색일: 2015. 10. 7). 이 사이트가 제공하는 fs/QCA(version 2.0)은 퍼지셋 분석(fuzzy–set analysis)을 위한 프로그램과, 이항변인의 분석에 적용되는 통상적 일반집합분석(crisp–set analysis) 프로그램으로 구성되어 있다. 본 연구는 이항변인을 사용하고 있기 때문에 일반집합분석 프로그램을 택했다.

1) 잠정적 설명변인: 토착패권의 성격과 외세의 침투효과

앞서 논의한 역사적 배경에 따라 비교사례로 선정된 4개국의 정치안정(종속변인)을 결정하는 인자(조건)들을 ① 토착패권의 성격에 관한 6개 잠정적 설명(독립)변인과, ② 외세의 침투효과에 관한 4개 잠정적 설명변인으로 요약하면 아래 〈표 9-1〉과 같다.

〈표 9-1〉 남태평양 4개국의 정치안정성 결정인자:
토착패권의 성격과 외세의 침투효과

<table>
<tr><th colspan="4">개념화 \ 비교사례</th><th>피 지</th><th>통 아</th><th>사모아</th><th>바누아투</th></tr>
<tr><td colspan="2">종속변인</td><td>정치안정</td><td>헌정질서의 중단, 혹은 정치리더십의 탈법적 교체가 없는 상태</td><td>불안정</td><td>안정</td><td>안정</td><td>안정</td></tr>
<tr><td rowspan="2">잠정적 설명변인</td><td rowspan="2">토착패권의 성격</td><td>토착패권의 사회통제력</td><td>사회통제력의 강고성</td><td>강성패권/강력한 사회통제력</td><td>강성패권/강력한 사회통제력</td><td>강성패권/강력한 사회통제력</td><td>연성패권/취약한 사회통제력</td></tr>
<tr><td>토착패권의 구조적 결집성/분산성</td><td>패권집단 간의 연계성과 결집성 여부 / 강력한 일원적 통합패권 혹은 다원적, 분산적 패권</td><td>제한적 결집성/분산</td><td>결집/통합</td><td>제한적 결집성/분산</td><td>제한적 결집성/분산</td></tr>
</table>

잠정적 설명변인	토착패권의 성격	토착패권의 안정성/지속성	안정성과 지속성	안정적/지속적	안정적/지속적	불안정적/가변적	불안정적/가변적
		토착패권의 정당화 기제	공식 이데올로기로서 토착규범의 존재여부	부재	존재: (파카파파)	존재: (파사모아, 파마타이)	부재
		토착패권에 대한 접근경로의 개방성/폐쇄성	혈통에 따른 배타적 계승 혹은 특정 의례에서 표출되는 개인적 능력에 따라 부여되는 개방성	폐쇄적	폐쇄적	개방적	개방적
		토착패권에 대한 도전 세력의 부상	정치경제적 경쟁세력의 부상 여부	존재(영국 식민통치 하에 대거 유입된 인도인 계약 노동자)	부재	부재	부재
	외세의 침투효과	침투기제	식민통치 여부	식민통치 (영국)	조약을 통한 국제법적 보호	식민통치 (독일, 뉴질랜드)	식민통치 (영국, 프랑스 공동식민통치)
		침투방식	외세(식민당국)의 통치방식	족작의 토착패권 질서를 포섭한 간접적 식민통치	명목적 보호에 제한	억압적, 직접적 식민통치	토착패권과 유럽계 민간세력을 이용한 간접적/우회적 식민통치

잠정적 설명변인	외세의 침투효과	토착패권의 포섭전략	토착패권의 식민제도로의 유인: 토착 패권의 제도적 포섭 여부	포섭(토착패권에 대한 적극적 후원과 식민기제로의 포섭)	포섭되지 않음	포섭되지 않음(토착 패권질서에 대한 몰이해로 인한 강압적인 패권 재편)	포섭되지 않음(자국민의 경제적 권익의 보호에 제한됨에 따라 토착패권 질서의 개편 시도 자체가 없었음)
		침투영역의 포괄성	외세의 영향력에 노출된 영역의 범위	포괄적	제한적	포괄적	제한적

2) 불리언 연산을 통한 교차사례분석

가. 진리표(truth table) 작성

불리언 연산을 통해 4개 비교사례의 정치적 안정성을 결정하는 조건조합을 탐색하기 위해 우선 아래 〈표 9-2〉와 같은 진리표를 작성하였다. 즉, 〈표 9-1〉에서 제시한 잠정적 설명변인(역사적 조건)의 사례별 존재양상을 불리언 연산의 분석논리에 따라 이항변인(binary variable)의 형태로 규정하여 각각 1(존재) 및 0(부재)의 값을 부여하였다.

〈표 9-2〉 남태평양 4개국 정치안정의 결정조건

변인 \ 비교사례		피 지	통 아	사모아	바누아투
정치안정(stability)		0	1	1	1
토착패권의 성격	토착패권의 사회통제력 (control)	1	1	1	0
	토착패권의 구조적 결집성/분산성(centralization)	0	1	0	0
	토착패권의 안정성/지속성 (durability)	1	1	0	0
	토착패권의 정당화 기제 (규범, norm)	0	1	1	0
	토착패권에 대한 접근 경로의 개방성 (accessibility)	0	0	1	1
	토착패권에 대한 도전 세력의 부상 (challenge)	1	0	0	0
외세의 침투효과	침투기제 (colonialization)	1	0	1	1
	침투방식: 직접통치 (governing style)	0	0	1	0
	토착패권의 포섭전략 (inducement)	1	0	0	0
	침투영역의 포괄성 (pervasiveness)	1	0	1	0

나. 진리표 알고리즘을 이용한 조건조합 규명

QCA의 일반집합분석은 진리표 알고리즘(Truth Table Algorithm)과 콰인(Quine) 방법으로 구성되어 있다. 이 두 방법은 공히 콰인-맥클러스키 알고리즘(Quine-McCluskey Algorithm)을 사용하며, 진리표의 작성방식에만 차이가 있을 뿐 분석결과는 동일하다.[35] 본 연구는 진리표 알고리즘의 표준분석(standard analysis) 방식[36]을 적용, 4개 비교사례를 대상으로 ① 사회통제력(con: control)·구조적 결집성(cen: centralization)·안정성/지속성(dur: durability)·정당화 규범의 존재(norm)·접근경로의 개방성(acc: accessibility)·도전세력의 부상(chall: challenge) 등 토착패권의 속성을 기술하는 6개 변인과, ② 침투기제(col: colonialization)·침투방식(sty: style)·토착패권 포섭전략(ind: inducement)·침투영역의 포괄성(per: pervasiveness) 등 외세의 침투효과에 관한 4개 변인을 포함한 총 10개의 잠정

35 fs/QCA 매뉴얼은 진리표 알고리즘이 좀 더 간단하므로 이 방식을 사용할 것을 추천한다. Charles C. Ragin, et al. 2008. "User's Guide To Fuzzy-set/Qualitative Analysis." http://www.u.arizona.edu/~cragin/fsQCA/, 44(검색일: 2015. 10. 7).

36 표준분석은 기본적으로 complex solution, parsimonious solution, 그리고 intermediate solution 등 3단계의 분석절차를 거친다. complex solution은 현상을 설명할 수 있는 최소의 조건조합을 제공하며, parsimonious solution은 현상의 존재(발생)와 부재(미발생)를 구분 지을 수 있는 필수적 요인을 도출한다. 마지막으로 intermediate solution은 연구자가 특정 현상에 영향을 미치는 변인에 관한 이론적 가정을 가지고 있을 경우 이를 적용하여 핵심요인을 도출하는 방식이다. 본 연구는 4개 비교사례에 있어서 정치안정을 유발하는 인자들을 탐색하려는 목적을 가지고 있기 때문에 intermediate solution을 제외한 나머지 두 가지 분석만을 수행하였음을 밝혀둔다. Ragin, et al.(2008), 70(검색일: 2015. 10. 7).

적 설명변인(조건)을 이용하여 분석을 수행하였다. 분석 결과, 일단 아래와 같은 세 가지 기본적 조건조합(fundamental products) 중 어느 하나만 충족되면 정치안정이 달성되는 것으로 밝혀졌다(〈표 9-3〉, 〈표 9-4〉 참조).[37]

〈표 9-3〉 조건조합의 진리표 분석

```
**********************
*TRUTH TABLE ANALYSIS*
**********************

Model: stabillity=f(control, centralization, durability, norm, accessibility, challenge, colonialization, style, inducement, pervasiveness)
Rows:      4

Algorithm: Quine-McCluskey
True: 1

--- COMPLEX SOLUTION ---
frequency cutoff: 1.000000
consistency cutoff: 1.000000
                                                  raw        unique
                                                  coverage   coverage   consistency
~con*~cen*~dur*~norm*acc*~chall*col*~sty*~ind*~per 0.333333   0.333333   1.000000
con*cen*dur*norm*~acc*~chall*~col*~sty*~ind*~per   0.333333   0.333333   1.000000
con*~cen*~dur*norm*acc*~chall*col*sty*~ind*per     0.333333   0.333333   1.000000

solution coverage: 1.000000
solution consistency: 1.000000
```

▶ "*"는 불리언 연산의 논리적 조합기호인 "그리고(AND)"를 의미.

37 불리언 연산에 있어서 독립변인의 조합양상을 표현할 때 통상적으로 대문자를 사용해 존재(1)를, 소문자를 사용해우는 부재(0)를 표현하나, QCA 프로그램에서는 존재는 변인명으로 부재는 ~변인명으로 표기되고 있다.

〈표 9-4〉 정치적 안정성을 결정하는 기본적 조건조합(Fundamental Products)

Fundamental Product-1	토착패권의 사회통제력 부재 * 토착패권의 구조적 분산 * 토착패권의 안정성/지속성 부재 * 토착패권의 정당화 규범 부재 * 토착패권에 대한 접근경로의 개방성 * 토착패권에 대한 도전세력 부재 * 식민통치의 형식으로 외세 침투 * 간접적 식민통치방식 * 토착패권의 포섭전략 부재 * 침투영역의 제한성
Fundamental Product-2	토착패권의 강력한 사회통제력 * 토착패권의 구조적 결집 * 토착패권의 안정성/지속성 * 토착패권의 정당화 규범 존재 * 토착패권에 대한 접근경로의 폐쇄성 * 토착패권에 대한 도전세력 부재 * 식민통치의 형식으로 외세 침투 * 간접적 식민통치방식 * 토착패권의 포섭전략 부재 * 침투영역의 제한성
Fundamental Product-3	토착패권의 강력한 사회통제력 * 토착패권의 구조적 분산 * 토착패권의 안정성/지속성 부재 * 토착패권의 정당화 규범 존재 * 토착패권에 대한 접근경로의 개방성 * 토착패권에 대한 도전세력 부재 * 식민통치의 형식으로 외세 침투 * 강압적·직접적 식민통치방식 * 토착패권의 포섭전략 부재 * 침투영역의 포괄성

〈표 9-3〉은 또한 이러한 세 가지 조건조합을 통해 비교사례 내에서 정치안정의 발생을 완벽하게 설명할 수 있으며(100% solution coverage), 개별 조건조합은 각기 33.3% 정도 설명하고 있다는 사실을 보여준다.[38]

38 원설명범위(raw coverage)의 값과 배타적 설명범위(unique coverage)의 값이 0.333으로 일치하고 있다. 여기에서 전체설명범위(solution coverage)는 모든 조건조합이 나타내는 설명력, 원설명범위는 총체적 조건조합의 설명력 중 하나의 조건조합이 가지는 설명력, 그리고 배타적 설명범위는 여타의 조건조합이 없을 경우에 한해 나타나는 특정 조건조합의 설명력을 의미한다. 일관성(consistency)은 각 조건조합이나, 전체조건조합이 결과(outcome)에 어느 정도로 일치하느냐를 판단하는 기준이다. 즉 일관성 값 1은 특정한 조건조합 혹은 전체조건조합이 결과에 완전히 일치되었음을 보여준다. 래긴은 완벽한 일관성은 사례의 수가 적거나 사용자료의 수준이 거시적일 때, 또는 둘 다 해당될 때 나타난다고 보고 있다. 이에 따라 본 연구에서 일관성의 값이 1로 측정된 것은 사례의 수가 적고, 사용자료의 수준이 거시적 수준이기 때문인 것으로 판단된다. Ragin, et al.(2008), 85-87(검색일: 2015. 10. 7); 윤영근(2012), 95-96.

다음으로 이러한 기본적 조건조합들을 대상으로 정치안정을 유발하는 필수적 인자인 최고함축요인(prime implicants)을 도출한 결과, 아래 〈표 9–5〉의 parsimonious solution에서 나타나듯이 식민당국이 토착패권을 공식적인 식민제도 속으로 포섭하는 전략을 채택하지 않은 경우(~inducement)와, 토착패권에 대한 도전세력이 부상하지 않은 경우(~challenge) 등 두 가지 조건이 핵심적 요인임이 밝혀졌다. 즉, 위의 두 가지 조건 중 어느 하나라도 충족되면 정치적 안정이 달성된다는 것이다. 이를 최종 불리언 공식으로 표현하면 〈표 9–6〉과 같다.

〈표 9-5〉 최고함축요인(최종적 조건조합)의 도출

```
--- PARSIMONIOUS SOLUTION ---
frequency cutoff: 1.000000
consistency cutoff: 1.000000
                                        raw       unique
                                      coverage   coverage   consistency
                                     ---------- ---------- ----------
~inducement                           1.000000   0.000000   1.000000
~challenge                            1.000000   0.000000   1.000000
solution coverage: 1.000000
solution consistency: 1.000000
```

〈표 9-6〉 최종 불리언 공식

stability=~inducement+~challenge
정치안정=토착패권의 포섭전략 부재+토착패권에 대한 도전세력 부재

▶ "+"는 불리언 연산의 논리적 조합기호인 "혹은(OR)"를 의미.

위의 〈표 9-6〉에서 알 수 있듯이, 이러한 두 가지 조건은 모두 대안적 충분조건(alternative sufficient conditions)이다. 즉, 식민당국이 토착패권 질서를 식민제도 속으로 포섭하려 시도하지 않았다는 역사적 조건 한 가지만으로도 정치안정이 달성된다는 의미이다. 그러나 이 조건은 정치안정을 유발한 모든 조건(조합)에 포함되어 있지 않기 때문에 필요조건(necessary condition)이 아니라는 사실이 밝혀졌다. 이와 마찬가지로, 토착패권에 대한 도전세력이 부상하지 않았다는 조건 역시 또 하나의 충분조건일 뿐이며, 필요조건은 아니다. 따라서 토착패권의 포섭전략 부재와 토착패권에 대한 도전세력 부재라는 두 가지 조건은 정치안정을 완벽하게 설명할 수 있을 뿐만 아니라(solution coverage 100%), 각 개별 조건만으로도 역시 정치안정의 발생을 완벽하게(100%) 설명하고 있다. 물론 본 연구는 단지 4개 비교사례를 상정하고 있기 때문에 남태평양 지역 전역에 걸친 정치안정성의 유발조건을 파악할 수 없다는 한계를 갖고 있으며, 따라서 도출된 최종 불리언 공식의 적용범주는 피지·사모아·통아·바누아투에 한정된다.[39]

39 예를 들어 변인의 수가 4개인 경우, 발생할 수 있는 모든 조건의 조합은 16개이다. 그러나 본 연구는 4개 사례만을 분석대상으로 상정했기 때문에 논리적으로 가능한 모든 조건조합에 해당되는 사례를 확인할 수 없으며, 따라서 결정적 조건조합의 총체적 규명이 불가능하다는 한계를 지니고 있다.

4. 결론: 토착패권의 제도화와 정치질서의 안정성

피지·사모아·통아·바누아투 등 남태평양 지역 4개 도서 국가를 대상으로 불리언 연산을 통해 정치적 안정성의 역사적 결정인자를 교차사례적으로 추적한 결과 ① 외세(식민당국)가 토착패권을 식민제도 속으로 포섭하는 전략을 채택하지 않은 경우와, ② 토착패권에 대한 도전세력이 부상하지 않은 경우 등 두 가지 대안적 충분조건이 도출되었다. 이러한 비교분석의 결과가 남태평양의 정치적 역동에 관한 연구에 있어서 갖는 함의는 아래와 같다.

첫째, 남태평양의 정치적 역동은 어디까지나 토착패권질서의 연속선상에서 파악되어야 한다. 즉, 토착패권질서가 외세의 침투로 야기된 개편의 압력을 극복하거나 모면했을 뿐 아니라 토착패권 자체에 대한 도전세력이 부상하지 않았던 사모아·통아·바누아투의 사례와, 토착패권질서가 식민당국의 간접통치기제 속으로 함몰된 피지의 사례는 토착패권의 훼손 여부가 식민 후 정치적 역동의 안정성을 결정하는 핵심적 인자로 작동했다는 사실을 보여준다.

둘째, 외세의 침투에 따른 토착패권의 훼손 정도는 원시적 정치제도화의 수준에 따라 결정되었다고 볼 수 있다. 즉, 피지의 경우 토착패권을 정당화하는 규범이 애당초 존재하지 않았으나, 통아와 사모아는 각각 파카파카와 파마타이와 같이 패권에 대한 복종의 교조를 사회의 전영역에 걸쳐 정착시킨 이념적·종교적 규범에 힘입어 이미 식민화 이전에 안정적이자 원시적인 정치제도화를 달성할 수 있었다. 따라서 통아와 사모아에 있어서 외세의 침투로 인한 정치적 충격은 토착패권질서와 토착정치문화의 견고한 융합으로 인해 그 여파가 피지의 경우에 비해 크게 제한되었으며, 제도화된 토착패권질서가 식민 후 새로운 국가건설과정을 거쳐 오늘날에 이르기까지 유지될 수 있었던 것이다.

셋째, 식민당국의 통치전략 역시 토착패권질서, 더 나아가 독립 후 정치질서의 안정에 상당한 영향력을 행사했다고 볼 수 있다. 피지에 있어서 영국 식민당국은 "피지인의 권익 우선"이라는 미명 하에 토착패권을 식민자치구조 속으로 포섭하여 전통적 패권배분구도의 위계성과 강고성을 약화시켰으며, 이에 따라 족장들 간의 내분과 경쟁이 유발되어 비록 의도하지는 않았으나 독립 후 오늘날까지 지속되고 있는 정치 불안정의 요인을 제공한 것이다. 또한 식민당국이 플란테이션 경제체제를 운용하기 위해 대거 유치한 인도인 계약노동자들(인도피지언들)이 원주민 족장의 패권에 대한 도전세력으로 부상하여 "인종정치"의 험난한 길이 열렸다는 것 역시 부정할 수 없는 사실이다. 그러나 통아에 있어서 영국의 '국제법적 보호'는 토착패권질서에 거의 아무런 영향을 주지 않았으며, 바누아투에 대한 영국과 프랑스의 방만한 공동식민통치와 사모아에 있어서 독일과 뉴질랜드의 억압적 통치는 반외세, 반식민의식을 추동함으로써 토착패권의 견고성을 오히려 강화했을 뿐이다.

결론적으로 남태평양 도서국가, 특히 본 연구가 비교사례로서 채택한 4개 국가에 있어서 정치질서의 안정성은 이들이 토착패권질서를 유지해 온 경로와 방식에 따라 결정되었다고 볼 수 있다. 즉, 외세의 침투에도 불구하고 토착패권의 기본구도를 성공적으로 유지해 온 사모아,

통아와 바누아투는 독립 후 채택한 정치체제와 기제의 성격에 상관없이 정치질서의 안정성을 확보할 수 있었던 반면, 위계적 토착패권질서가 식민통치 하에서 전면적으로 개편된 피지는 극심한 정치불안정을 노정한 것이다. 다시 말해서, 토착패권질서가 심각하게 훼손되지 않았던 국가들은 의회제 또는 입헌군주제의 정치기제를 전통적 정치지형에 맞추어 효율적으로 변용할 수 있었음에 반해, 토착패권이 외세에 의해 개편됨으로써 이미 식민시대에 정치지형 자체가 변형된 피지는 이질적 정치기제의 운용과정에 있어서 혼란과 갈등에 빠져든 것이다. 요컨대 외세가 '건드린' 토착패권은 새로운 정치기제와 효율적으로 융읍되지 못했으나, 외세의 침투에 대항하여 본래의 모습을 유지한 토착패권은 독립 후 채택한 민주주의기제가 담지하고 있던 외래성, 문화적 이질성을 여과해 내는데 성공함으로써 남태평양 특유의 정치질서, '민주적 정치기제 속에서 작동하는 비민주적 정치질서'를 안정적으로 확립했다고 말할 수 있다.

참고문헌

김웅진. 2009.『피지: 정적과 혼돈의 섬』. 파주: 이담북스/한국학술정보.

______. 2010. "남태평양에 있어서 식민 후 권력배열 재편성: 피지의 '종족정치'와 바누아투의 '언어정치'." 『세계지역연구논총』 제28집 3호, 261–287.

______. 2011. "남태평양 복종문화의 정치적 변용: 통아(Tonga)의 입헌군주제." 『21세기 정치학회보』 제21집 3호, 259–275.

______. 2012. "사모아의 파사모아(*fa'aSamoa*)와 파마타이(*fa'amati*): 남태평양 정치질서의 전통적 기반." 『국제지역연구』 제16권 4호, 3–22.

김웅진·김지희. 2000.『비교사회연구방법론』. 서울: 한울, 2000.

김지희. 2012. "피지정치의 권력배열구도: 역사 문화적 배경에 관한 현지 학자들의 견해." 김웅진 외.『의회민주주의의 남태평양적 변용: 피지와 바누아투의 사례』, 143–155. 파주: 한국학술정보.

비제이 나이두(Vijay Naidu)·김웅진. 2008. "피지의 쿠데타 정치: 다인종민주주의–인종 국수주의의 진자." 『국제지역연구』 제12집 4호, 89–112.

윤영근. 2012. "정부개혁의 내용과 제도적 조건에 관한 연구: 부울 연산법의 적용." 『한국행정학보』 제46권 1호, 79–102.

한국수출입은행 해외경제연구소. 2015.『2015 세계국가편람』. 서울: 한국수출입은행.

Bolton, Lissant. 1999. "Chief Willie Bongmatur Maldo and the Incorporation of Chiefs into the Vanuatu State." Discussion Paper, Research School of Pacific and Asian Studies, The Australian National University.

Crocombe, Ron. 2008. *The South Pacific*. Suva: IPS Publications, University of the South Pacific.

Crocombe, Ron, et al., eds. 1992. *Culture and Democracy in the South Pacific*. Suva: Institute of Pacific Studies, University of the South Pacific.

Cummins, H. G. "Tongan Society at the Time of European Contact." In Noel Rutherford, ed. *History of Tonga*. Melbourne: Oxford University Press, 1977.

Deeg, Richard. "Path Dependency, Institutional Complementarity, and Change in National Business Systems." In Glenn Morgan, Richard Whitley, and Eli Moen, eds. *Changing Capitalisms? Internalization, Institutional Change, and Systems of Economic Organization*. New York: Oxford University Press, 2005.

Fana'afi Le Tagaloa, A. 1992. "The Samoan Culture and Government." In R. Crocombe, et al., eds. *Culture and Democracy in the South Pacific*, 117–138. Suva: Institute of Pacific Studies, University of the South Pacific.

Ferdon, E. 1987. *Early Tonga: As the Explorers Saw It, 1616-1810*. Tucson: University of Arizona Press.

Field, Michael J. 1991. *Mau: Samoa's Struggle for Freedom*. Auckland: Polynesian Press.

Fraenkel, Jon, and Stewart Firth, eds. 2007. *From Elections to Coup in Fiji*. Canberra: ANU E Pres.

Gailey, C. 1987. *Kinship and Kingship: Gender Hierarchy and State Formation in the Tongan Islands*. Austin: University of Texas Press.

Goldman, Irving. 1970. *Ancient Polynesian Society*. Chicago: University of Chicago Press.

Guy Peters, B., J. Pierre, and D. King. 2005. "The Politics of Path Dependency: Political Conflict in Historical Institutionalism." *Journal of Politics* 67:4, 1275–1300.

Lal, Brij V. 2006. *Islands of Turmoil: Elections and Politics in Fiji*. Canberra: ANU E Press and Asia Pacific Press.

Lawson, Stephanie. 2008. *Tradition versus Democracy in the South Pacific*. Cambridge: Cambridge University Press.

Marcus, G. 1977. "Contemporary Tonga: The Background of Social and Cultural Change." In N. Rutherford, ed. *History of Tonga*. Melbourne: Oxford University Press.

Morgan, M. G. 2008. "The Origins and Effects of Party Fragmentation in Vanuatu." In R. Rich, L. Hambley, and M. Morgan, eds. *Political Parties in the Pacific Islands*, 117–142. Canberra: ANU Press.

Naidu, Vijay. 2007. "Coups in Fiji: Seesawing Democratic Multiracialism and Ethno–nationalist Extremism." *Pacific Connection* 26, 24–33.

Norton, Robert. 1984. "Titles, Wealth, and Faction: Electoral Politics in a Samoan Village." *Oceania* 55:2, 100–117.

Poulsen, Jens. 1977. "Archaeology and Prehistory." In Noel Rutherford, ed. *History of Tonga*. Melbourne: Oxford University Press.

Ragin, Charles. 1987. *The Comparative Method, Moving Beyond Qualitative and Quantitative Strategies*. Berkeley and Los Angeles: University of California Press.

Steinbauer, Friedrich. 1997. *Melanesian Cargo Cult: New Salvation Movement in the South Pacific*. St. Lucia: University of Queensland Press, 1997.

Government of Samoa. 2014. "Members of Parliament." http://www.samoagovt.ws/directories/members–of–parliament/(검색일: 2015. 10. 5).

Office of the Electoral Commissioner(Independent Sate of Samoa). 2010–2015.

"1963 Electoral Act." http://www.oec.gov.ws/Portals/180/documents/Electoral%20Act%201963/ELECTORAL%20ACT%201963%20Eng.pdf(검색일: 2015. 10. 5).

Parliament of Tonga. 2015. "Constitution of Tonga(Revised 1988)." http://www.parliament.gov.to/parliamentary-business/documents/constitution-of-tonga/file/115-constitution-of-tonga-revised-1988(검색일: 2015. 10. 5).

Parliament of Tonga. 2015. "Members of the Legislative Assembly." http://www.parliament.gov.to/members-of-parliament(검색일: 2015. 10. 5).

Ragin, Charles, et al. 2008. "User's Guide To Fuzzy-set/Qualitative Analysis." http://www.u.arizona.edu/~cragin/fsQCA/(검색일: 2015. 10. 7).

The World Bank Group. 2015. "World Governance Indicators." http://info.worldbank.org/governance/wgi/index.aspx#countryReports (검색일: 2015. 10. 5).

제10장 사회협약의 정치: 세계화시대 경제위기와 집권 정당의 위기극복 전략 – 핀란드, 벨기에, 스페인, 아일랜드*

장선화**

1. 서론

이 글은 1980년대 이후 노사정 사회협약 체결이 급증한 유럽 국가들 가운데 4개국(핀란드, 벨기에, 스페인, 아일랜드)을 대상으로 사회협약의 형

* 이 글은 2014년『한국정당학회보』제13권 제2호에 게재된 논문을 부분적으로 수정한 것임

** 연세대학교

식과 내용, 지속성을 비교분석함으로써 현대 사회협약 정치의 특징을 규명한 것이다. 1990년대부터 2013년까지 노사정 협상과 사회협약 체결 과정에서 집권 정당들과 노동시장 조직들 간 이해관계의 지속과 변화를 중심으로 사회협약 정치의 역사적 전개를 살펴봄으로써 1970년대 초까지 노사정 정책 협의체계의 구축으로 주목받았던 네오 코포라티즘과의 유사성과 차이성을 밝히고 사회협약 전략의 지속가능성과 그 한계에 대해 논하고자 한다.

1970년대 말까지 서구 선진 산업국가들 일부(특히 북유럽 국가들)에 특징적으로 나타났던 (네오)코포라티즘은 노사정 간 이익교환에 따른 경제·사회 정책적 합의와 계급 타협의 속성을 강하게 띠고 있었다.[1] 자본에 대한 민주적 통제를 가능하게 한 사민주의 정당의 집권, 중앙집중적이고 포괄적인 노동조합 조직,[2] 정치적 헤게모니의 약화로 노동시장에서 노동과의 합의를 선택한 사용자 조직의 이익교환이 코포라티즘적 계급타협이 유지될 수 있었던 정치사회적 기반이었다.[3] 서구에서는—제2차 세계대전 후 영미식 자유주의와 소련식 공산주의와 차별되

1 네덜란드와 벨기에 등 계급균열이외의 언어·지역적 균열이 강한 국가들에서 특징적으로 나타난 협의민주주의적 의회정치와 코포라티즘은 "계급타협"적 코포라티즘으로 정의하기 어렵다.

2 1970년대 경제위기에 직면하여 독일, 영국, 오스트리아, 스웨덴 사민주의 정부들의 전략적 선택 비교를 통해 샤프가 제시했던 바와 같이 1970년대까지 이들 국가에서 '완전고용'을 정책적 최우선으로 할 수 있었던 것은 잘 조직된 협력적 노동조합의 지지가 있었기 때문이다(Scharft 1991).

3 이러한 계급타협은 한편으로 정통 이데올로기적 교의(orthodoxy)와의 단절과 혼합경제의 형성(Gourevitch 1986)으로 특징지어진다.

는—자본주의 계급갈등의 체제 내적 해결 방안이라 할 수 있었던 사회협의시스템으로서 주목받았다. 하지만 1970년대 오일쇼크를 시작으로 진행된 산업구조 변화와 글로벌 경제의 확산, 대중정당의 전통적 지지기반 약화와 노동시장 행위자의 이해관계의 변화 등은 코포라티즘적 계급타협의 기반을 와해시키는 계기로 작용했다. 노사정 협의시스템이 점차 분산되고 다층적이 되어감에 따라 코포라티즘 쇠퇴에 대한 논의가 진행되었다. 한국에서는 민주화이후 노동조합 합법화와 문민정부 출범으로 노사정 협의가 시도되기 시작하면서 1990년대까지 노사정 사회협의시스템에 대한 연구가 활발히 진행되었다. 1998년 여야 정권교체와 김대중 정부 출범 직전 노사정위원회가 설치됨으로써 코포라티즘적 노사정 협의체제에 대한 관심과 기대가 더욱 높아진 바 있지만 1~3기 노사정위원회가 노사 합의를 이끌지 못한 채 파행을 거듭하고 명목만 유지하기에 이르러 코포라티즘적 삼자 협의 가능성에 대한 현실적, 학문적 관심이 현저히 줄어든 바 있다.

사회협약에 대한 학문적 관심이 다시금 촉발된 것은 제2차 세계대전 후 구축된 네오코포라티즘의 쇠퇴와 더불어 1980년대 후반부터 과거 코포라티즘적 계급타협과 사회협약 체결이 어려운 정치사회적 조건을 갖는 유럽의 여러 국가—아일랜드, 네덜란드, 벨기에, 스페인, 그리스, 독일, 핀란드, 포르투갈, 이탈리아, 오스트리아 등—에서 사회 협약 체결 횟수가 급증했기 때문이다. 1993년부터 1997년까지 경제위기시 유럽연합(EU) 회원국들에서 사회협약의 증가세가 뚜렷하게 나타났으며, 특히 아일랜드(1987년), 스페인(1997년)과 같이 코포라티즘적 전통이 약한 국가에서 사회협약이 체결됨에 따라 '사회협약'의 사회경제적 성과뿐 아니라 체결 요인에 대한 관심이 증가하였다.[4] 최근의 연구들은 1990년대 사회협약 체결 횟수가 급증한 데에는 유로존 가입 조건 충족을 위한 사회적 파트너십 도입(Rodes 2002; Molina 2014), 소수 정부의 개혁정책을 위해 필요한 사회적 합의를 이끌기 위한 수단(Baccaro and Lim 2007) 등이 중요한 요인으로 작용했다고 밝히고 있다. 하지만 사회협약을 대상으로 한 기존의 연구들은 남유럽 재정위기가 확산된 2000년대 말 이전의 경험적 사례에 집중되어 있어 1980년대 말부터 새로이 부상한 정부 주도적 사회협약이 노동시장 갈등 조정양식으로써 안정적으로 제도화되었는지의 여부를 확인하지 못하고 있다.

이 글에서는 1990년대까지 노동시장제도와 코포라티즘 제도적 유사성이 높은 국가군으로 유럽선진산업국 16개국을 분류했을 때 각 유형에서 1980년대부터 2006년대까지 사회협약 횟수가 가장 상위에 있는 국가들—핀란드, 벨기에, 스페인, 아일랜드—을 비교사례로 선정하였다. 사회모델과 코포라티즘의 제도적 유산을 기준으로 했을 때 제도적 차이가 큰 이 네 국가에서 1990년대 경제위기에 대한 대응으로 유사한

4 특히 자유시장적 노동시장제도가 특징적이었던 아일랜드의 사회협약 성공 사례는 한국 정부에 시사하는 바가 큰 것으로 소개되어 왔다. 아일랜드에서 사회협약은 계급 타협적 속성보다는 전 사회구성원을 협의에 끌어들이는 전취적(catch-all) 성격이 강하며 따라서 노동시장 의제 뿐 아니라 전반적 정책 분야에 걸쳐 협의가 진행된다(이 글의 3-(4) 참조). 한국 노사정위원회는 2007년 1월 26일 법률안 개정으로 "경제사회발전노사정위원회"로 명칭을 바꾸고 노사정 협의 기구를 넘어선 국가적 차원의 경제사회정책 협의기구로 전환을 분명히 한 바 있다.

노동시장 조정 방식(사회협약)이 나타났다. 이 국가들에서 사회협약이 증가한 원인을 비교 분석함으로써 첫째, 코포라티즘적 계급타협 제도와 사회협약 체결을 통한 사회적 갈등 조정방식의 유사성과 차이성을 밝히고, 둘째, 경제적 환경뿐 아니라 제도적 상이성이 높은 국가들에서 사회협약이 증가한 원인을 설명하고자 한다. 이에서 더 나아가 셋째, 사회협약의 지속성을 확인해 봄으로써 이러한 위기대응방식이 2000년대 말부터 진행된 EU 경제위기에 적용되었는지, 즉 지속가능한 노동시장 내 갈등조정양식으로 제도화되었는지를 4개국 사례를 통해 규명한다.

2절에서는 사회협약에 대한 선행 연구를 검토하고 보다 장기적 관점에서 사회협약의 실제를 살펴볼 필요성을 제기한 후 최대상이체계 분석 디자인에 따른 비교 사례 선정 과정을 상술하였다. 3절은 사례분석으로 제2차 세계대전 이후 핀란드, 벨기에, 스페인, 아일랜드에서 형성된 노동시장제도의 특징과 1980년대 이후 변화를 제시한다. 이 국가들에서의 제도적 변화와 주요 행위 집단들의 이해관계 변화가 1990년대와 2000년대 세계화 시대 경제위기 집권정당의 경제위기 전략에 어떠한 영향을 미쳤는지 살펴본다. 이를 통해 2000년대 사회협약 정치의 속성과 지속가능성 및 그 한계를 밝힐 것이다.

2. 코포라티즘에서 사회협약으로? 선행 연구 검토와 사례 선정

(1) 선행 연구 검토와 문제제기[5]

코포라티즘에 대한 정의는 일반적으로 다음과 같이 정리할 수 있다. 첫째, 노동시장의 대표적 이익집단들의 이익대표체계로 "단일하고 위계적인 이익집단들이 국가를 대상으로 독점적으로 이익을 표출·응집·매개하는 이익대표체계"(Schmitter 1973, 13)를 지칭한다. 둘째, 정부와 사회 내 거대 경제적 이익집단 간의 정책 협의 및 집행의 한 양식으로 "대규모로 조직된 사회경제적 집단들이 긴밀한 협의 체계를 구축하고 이들이 국가기관과 협력하여 공공정책, 특히 경제정책을 형성, 집행하는 특수한 양식"(Lembruch 1974; 김수진 2001 재인용)을 의미한다. 코포라티즘 개념을 정의한 학자들 간에 크고 작은 차이는 있으나 대체로 코포라티즘은 사회 내 중심적 이익대표 조직 간 협의의 제도적 양식과 그와 결합된 노사정 간 정책 결정과정 및 체계를 일컫는다고 할 수 있다. 하지만 코포라티즘이 반드시 노사정 간 삼자협의(tripartism)를 포함하는 개념이라고 할 수는 없으며(Slomp 1996) 사회협약이라는 합의의 도출보다는 이익대표체계에 기반한 특정의 정책 협의 양식을 지칭한다고 하겠

5 2절은 『한-EU 수교 50주년 기념 제7회 한국유럽학연합학술대회』(2013년 5월 31일)에서 필자가 발표한 "노동시장 제도변화와 사회협약의 정치" 2장의 일부를 대폭 수정·보완한 것이다.

다. 코포라티즘 체계 내에서 사회협약은 노–사 조직 간 혹은 노사정 합의의 결과이지 목표가 아니다. 오히려 코포라티즘은 "독점적이고 중앙집중적이며 내적으로 위계적인 특수한 이익집단 구조와 정책결정 과정(Baccaro 2003)"을 지칭한다.

이에 비해 사회협약(social pact)은 "통합적 공공정책 패키지에 대한 정부, 노동조합들, 사용자조직들 간의 정상 수준의 합의"(Baccaro and Lim 2007, 27), 보다 협의로는 "임금 규제 혹은 복지나 노동시장 개혁을 위한 정부와 노조 그리고 때로는 사용자 간의 전국적 합의"(Hammann and Kelly 2011, 3) 등 '합의' 도출에 초점을 두고 정의된다.[6] 그러나 한편으로 사회적 협약은 '분배적'이기보다는 '규제적'이며 특수한 국면에서 운용되는 매우 우연적이고 연약한 것으로 평가되기도 한다(Sabina, et al. 2011, 10–11).

연구 대상으로서 사회협약에 대한 관심이 증폭된 것은 1980년대 후반 이후 영국, 스웨덴 이외 유럽의 여러 국가에 사회 협약 체결사례—아일랜드, 네덜란드, 벨기에, 스페인, 그리스, 독일, 핀란드, 포르투갈, 이탈리아, 오스트리아 등—가 급증했기 때문이다.[7] 1993년부터 1997년까지 경제위기를 겪으면서 EU 내에서 사회협약의 증가세가 뚜

6 사회협약에 대한 엄밀한 정의는 존재하지 않으나 국내 연구에서는 연구자에 따라 "공공정책에 대한 노사단체의 참여(전명숙·임상훈 2012, 150)"를 통칭하여 사회적 협약이라고 지칭하기도 한다.

7 1980년~2006년 사이 서유럽 국가들(EU15개국과 노르웨이)에서 사회 협약 체결 건수는 145개 이슈 관련 110여 건에 이른다(Hamann and Kelly 2011, 1).

렷하게 나타났으며,[8] 특히 1997년 스페인, 2006년 폴란드와 같이 코포라티즘적 전통이 약한 국가에서 나타난 사회협약의 사례는 '사회협약' 자체의 체결 요인과 결과에 주목하게 되었던 것이다.[9]

이들 국가에서 체결된 사회협약을 코포라티즘적 접근에서는 정부주도 코포라티즘의 한 형태로 분류하거나(Traxler, et al. 2002), 네오코포라티즘의 새로운 유형인 경쟁적 코포라티즘(Rhode 1998; 구춘권 2006)으로 설명하려는 이론적 확장 시도들이 전개되어왔다.

피서르와 마틴은 유럽에서의 1970년대 네오코포라티즘의 물결과 1990년대의 사회적 협약 체결의 흐름을 비교 분석하면서 네오코포라티즘과 달리 사회협약은 정책 결정자의 필요에 의한 일시적 규제 수단인 것으로 보았다(Visser and Martin 2011). 이와 더불어 사회협약은 집권정당(들) 혹은 집권가능성이 높은 정당(들)이 상호 경쟁하는 가운데 정치적 동원을 위해 이용되는 양상을 보이기도 한다. 즉, 정부가 사회적 협약을 추구하는 것은 경제위기를 극복하기 위한 경제적 이유에서만이 아니라 선거 경쟁과정에서 표의 극대화를 위한 정치적 이유 때문에 사회적 협약이 체결된다는 것이다(Hamann and Kelly 2011). 이러한 맥락에

---

8 Jacques Freyssinet 30/09/2013.

9 스페인에서는 1990년대 유럽경제가 침체되자 높은 실업률(1993년~1996년 20%이상)과 정규직에 대한 고용보호 완화로 노사정 간 심각한 갈등이 나타났고, 실업과 비정규 노동 문제 해결을 위해 사회적 협약을 시도한 끝에 1997년 4월 노사정 사회협약을 체결한 바 있다(김인춘 2010, 195-196). 스페인은 고용보장이 높고 기업에 의한 임의 재량적 해고가 어려운 경직적 노동시장을 특징으로 하고 있으나 노동시장에서 노사 합의는 약한 특징을 갖는 국가로서 노동시장에서 자율적 갈등조정이 어려운 특징을 나타내 왔다.

서 정치 전략적 사회협약은 노동시장에서의 갈등조정양식이 중앙집중적으로 제도화된 경험을 갖는 국가들에 비해, 보다 다원적이고 분산적 임금협상과 자율적 노사 협의 수준이 낮은 국가들에서 활용되기에 보다 용이한 측면을 보인다. 또한 정치 전략적 정부주도 사회협약은 산업관계 면에서는 분산적이나 규제적 노동시장의 특징을 갖는 국가들에서 나타날 가능성이 높다고 할 수 있다.[10]

이와 같은 기존의 연구들은 남유럽 재정위기가 확산된 2000년대 말 이전의 경험적 사례에 집중되어 있어 사회협약이 그 이후로도 경제 위기 시 각국의 노동시장 갈등 조정양식으로서 기능하고 있는지의 여부를 확인하지 못하고 있다. 전후 20여년의 기간 동안 제도화된 노동시장 갈등조정양식을 코포라티즘으로 설명할 수 있었다면 1980년대 말부터 진행된 임금억제와 노동시장 갈등조정 양식으로 사회협약이 제도화되었는지 살펴볼 필요성이 있다.

이 글에서는 1990년대부터 사회협약 체결이 급증한 국가들을 대상으로 사회협약 체결의 시기와 양상을 비교분석함으로써 코포라티즘적 계급타협과 사회협약의 유사성과 상이성을 살펴본다. 그리고 사회협약이 노동시장 갈등조정 양식으로 제도화 되었는지 혹은 선거경쟁 속에

10 Baccaro and Im(2007)은 아일랜드, 이탈리아, 한국의 사회적 협약 사례 비교를 통해 자본주의다양성 연구에서 제시된 전형적 자유시장경제(LME) 국가인 영국과 조정형 시장경제(CME) 국가인 독일에서 경제위기 시기 사회적 협약이 나타나지 않았던 것에 비해 산업관계시스템 차원에서 혼합적 시장경제를 특징으로 하는 3개국에서 사회적 협약이 나타났다는 점에 주목한 바 있다.

서 일시적 정치동원을 위한 정치적 요인에 의한 전략적 선택에 불과한지 규명해 볼 것이다.

(2) 비교사례의 선정

이 글에서 비교대상으로 선정한 국가는 1980년대까지 코포라티즘적 협의가 강하게 나타나지 않은 국가들 가운데 1차적으로는 1980년대 말부터 사회협약 체결 횟수가 급증한 국가들이다. 유럽 사회모델에 특징적인 지역모델 분류는 코포라티즘의 강약정도를 지수화했을 때 묶여지는 국가군 분류와 중첩된다. 따라서 이 글에서는 유럽사회모델의 지역모델 분류와 코포라티즘과 노동시장 제도를 기준으로 국가군을 분류하고 각 사회모델에서 사회협약이 가장 많이 체결된 국가들을 비교사례로 선정하였다. 즉, 비교분석 디자인에서 최대상이체계분석을 이용해 결과적 유사성(사회협약 체결 횟수)이 나타난 사례들에서 유사한 원인을 찾아보고자 한 것이다.

사피르(Sapir 2006)의 사회모델을 일부 차용하여 맥칸(MacCann 2010)은 유럽의 사회모델(social model)을 유럽 개별 국가들에서 나타나는 특정한 복지와 노동시장 정렬(arrangement)의 복합적 혼합물로 정의한다.[11]

---

11 유럽사회모델 개혁에 대한 연구에서 사피르는 효율성과 형평성 측면에서 유럽의 지역적 분류에 따른 사회모델들을 EU 평균과 비교한 바 있다. 유럽의 사회모델을 지역적으로 노르딕 모델(덴마크, 핀란드, 노르웨이, 스웨덴, 네덜란드), 대륙형 모델(오스트리아, 벨기에, 프랑스, 독일, 룩셈부르크), 앵글로색슨 모델(아일랜드, 영국), 지중해식 모델

사회모델은 복지제도 뿐 아니라 개별국가의 시장과 사회관계를 지배하는 제도들의 구성을 포함한 개념으로 정부·시장·사회 제도에 대한 보다 포괄적인 비교가 가능하다(아래 〈표 10-1〉 참조).

〈표 10-1〉 EU 15개국 '사회 모델'의 다양성: 주요 양상들

유형	노르딕	대륙	지중해	앵글로-색슨
노동시장	규제된 노동시장	조정된 노동시장	규제된 노동시장	유연한 노동시장
	적극적 노동시장 정책	다양한 수준의 고용보호	높은 수준의 고용 보호	제한적 고용 보호
산업관계	(높은 수준의) 중앙집중적 노동조합과 사용자 연합 (높은 조직 가입률)	(중간 정도의) 중앙집중적 노동조합과 사용자연합	파편화된 노동조합	파편화된 노동조합
	조정된 단체교섭	조정된 단체교섭	탈집중화된 단체교섭-임의적 국가개입	분산적·개별적 단체교섭
	(비교적)억제된 임금구조	직장평의회	법 확장으로 국가-노동조합 위기 협약	임금 분산 경향 광범위하게 증가
복지지원	보편주의적 모델 사회 서비스 지향	대부분 고용기반 보조	불균등한 범위의 제한된 지원	'최종수단(last resort)'으로서 (국가보다는) 사회적 원조에 크게 의존 활성화(activation)경향 증가
	스웨덴, 핀란드, 덴마크, (네덜란드)	오스트리아, 독일, 프랑스, 벨기에, 룩셈부르크	이탈리아, 스페인, 포르투갈, 그리스	영국, 아일랜드

* McCann(2010) p,134 Table 6.1 참조, ( )는 필자 작성.

맥칸의 '사회모델' 다양성 분류는 노동시장 주요 이해당사자인 노동과 자본조직의 관계 양식 뿐 아니라 정부의 노동시장 규제정도와 정책적 차이, 복지지원체계를 포함하여 유럽 선진산업국가들이 지역적으로—몇 개 국가를 제외하고—복지모델, 산업관계 제도화, 사회정책제도 면에서 유사한 특징을 보유하고 있다는 점을 보여준다.

〈표 10-2〉는 1980년대부터 2006년까지 노르웨이를 포함한 유럽 16개국의 코포라티즘 정도,[12] 노동시장 제도와 사회협약 체결횟수, 실업률을 나타낸 것이다. 코포라티즘 연구들에서 다양하게 조작 정의된 코포라티즘 지표들(노동시장조직 포괄정도, 단체교섭 포괄정도, 사민주의 정당의 집권여부 등)을 통합한 지수를 기준으로 국가들을 비교했을 때 유사한 특징을 갖는 국가군으로 나눌 수 있으며 이는 사회모델 분류와 대체로 일치하는 경향을 보인다. 1980년대 이전까지 강한 코포라티즘적 전통을 보유하고 있던 스칸디나비아 국가들(스웨덴, 노르웨이, 핀란드, 덴마크)[13]과 네덜란드, 오스트리아는 1990년대에 이르기까지 코포라티즘 정도 면에서 상위에 위치하며 앵글로색슨 국가들(아일랜드, 영국)은 가장 아래쪽에 자리하고 있다.

---

12 코포라티즘 정도를 측정하는데 사용된 지표는 1980년대 말부터 1990년대 중반까지 수집된 자료이다. 사실상 이 시기는 코포라티즘의 위기와 재편이 진행되는 시기이다. 그럼에도 지수 상으로는 상대적으로 코포라티즘(강한~다원주의적)의 제도적 유산이 여전히 나타나고 있어 1990년대 이후 국가들의 위기 대응전략과 노동시장 갈등 조정양식의 변화를 비교 확인하기 위해 병기하였다.

13 코포라티즘의 위기와 재편이 진행된 1980년대 이래 산업관계 면에서 스웨덴과 덴마크는 법적 조정을 통한 임금조정 방식을, 핀란드와 노르웨이는 사회적 협약을 통한 조정을 선택함으로써 노르딕 국가들의 노동시장 갈등에 대한 상이한 경로가 두드러

〈표 10-2〉 유럽 16개국(EU 15개국+노르웨이)
코포라티즘, 노동시장 제도, 사회협약, 실업률, 파업 1980-2006

사회모델*	국가	코포라티즘** 1980년대 말-1990년대 중반	노동시장 제도 (노동법, 조직구조)	사회협약*** 체결 횟수 1980-2006	실업률 평균 1980-2006	파업 순위 † 1980-2006
노르딕모델	스웨덴	(4.6)	규제적	3	5.4	9
	노르웨이‡	(4.6)		7	3.9	8
	핀란드	(4.3)		12	8.5	4
	덴마크	(4.1)		4	7.2	6
	네덜란드	(4.0)		9	6.9	15
대륙형모델	오스트리아	(4.6)	조정적	1	3.8	3
	독일	(4.1)		1	7.6	14
	룩셈부르크	(4.1)		2	1.8	16
	벨기에	(3.7)		13	10.4	7
	프랑스	(2.3)		2	8.8	10
지중해모델	스페인	(1.9)	규제적	18	16.8	2
	포르투갈	(2.4)		14	6.4	13
	이탈리아	(2.9)		14	10.2	3
	그리스	(1.8)		2	8.6	1
앵글로색슨 모델	아일랜드	(2.5)	유연적	8	10.9	5
	영국	(1.9)		0	7.9	6

* 사회모델(Social Model) (Sapir 2006; MacCan 2010) 기반 국가군 분류

** (코포라티즘 지수)는 Siaroff(1999) Table 4c ,4d 인용, 양 수치 합산/2*100('5' 강한 코포라티즘~'1' 다원주의적)

*** 사회협약 체결 횟수는 Hamann-Kelly dataset 인용

† 파업순위는 EIRR, EIRO, Protest and Coercion Database, Kelly and Hamann(2010, 4, Table 1: General and Economic Strikes by Country) 인용(노동손실일수/1000).

‡ 노르웨이는 Sapir(2006)의 노르딕 모델에는 포함, MacCan(2010)의 노르딕 모델 유형에 포함되지 않음. 네덜란드는 지역적으로는 노르딕 국가에 속하지 않지만 사회모델 유형으로는 노르딕 모델에 포함됨.

하지만 1980년대부터 2006년까지 사회협약 체결횟수를 비교했을 때 1990년대까지 나타난 지역별 코포라티즘 수준의 격차는 큰 의미를 갖지 못한다. 코포라티즘의 수준이 높지 않았던, 즉, 노동시장과 경제·사회 정책 결정과정에서 노사정 혹은 노사 협의가 중앙차원에서 제도화되지 못하고 노동시장 조직이 분산적 특징을 보이던 지중해 국가들에서 사회협약 체결률이 급등하였고, 동일시기 이들 국가들에서 실업률이 매우 높았음에도 불구하고 노동시장 갈등(여기서는 파업 횟수) 역시 완만하거나 낮은 수준이었다. 오히려 주목할 만한 점은 사회모델의 분류와 코포라티즘 지수를 기준으로 분류했을 때 유사한 특징을 갖는 것으로 평가되는 역내 국가들 간 다양성이 증가하고 있다는 점이다.

이 글에서는 1990년대까지 노동시장제도와 코포라티즘적 유사성이 높은 4개의 국가군(사회모델+코포라티즘 기준) 가운데 1980년대부터 2006년대까지 사회협약 횟수가 가장 상위에 있는 4개 국가들—핀란드, 벨기에, 스페인, 아일랜드—을 비교사례로 선정하였다. 이 국가들은 1990년대 경제위기에 직면하여 재정적자가 증가하고 실업률이 급등하였으며 정부는 경제 안정화 정책 도입과 그로 인한 사회적 불만과 갈등을 조정하기 위한 수단으로 사회협약을 선택했다(이들 가운데 경향성은 유사하지만 비교적 완만한 실업률 증감을 보이는 벨기에 역시 대륙형 모델로 분류되는 국가군 가운데 가장 높은 실업률을 나타내고 있다).

1990년대의 경제위기를 극복하고 노동시장 안정화에 성공한 것처럼 보이던 EU 국가들에 2008년부터 시작된 남유럽 발 경제위기가 점차 확산됨에 따라 노동시장 불안정과 경제적 불확실성이 더욱 높아지게

〈그림 10-1〉 4개국 실업률 1995-2012(단위 %)

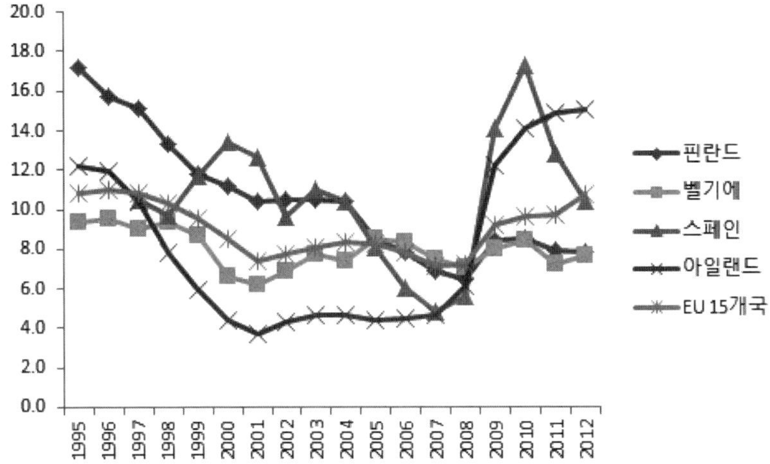

출처: OECD 실업률 데이터 참조, 필자 작성.

〈그림 10-2〉 4개국 정부재정 적자/흑자 1995-2012(% of GDP)

출처: Eurostat-Government deficit/surplus 데이터 참조, 필자 작성.

〈그림 10-3〉 4개국 GDP 성장 1995-2013*(전년도 대비 %)

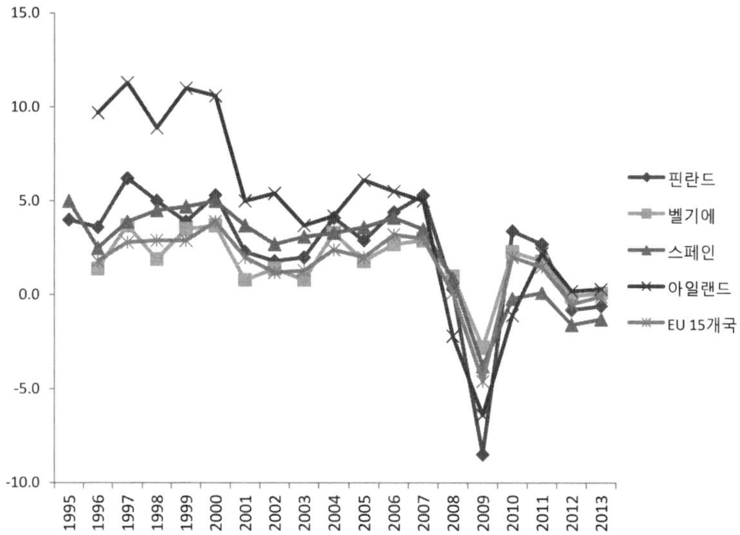

출처: Eurostat- GDP and main components-volumes 데이터 참조, 필자 작성.
* 2013년도 수치는 전망치

되었으며 이들 4개국 가운데 가장 큰 경제적 위기에 처하게 된 것은 이미 EU 내에서 재정적자와 경제적 불안정성으로 인해 위험군으로 분류된 스페인과 글로벌 개방경제의 위험성을 단기간에 극적으로 보여준 아일랜드였다.[14] 이와 비교할 때 핀란드와 벨기에는 앞의 〈표 10-2〉의 실업률 수치에서 확인할 수 있는 바와 같이 1990년대에 유사한 제도적 환경에 처한 다른 국가들에 비해 높은 실업률과 경제성장 지체를 보였던

14 아일랜드는 2010년 12월부터(675억 유로), 스페인은 2012년 7월부터(1000억 유로) 3년 기한의 전면적인 EU-IMF 구제금융 지원을 받았다.

반면 2000년대 말부터 진행된 경제위기의 영향력을 크게 받지는 않은 것으로 나타난다.

그럼에도 불구하고 〈표 10-3〉의 단체교섭수준을 통해 볼 때 이 4개국에서 1980년대 후반부터 사회협약의 경험으로 인해 2000년대 말 시작된 남유럽 발 EU 경제위기 이후로도 노동시장에서의 협의와 정부에 의한 정책적 조정이 지속되고 있음을 확인할 수 있다. 아일랜드에서 다원주의적이며 시장의존적인 노동시장 제도는 유지되고 있으나 영국에 비해 조정의 정도가 높으며, 나머지 세 국가는 각국이 속한 사회모델 내 여타 국가들과 비교했을 때 매우 높은 단체교섭 수준을 나타내고 있다. 특히 2000년대에 들어 과거 조직화 정도가 낮았던 스페인에서 단체교섭 수준과 조정정도가 "집중적/높음"으로 나타난다는 점에 주목할 필요가 있다. 핀란드와 벨기에는 이미 코포라티즘의 수준과 노동시장 조정 면에서 지중해 국가들이나 앵글로색슨 국가들에 비해 높은 수준에 있었으므로 스페인과 아일랜드의 비교적 분산적이고 다원주의적인 노동시장 제도와는 차이가 있다. 하지만 코포라티즘과 노동시장 규제 및 조정이 강한 전통을 가진 국가들에서조차 코포라티즘적 조정과 사회협약 전략이 약화되어가는 1990년대 이후의 경제·사회적 환경에서, 특히 4개 국가에서 사회협약이 두드러지게 증가했다는 점은 '코포라티즘의 유산' 이외의 설명을 필요로 한다.

이상과 같이 제도적 차이(사회모델과 코포라티즘 제도적 유산)가 큰 국가들에서 1990년대 경제위기에 대한 대응으로 유사한 노동시장 조정 방식(사회협약)이 나타났다. 다음 장에서는 핀란드, 벨기에, 스페인, 아일랜

〈표 10-3〉 EU 경제 위기 이후 각국 단체교섭수준 2010-2013

유럽사회 모델	국가	단체교섭수준/조정정도*				실업률 평균**
		2010	2011	2012	2013	2010-12
노르딕모델	스웨덴	중간/높음	중간/높음	중간/높음	중간/높음	8.1
	노르웨이	중간/높음	중간/높음	중간/높음		3.5
	핀란드	중간/중간	집중/높음	집중/높음		8.0
	덴마크	중간/높음	중간/높음	중간/중간	중간/중간	7.7
	네덜란드	중간/높음	중간/중간	중간/중간		4.7
대륙형모델	오스트리아	중간/높음	중간/높음	중간/높음	중간/높음	4.3
	독일	중간/중간	중간/중간	중간/중간		6.2
	룩셈부르크	중간/낮음	중간/낮음	중간/낮음	중간/낮음	4.2
	벨기에	집중/높음	집중/높음	집중/높음	집중/높음	7.7
	프랑스	중간/낮음	중간/낮음	중간/낮음	중간/낮음	9.1
지중해모델	스페인	집중/높음	집중/높음	집중/높음	집중/높음	22.3
	포르투갈	중간/중간	중간/중간	중간/중간	중간/중간	13.1
	이탈리아	중간/중간	중간/중간	중간/중간		9.3
	그리스	집중/높음	집중/높음	탈집중/낮음		17.2***
앵글로색슨 모델	아일랜드	탈집중/중간	탈집중/중간	탈집중/낮음	탈집중/중간	14.5
	영국	탈집중/낮음	탈집중/낮음	탈집중/낮음	탈집중/낮음	7.9

출처: EIRO, "Collective wage bargaining," Figure 2010, 2011, 2012, 2013 참조, 필자 작성.
EIRO figure 데이터 출처- Jelle Visser의 ICTWSS(4.0) database,
몇몇 국가 사례는 Eurofound의 EIRO 규정에 따라 수정.

* 단체교섭 수준을 임금이 정해지는 최초 수준/조정정도에 따라 나타냄(집중-중간-탈집중/높은 수준-중간 수준-낮은 수준).

** 실업률은 OECD 데이터 참조, 필자 산정.

*** 그리스의 2012년 실업률은 23.6%로 전년대비 약 2배 증가.

드에서 제2차 세계대전 이후 형성된 노동시장제도(노동시장조직 구성, 조직화 정도, 노사정 관계)와 1980년대 이후 변화를 제시하고 이 국가들에서의 제도적 변화와 주요 행위 집단들의 이해관계 변화가 1990년대와 2000년대 세계화 시대 경제위기 집권정당의 경제위기 전략(선거제도 및 정당체계의 특징, 정부 정책, 사회협약 횟수 및 내용)에 어떠한 영향을 미쳤는지 살펴본다.

3. 사회협약의 정치: 핀란드, 벨기에, 스페인, 아일랜드

(1) 핀란드

1) 강한 노동시장 조직화, 규제적 노동시장 제도

핀란드는 높은 노동조합 조직률, 겐트 시스템에 기초한 실업보험 관리방식에 따라 산업관계 면에서 노동조합의 조직적 영향력이 강한 특징을 보여 왔다. 스웨덴과 유사하게 실업보조와 관련한 노동조합의 행정적 역할은 축소되고 있으나(Hamann and Kelly 2010), 노조의 조직률은 여전히 높게 유지되고 있다. 제조업 노동조합총연맹(SAK, (영)LO)·화이트칼라 노총(STTK)·전문직 노총(AKAVA) 등 3대 노총이 노동조합 조직률의 대부분을 포괄하고 있다. 이 가운데에서도 제조업 노동조합총연맹(SAK)은 핀란드 사민당과 연대의 전통을 갖고 있었으며 노동운동 내

〈표 10-4〉 4개국 노동조합조직률과 단체교섭포괄률

국가	노동조합조직률		단체교섭포괄률
	연도(조직률)	연도(조직률)	연도(포괄률)
핀란드	2003(74.1)	2012(75.0)	2001(71.2)
벨기에	2002(55.4)	2010(52.0)	—
스페인	2003(16.3)	—	1997(15.7)
아일랜드	2003(35.3)	2012(29.5)	2003(37.3)

출처: 노동조합 조직률(2002/2003년)과 단체교섭 포괄률은 Visser(2006, 45-46) Table 3, Table 4. 참조. 노동조합조직률(2012년)은 ILO "UNIONS2014: Trade Union Membership Statistics 2014"; 벨기에(2010년)는 Schnabel(2013, 257) Table 1. 참조. Schnabel의 수치는 Visser의 ICTWSS Database에 기초, 계산방법이 동일하나 각국 공식 통계에 근거한 ILO의 수치와는 다소의 오차가 있음.

에서 노동조합과 정당 간의 강한 연계를 특징으로 하고 있다. 2005년 제조업 사용자 연합과 서비스업 사용자연합이 합쳐진 사용자 연맹(EK) 역시 높은 조직률과 포괄성을 나타낸다.[15] 코포라티즘적 특징이 강하게 나타났던 1960년대와 1970년대 노사정 사회협약은 임금과 노동환경의 개선, 사회보장 시스템에 관련한 내용이었다. 초기에는 정부 주도적이기보다는 노동조합총연맹과 사용자 연합이 협의를 주체적으로 이끌고 정부 대표의 참여로 노사정 협약이 체결·유지되는 형식이었다. 이와 같은 노사 주요 조직 간 협의와 정부의 정책적 보증에 기반을 둔 '소득정책협약'은 핀란드 노사관계의 핵심 모델로 소개되어 왔다(전명숙·임상훈

15 EK 소속 기업들은 총 950,000명의 노동자를 고용하고 있으며 이들의 생산이 핀란드 GDP의 70%, 수출의 95%를 차지한다. EK 홈페이지 http://ek.fi/ek/in-english/ 참조.

2012). 총리 산하 기구인 경제위원회(NEC)가 1966년 설립이후 지금까지 중앙 사회협약기구의 역할을 담당하고 있다.[16]

2) 경제위기시 정당의 대응: 코포라티즘적 유산으로서의 사회협약

핀란드는 대통령 직선제와 의원내각제에 기초한 이원집정부제적 권력구조를 특징으로 한다. 하지만 1990년대 이래로 내각의 권한을 강화시키는 일련의 헌법 개정을 거쳐 현재는 의원내각제적 특징이 강하게 나타난다.[17] 의회 선거제도는 개방형 정당명부식 비례대표제를 채택하고 있으며, 정당경쟁은 좌–우 계급균열과 중심–주변부 균열에 의해 구조화되어있으며 주요 정당 간 득표율 격차가 적은 온건다당제적 특징이 강하다. 의회 진입장벽이 현저히 낮은 제도에도 불구하고 정당체계 내 유효정당의 수는 약 6~7개 정도로 안정화되어 있으며 노동조합과의 강한 연계를 형성한 사민당(SDP), 좌익 연합(VAS, 구 공산당), 중앙당(KESK, 구 농민당), 자유인민당(LKP), 국민연합당(KOK, 보수당), 1987년부터 의회에 진입한 녹색당(VIHR), 1970년대부터 원내 진입에 성공한 핀란드 기독교연맹(SKL) 등이 이에 포함된다.

---

16 핀란드 경제위원회(Talousneuvoston, (영)EC)에는 3대 노총 대표와 EK 대표가 모두 참여한다. Finnish Prime Minister's office homepage http://vnk.fi/hankkeet/talousneuvosto/kokoonpano/en.jsp 참조.

17 2000년 헌법 개정으로 대통령의 총리 및 각료 임면권 및 국회 해산권을 제한하였으며 2011년 헌법개정으로 EU 관련 주요 사항에 관해 대통령과 내각에 이견이 있을 경우 의회가 결정하도록 명시함으로써 총리와 의회의 권한을 강화했다.

비례성이 높고 진입 장벽이 낮은 선거제도적 특성, 좌파당의 강한 영향력과 중앙당의 강세로 (사민당의 헤게모니가 1970년대 초까지 유지된 스웨덴과는 달리) 핀란드 사민당의 득표율은 1940년대 이래 2000년대 초에 이르기까지 약 25% 내외로 유지되어왔으며 따라서 단독 집권하지 못하고 연정을 구성해 왔다. 특히 제2차 세계대전 후 사민당 주도의 전후 복구프로그램을 시작으로 1980년대 이전까지 스칸디나비아에 특징적인 보편적 복지제도를 구축하였으나(Vivekananan 2012, 78), 교역 의존도가 높았던 소련 해체를 기점으로 1990년대 초부터 1990년대에 걸쳐 높은 실업률과 성장 지체를 기록하면서 경제적 위기를 맞았다.

1960년대 말과 1970년대 임금협상에 정부가 개입한 바 있으나 정부 주도적 사회 협약의 추진이 본격화된 것은 1980년대 말 대연정을 형성한 보수–사민 정부에 의해서였다.[18] 1988년과 1990년 체결된 핀란드의 사회협약은 임금에 대한 노사정 합의를 내용으로 하고 있었다.[19] 1990년대 경제위기를 맞아 당시 중도보수 연립정부는 노동조합의 협조 하에 임금 안정, 세금 인상, 연금 축소 등의 개혁에 관한 사회협약을 추진했다. 1992년과 1993년 잇따라 사회협약이 체결되었으나 복지제도와

18 핀란드의 사회협약이 정부의 임금협상에 대한 개입과 중앙수준의 사회협약을 통해 노사관계를 조율하는 관행을 유지하고 있다는 측면에서 핀란드의 사회협약은 "소득정책협약"을 의미한다고 보기도 한다(전명숙·임상훈 2012, 165). 하지만 2010년 이후로 이러한 사회협약이 "소득정책협약"의 기능을 수행하는지의 여부, 즉 노동조합의 임금자제와 경제성장을 견인한다는 증거를 찾기는 어렵다.

19 1980년대 말부터 2006년까지 소수정부가 아닌 과반 이상의 지지에 기반을 둔 연립정부였다는 점에서 임상훈과 바카로(2006)가 주장한 바와 같은 "약자들의 사회협약"이라기 보기는 어렵다.

노동시장에 대한 개혁 조치는 중도보수 정부와 노동조합의 갈등을 증폭시켰다(이 글의 〈표 10-2〉 파업 순위 참조).

1995년 사민당, 좌파당, 녹색당, 국민연합당, 스웨덴인민당이 소위 "무지개" 연합으로 연립정부를 구성했다. 사민당은 이후 8년간 보수정부 시기에 실시되었던 개혁 조치들을 복귀시키고 노동조합의 지지 하에 임금, 복지, 연금과 관련한 일련의 사회협약(1995년 5월, 6월)을 체결하였다. 1995년부터 1998년까지 사민당이 이끄는 무지개 연합의 경제성과—GDP 성장(5.6%), 실업률 저하(5.4% 하락), 인플레이션 감소(2%)—에도 불구하고 1999년 총선에서 사민당의 득표율은 감소, 무지개 연합이 유지되었으며 노동조합과의 협력은 유지되었다. 경제 안정화로 노동조합은 임금인상을 요구했으며 2000년 임금협약, 2002년 두 차례의 사회협약(임금과 연금 협약)을 이끌었다. 2003년 총선에서 감세를 주장한 보수당과 달리 공공서비스를 유지할 것을 공약한 사민당의 득표는 소폭 증가했으나 유사한 입장을 취한 중앙당이 주요 정당으로 부상했다. 중앙당이 이끄는 중앙-사민 중도좌파정부는 1990년대 중반부터 이어진 노사정 3자 협의와 사회협약을 유지시켜왔다(Hamann and Kelly 2010).

2000년대 이르러 핀란드 정당체계는 중도 정당의 약진으로 과거의 보수-사민 대결 구도를 약화시켜왔다. 2003년과 2007년 제1당의 위치에서 중앙당이 연립정부를 이끌었으나 최근에 치러진 2011년 총선에서 국민연합당의 득표율(20.4%)이 사민당(19.1%)을 앞서 처음으로 제1당으로 올라서는 한편 2015년 총선에서는 극우정당인 핀란드인당(PS)(19%)

이 2당의 위치에 올라 중앙당과 국민연합당이 구성한 연립정부에 참가하는 등 정당경쟁구도의 변화가 두드러지고 있다. 2007년 경제침체 이후 전국적 수준에서 사회협약이 체결되지 못했으나 2011년 사회협약이 재개되었다.

상기한 바와 같이 핀란드의 사회협약은 코포라티즘적 삼자주의를 특징으로 하고 있으며 강한 노동조합 조직의 협력이 사회협약 체결에 중요한 전제조건으로 작용하고 있음을 확인할 수 있다. 코포라티즘적 노동시장 갈등 조정과 노사 혹은 노사정 협의가 작동하기 위한 중요한 요인인 (집권가능성이 높은) 사민주의 정당과 노동조합과의 연계가 노사정 사회협약 체결과 지속에 영향을 미쳤다. 즉, 1990년대 이래 핀란드의 사회협약은 1980년대 이전에 구축된 코포라티즘의 경험과 제도에 대한 경로 의존으로 등장했다고 하겠다. 코포라티즘의 주요 조건인 좌파정부의 유무가 여전히 사회협약의 체결여부에 중요한 결정요인이 된다.

하지만 2000년대 사회협약의 지속에도 불구하고 사민당의 득표율 약화와 중도정당의 성장, 극우정당의 약진 등으로 정부와 노조의 연계가 다소 약해진 가운데 노동시장 갈등은 해소되지 않고 있다. 경제성장률 역시 2014년 전망치가 1%대(EU 및 S&P 전망치)에 머무르는 등 경제적 성과를 거두고 있다고 보기도 어렵다. 따라서 중도우파 정부 주도의 사회협약에 대한 노동조합의 조직적 협력 여부가 사회협약의 형식적 체결 뿐 아닌 내용적 성공에 보다 중요해 질 것이라 예측할 수 있다.

(2) 벨기에

1) 중간 정도의 노동시장 조직화, 조정적 노동시장제도

벨기에의 노동시장 조직 수준은 중간 정도이며 분산적이나 조정적인 노동시장제도의 특징을 나타낸다.[20] 노동조합의 조직률은 비교적 높은 편이나[21] 노조연맹과 사용자연합의 조직적 위계와 중앙 집중성은 강하지 않다. 정부가 국가노동위원회(NAR/CNT)[22]를 통해 주요 정책 이슈에 관해 노사 조직과 협의하고 자문역할을 하지만 이외에도 연방과 부문, 지역 수준에서 수많은 사회경제위원회들이 중첩되어있다. 단체교섭은 중앙, 산업·부문, 기업 차원에서 진행된다. 노동조합연맹은 사회주의노조(FGTB/ABVV), 기독교계 노조(CSC/ACV), 자유주의 노조(ACLVB/CG-SLB)가 전국적 노조연맹을 형성해왔다. 사용자연합은 지역공동체 기업연합인 벨기에기업연합(VBO–FEB), 플랑드르 기반 기업인·자영업자 연합(UNIZO), 왈룬 자영업자 연합(UCM), 사회복지서비스 및 문화 교육계 종사자 연합(UNISOC)[23]이 대표적이다.

---

20 벨기에의 코포라티즘은 노사 자율적 협상이 특징적인 스웨덴과 정부가 주도적으로 노사정 협의를 이끄는 네덜란드의 중간 정도 유형으로 분류된 바 있다(Slomp 1996, 7 참조).

21 벨기에의 노동조합조직률은 2000년대에 들어 점차 감소하는 추세이다-2000년 58.1%, 이후 꾸준히 감소. 이 글의 〈표 10-4〉 참조.

22 영어로는 NLC(the National Labour Council: NLC)이지만 벨기에에서 통용되는 프랑스어 약어로는 CNT(au Conseil National du Travail: CNT), 네덜란드어로 NAR(Nationale Arbeidsraad: NAR). 이하 약어만 기재.

1930년대부터 제2차 세계대전 전까지 노동시장 조직화와 노동조합과 정당과의 연계 및 정책협의 제도화 수준이 높은 편이었다.[24] 1952년 노사정위원회 성격의 국가노동위원회(NAR/CNT)가 창설되었고 노동조합과 사용자조직 출신들이 정책협의 및 자문기구의 대표를 역임하는 등 노동시장 조직이 정부정책에 참여할 수 있는 기회가 일찍부터 보장되어 있었다.

1970년대 오일쇼크와 스태그플레이션으로 정부와 노조, 사용자 간의 갈등이 점증하여 1976년부터 1986년까지 10년간 중앙 차원의 사회협약이 체결되지 않았고 노사 간의 중앙 단체교섭도 제대로 작동하지 않았다. 1980년대부터 1990년대 초 언어 및 지역갈등의 심화로 정당체계가 분극화되면서 정부, 노동조합, 사용자 조직의 이해관계 역시 변화했다. 1990년대 초까지 이어진 경기침체로 정부의 임금인상 자제 압력에 노조와 정당 간의 긴장이 고조되었으며 복지개혁과 시장자유 정책의 필요성이 제기되었다. 1990년대 이래로 사회적 파트너들의 자율적 노사협상에 대한 제한 조치가 취해지는 등 정부의 노동시장 개입이 증가하고 있다.

---

23 FEB에 속하지 않은 사회복지부문 종사자들이 1994년 결성한 CSPO에서 출발, CSPO/CENM를 거쳐 FEB로 명칭이 변화되었다. 이외에도 동일부문의 사용자조직이 3개 지역공동체별로 결성되어있다. 이에 관해서는 http://www.eurofound.europa.eu/eiro/studies/tn0910049s/be0910049q.htm 참조.

24 1930년대 중반 카톨릭당과 노동당 간의 케인즈주의적 타협 이후 1946년까지 국가노동회의를 통한 3차례에 걸친 노사정 3자 정책협의 경험(선학태 2006, 277)은 이러한 노동시장 제도와 노동자 대표 정치-경제 조직 간 연계에 힘입은 결과였다.

2) 경제위기시 정당의 대응: 정부 주도적 사회협약과 노동 배제

제2차 세계대전 이후 벨기에의 언어, 문화, 지역적 갈등이 악화되고 언어를 기반으로 한 정치균열이 뚜렷해지면서 노동시장조직과 정당과의 연계가 분산되고 정책협의가 와해되어가는 양상이 뚜렷하게 나타났다. 1960년대 말부터 주요 정당들—기민당(CVP), 자유당(PVV–PLP), 사회당(PS)—은 언어권별(프랑스어, 네덜란드어, 독일어) 정당들로 제각기 분리되어 각 언어가 지배적으로 사용되는 지역기반 정당이 되었으며 벨기에 정당체계는 다당제로 전환되었다.[25] 지역균열이 심화됨에 따라 국가가 분리될 위기에 처했다는 판단 하에 정당들이 정치적 타협을 통해 1980년 언어공동체(Community)와 지역공동체(Region)를 창설하여 중앙정부와 지방정부 간의 분권이 명시화되었고 1993년 헌법 개정을 통해 벨기에는 연방국가로 전환되었다. 하지만 과거 프랑스어권 엘리트의 권력 집중으로 인해 상대적 불평등을 경험했던 네덜란드어권의 불만과 네덜란드어권이 다수를 차지하는 인구구성에도 불구하고 프랑스어권 소수에 평등한 의석배분을 보장하는 연방제적 정치체계는 네덜란드어 사용자가 다수인 플랑드르 지역 주민들의 불만으로 인해 지역적 정치균열의 심화로 나타났다. 이에 따라 현재 경제적으로 보다 부유한 플랑드르 지역의 권한 확대 요구로 지역 갈등이 지속되고 있다.

---

25 정당체계의 복잡성은 이후로도 가속화되어 5% 의회 진입장벽이 도입된 이후에도 1999년과 2003년 유효 정당수가 당시 유럽 최고인 9.1과 7.0에 달했다. De Winter, et al.(2009); 홍재우(2010), 266 재인용.

1990년대부터 벨기에 정부는 시장 자유화 개혁을 시작했다. 1991년 1월 유럽경제통화연맹(EMU)에 가입하였고 국가채무가 축소되고 산업 생산성이 증대되는 등 경제적 성과가 나타났으나 플랑드르 지역과 왈룬 지역의 경제적 격차는 보다 커졌다. 1991년 총선 직후부터 플랑드르 지역 기반 네덜란드계 자유당(Open VLD)은 지역적, 반협의주의적, 반사회적 파트너십 운동으로 급진적 정치개혁을 시도하였고 다원주의적 시장경제 지향성을 분명히 했다. 노동의 조직적 반발이 뒤따랐다. 1993년 정부의 노사정 사회협약 재개 시도에 사회주의 노조(FGTB/ABVV)가 중앙 협상 테이블 참석을 거부하기에 이른 것이다. 1995년부터 2002년까지 중도좌파 연정(Open VLD와 PS)은 복지국가개혁과 노동시장 직접개입을 선호하였다. 2년 단위로 4차례의 정부 주도적 중앙 사회협약이 체결되었는데 1995년 '글로벌화 플랜' 및 '미래를 위한 플랜'을 일방적으로 발표하고 기업 및 노조에게 임금동결을 강제했다. 또한 1996년 7월 '고용촉진 및 경쟁력의 예방적 수호에 관한 법률' 제정을 통해 중앙경제위원회(CCE/CRB)[26]가 임금기준을 설정함으로써 노사 임금협상에 앞서 정부가 사전적으로 임금상한을 설정하는 방식으로 전환하였다(선학태 2006, 290).

---

26 중앙경제위원회-CCE(프)/CRB(네)(영어로 CEC)-는 경제적으로 가장 큰 세 국가(독일, 프랑스, 네덜란드)의 시간당 임금과 비교하여 벨기에 기업의 임금 인상폭을 예측하고 조정을 권고하는 역할을 한다. CCE/CRB의 임금인상폭 예측치는 소위 "임금규범(wage norm)"으로 지칭된다. 벨기에 중앙경제위원회 홈페이지 http://www.ccecrb.fgov.be/txt/en/2011182_1.pdf 참조.

2003년 연방 총선에서 세제개혁, 일자리 창출, 사회보장제 개혁, 이민문제, 핵발전소 폐기 등 이슈가 분출하면서 중도좌파 연정을 구성한 6개 정당지지가 증가한 가운데 사회주의 정당들이 자유주의 정당들에 앞선 지지 받아 보라색연정(Open VLD, PS, MR)을 구성했다. 2004년 중앙차원의 사회협약이 체결되었으나 노동조합의 반대에도 불구하고 정부가 사회보장기여금 축소를 단행함으로써 노사갈등이 지속되었다. 하지만 벨기에의 언어 및 지역균열이 중심적 정치균열로 작용함으로써 노동시장 갈등이 크게 정치 이슈화 되지 못했다. 2007년 총선에서 중도좌파 연정의 경제적 성과에도 불구하고 사회당(PS)이 선거에서 패배하고 중도보수 연립정부(CD&V/N–VA, MR, Open VLD, CdH)가 들어섰다. 기민당, 플랑드르 지역주의와 시장자유주의 중도정당의 결합은 이념적 거리가 가까운 중도우파 정부의 등장으로 귀결된 것이 아니라 선거구 분할을 둘러싸고 프랑스어계와 네덜란드계의 갈등으로 정부 구성 협상과정이 196일이나 지연되는 갈등을 보였다(홍재우 2010, 267).

2010년 총선에서 또다시 이슈는 중앙–지방 문제였다. 지방정부 권한 확대 등을 내세운 민족주의적 중도 정당인 네덜란드어권 신플랑드르연대(N–VA)가 선거에서 약진하는 한편, 프랑스어권 사회당(PS)이 프랑스어권내 다수당으로 복귀하였다. 뒤이어 2011년 11월 30일까지 총 541일간 새 정부 구성을 하지 못하는 정치위기를 경험한 끝에 가까스로 6개 정당이 정부를 구성했다. 2014년 5월 총선을 앞두고 최대 지지를 받고 있는 플랑드르 분리주의를 내세운 신플랑드르연대(N–VA)는 총선 승리 시 플랑드르 자치정부 수립을 공약으로 내걸었다.

2000년대에 이르러서도 벨기에에서 2년 단위로 중앙 사회협약은 꾸준히 체결되고 있으며 그 성과 또한 나타나고 있다. 2013년 3월 국가노동위원회(CNT)에서 체결된 사회협약은 성인 노동자와 비교해 낮게 책정되어온 18~20세 청년 노동자 최저임금 차별 폐지, 연금생활자·실업자·사회보장대상자 최저 수당 인상 등에 관련된 것이었다.[27]

언어 및 지역 균열로 인한 갈등이 지속됨에 따라 벨기에 정치 및 사회는 분극화 경향이 나타나지만 연방과 지방 수준에서 이해 당사자들 간 협의가 제도화된 전통이 유지되고 있는 것으로 보인다. 사회협약은 정부 주도적 경제위기 극복 전략이자 소득정책의 일환으로 임금협약의 성격을 강하게 나타내 왔다. 노동시장 조직들은 중앙 및 지역 차원, 산업부문 별로 다차원적인 정책적 자문의 역할을 지속적으로 담당하고 있다.

(3) 스페인

1) 분산적 노동시장 조직, 규제적 노동시장 제도

스페인 경제 및 사회조직은 "프랑코 시기의 유산(the legacy of the Franco era)"(Rohfler 2012, 50)에 영향을 받았다고 평가된다. 경로 의존적 설명

---

27 벨기에 국가노동위원회 홈페이지 http://www.csc-en-ligne.be/Actualite/Communiques/detail/accord_CNT.asp 참조.

은 1990년대 이후 국가의 노동시장 개입 증대의 원인을 민주화 초기 단계에 내재된 "프랑코주의 권위적 코포라티즘(Francoist authoritarian corporatism)"(Molina 2014, 26)의 유산에서 찾는다. 프랑코 독재 시기(1937년~1977년) 노동조합은 국가의 엄격한 통제 아래에 놓여있었다. 단체 활동 금지법과 임금과 근로조건에 대한 강력한 국가 개입으로 노사분규가 억제되었지만 1962년 아스투리아스, 바스크, 카딸루냐 등에서 노동자 파업을 시작으로 프랑코 정권 말기에 이르러서는 파업 수가 급증했다.1970년대 초 단체교섭권 허용 등 한정적 개혁조치가 취해졌지만 프랑코 독재에 대한 정치적 불만과 결합되어 민주화 학생 시위와 노동자 파업은 줄어들지 않았다.[28]

프랑코 사후 실시된 민주주의적 의회선거를 통해 집권한 민주중도연합(UCD)의 수아레스 정부는 정치범 석방, 공산당 합법화, 바스크와 카딸루냐의 부분적 자치 허용 등 민주적 개혁입법을 시행했다. 헌법 개정으로 민주적 기본권이 보장되고 노동조합과 정당 활동의 자유가 허용됨에 따라 민주화 이후 스페인의 정당체계는 점차 좌우 이념적 균열을 중심으로 재편되었다.

스페인의 노동조합 조직 체계는 이원적 대표성을 특징으로 한다. 노동조합총연맹(UGT)은 사회노동당(PSOE)과 연대관계에 있었으나 1980년대 말 이후 사회노동당의 잇따른 신자유주의적 구조개혁 정책(공기업

28 노동자 파업은 1960년대 후반 임금인상 요구로부터 시작되어 1970년대에 들어서는 반체제적 성격이 강화되었다. 서경교(2002), 143 참조.

민영화, 구조조정, 금융개방 등)과 실업률 증가(1977년 3.9%→1986년 21.9%)에 대한 불만으로 정치적 지지를 철회하고 사회노동당과 공식적으로 결별했다. 프랑코 독재에 대한 반대로부터 출범한 노동자위원회(CC.OO.)는 공산당(PCE)과 긴밀한 연계를 갖고 있었으며 노동운동 진영에서 UGT보다 이념적 좌파에 위치하고 있었다(Hamann and Kelly 2011, 109). 즉 노동조합조직과 정당 간 연계가 존재하지만 노동의 조직적, 이념적 분화로 정부와의 정책적 협의를 유지하기 어려웠다. 스페인공산당이 의회에서의 영향력이 크지 않은데다 지도부 일부는 1982년 집권한 사회당에 협력하는 등 내부 분열을 경험했다. 1980년대 이후 연금개혁과 같은 정부의 구조개혁 정책, 2003년 이라크 참전 결정에 대한 반대 파업 등은 주로 좌파 노동조합 조직인 CC.OO.과 평화운동단체에 의해 주도되었다.[29]

이처럼 민주화 이후 노동조합연맹조직들(CC.OO., UGT)과 사용자 연합 조직들(CEOE, CEPYME)은 정당과의 연계 하에 광범위한 정치적 역할을 수행했다. 1978년 헌법에 명시되어 1991년 창설된 스페인경제사회위원회(CES)[30]를 중심으로 사회적 파트너십이 활성화되고 노사정 협약이 제도화됨에 따라 노동조합들은 점차 정당과의 이념적·정치적 연

29 Nacascués, Javier. 2008. *Transform!*. Issue 02/2008. http://transform-network.net/journal/issue-022008/news/detail/Journal/the-development-and-challenges-of-the-spanish-united-left-iu.html 참조.

30 스페인경제사회위원회 홈페이지 http://www.ces.es/en/saludo-del-presidente. 참조.

대보다는 실리를 우선하여 단체교섭을 선호하는 경향을 보였다. 노조 간부들은 조합원 확충뿐 아니라 작업장 선거에서 투표를 확보하여 단체교섭에서 합의를 도출하는데 목표를 두었다.[31] 1990년대 중반이후 사회적 파트너십 활성화가 노동조합이나 사용자연합과 같은 노동시장 조직의 조직률 증가를 수반하지는 않았다(Molina 2014, 22).

2) 경제위기시 정당의 대응: 노·사·정 조직적 이익교환에 의한 사회협약

스페인 정당체계의 특징은 1977년 민주화이후 사회당(PSOE: Socialist Party)와 국민당(PP: People's Party) 두 거대 정당을 중심으로 10여년을 주기로 순환적 정권교체가 진행된다는 점이다(고상두·기주옥 2013, 192). 비례대표 선거제를 채택하고 있으므로 단독정부 구성이 쉽지 않음에도 불구하고 의회에 진출하는 다수의 군소정당들이 좌파연합(IU)을 제외하면 지역정당들이고 거대 양 당의 의석 점유율이 높아 한 정당이 과반이상의 의석을 획득해 단독정부를 구성하는 경우도 드물지 않다. 2000년대에도 이러한 온건양당제적 정당체계가 유지되고 있다. 2000년~2004년 국민당 단독 정부, 2004년~2008년 사회노동당 정부(카탈루냐 공화당ERS, 좌파연합IU와 정책연합 형성), 2008년~2011년 사회노동당 단독

31 조합원(member)보다 투표 획득에 우선순위를 두는 노조의 특징을 투표자 노조("voters" union)라 지칭하기도 한다. Rohlfer(2012), 51 참조.

정부에 이어 2011년 조기총선에서 국민당이 단독으로 집권하였다.

민주화 이후 체결된 1977년 몽크르와 협약은 민주중도연합(UCD) 정부의 민주주의 제도 입법에 대해 좌-우 정당이 동의한 정치적 협약의 성격이 강하게 나타났다. 1984년까지 (쿠데타 시도가 있었던 1981년을 제외하고) 매년 사회협약이 체결되었는데 정부주도 아래 노동시장의 대표조직(노동조합총연맹UGT과 사용자연합CEOE)이 참여하는 노사정 협약의 형태였다. 1982년 사회노동당의 최초 집권으로 좌파 노동조합조직인 CC.OO.까지 포괄한 노사정 협약이 체결되었으나 곤살레스 정부의 신자유주의적 구조조정에 반발한 CC.OO.가 1984년부터는 협약에서 탈퇴한 데에다 파업이 증가하는 등 사회협약이 노동시장 갈등을 조정하는 기능을 했다고 보기는 어렵다.[32] 1990년대 스페인 경제가 호전되는 가운데에서도 6차례의 사회협약이 체결되었으며 1996년 사회노동당 정부의 실각과 초기 총선 결과 들어선 보수우파 정당인 국민당(PP) 소수정부 집권기에도 사회협약은 지속되었다. 프랑코 정권시기 정치인들과의 인적 연계와 민주적 정통성 면에서 취약성을 지적받은 국민당 아스나르(Aznar) 정부는 2000년대에 이르기까지 복지개혁 등의 법안을 도입하는데 노조 등의 사회적 파트너와의 협력을 강조했고 이러한 경향은

32 1980년대 초까지 정부에 의한 노동시장 보호 수준이 높았다. 1980년 제정된 '노동자 지위법'은 상시 고용된 정규 노동자의 해고를 엄격히 제한하여 임금 및 노동조건을 지역 및 산별 단체교섭에 의해 결정하도록 했다. 하지만 1984년 '노동자 지위법' 개정 결과 임시직 고용계약을 제한 없이 허용하고 고용주에 의한 임의재량적인 해고가 가능하게 함으로써 결과적으로 비정규직의 근로비중이 높아지게 되었다(김인춘 2010, 194).

사회협약의 지속으로 나타났다(Hamann and Kelly 2010, 118). 2003년 이라크 전쟁 참전 결정으로 국내에 팽배한 반전 여론을 거스르는 결정을 내렸던 국민당 아스나르 정부는 2004년 총선 직전 발발한 마드리드 테러사건으로 총선에서 패배했다. 악화된 반정부 여론에 반사이익을 얻어 집권하게 된 사회노동당 사파레토 정부는 좌파연합과 까딸루냐 좌파당(ERC)의 정책협력으로 의회 내 다수를 확보했으며 노동조합과 연계를 회복했다. 2006년 직업훈련 및 연금개혁과 자영업자에 대한 노사정 사회협약이 체결되었다(Hamann and Kelly 2010, 120).

2010년 경제위기로 실업률이 20%를 상회하는 가운데 실시된 2011년 총선에서 국민당이 정권교체에 성공, 라호이 정부가 들어섰다. 2011년 체결된 "대협약(grand social pact)"은 의무퇴직연령 연장(65세에서 67세로)에 대한 노사정 합의였다.[33]

(4) 아일랜드

1) 탈집중적 노동시장 조직, 자유시장적 노동시장제도

노동조합총연맹과 노동당의 협력이 공식적으로 종료된 1930년대 이후 아일랜드의 노동조합 중앙조직은 정당과의 연계가 약한 특징을 보여 왔다. 노동운동이 발달하였지만 정당과의 정치적 연계가 약한 특성

33 BBC 1 Feb 2011(http://www.bbc.co.uk/news/world-europe-12333208).

으로 인해 노동시장에서의 갈등 조정이 어려웠다. 1980년대 초까지 아일랜드는 산업 분쟁 수준이 서유럽 국가들 가운데에서도 가장 높은 국가들 중 하나였다(Budd 2005, 446). 노동시장 제도는 자발주의적(voluntarism)이며 적대적 노사관계, 상대적으로 약한 고용 보호법, 단체교섭 조정이 약한 특징을 갖고 있었다(Budd 2005, 446; Hamann and Kelly 2008). 이처럼 1970년대까지 노동자의 절반가량을 포괄하는 조직률에도 불구하고 아일랜드노동조합회의(the Irish Congress of Trade Union: ICTU)는 중앙조직을 중심으로 한 위계적 질서를 수립하지 못했으며, 소수 정당에 머물고 있는 노동계급 정당과의 조직적 연계가 약함으로 인해 아일랜드에서는 노사정 간 협의 양식인 코포라티즘이 발달하기 어려웠다.[34]

전형적인 앵글로색슨적 사회모델의 특징을 보이는 아일랜드에서 사회협약은 정부 주도적으로 경제위기를 해결하기 위해 전 사회 구성원의 협력을 이끌어내기 위한 전략으로 활용되었다. 1987년부터 2008년간 아일랜드에서 8차례의 사회협약이 체결되어 이를 새로운 형태의 "신조합주의적 사회적 합의(neocorporatist social concertation)"(Kwon 2013, 482)라 평가하기도 한다.

34 코포라티즘의 성립요건으로는 중앙 집중적이고 내적으로 비민주적인(위계적) 노동시장조직, 좌파정당과의 연계의 중요성이 핵심적이다. 이에 대해서는 Schmitter(1981), Cameron(1984) 참조. 영국이나 미국과 비교해 완만한 수준이기는 했으나 아일랜드 역시 1970년대까지 50%에 가까웠던 노동조합조직률이 2000년대에 접어들어 30%대로 떨어지는 등 노동운동의 조직적 쇠퇴를 경험하였다.

2) 경제위기시 정당의 대응: 사회통합 전략으로서의 사회협약

아일랜드의 선거제도는 단기이양식으로 비례대표선거제 가운데에서도 득표율−의석수의 비례성이 높은 제도적 특징을 보인다. 정당체계는 피어너팔(Fianna Fáil)과 피너게일(Fine Gael) 주요 양당을 중심으로 구성되며 다른 서유럽 국가들에 비해 약한 노동당(the Labour party)이 특징적이다. 의회 내 유효 정당 수는 1950년대 3.2개에서 2002년 3.9개로 오랜 기간 동안 큰 변동 없이 비교적 안정적인 정당체계를 유지하고 있다. 아일랜드의 주요 양당은 계급균열이나 종교적 균열이 아닌 1921년~1923년 시민전쟁(civil war)에 의해 형성된 것으로 자유 보수주의 정당인 피너게일(Fine Gael)과 대중주의적 우파적 성향을 띄는 피어너팔(Fianna Fáil), 양 보수주의 정당의 우위가 특징적이었다(Hamann and Kelly 2010, 59). 사민주의 정당인 노동당은 1970년대부터 2000년대 초까지 평균 약 10% 내외의 득표를 하고 있으며 1948년부터 피어너팔(Fianna Fáil)이 단독 집권하거나 연립정부 구성에 성공하지 못했을 경우 피너게일(Fine Gael)과 연정을 구성하여 정부에 참여하고 있다.

아일랜드의 첫 번째 사회협약인 "사회연대협약"은 피어너팔(Fianna Fáil)이 단독 소수 정부를 형성하고 있던 1987년에 체결되었다. 당시 아일랜드의 경제적 상황은 성장이 지체되고 실업률이 급등하는 상황이었다(Baccro and Im 2007, 28). 사회협약의 내용은 경제위기와 IMF 구제 금융에서 벗어나기 위해 긴축경제와 임금상승 억제의 필요성에 대해 사회적 구성원들의 참여에 의한 합의를 천명하는 내용이었다. 일찍이 레이

파트가 제시한 바와 같이 제도적 특징상 단독 과반 집권이 어려운 비례제적 선거제도로 인해 의회 내 연정구성이 불가피하며 따라서 협의적 민주주의 제도가 구축될 가능성이 높아진 것도 1980년대 말 부터이다. 득표율 저하로 인해 1989년부터 피어너팔(Fianna Fáil) 역시 급속히 성장한 우파정당인 진보민주당(Progressive Democrats)과 연정을 구성하게 되었으며(2007년에는 녹색당 포함), 피너게일(Fine Gael)은 1992년 노동당 및 민주좌파(Democratic Left, 1999년 노동당과 합당)와 연정을 구성함으로써 보수우파-녹색당 대 자유주의-좌파 선거연합이 경쟁하는 선거경쟁구도를 형성했다. 3년마다 체결되는 아일랜드의 사회협약이 정권교체와 무관하게 유지된다고 보는 시각이 있지만 사실 아일랜드의 사회협약이 처음 체결된 이후 3년을 제외하고는 피어너팔(Fianna Fáil)이 집권정당이었다. 즉, 정권교체가 사회협약의 지속여부에 큰 변인이 될 수 없는 정치적 환경이었다고 하는 편이 보다 정확하다. 2010년 경제적 위기가 심했던 아일랜드에서 EU-IMF 구제금융 신청을 계기로 녹색당이 연정에서 탈퇴하고 2011년 2월 조기 총선이 치러진 결과 (1994-97년 피너게일 Fine Gael, 노동당, 민주좌파 연정시기를 제외하고는) 1987년 이래 27년간 집권당이었던 피어너팔(Fianna Fáil)이 집권에 실패하고 피너게일(Fine Gael)-노동당 연립정부가 들어섰다.

아일랜드에서는 경제 사회발전 관련 총리 자문기구였던 국가경제사회위원회(NESC)[35]가 사회협약을 총괄하는 역할을 담당해 왔다. 위원회

35 1973년 설립. 사용자연맹, 노동조합, 농민단체, 커뮤니티 단체, 환경단체, 장관, 전문

는 노동시장 대표 이익집단인 아일랜드 노총(ICTU)과 사용자연맹(IBEC: the Irish Business and Employers' Confederation)과 같은 노동시장 중앙조직 뿐 아니라 다양한 분야의 사회 구성원들이 참여한다. 위원회에 참여하는 구성원 및 조직들의 다양성으로 알 수 있는 바와 같이 아일랜드의 사회협약은 경제, 세제, 이민, 농업 정책에 이르기까지 다양한 분야를 포괄하고 있다. 1997년부터 사회협약 협의 과정에 시민단체와 직종대표들이 참여함으로써 사회 통합적 성격이 강하게 나타났다. 1987년부터 2006년까지 아일랜드에서 체결된 사회협약 횟수는 8회에 이르며 NESC를 통한 정기적 사회협약을 통해 중장기적 사회경제적 목표를 설정하는 역할을 해 왔다. 사회적 파트너들과 정부의 협력에 의한 정기적인 사회협약의 체결은 아일랜드는 IMF 구제금융을 받는 경제위기 상황에서 빠르게 회복하여 1995년부터 2002년까지 연평균 8.8%의 성장을 이끄는 데 중요한 계기가 된 것으로 평가되어왔다.

2000년대에도 3년 주기로 사회협약이 맺어지고 있다. 아일랜드는 2000년대 중반까지 안정화 국면에 접어들었으나 글로벌 금융위기 및 남유럽 재정위기의 영향과 아일랜드의 주택 경기 침체로 인해 2000년대 말에 이르러 다시 경제적 위기를 맞게 되었다. 2008년 "전환적 합의(transitional agreement)"를 체결함으로써 공공부문과 민간부문을 아우르는 중앙 집중적 노사정 임금 합의(21개월에 걸쳐 단계적으로 6% 임금 인상)

가로 구성, 3년마다 재구성됨. 2002년 국회 15명, 노조 5명, 사용자5명, 농민조직 5명, 시민단체 15명, 중앙정부 5명, 지방정부 5명, 개별 참여 5명 총 62명으로 구성. NESC에 대해서는 http://www.nesc.ie 참조.

를 도출했다.[36] 2009년 1월 체결된 "안정, 사회 연대, 경제 쇄신을 위한 협약"은 글로벌 경제위기와 아일랜드의 주택 건설 붐 및 가격 비교우위의 상실에 따른 위기가 지속될 것으로 예측하고 재정지출과 세금 조정을 통해 향후 5년간 중앙정부 재정적자를 3% 아래로 감축하기 위해 채권 대출(exchequer borrowing)을 대폭 축소할 필요성에 합의했다. 또한 2010년 중앙 임금 합의로 민간부문 임금 인상을 0.6%로 묶었던데 반해 2011년에는 2.6%로 상향조정하였다.[37]

4. 결론: 사회협약 제도화의 성공과 실패

핀란드, 벨기에, 스페인, 아일랜드 등 4개 국가 비교 사례 분석 결과, 1990년대 이후 정부 주도적 사회협약이 제도화되었다고 할 수 있다. 하지만 사회협약의 성공적 제도화와 사회협약의 내용, 결과 및 효과에 대한 평가는 구분할 필요가 있다.

제도화 성공의 근거는 사회협약 주기적 체결과 지속성이다. 첫째, 2000년대에 이르러서도 사회협약이 주기적으로 체결되었다. 코포라티즘적 노사정 정책 협의의 제도적 유산(노동시장의 사회적 파트너십과 노동계급 정당과 노동조합 간 조직적 연계)이 있었던 국가 — 핀란드, 벨기

36 http://www.eurofound.europa.eu/eiro/studies/tn0903029s/ie0903029q.htm 참조.

37 http://www.eurofound.europa.eu/eiro/studies/tn1204012s/tn1204012s.htm 참조.

에―뿐 아니라 1990년대부터 정부 주도적 노사정 사회협약을 통해 사회적 파트너십을 경험한 국가―스페인, 아일랜드―에서 2000년대에 이르기까지 사회협약이 지속적으로 체결되었다. 하지만 스페인 사례 역시 프랑코 시기 노동시장에 대한 정부 통제와 개입의 유산이 1990년대 국가 역할의 강화에 작용했다고 볼 때 경로이탈적(path-braking)이라고 보기 어렵다. 즉, 사회협약은 '새로운' 현상이 아니라 일정정도 특정 국가의 역사적 경로에 의존적이라는 사실을 확인할 수 있다. 1990년대 이후 가장 심각한 경제위기를 경험한 아일랜드가 독특한 이례 사례라 할 수 있다. 둘째, 코포라티즘과는 달리 핀란드를 제외하고는 정권교체 등의 정치적 요인의 변화가 사회협약 지속여부에 큰 영향을 미치지 못했다. 즉, 코포라티즘 성공의 주요 조건인 노동조합과 정당의 제도적 연계가 사회협약의 체결 여부에는 필수 조건이 되지는 않았다. 또한 사회협약 체결여부가 노동조합 조직률 증대로 이어지지 않았다는 점에서 협약이 노동시장 조직화에 큰 영향을 미치지 못했다는 사실을 확인할 수 있으며 이에 대해서는 별도의 후속 연구가 필요할 것이다. 셋째, 사회협약은 경제위기시 집권정당 및 연립정부의 일시적 위기관리 정책 뿐 아니라 지속적으로 복지 개혁 정책의 추진을 위해 활용되었다. 프랑코 권위주의의 유산이 남아있는 스페인뿐 아니라 조직화의 수준이 여전히 높은 핀란드와 중간 정도인 벨기에에서 사회협약을 통해 정부 주도적 임금억제 정책과 복지 축소 정책이 추진되었다. 아일랜드는 좌파정부와 노동조합의 연계가 약함에 따라 정부가 사회적 파트너를 대폭 확대함으로써 경제위기 극복을 위한 사회통합 전략으로 사회통합을 적극 활용했다.

제도화의 성공이 사회협약의 성과를 의미하는 것이라고 보기는 어렵다. 1990년대부터 2000년대에 이르기까지 정부에 의해 주도되는 "사회협약"은 여전히 주기적으로 체결되고 사회구성원의 참여 범위가 넓으며 다양한 정치·경제·사회적 이슈를 포괄하고 있다(특히 아일랜드). 하지만 집권정당들이 세제 개혁, 사회보장 축소, 임금 동결 등 특히 유권자들의 반발이 불가피한 정책 추진을 위해 노사정 합의를 정치적 전략으로 활용하는 경향이 두드러진다. 노동시장 갈등조정과 정부 정책에 대한 노사정 합의를 제도화하는데 가장 성공적이었다고 평가받는 북유럽의 코포라티즘 제도화를 위한 필요조건은 사민주의 정당의 집권, 노동조합과 노동계급정당의 긴밀한 연계와 협의과정 제도화 과정에서 형성된 노사정 상호신뢰였다. 하지만 1990년대 이후 4개 사례 국가들에서 체결된 정부 주도적 사회협약은 결과적으로 정부차원의 노사정 기구에 사회적 파트너들의 참여를 제도화하는 데에는 성공했으나 노사정 상호이익교환과 정책협의를 통한 신뢰 구축과 경제성장에 이르는 코포라티즘적 순기능을 수행하지 못하고 있다는 한계를 보이고 있다.

1980년부터 2006년까지 유럽의 노동자 총파업이 지속적으로 증가하여 사용자가 아닌 "정부에 반대하는 노동조합(Union against Government)"의 집단행동이 증가하고 있으며[38] 이와 같은 노동시장 갈등 표출

38 노르웨이 포함 서유럽 16개국 총파업 횟수- 1980년대 16회, 1990년대 26회, 2000~2006년 28회로 증가(Hamman, Johnston and Kelly. 2013).

양상의 변화는 노동시장조직의 탈집중화, 노동계급정당과 노동조합 조직 간의 연계의 약화와 함께 정부 주도적 사회협약의 한계를 나타내는 것이기도 하다. 2000년대에 이르러 특히 노동조합의 조직 정도가 중간 규모 이상인 국가들(핀란드, 벨기에)에서 갈등의 축이 전통적인 노동시장 내 계급 갈등(노사갈등)이 아니라 노동조합–정부 간 갈등으로 옮겨져 갈 가능성을 배제할 수 없으며 이러한 변화가 연립정부를 구성하는 거대정당들의 투표율 저하와 정치적으로 극우정당(핀란드의 핀란드인당 The Finns) 혹은 소수정당(벨기에의 N–VA)의 성장과 연관이 있는 것으로 보이기 때문이다.

유럽 국가들의 경험은 사회협약의 가능성과 한계를 동시에 제시하고 있다. 사회협약 제도화 사례 비교 연구는 특정 제도의 '성공 신화'에 주목하고 그를 좇아 형식적으로 한국에 적용하기에 앞서 제도적 성공의 선행 조건과 실질적 작동 방식, 내적 역동을 살펴볼 필요성을 다시 한 번 환기시킨다. 한국의 노동시장 제도와 행위자의 상호연계방식은 스페인이나 아일랜드와 부분적 유사성을 가진다. 노동조합조직과 사용자단체의 대표성과 포괄성 수준이 낮고, 노동조합 대표조직은 이원적이며 정당과 노동조합의 조직적 연계가 미약한 탈집중적이고 분절적인 노동시장의 특성이 지배적이기 때문에 네오코포라티즘과 같은 중앙집중적·조직적 협의를 기대하기 어렵다고 할 수 있다. 중앙 집중적 협의 기구로서 노사정위원회의 실험이 실패에 가까운 결과를 낳았다는 점을 감안할 때 노사협의 기구로 국한하기 보다는 노사정민 즉, 노동, 사회, 정부, 그리고 시민단체 및 사회단체가 포함된 아일랜드와 같은 형태의 사회통합 협의체적 대안에 가능성을 둘 수 있다.

하지만 아일랜드의 사회통합적 사회협약은 급격한 경제성장과 극적인 경제위기를 경험한 예외적 상황에서 촉발된 것임을 염두에 두어야 한다. 오히려 스페인 사례가 민주화 이후 정권교체로 사회노동당 정부에 대한 노동의 기대가 높아진 가운데 활성화 되었고 이후로는 여야 정권교체에도 불구하고 지속되었으나 노동조합 조직의 탈퇴와 파업 증가 등의 부작용을 수반했다는 점에서 한국의 노사정위원회 경험과 유사하다. 하지만 사회통합적 기능을 강조하며 2007년 재출범한 한국의 경제사회발전노사정위원회(노사정위)는 '산업평화'와 '경제발전'이라는 고도성장기 발전 국가적 패러다임의 연속선상에서 노사갈등 및 경제사회 주체 간 갈등 조정을 목표로 명시하였다. 박근혜 정부에 의해 2015년 9월 15일 '노동시장구조개선을 위한 노사정 합의–사회적 대타협'(9·15 대타협)이 체결되었지만 한국노총만의 참여로 대표성이 현저히 떨어진 데에다 대타협을 선언한지 얼마 되지 않아 정부가 일방적으로 기업에 유리한 일반해고와 취업규칙 변경에 대한 행정지침을 발표해 한국노총마저 대타협을 파기한다고 선언하는 결과를 낳았다. 이후로도 2016년까지 참여주체 간의 이익교환 없이 정부 주도적으로 성장을 위한 협력을 강제하는 프레임이 유지되는 가운데 노동의 조직적 참여와 시민사회의 자발적 협력이 어려웠다. 대규모 촛불시위와 박근혜 대통령 탄핵 이후 정권교체와 함께 수립된 문재인 정부에서 노사정위는 "노동존중 사회를 위한 노사정위"를 표방하고 노사정대표자회의를 개최하면서 민주노총을 포함한 보다 대표성을 높인 형태의 사회적 대화를 다시 시도하고 있다. 핀란드, 벨기에, 스페인 세 국가에서 사회협약이 정부의 구조개혁과 긴축 정책에 대한 합의 도출을 위해 활용되면서 노동의 반발에 부딪혀 노동시장 갈등이 증폭된 것을 보더라도 사회협약이 순기능하기 위해서는 장기적 관점에서 노동의 조직적 참여와 협력이 필수적이라는 점은 분명하다. 또한 아일랜드의 성공에는 사회 주체들의 조직적 참여 보장이 지속적으로 뒷받침되었다는 점을 상기할 필요가 있다.

참고문헌

구춘권. 2006. "코포라티즘의 전환과 노동관계의 유럽." 『국제정치논총』 46:4, 241-265.

김수진. 2001. 『민주주의와 계급정치: 서유럽 정치와 정치경제의 역사적 전개』. 서울: 백산서당.

김인춘. 2010. "유럽통합과 자본주의 다양성: 북유럽과 남유럽의 '유럽화' 비교." 『유럽연구』 28:3, 175-211.

서경교. 2002. "남유럽 권위주의체제의 정치변동: 스페인 사례." 『유럽의 정치변동: 역학과 사례』. 139-179. 서울: 동림사.

선학태. 2006. 『사회협약정치의 역동성: 서유럽 정책협의와 갈등조정 시스템』. 서울: 한울.

전명숙·임상훈. 2012. "기능적 분업과 연계를 통한 사회적 협의 활성화: 아일랜드·핀란드 사례를 중심으로." 『산업관계연구』. 22:4, 149-173.

임상훈·루치오 바카로. 2006. 『약자들의 사회협약-아일랜드, 이탈리아 및 한국 사례 비교연구』. 워킹페이퍼 2006-01. 서울: 한국노동연구원.

홍재우. 2010. "권력공유의 실험과 위험: 벨기에 복합연방제의 패러독스." 『한국정당학회보. 9:2, 243-278.

Baccaro, Lucio. 2003. "What is Alive and What is Dead in the Theory of Corporatism." *British Journal of Industrial Relations* 41:4, 683-706.

Baccaro, Luccio and Sang-Hoon Lim. 2007. "Social Pacts as Coalitions of the Weak and Moderate: Ireland, Italy and South Korea in Comparative Perspective." *European Journal of Industrial Relations* 13:1, 27-46.

Baccaro, Lucio and Chris Howell. 2011. "A Common Neoliberal Trajectory:

The Transformation of Industrial Relations in Advanced Capitalism." *Politics & Society* 39:4, 521–563.

Budd, John W. 2005. *Labour Relations: Striking a Balance*. Boston: MacGraw–Hill Irwin.

Cameron, David R. 1984. "Social Democracy, Corporatism, Labour Quiescence and the Representation of Economic Interest in Advanced Capitalist Society." In J. H. Goldthorpe, eds. *Order and Conflict in Contemporary Capitalism*. Oxford: Oxford University Press.

Compston, Hugh. 1997. "Union Power, Policy Making, and Unemployment in Western Europe, 1972–1993." *Comparative Political Studies* 30:6, 732–751.

Freyssinet, Jacques . 2013. "Evolution Of Social Pacts And Bargaining Decentralisation," *Social Europe Journal*(30/09/2013 http://www.social–europe.eu/2013/09/evolution–of–social–pacts–and–bargaining–decentralisation/).

Gourevitch, Peter. 1986. *Politics in Hard Times: Comparative Responses to International Economic Crises*. Ithaca and London: Cornell University Press.

Hamann, Kerstin and John Kelly. 2011. *Parties, Elections, and Policy Reforms in Western Europe: Voting for Social Pacts*. London: Routledge.

Hemerijck, Anton and Martin Schludi. 2000. "Sequences of Policy Failure and Effective Policy Responses." In Fritz W. Scharpf and Vivien A. Schmidt, eds. *Welfare and Work in the Open Economy: Volume I. From Vulnerability to Competitiveness*. Oxford: Oxford University Press.

ILO. "UNIONS2014: Trade Union Membership Statistics 2014"(http://laborsta.ilo.org/xls_data_E.html).

Kelly, John, and Kerstin Hamann. 2010. "General Strikes in Western Europe,

1980–2008." European Regional Congress of the International Industrial Relations Association. Copenhagen, 28 June–1 July.

Kelly, John, Kerstin Hamann, and Alison Johnston. 2013. "Union against Governments: Explaining General Strikes in Western Europe, 1980–2006." *Comparative Political Studies* 46:9, 1030–1057.

Kenworthy, Lane. 2002. "Corporatism and Unemployment in the 1980s and 1990s." *American Sociological Review* 67:3, 367–388.

Kwon, Hyeong–ki. 2013. "Politics of Institutional Change: Evolution of the Irish Social Concertation Model." *Comparative European Politics* 11:4, 481–510.

McCann, Dermot. 2010. *The Political Economy of the European Union*. Cambridge, Malden: Polity Press.

Mitchell, B. R. 1975, 1978, 1980. *European Historical Statistics 1750-1975*. New York: Facts on File.

Molina, Oscar. 2014. "Self–regulation and the State in Industrial Relations in Southern Europe: Back to the Future?" *European Journal of Industrial Relations* 20:21, 21–36.

Nacascués, Javier. 2008. *Transform!*. Issue 02/2008(http://transform–network.net/journal/issue–022008/news/detail/Journal/the–development–and–challenges–of–the–spanish–united–left–iu.html).

Rhodes, Martin. 1996. "Globalization and the Welfare State: A Critical Review of Recent Debates." *European Journal of Social Policy* 6:4, 305–327.

______________. 2002. "The Political Economy of Social Pacts: 'Competitive Corporatism' and European Welfare Reform." In P. Pierson, ed. *The New Politics of the Welfare State*. New York: Oxford University Press,

165–169.

Rohlfer, Sylvia. 2012. "Perspectives on Social Pacts in Spain: Social Dialogue and the Social Partners." *Management Revue* 23:1, 49–65.

Sapir, André. 2006. "Globalization and the Reform of European Social Models." *Journal of Common Market Studies* 44:2, 369–390.

Scharpf, Fritz W. 2002. "The European Social Model: Coping with the Challenges of Diversity." *MPIfG working paper* No. 02/8.

Schmitter, Philippe C. 1974, "Still the Century of Corporatism." *The Review of Politics* 36:1, 85–131.

Schmitter, Philippe C. 1981, "Interest Intermediation and Regime Governability in Contemporary Western Europe and North America." In Suzanne Berger, ed. *Organizing Interests in Western Europe: Pluralism, Corporatism, and the Transformation of Politics*, 285–327. Cambridge: Cambridge University Press.

Siaroff, Alan. 1999. "Corporatism in 24 Industrial Democracies: Meaning and Measurement." *European Journal of Political Research* 36: 175–205.

Slomp, Hans. 1990. *Labor Relations in A History of Issues and Developments.* New York: Greenwood Press.

Traxler, Franz, Sabine Blaschke, and Bernhard Kittel. 2002. *National Labour Relations in Internationalized Markets: A Comparative Study of Institutions, Change, and Performance*. Oxford and New York: Oxford University Press.

Visser, Jelle. 2006. "Union Membership Statistics in 24 Countries." *Monthly Labor Review*, January 2006.

Vivekananan, B. 2012. "The Finnish Welfare State in the 1990s: Challenges and Responses." *International Studies* 49:1&2, 77–112.

Wallerstein, Michael and Miriam Golden. 1997. "The Fragmentation of the Bargaining Society: Wage Setting in the Nordic Countries, 1950 to 1992." *Comparative Political Studies* 30:6, 699–731.

EIRO(http://www.eurofound.europa.eu/eiro).

Eurofound(http://www.eurofound.europa.eu).

벨기에 중앙경제위원회(http://www.ccecrb.fgov.be/txt/en/2011182_1.pdf).

벨기에 국가노동위원회(http://www.csc–en–ligne.be).

스페인 경제사회위원회(http://www.ces.es/en/saludo–del–presidente).

아일랜드 경제사회위원회(http://www.nesc.ie).

핀란드 국가경제위원회(http://vnk.fi/hankkeet/talousneuvosto/kokoonpano/en.jsp).

제11장 원자력 협력의 핵확산 기여 논쟁의 비판적 검토: 미국양자원자력협정의 국제 핵통제 규범성*

조은정**

1. 서론과 문제제기

2000년대 초 '원자력 르네상스(nuclear renaissance)'로 대표되는 원자력 발전과 협력에 대한 호의적 기류가 불과 몇 년 뒤 급격히 냉각되더니

* 본 연구는 "원자력 협력은 핵 확산을 부추기는가? 미국양자원자력협정의 국제 핵통제적 성격," 『국제정치논총』 56:2, 2016을 논문집의 취지에 따라 수정·보완한 것임.

** 국가안보전략연구원

2000년대 후반에 이르러서는 원자력 협력에 대한 회의적 시각이 부각되었다. 이러한 시각의 변화는 2000년대 일어난 급격한 안보환경과 위협인식의 변화와도 맥을 같이 한다. 변화된 안보 환경에 가장 발 빠른 대응을 보여준 것은 워싱턴이었다. 2008년 미국 국가정보국 국장 맥코넬(Michael J. McConnell)은 미 하원에 보내는 미 안보 위협에 대한 연례평가보고에서 '핵 확산'은 '테러리즘'과 함께 여전히 미국 안보에 가장 치명적인 안보 위협이며 그 위협 한가운데 북한, 이란과 같은 불량국가들(rogue states)이 있음을 환기하였다(Fox 2015; McConnell 2007). 2010년 발표된 『핵태세검토보고서(Nuclear Posture Review, 이하 NPR)』에서는 그 둘의 결합 가능성에 주목, 미국은 알카에다와 같은 테러 조직의 핵 보유 및 사용 가능성에 우려를 표시하였다.[1] 이 같은 핵 확산에 대한 우려는 핵안보정상회의(Nuclear Security Summit, 2010, 2012, 2014)를 통해 국제 사회와 공유되었다.[2] 이처럼 비국가 단체에 의한 핵 테러리즘과 '불

1 The US Department of Defense(2010). NPR은 미 행정부의 핵정책 수립에 앞서 미 국방부가 변화하는 안보환경을 고려하여 미국의 핵 전력과 전략을 종합적으로 검토하는 보고서이다. 클린턴 행정부(1994)와 부시 행정부(2002)에 이어 냉전 이후 세 번째 발간된 보고서로 핵 확산과 핵 테러리즘 방지 문제를 중요하게 거론하고 있다. 특히 2010년 봄 숨 가쁘게 이어진 핵 비확산을 위한 국제 협력회의의 신호탄이었다는 점에서 의미가 있다: 4월 6일 NPR 공개; 4월 8일 미국-러시아 新 START협정 서명; 4월 12-13일 제1차 핵안보정상회의(NSS: Nuclear Security Summit); 5월 3-28일 NPT 평가회의.

2 미국 오바마 대통령의 주도로 2010년 워싱턴에서 1차 회의가 열린데 이어 그 후로 2년에 한번 꼴로 지금까지 총 3회 회의가 열렸으며 2016년 4월 4차 회의가 워싱턴에서 개최 예정이다. 증가하는 핵 테러 위협과 원전시설의 효과적인 방호와 안전조치 강화를 위한 국제적 공조가 주되게 논의되고 있다. 특히 2010년 4월 6일 NPR 공개, 4월 8일 미국-러시아 新 START협정 서명, 4월 12-13일 제1차 핵안보정상회의(NSS:

량국가'들의 핵무기 개발에 대한 우려가 확산되는 가운데, 워싱턴 정계에서는 핵 확산의 요인으로 국제 원자력 협력을 지목하는 주장들이 탄력을 받기 시작하였다(McGoldrick 2013; Squassoni 2014). 또한 학계에서도 협력을 허용하는 폭과 정도에 대한 갑론을박이 있지만 이들 회의론은 공통적으로 아무리 무해한 듯이 보이는 상업적, 평화적 용도의 협력이라 하더라도 핵의 이중용도기술(the dual-use nature of nuclear technology) 특성상 핵무기 개발에 기여를 하지 않을 수 없다는 연구가 줄을 이었다(보다 상세한 내용은 본문에서 후술).

공교롭게도 이처럼 핵 확산에 따른 안보 우려가 날로 증폭되고, 핵 선진국들의 후발국들과의 원자력 협력이 그 주요 요인으로 지목되는 민감한 시점에 냉전시대 미국 동맹 관계에 있어 큰 축을 담당해 온 양자 원자력 협정들이 무더기로 만료를 맞았다. 냉전도 해체된 이 시점에 미국의 안보 이익과 세계 핵 비확산을 위해 미국이 양자 원자력 협력을 포기하는 것은 수순일 것이라고 예상되었다. 그러나 미국은 이러한 예상을 깨고 오히려 원자력 협정을 확대, 강화하였다. 2009년 아랍에미레이트, 2014년 베트남과 새롭게 원자력 협정을 체결하였고 2014년 대만, 2015년 한국과도 원자력 협정을 개정하였다. 심지어 2015년 아시아 지역 패권을 두고 경쟁을 벌이고 있는 중국과도 원자력 협정을 개정하였다. 그렇다면 오늘날 미국은 확고한 핵 비확산 정책 기조에도 불구하고

Nuclear Security Summit), 5월 3-28일 NPT 평가회의에 이르기까지 숨 가쁘게 이어진 핵 비확산을 위한 국제 협력회의의 신호탄이었다는 점에서 의미가 있다.

왜 원자력처럼 민감한 영역에서 국가들과 협력을 계속하는 것일까? 과연 원자력 협력은 원자력협력 회의론자들의 주장처럼 핵 비확산 기조에 배치되는 것일까? 만일 그렇다면 그 핵 확산의 책임은 누구에게 있는가, 핵수요국(nuclear demand—side) 혹은 핵공급국(nuclear supply—side)인가?

이 같은 의문들을 해소하기 위해 본 논문은 먼저 공급국의 핵 확산 책임론 논의를 핵 안보에서 새로운 패러다임의 요구가 본격화된 2000년대 후반의 핵(비)확산 연구의 지평에서 소개하고, 미국이 원자력 협력 회의론에도 불구하고 한국을 비롯한 동아시아 국가들과 원자력 협력을 지속하고 있는 이유를 밝히고자 한다. 이를 위해 본 연구는 1945년 이래 세계 핵질서의 조직과 운영에 있어 중심적인 역할을 해 온 미국의 핵 통제권에 주목, 다양한 국제 핵 거버넌스 레짐들과 미국의 양자협정에 나타난 핵 비확산을 위한 제도적 노력들을 비교 검토한다. 이를 바탕으로 미국 양자 원자력 협력은 '핵 확산'이 아니라 오히려 '핵 비확산'을 굳히는데 중요한 역할을 하였으며, 이는 결과적으로 오늘날 핵질서에서 미국이 영향력을 유지하는데 기여하였음을 보인다.[3] 그리고 이것이 바로 최근 주목받고 있는 원자력 협력 회의론과 가속화되고 있는 세

3 1953년 아이젠하워의 '평화를 위한 핵' 선언과 이로부터 시작된 원자력 협력들도 냉전의 진지를 공고히 하고 핵 확산을 저지함으로써 미국의 전략적 이익을 극대화하기 위한 정치적 선택이었다. 그로부터 60년이 지난 2013년 미 상원 외교위원회에서는 초기 원자력 협력의 아키텍쳐에 내재되어있던 전략적 고려들은 휘발되고, 오늘날 핵 확산의 원인으로 지목되었다. Eunjeong Cho(2012), Ch 4.

계 핵 확산 추세에도 불구하고, 미국 정부가 핵 비확산을 위해서 양자 원자력 협력을 지속, 혹은 확대할 수밖에 없는 중요한 이유라고 결론을 맺는다. 이는 바로 향후 핵 비확산 연구에서 지속적으로 '규범'의 역할에 주목해야 하는 이유이기도 하다. 따라서 본 논문의 후반부에서는 최근 원자력 협력 회의론과 기존 실증주의적 핵 비확산 연구에서 간과되어온 규범의 역할을 원자력 협력을 위해 미국이 핵심 동맹국들과 맺어온 양자협정을 통해 구체적으로 살펴본다.

본문에 앞서, 다음의 사항을 밝혀둔다. 첫째, 본 논문의 목적은 원자력 사용 옹호에 있지 않다. 또한, 미국 원자력 법제나 미국이 주도하고 있는 양자 원자력 협정의 내용이 국제 핵 거버넌스에 있어 선진적이라거나 여타의 다자 규범에 비해 우월하다고 주장하려는 것도 아니다. 다만, 본 논문은 궁극적으로 미국의 세계 패권의 중심에는 미국이 양자와 다자로 촘촘히 짜 놓은 핵 규범과 핵/원자력 거버넌스 레짐들이 자리하고 있다는 점을 환기하고자 하는데 있음을 밝힌다. 이는 향후 연구에서 동아시아 지역질서 조직과 운영의 복잡성을 설명할 때, 국제 핵/원자력 국제 레짐들이 왜 중요한 역외 변수로 고려되어야 하는지 정당화하는 데 밑거름이 될 수 있을 것이다.

2. 핵비확산 연구에서 '협력'과 핵확산 책임 소재

미국의 핵 비확산 정책은 1945년 이후 지금까지 줄곧 변함없으나, 이를 추진하는 방식에는 변화가 있었다. 미국 핵 정책에서 가장 큰 변곡점은 1953년 아이젠하워의 '평화를 위한 핵(Atoms for Peace)' 선언이라고 할 수 있다. 1945년부터 8년간 동맹국과의 원자력/핵 협력도 절대 허락하지 않는 핵기술 고립주의를 고수하다가, 1953년 12월 선언을 계기로 원자력 협력 장려 정책으로 전격 선회, 지금에 이르고 있다.[4] 그러나 견고해 보이는 미국의 동맹 간 호혜적 원자력 협력 관계도 2000년대 후반을 기점으로 수면 아래에서 요동치고 있는 듯이 보인다.

(1) '원자력협력 긍정론'과 '수요국 책임론'

전통적으로 정치학에서 핵(비)확산 정책 연구는 핵무기 보유에 성공한 국가들의 내적 동기와 개발 여건 및 능력을 밝히는 데 집중하였다.[5] 이로부터, 핵 시장이 공급과 수요로 구성되어 있다고 할 때, 수요자로만 연구 관심이 집중되었다는 한계를 드러내었다. 이론적으로는 냉전의 영향으로 핵(비)확산 연구가 핵 보유가 재래식 무기에 의한 군사적 긴장과 그에 따른 확전을 억제하는 가능성(핵 억지 이론: nuclear deterrence theory)에 편중된 문제점을 드러내었다.[6] 또한 이들 연구에서 나타난 핵 야

---

4 이 같은 미국의 급격한 정책적 선회는 1953년 7월 6·25휴전협정 후 소련이 주도한 범 공산권 원자력 협력 프로그램과도 시기적으로 맞물린다는 점에서 냉전적 고려에 의한 것으로 이해될 수 있다. 조은정(2014).

5 Gowing(1964); Gowing(1974); Quester(1973); Lewis and Litai(1988); Solingen(1994), 126-169; Soligen(2007); Sagan(1996/1997); Holloway(1994); Cohen(1998); Perkovich(1999); Paul(2000); Hymans(2006).

심국들을 악의 축으로 간주하는 도덕적 접근방식도 핵 비확산 연구의 이론 개발에 걸림돌이 되었다. 따라서 핵개발을 허락받지도, 핵을 보유하지도 못한 비핵국들에게 보다 엄격한 핵 비확산 잣대를 들이대거나, 핵국이 비핵국들에 핵 확산의 책임을 묻는 것이 논리적 모순임은 1946년 1월에 열린 제1회 국제 연합(The United Nations, 이하 UN) 총회 이후 줄곧 비핵국들로부터 제기되어왔다(US Department of State 1950). 1975년을 시작으로 5년마다 열리는 NPT 평가회의에서 최종합의에 도달하지 못하는 주된 이유가 이 같은 핵국과 비핵국 간의 갈등이라는 점은 문제의 심각성을 잘 보여준다. 그러나 정작 이 같은 핵 비확산 정책의 고질적인 모순을 설명하거나 근본적으로 해결하기 위한 학술적 노력은 미진하였다(Ogilvie–White 1996, 43–60). 그럼에도 이러한 한계를 극복하기 위한 다양한 방법론을 동반한 연구들이 발견된다.

대표적으로, 조동준과 가츠케는 기회 변인[7](잠재적 핵무기 생산 능력, 경제적 능력, 핵무기 개발의 보급 정도), 국내적 요인(정치적불안정도, 민주주의),

---

6 Brodie(1946); Schelling(1960); Schelling(1966); Knorr(1962); Achen and Snidal(1989), 143-169; Jervis(1989); Powell(1990). 앞서 핵무기가 실전 배치됐을 때 예상되는 시나리오와 시나리오 별 공격/방어 대처 방안을 모색하기 위한 핵억지(Nuclear Deterrence) 이론들이 게임이론/합리적 선택 모델로 개발되었다. 핵 억지이론이 핵 비확산의 여러 단계 중 실질적 핵공격의 위협이 임박한 단계에 초점을 맞춘 논의라면, 본 연구는 핵무기 개발의 시작으로부터 그 개발이 전장에서 사용될 목적으로 군사적 긴장을 야기하기 전까지의 보다 광범위한 과정을 주된 핵 확산 논의의 내용으로 삼는다.

7 기회 변인은 "opportunity variables"을 번안한 것이다. 조동준과 가츠케의 연구에서 기회변인은 행위 주체가 주어진 환경에서 핵무기를 개발할 수 있는 '기회'와 '제약' 중, '기회'를 가리킨다.

규범적 요인(NPT 가입여부, 세계 국가들의 NPT 가입률), 국제사회에서 지위(세계 패권, 지역 패권), 국제 안보(재래식 무기로부터 위협 유무, 핵위협의 유무, 핵방위 조약의 유무, 외교적 고립 유무 체제 종류)처럼 변인들을 보다 세분화하여 기존의 담론들을 실증적으로 검증하려 하였다. 흥미롭게도, 조동준과 가츠케의 연구는 싱과 웨이의 연구와는 달리 기존 담론에 배치되는 결론을 얻음으로써 향후 연구들을 더욱 유인하였다(Jo and Gartzke 2007, 167–194). 가령, 이들의 연구에서는 주류 담론의 예상대로 재래식 무기 위협이 높을수록 핵개발의 가능성이 높아지나, 그와 반대로 핵 위협이 높아지거나 강대국과 핵우산을 공유한다고 해서 혹은 외교적으로 고립되어 있다고 해서 핵 확산이 촉진되지는 않는 것으로 나타났다.[8] 더욱 논쟁적인 연구 결과는 핵 개발을 시작하는 데 있어 민주주의가 전제주의와 별반 차이가 없었을 뿐만 아니라 이미 핵 개발 프로그램이 있는 경우 오히려 민주주의 국가들에서 핵무기를 생산할 가능성이 더 높다는 사실이었다.[9] 동시에 인과 관계를 특정할 수 없는 변인들도

8 Jo and Gartzke(2007), 176–178; 이 같은 연구 결과는 핵 개발의 도미노 효과를 예상한 주류 담론과 배치된다. Feaver(1993); Sagan(1993); Sagan and Waltz(2012); Blair(1993); Blair(1994), 494–500; Thayer(1994), 428–493. 오히려 한 국가의 핵 개발이 주변국의 핵 개발을 억제시키거나, 재래식 무기 위협을 완화함으로써 군사적 긴장완화와 국제 질서 안정에 효과가 있을 것이라고 예상한 담론들을 뒷받침한다. Rajain(2005); Karl(1996), 87–119; Bueno de Mesquita and Riker(1982), 7–15; Mearsheimer(1990), 35–50; Mearsheimer(1993), 50–66. 핵무기 보유가 국제질서 안정에 기여한다고 보는 긍정론과 위협한다고 보는 회의론 모두 왜 핵국들이 민감한 핵기술에서 협력을 하는지, 또 어떻게 이들 핵국들의 반응이 다양한지에 대한 설명을 제시하고 있지 못하다.

9 Jo and Gartzke(2007), 179; 이 같은 연구 결과는 민주주의에서 책임 있는 시민들과

발견되었다. 핵 비확산 규범과의 상관성 검사에서는 NPT 가입 국가들에서 낮은 핵 확산율이 발견되었으나, 조약에 가입해서 핵개발을 추진하지 않은 것이 아니라 개발할 의사가 없는 국가들만 조약에 가입했을 가능성도 배제할 수 없다(Jo and Gartzke 2007, 179). 마찬가지로 세계 패권국과 지역 패권국들에서 핵무기 개발 프로그램 보유율이 높았는데, 그 또한 핵을 가지고 있어서 패권이 된 것인지 패권이라서 핵을 보유할 수 있었던 것인지 그 인과 관계가 불분명하다(Jo and Gartzke 2007, 179). 마지막으로 핵무기 프로그램 보유 기간이 길다고 꼭 핵무기를 생산한다고 볼 수는 없으나, 시간이 흐름에 따라 세계적으로 핵 확산이 가속화되고 있음이 발견되었다(Jo and Gartzke 2007, 179). 이 역시 핵보유국의 숫자가 늘어나면서 자연적으로 그 파급효과가 높아지기 때문인 것인지, 위 연구에서 핵 확산과 양(+)의 상관관계에 있다고 추정되는 다른 요인들이 더욱 강한 영향력을 발휘하였기 때문인지 이 연구로만은 알 수 없다는 한계를 남겼다.

위의 핵 확산 요인 분석 연구들이 여전히 핵수입국/수요국의 동기나 능력에 무게 중심을 두고 있었다면, 비슷한 시기 등장한 사회네트워크 이론(SNT: Social Network Theory)을 이용한 연구들에서는 공급국들과 수요국들 간에 이루어지는 핵무기, 미사일 이동(수출입)을 평면에 함께 표

정책결정자들이 여러 단계의 토론의 장을 거치는 동안 핵무기 개발과 같은 고비용, 저효율적이며 평화에 반하는 결정을 내리지 않을 것이라고 예상한 주류 담론과 배치된다. 오히려 민주주의의 포퓰리즘 성향이 핵무기 보유를 부추길 수 있다는 담론들을 뒷받침한다. George(1999); Nizamani(2000); Jack L. Snyder(2000); Fair(2014).

시함으로써(소시오그램: sociogram) 자연스럽게 핵 수요국과 마찬가지로 핵 공급국에도 책임 소재를 찾는 연구가 나올 수 있는 기반이 조성되었다. 또한 기존의 흩어져 있던 방대한 핵(비)확산 데이터를 수집·정리하는데 그치지 않고 그 자료들을 시각화함으로써 핵 확산(예: 핵무기 수출입)의 연결망과 핵심 허브를 한눈에 조망할 수 있도록 기여하였다. 이는 핵 확산을 구조적으로 파악할 수 있게 된 중요한 계기를 마련하였다(Montgomery 2005, 153–187; Kim 2007; 김형민 2010, 327–352). 특히 최근 핵 확산의 특징으로 핵국과 비핵국 간의 '수직적' 핵무기 개발 협력뿐만 아니라 NPT체제 밖에서 핵을 갖고자 하는 국가들(가령, 파키스탄, 북한, 이집트, 이란, 리비아) 간의 핵과 미사일 기술의 교환 및 분업을 도모하는 '수평적' 협력의 카르텔의 가능성도 발견할 수 있었다(조은정 2014). 그러나 네트워크 이론을 이용한 연구들은 핵 확산의 경로와 경향(창의 연결망)을 파악하는 데 기여를 하였지만, 핵 비확산을 위한 노력(방패)들이 어떻게 구축되고 있는지에 관한 거시적 비전은 제공하고 있지 못하다. 예를 들어 NPT체제에서 인정하는 마지막 핵국, 중국 이후에 핵실험에 성공한 국가들은 오늘날 NPT체제상 '착오/오류'라고 간주되고 있지만 구체적으로 어떠한 제도적 허점 때문에 이들의 핵개발이 가능하게 되었는지에 대한 연구는 부족하다(Corera 2006; Richelson 2006). 결국, 창(핵확산)의 날카로운 칼끝만 주목한 채, 방패(핵 비확산 레짐)의 허술함은 네트워크 이론으로 검증되지 못한 한계를 남겼다.[10] 마지막으로 이들 연구

10 핵(비)확산 연구에서 두 가지의 편향성 문제가 있다. 첫 번째 편향성이 본고에서 다

들에서 핵기술의 이중용도 특성상 상업적 용도의 원자력 수출입과 평화적 용도의 원자력 협력을 구분하는 것이 얼마나 의미가 있는지도 의문이 드는 점이다(이는 다음절에서 보다 자세히 후술).

(2) '원자력협력 회의론'과 '공급국 책임론'의 부상

2000년대 후반 원자력 산업의 부흥과 핵 테러리즘의 위험이 동시에 증가하는 시점에 등장한 원자력회의론은 보다 객관적인 시각에서 가장 과학적인 연구 방법으로 핵과 원자력이 21세기 세계 안보에 미치는 영향을 파악해보고자 하였다. 이들 연구는 '평화를 위한 핵(Atoms for Peace)' 프로그램에 대한 재평가로부터 출발한다. 즉, '평화를 위한 핵' 프로그램이 오늘날 핵 확산에 책임이 있는가이다. 이에 대한 비판적인 시각은 1960년대 프랑스와 중국이 핵실험 성공을 대외적으로 공표하면서 일기 시작하였으나 어디까지나 소수의견이었다(Rowen 2009, 7-18; Beaton 1966, 88-89). 그러다 1974년 "평화적 핵폭발(peaceful nuclear explosion)"이라고 이름붙인 어이없게도 당당한 인도의 핵실험 공표는 국제사회의 공분을 사기 충분하였다. 이후 파키스탄이 핵실험에 성공하고, 이란, 이라크를 포함한 수많은 국가들이 핵무장 야심을 품었다가 포기하였으나 국제사회의 갖은 회유와 압박에도 불구하고 북한은 4차례나 핵

루고 있는 수요국-공급국 중 수요국에 치우친 책임 소재 규명이라면, 두 번째 편향성은 핵 확산의 심각함은 강조하면서 이를 저지하기 위해 국제적으로 조직된 노력의 허술함은 본격적인 학술 논의의 대상으로 다루고 있지 않다는 점이다.

실험을 진행하는 등 국제 핵 확산이 멈추지 않자 원자력 협력의 원류로서 아이젠하워의 '평화를 위한 핵' 프로그램에 대한 비판론이 다시 확산되기 시작된 것이다.[11] 이에 따라, 오늘날 이루어지고 있는 모든 종류의 원자력 협력 프로그램의 중단을 요구하고, 통제 및 감시 규정의 강화를 요구되었다.[12]

위와 같은 회의론의 근원적 문제의식은 다음의 질문으로 보다 구체화 될 수 있다: '과연 원자력 협력은 핵확산을 부추기는가?' 이 질문은 다음 두 지점에서 사고의 전환을 유도하였다. 첫째, 핵 확산의 주된 요인으로 핵 기술 협력의 수혜국(demand-side) 뿐만 아니라 공급국(supply-side)의 역할에도 주목해야 한다.[13] 핵무기는 현대 무기 기술의 총집합체라고 해도 과언이 아닐 만큼 다양한 종류의 과학기술을 필요로 하고, 따라서 그 비용과 노력을 오로지 한 국가에서 부담하는 것은 사실상 불가능하다(Abraham 2006, 55). 심지어 미국도 2차 대전 중 핵무기 첫 개발 당시 유럽의 과학 기술력과 아프리카와 아메리카, 오세아니아에서 채광된 우라늄 덕분에 두 대의 핵폭탄을 완성할 수 있었다(Helmreich

11 Sokolsky(2001); Weiss(2003); Mian and Glaser(2008); Reed and Stillman(2009) 참조.

12 심지어 통상적인 교환학생 프로그램까지도 핵확산의 경로로 비판받았다. Carrigan(2007), 54-55; Carrigan(2005); May and Isaacs(2004); Lavoy(2003). 반대로 아이젠하워의 '평화를 위한 핵' 프로그램이 핵 비확산에 기여했다는 의견은 다음을 참조: Hymans(2011), 73-104.

13 Lowrance(1976), 147-166; Boardman and Keeley(1983); Meyer(1984); Lavoy(1993); Lavoy(1995), 695-753; Singh and Way(2004), 41-71.; Jo and Gartzke(2007); Kroenig(2009a), 113-133; Kroenig(2009b), 161-180 참조.

1986). 오늘날에도 마찬가지로 상당수의 핵기술 선진국들이 있지만 그 국가들이 모두 핵 농축 및 재처리 시설을 보유하고 있는 것은 아니다. 현실적으로 기술과 비용, 규제라는 측면 모두에서 높은 진입장벽이 존재하는 만큼 외부로부터의 '지원' 없이 새로운 핵국이 등장하기란 불가능하다. 이 같은 점들을 고려했을 때 오늘날 핵 확산에 있어 핵 수요국들 뿐만 아니라 핵 공급국들의 책임도 간과할 수 없다는 결론에 다다른다. 둘째, 이 같은 핵 확산의 공급국 책임론은 평화적, 군사적 사용 간의 전용이 비교적 손쉬운 핵기술의 이중용도 기술의 특성으로부터 더욱 탄력을 받는다. 원자력 협력 회의론자들은 아무리 합법적이고 핵무기 개발에 직접적인 관련이 없더라도 원자력 기술 협력이 핵무기 개발로 전용될 가능성을 현재의 제도로써 엄격히 통제하는 데는 명백한 한계가 존재한다고 주장한다. 이에 따라 상업적, 군사적 목적 간의 열린 상호전용 가능성으로부터 공급국의 책임은 더욱 강조된다(Fuhrmann 2008, 633–652; Fuhrmann 2009a, 181–208; Fuhrmann 2009b, 7–41). 따라서, 회의론자들의 연구들에서 평화적 목적이라 하더라도 핵 선진국들의 후발국들과 원자력 협력 확대는 잠재적으로 핵무기 확산을 부추길 수 있는 경로로 경계되고 있다(Montgomery 2013, 177–202; Kroenig 2013, 203–222). 그리고 그 확산의 속도는 '핵국'들의 숫자가 늘어날수록 가속화될 것이다.

정리하면, 이전 세대 연구들에서 핵 확산 이유를 설명하는 데 있어 가장 먼저 주목한 것은 핵 개발 주체가 핵을 개발하게 된 동기였다.[14] 그러나 최신의 연구에 따르면, 핵실험에 성공하려면 핵기술 개발의 '능력과 여건'이 핵보유 '욕구' 보다 중요한 요인으로 이해된다.[15] 이 같은 연구 결과가 사실이라면 핵 야심국들의 욕구를 억제하는 것 보다 그들의 핵개발 능력을 제거하는 것이 핵 비확산에 더욱 효과적일 것으로 유추해볼 수 있다. 따라서 '동기'에 집중한 기존 연구 질문, '국제사회 비난여론과 제도적 제약 그리고 경제적 부담에도 불구하고 신흥 핵국들은 왜 핵무기를 가지려고 했는가?'는 당면한 핵 확산 문제 해결에 실질적인 도움이 되지 않는다. 오히려, '핵 선진국들은 핵기술의 양면성에 따른 군사적 기술의 전용 위험성에도 불구하고 왜 비핵국들과 원자력 협력을 계속하는가?'와 같은 질문이야말로 핵 비확산을 실현하는데 보다 의미가 있다고 주장한다. 다음에서는 이들 회의론자들의 주장의 타당성 여부를 검토한다.

3. '원자력 협력'과 '핵무기 확산' 간의 상관관계

(1) 원자력 협력 회의론: 크리니그와 퍼만의 연구

이번에는 최근의 원자력회의론 연구 중 2009년 나란히 게재되며 원

14 Ouster(1973); Solingen(1994), 126-169; Reiss(1995); Sagan(1996/97), 54-86; Paul(2000); Hymans(2006); Solingen(2007) 참조.

15 *The Bulletin of Atomic Scientists*(2007); Reiss(1988), 247; Jo and Gartzke(2007), 168; Kroenig(2009), 161-180; Fuhrmann(2009), 7-41 참조.

자력 협력과 핵 확산 간의 상관관계에 대한 논쟁에 불을 지핀 크뢰니그와 퍼만의 각각의 논문을 핵심 논점들을 중심으로 살펴본다. 다음 두 연구들은 아래와 같이 질문과 가설을 설정하고 현존하는 양자원자력 협정들에 대한 정보를 계량화하여 검증을 시도하였다. 우선 크뢰니그는 미국이 체결한 14개 양자 원자력협정 분석으로부터 핵 농축이나 재처리처럼 특별히 더 '민감한' 기술들에서 지원을 받았던 국가들에서 핵무기 개발 가능성이 더 높았다는 결론을 내렸다(Kroenig 2009b). 퍼만은 그 연구 대상의 범위를 확대해 2000여 개에 이르는 세계 원자력 협정들을 대상으로 연구를 수행하였다(Keeley 2003). 그 결과, 원자력 양자협력 관계에 있는 국가들의 13%가 핵무기 개발에 성공한 반면, 이러한 협력 관계 밖에서 핵무기 개발에 성공한 국가들은 오직 4%라는 결론을 얻었다(Furhmann 2009b). 두 연구에서는 허용할 협력의 폭과 강도에 있어 이견이 있으나 공통적으로 이로부터 아무리 무해한 듯 보이는 원

〈표 11-1〉 크뢰니그와 퍼만 연구들의 질문·가설 비교표[16]

	Kroenig(2009a)	Fuhrmann(2009a)
질문	언제 핵국과 비핵국 간의 협력이 일어나는가?(조건에 집중)	왜(어떤 경우에) 핵국들은 비핵국들과 원자력 협력을 하는가?(동기에 집중)
가설 1	핵 선진국이 절대적 힘의 우위에 있을수록 핵 후발국과 민감한 핵기술에서 지원을 제공할 가능성이 커진다.[17]	핵 선진국이 핵 후발국들과 동맹관계에 있는 경우 동맹 강화를 위해 민감한 핵 기술에 있어서도 협력을 모색한다.
가설 2	적을 공유하는 국가들과는 민감한 핵 기술을 공유할 가능성이 높다.	협력국이 핵 선진국의 적의 적 관계에 놓여 있는 경우 협력을 모색한다.
가설 3	초강대국의 영향력 아래 있는 국가들은 핵 지원을 제공할 가능성이 적다.	핵 선진국이 민주주의인 경우 협력 상대국의 민주주의 장려를 위해 협력한다.

자력 협력이더라도 핵 확산에 직여 개접적으로 영향을 미칠 수 있다고 주장한다. 그리고 핵 확산을 저지하기 위한 방법으로는 핵을 가지려는 국가들을 포기시키는 것 보다 이들이 핵무기 기술에 접근하지 못하도록 환경을 조성하는 것이 효율적이므로, 기존의 핵 선진국들이 핵 야심국들과의 협력을 자제하는 것이야말로 핵 확산을 막는 지름길이라고 주장한다. 그렇다면 핵 확산의 위험에도 불구하고 핵국들이 비핵국들과 민감한 원자력 부문에서 기술 협력을 시도하는 경우는 언제인가?

공통적으로 크뢰니그와 퍼만의 두 연구는 〈가설 2〉에서 적을 공유하는 상대, 즉 적의 적에게는 전략적 필요성 때문에 핵 확산의 위협에도 불구하고 민감한 부문에 있어서도 원자력 협력을 할 수 있다고 주장한다. 이른바 원자력 협력을 '연성 균형(soft balancing)'의 수단으로 삼는 것이다. 연성 균형이란 군사 협약이나 동맹 조약을 맺은 바는 없지만 비군사적 부문에서 상호 호혜적인 관계라고 설명된다.[18] 가령, 미국

16 본 논문은 2009년 동시다발적으로 쏟아져 나온 크뢰니그와 퍼만의 원자력 협력 회의론을 주장하는 논문들에서 이들 주장의 차이점을 구분하기 보다는 이들 회의론의 공통적 주장에 더욱 관심을 갖는다. 따라서 본 논문이 주목한 이들의 대표 논문으로부터 추출한 이들의 핵심 질문과 가설들을 병렬적으로 제시하였다.

17 "The more powerful a state is relative to a potential nuclear recipient state, the less likely it will be to provide sensitive nuclear assistance to that state."를 의역한 것이다.

18 Pape(2005), 7-45; Pape, Wirtz and Formann(2004). 단, 원자력 협력에서 연성균형은 원자력 협력의 안보화(securitization)와 구분될 필요가 있다. 후자가 원자력 협력 문제 자체를 안보 문제로 격상시켰다면 전자는 원자력 협력을 국가안보정책상 어떤 목표를 달성하기 위해 군사적 방법 대신 전략적 균형의 도구로 사용하는 것을 의미하기 때문이다.

과 인도는 공식적으로 동맹 관계에 있지는 않지만 둘은 아시아에서 지역 패권으로 등장한 중국을 견제하고자 하는 전략적 이익을 공유하고 그 전략적 목표를 달성하기 위해 (군사 부문이 아니라) 경제·사회 부문에서 협력을 강화하고 있다(Fuhrmann 2009a, 189). 특히, 미국은 2008년에 NPT에도 가입하지 않고 핵실험을 해온 인도와 예외 규정까지 두면서 원자력 협정을 체결하였다. 미국–인도가 원자력 협력을 맺은 것은 평화적 용도와 군사적 용도 양면적 성격을 고려했을 때 중국과 파키스탄에 대한 연성 균형책이라고 이해될 수 있다(Kroenig 2009a, 116; Corera 2006; Paul 2003). 이에 맞서 중국과 파키스탄도 원자력 협력을 강화함으로써 인도에 대한 '연성 균형'을 형성하고 있다고 볼 수 있다.[19]

이 밖에도 크뢰니그는 핵 공급국과 수요국 간의 '힘의 격차'(가설 1)와 '초강대국의 핵 공급국에 대한 영향력'(가설 3)처럼 국제관계의 권력 정치적 속성을 핵 비확산 규범을 상회할 수 있는 변인들로 상정하였다. 이 같은 변인들은 크뢰니그가 강조했듯이 핵공급국들이 비핵국들과 협력을 결심하게 되는 동기라기보다는, 이를 가능하게 하는 국제정치 환경적 조건으로 제시되고 있다는 점에서 퍼만의 연구와 구별된다(Kroenig 2010, 188–190). 유사하게 퍼만도 핵/원자력 자체에서 동기를 찾기 보다는 이를 공급하고 필요로 하는 국가들이 놓여 있는 국제 정치 환경에 보다 주목하였다. 그러나 크뢰니그가 권력 정치의 정수로 힘(power)에

19 1990년대부터 이미 중국은 파키스탄에 핵 기술 협력을 해 온 것으로 알려져 있다. Paul(2003), 2.

주목했다면 퍼만은 보다 관계(relations)를 강조하고 있다는 점에서 구별된다. 퍼만의 〈가설 1〉에서 핵 공급국–수요국 간의 협력을 촉발시키는 것은 크뢰니그의 〈가설 1〉처럼 공급국이 상대를 어떤 환경에서도 통제 가능할 정도로 힘의 우위에 있느냐라는 조건보다도 핵 공급국–수요국 이전에 국가 간 신의(commitment)로 맺어진 '동맹' 관계를 유지하는 중요한 수단으로 이해된다. 이는 특정 핵 공급국이 '최강대국'이라면 잠재적 현상 변경 세력들을 길들임으로써 현상 유지(status quo)를 꾀할 수 있을 것이다. 만일 핵 공급국이 '차강대국'이라면 같은 방법으로 최강대국에 힘의 균형(balance of power) 혹은 현상 변경(status change)을 요구하는 중요한 플랫폼으로 사용될 수 있을 것이다. 이 같은 시나리오 아래 '동맹'의 관리는 국제 질서를 조직 및 수정할 수 있는 위치에 있는 핵(공급)국들에 더욱 중요해지고, 그 관계의 윤활유로써 상대국들의 핵심 이익이지만 핵국들에게는 상대적으로 그렇지 않은 (핵무기가 아니라) '원자력' 부문에서 기술 협력이 이루어지는 것으로 상정하였다고 이해해볼 수 있을 것이다.

핵국들이 핵 확산의 위험을 무릅쓰고도 비핵국들과의 원자력 협력에 나서는 세 번째 전략적 요인으로 퍼만은 공급국이 민주정이라면 상대국의 민주주의 장려를 위해 수요국과 원자력 협력을 결정한다고 보았다. 이는 '이익과 가치를 공유하는 민주정끼리는 서로 전쟁할 가능성이 적다('민주평화론', Doyle 1983, 205–235). 다시 말해, 민주정끼리는 서로 전략적 이익을 공유하므로 협력할 가능성이 높다(Leeds and Davis 1999)'와 같은 가정에 기반 한다. 퍼만에 따르면, 원자력 협력은 다음의 두 가지

점에서 핵국의 전략적 이익을 높이는 데 유용하다. 첫째, 상대적으로 군사력이나 국제정치적 영향력이 낮은 민주주의 국가들이 미국의 안보 정책이나 군사전략에 동조할 가능성이 높다.[20] 둘째, 민주주의를 강화함으로써 그렇지 않은 국가들의 영향력을 약화시킬 수 있다. 가령, 지역 패권을 두고 민주주의 국가들은 민주주의 국가가 패권을 잡도록 일조할 가능성이 높으며, 이처럼 향상된 민주주의 국가들 간의 연대로 말미암아 독재정권들의 영향력은 상대적으로 위축될 것이다(Fuhrmann 2009a, 191). 퍼만의 연구 결과에 따르면 이 가설은 냉전 기간(1950–1991) 동안에는 유의미하나(+0.591), 탈냉전(1992–2000)을 맞아 현저히 유의도가 떨어지는 것으로 나타났다(–0.182)(Fuhrmann 2009a, 201). 냉전 기간 중에서도 NPT가 출범한 1970년대 이후에 이 가설의 유의도가 특히 높았는데 이는 NPT를 통해 국제 핵 비확산 규범과 구체적인 통제 수단이 개발되면서 국제 원자력 협력이 증진되었다고 이해될 수 있다.

(2) 회의론의 비판적 검토: 과연 원자력 협력이 핵무기 확산을 가속화하는가?

비핵국에 핵 확산의 책임을 전가해왔던 기존의 편향된 연구 경향을 개선하고 보다 균형 잡힌 핵 비확산 담론 형성의 기반을 마련했다는 이유만으로도 핵 공급자 책임론은 학계에 기여한 바가 적지 않다. 그러나

20 Fuhrmann(2009a), 191. 예로 필리핀-미국.

이로부터 원자력 협력 회의론의 당위성을 주장하려면 다음과 같은 점에 주의하여 보완해야 할 것으로 보인다.

가장 먼저 다음과 같은 연역적 반박의 가능성을 제기해 볼 수 있다. 크뢰니그와 퍼만의 연구에서 〈가설 1〉과 〈가설 2〉는 공통적으로 핵 확산이 국제 안보에 위협이 될 것이라는 가정 하에 있다. 그러나 이 같은 가정들은 다음과 같은 경쟁 가설들에 의해 반박될 수 있다. 첫째, 핵 확산이 위협이 되지 않을 만큼 강한 국가들은 민감한 부문에서 핵 협력에 대한 거부감도 적을 것이라고 가정해 볼 수도 있다. 이는 다시 말하면, 만일 절대적 우위에 있지 않고(즉, 상대적 우위만 있고) 그 우위가 빈약하다면 핵공급국은 쉽게 핵 협력에 들지 않을 것이라고 유추해 볼 수 있다. 이 같은 논리는 핵무기가 냉전시대 전략무기로서 선제공격을 억제(deterrence)하는데 효과적이지만 정작 전장에서는 무용지물이라는 가정에 기반한 것이다.[21] 그러나, 오늘날 핵무기는 전술무기로 전장배치가 논의되고 심지어 불법적 탈취에 의한 핵테러리즘이 안보현안으로 대두되는 만큼 핵후발국의 의도와 핵선진국과의 관계에 따라 아무리 절대적 힘의 우위에 있다고 해도 원자력협력이 이루어지지 않을 수 있다(예: 미국-파키스탄, 미국-북한, 미국-이란). 둘째, 핵 확산을 위협으로 인식하는 국가도 있지만 그렇게 인식하지 않는 국가들도 있을 수 있다. 〈가설 2〉와 같이 적을 공유하는 경우 꼭 핵무기 개발이 아니더라도 원

21 Schelling(1960); Schelling(1966); Betts(1987); Glaser(1991); Glaser(2003), 86-118 참조.

자력 발전 협력을 도모하는 것도 그 공동의 적이 함부로 공격을 감행할 수 없도록 군사·사회적 비용을 높일 수 있다. 과거 프랑스가 이집트에 대한 균형책으로 경쟁국인 이스라엘에 1959년부터 1965년 사이 원자력 기술을 지원하였다(Cohen 1998). 마찬가지로 중국은 인도를 견제하기 위해 인도의 또 다른 경쟁국인 파키스탄에 1980년대 초 핵기술 지원을 했던 것도 그러한 전략적 균형책의 일환이었다고 볼 수 있다(Paul 2003; Corera 2006).

이처럼 서로 경쟁하는 가설들을 관통하는 핵심 질문은 '핵 비확산은 과연 누구의 이익을 충족시키는가?'일 것이다. 특히 핵 비확산의 제도화를 위해 앞장 선 국가가 세계 패권 미국이었다는 점에서 핵 확산이 국제 안보가 아니라 다만 미국의 이익을 위협하는 것은 아닌지 의심해 볼 수 있다. 이 같은 논리적 귀결에 따르면, 크뢰니그의 〈가설 3〉에서와 같이 미국과 같은 초강대국의 영향력 아래 있는 국가들은 이들의 이익에 반하는 핵 확산에 기여할 수 있는 경제활동이나 정치적 결정은 외부의 압력에 의해서든, 자발적 의지로든 억제될 것이라고 예상해 볼 수 있다. 1956년 영국이 프랑스에, 1975년에 프랑스가 한국에 약속한 핵 농축 시설 건설을 철회한 일, 그리고 1985년 아르헨티나가 리비아에 재처리 기술 제공을 철회한 반면, 미국이나 소련의 영향권 밖에 있는 중국은 미국의 반대에도 불구하고 독자적인 기술 개발에 있어서나 이란, 파키스탄과 핵 협력을 할 때 자율성을 누렸다는 점을 봐도 확인된다(Kroenig 2009a, 116–117, 119). '연성권력' 개념과 결부시켜보자면, 대다수의 국가들이 초강대국이 주도하는 무역 시장의 틀에 종속될 수밖에 없는 구조적 한계 안에서는 이들 국가들의 원자력 협력 및 교역은 자연스럽게 초강대국이 정하는 형태와 수준에서 통제될 것이라고도 쉽게 유추해볼 수 있다.

동시에 크뢰니그의 〈가설 3〉은 여전히 다양한 경제적 요인에 의한 반박 가능성을 열어두고 있다. 첫째, 핵공급국 중 국가 경제가 어려운 경우 민감한 핵기술을 이용한 경제활동에 나설 가능성을 배제할 수 없다. 가령, 탈냉전 직후 경제 불황에 시달리던 러시아가 이란에 원자력 발전소를 수출한 사례가 있다.[22] 둘째, 세계 경제에 대한 의존도가 높을수록 민감한 핵기술을 수출하는 것처럼 국제 사회에서 논란이 될 만한 행위는 자제할 것이다. 대부분의 '민주주의' 국가의 사례들로부터 예상된다(Paul 2000; Solingen 1994; 1998; 2007). 이 점에서 핵 선진국이 민주주의의 장려를 위해 협력한다고 후발국에 핵기술을 제공할 수 있다고 본 퍼만의 〈가설 3〉도 논란의 소지가 발견된다. 이 가설의 보편타당성을 인정받기 위해서는 어느 수준으로 민감한 핵기술까지 용인할 것인지, 그리고 공산권과 자유진영이 체제 경쟁을 벌이던 냉전시대에 국한된 것인지 더욱 정교화가 필요할 것이다. 셋째, 반대로 세계 경제에 대한 의존도가 높기 때문에(다시 말해, 자유 무역이 활발하기 때문에) 오히려 민감한 부문에서 교역도 제약이 덜하다고 가정해 볼 수 있다. 프랑스가 원자력 수출에, 미국이 재래식 무기 수출에 거리낌이 없는 것처럼 말이

22 Orlov and Vinnikov(2005) 49-66. 이와는 별도로 러시아 경제가 침체되어 있던 1998년 러시아 체르노빌에서 고농축 우라늄(HEU) 18.5Kg이 도난당한 바 있으며 이는 암시장에서 밀매된 것으로 알려져 있다. National Intelligence Council(2002).

다.[23] 마지막으로 미국과 중국, 미국과 유럽연합 간의 관계처럼 핵강국이 특정 국가에 대한 무역 의존도가 지나치게 높은 경우, 그 국가와 민감한 부문에서 거래를 뿌리치기 어려울 수도 있다(Blanton 2000; Blanton 2005, 647–667).

이처럼 다양한 가설들과 논점들이 경쟁함에도 불구하고, 크뢰니그의 연구에서는 결과적으로 위의 세 가설들 모두를 지지하는 결론을 얻었다(Kroenig 2009a, 126–128). 그러나, 그 가설들이 '언제나' 유의미할 것인지는 더 검증이 필요하다고 보인다. 다시 말해, 크뢰니그의 연구에서 '시간' 변수가 고려되지 않았다. 그러나 동맹의 증진, 적들의 적과의 관계 도모, 민주주의 장려를 핵 기술 공여국이 원자력 협정을 결정하게 되는 중요한 원인으로 상정한 퍼만의 연구에서는 이들 변인들과 핵 협력 간의 상관관계가 시기 별로 다르게 조사되었다. 냉전시기에는 동맹의 증진(가설 1)이 가장 큰 이유로 꼽힌 반면, 탈 냉전기에는 적들의 적과의 관계를 도모(가설 2) 하는 것이 협력을 지속하는 주된 이유로 설명되었다(Fuhrmann 2009a, 182). 퍼만의 연구처럼 시간의 변화에 따라 세 가설의 검증 결과가 상이할 수 있다는 점은 보다 정교한 연구 디자인으로 보완이 필요한 부분이다.

둘째, 지나치게 객관적 (혹은 몰역사적) 자료 분석을 강조하는 연구방법의 위험성이다. 사건(event)의 시작(input)과 끝(output)이 동일하다고 하더라도 그 사건이 발전되는 과정은 사례 별로 다를 수 있다는 가능

23 프랑스: Jabko and Weber(1998), 108-150. 미국: Blanton(2000), 123-131.

성을 충분히 고려해야 한다. 따라서 단순히 기계적인 비교대조 연구가 아니라 사건의 전후와 맥락을 꼼꼼히 따질 필요가 있다. 가령, 퍼만이 가정하는 것처럼 평화적 협력을 통해서 원자력 발전에서 핵무기 개발로 전용되기까지 기술적, 심리적 문턱이 낮추어진 결과 자연스럽게 여건이 동기를 부여하고 핵 개발에 성공했을 수도 있다. 혹은, 처음부터 핵무기 개발의 의도를 가지고 원자력 협력에 접근할 수도 있다. 후자라면 핵 확산의 책임을 원자력 협력 자체에 묻기 보다는 그 협력의 '주체'에 묻는 것이 보다 타당할 것이다. 즉, 원론적으로 핵기술의 이중용도 가능성 때문에 상대국의 진의를 파악하기 어렵다는 점을 원자력 협정 체결 시부터 당사자들이 주지하는 사실이라면, 평화적 용도의 기술이 전쟁 준비로 전용되었을 때 책임은 핵 수요국과 핵 공급국 모두에 있다고 보는 것이 보다 공평할 것이다(연대 책임론). 따라서 핵 비확산 연구에서 '주체'는 여전히 중요하다. 만일 '원자력 협력'이 퍼만의 연구에서처럼 행위자들의 전략적 이익을 달성하기 위한 수단일 뿐이라면, 원자력 협력을 그만두는 것이 핵 확산 문제의 근본적인 해결책이라고 보기는 어렵다. 그 목표를 달성하기 위해 원자력이 아니더라도 다른 수단을 찾을 것이기 때문이다.

그러므로 오히려 그 협력의 주체와 그 주체가 놓여있는 역사적 맥락과 지정학적 환경, 그리고 두 협력 당사자들의 관계처럼 외연을 넓혀 고민함으로써 보다 정교한 핵 확산의 예방책을 마련할 수 있을 것이라는 점에서 앞으로도 비교/사례 연구가 중요한 이유이다. 이들 공급자 책임론 연구들이 연구대상으로 삼은 사례들은 원자력 협력이 핵 확산으로 바로 이어진다고 일반화하기에는 절대적으로 부족한 숫자이지만 오히려 그처럼 드문 사례이기 때문에 국제 핵 비확산 노력을 좌절시킨 이들의 특수한 개발 경로를 검토 분석한다면 이들 연구의 의의를 더욱 높일 수 있을 것이라고 본다. 따라서 '어떻게 핵 야심국들의 창끝이 핵 비확산 체제의 허점을 정확히 겨눌 수 있었는가'라는 질문이 통계적 신뢰성을 보장할 정도로 많은 수의 모집단이 굳이 필요하다고 보지 않는다. 단 하나의 사례만 있어도 핵 확산의 경로를 밝히는 것은 반드시 필요한 연구이다. 따라서 가설의 일반화를 목표로 하기 보다는 각 사례별 특수성을 밝히는 데 초점을 둔 비교 연구가 더욱 적절할 것이다.

셋째, 지나친 일반화의 오류와 데이터의 왜곡 가능성을 경계해야 할 필요가 있다. 앞서의 원자력 협력 회의론 연구들에서 국제 핵 비확산 노력에도 불구하고 성공한 신흥 핵국들에는 기존 핵국들과의 협력이 있었다는 공통점을 발견하였다. 그러나 이처럼 국제적으로 용인 받지 못한 핵개발의 성공 사례는 전체 원자력 협력의 사례(86개국 간 2000여 개의 원자력 협정) 중 소수(이스라엘, 인도, 파키스탄, 북한)라는 점 역시 간과할 수 없는 사실이다. 이들 네 국가들이 자생적 원자력 발전의 경험이나 이를 위한 공식적인 국제 협력도 건너뛴 채 바로 핵무기 개발로 뛰어들어 비밀리에 핵실험이 성공하였다는 점에서 예외적인 사례라고 이해된다(Bluth 2011, 186). 동시에 이는 핵확산 방지를 위한 국제 거버넌스의 허점을 보여주는 것이라고도 이해될 수 있다. 이 점에서 기존 국제 다자 핵/원자력 레짐의 허술함을 양자 원자력 협력체들이 보완할 수도 있음을 다음 절에서 제안할 것이다.

그에 반해 '원자력 협력이 핵 확산으로 이어지지 않는다'라는 가설을 뒷받침하는 사례들은 오히려 계량적 분석이 필요할 만큼 풍부하다. NPT에 가입된 189개 국가들 중 기존의 5개 NPT상의 '핵국'들을 제외하면 184개국이 비핵국이다(2.64%). UN에 가입한 193개(2016년 1월 기준) 국가들 중에는 9개 국가만이 핵무기를 보유하고 있다(4.66%). 실제로 원자력을 개발할 여력이나 관심이 있는 국가들로 범위를 좁혀보면, 상업용 원자로를 운영하거나 보유한 국가들(30개국), 실험용 원자로를 운영하거나 보유한 국가들(56개국), 총 86개국들 중에서 9개국이 차지하는 비율은 10.46%을 차지한다(IAEA 2012). 바꿔 말하면, 이는 90%를 상회하는 수의 대부분의 국가들은 핵무기 개발에 나서지 않고 있다는 뜻이다.[24] 자발적이든 강제적이든 원자력 기술을 보유하고 있다고 해서 모든 국가들이 핵무기를 개발하는 것이 아니라는 점은 분명하다.

나아가 사실상 핵국 4개국들이 핵무기 개발 경로에 있어서 동질적이라고 확신하기 어렵다. 지금까지 알려진 바로는 이스라엘은 프랑스로부터 핵농축 기술을, 인도와 파키스탄은 소련과 중국으로부터 핵기술과 핵물질을 획득하는데 도움을 받았다.[25] 반면에, 북한은 6.25 직후 소련에 과학자들을 파견하여 기초적인 이론 교육을 받은 것 이외에 외부로

24 보유를 하지 않은 것이 철저히 수혜국의 의지인지 혹은 다른 외부적 요인에 의한 것인지는 보다 다양한 사례 연구들에서 분석할 부분이다. 본고에서는 다양한 요인들의 가능성을 열어두고 그 중에서도 핵 비확산을 위한 제도적 기제에 특별히 주목하여 본문의 마지막 절에서 논의한다.

25 이스라엘: Cohen(1998). 인도, 파키스탄: Perkovich(1999); Nizamani(2000); Paul(2003); McGoldrick(2013), vii.

부터 핵무기 개발에 직접적인 도움을 받았다는 정황이 파악된 바가 없다.[26] 더욱이 9개 핵무기 보유국들 중 북한과 파키스탄을 제외한 7개국들은 NPT 체결 이전에 핵무기를 보유하고 있었다. 또 이들 9개국이 핵무기 개발 성공에 이른 경로를 살펴보면, 모두 별도의 핵무기 개발 트랙을 정부에서 추진하고 있었다. 특히 미국, 영국, 프랑스는 제2차 세계대전 당시 맨해튼 프로젝트(The Manhattan Project)를 성공으로 이끈 주역들로서 1945년 히로시마와 나가사키에서 "Atom"을 원자력이 아니라 핵무기로 소개한 장본인들이다. 군사적 용도로 개발된 핵이 평화적 에너지원으로 전환되는 것은 2차 대전 이후의 일이다. 마찬가지로 중국과 러시아, 인도, 이스라엘, 파키스탄, 북한 모두 에너지원이 아니라 처음부터 무기 개발을 위해 핵연구를 시작한 사례들임을 주지할 필요가 있다(Bluth 2011, 186). 더욱이 핵 농축에 성공하였다고 해도, 이를 무기화하기 위해서는 발사체(미사일/로켓)와 정확한 타깃 능력을 갖춘 유도 장치 개발도 동시에 진행되어야 한다. 적어도 이 같은 무기화 작업은 명백하게 정치적 결단 없이는 불가능한 작업이다. 따라서 단순히 네 사례로부터 핵 선진국과 핵 후발국 간의 원자력 협력이 핵무기 개발로 이어진다고 주장하는 것은 지나친 일반화로 보인다.

아울러, 핵기술이 평화적 용도에서 군사적 용도로 얼마나 손쉽게 전용될 수 있는가하는 문제(NWL: Nuclear Weapons Latency)도 남아있다. 원

26 파키스탄으로부터 미사일을 매개로 핵농축기술을 전수 받았다는 데 높은 가능성을 두고 있지만, 이를 뒷받침할만한 증거가 불충분하다. Bluth(2011), 186.

자력 협력 회의론 안에서도 전환 범위와 속도에 대해서 일치된 의견을 보이고 있지 못하다. 크뢰니그는 민감한 기술에 있어서의 원자력 협력만이 핵위협으로 이어진다고 주장함으로써 보다 유보적이다. 이에 반해 퍼만은 연구에서 핵무기 개발에 직접적으로 연관된 민감한 기술(예: 농축과 재처리) 뿐만 아니라 "모든 종류의 원자력 지원이 핵 확산에 기여한다(all forms of atomic assistance(...) raise the likelihood that nuclear weapons will spread)"와 같은 초강경론을 펴고 있다(Fuhrmann 2009b, 12). 더욱이 러시아–이란, 프랑스–파키스탄, 미국–북한의 사례처럼 퍼만이 민감한 부분에서 원자력 협력의 예시로 든 사례의 상당수가 사실상 협력에도 이르기 전에 파기되거나 중단되었다는 점에서 모든 종류의 원자력 협력이 핵 확산 위험을 조장한다는 퍼만의 주장은 다소 과장된 부분이 있다(Kroenig 2009b, 189).

특히, 정치학계에서 비롯된 원자력 협력 회의론자들의 주장에 비판적인 원자력 공학계의 핵 비확산 정책연구자들의 연구에 따르면, 회의론자들의 연구에서 주장된 원자력 협력과 핵확산 간의 높은 상관관계는 과장되었다고 볼 수 있다(Li, Yim and McNelis 2010, 789; Potter and Mukhatzhanova 2010; Nguyen and Yim (unpublished manuscript)). 최근의 연구들에 따르면 핵무기 개발과 직접적 연관성을 갖는 민감한 기술을 경제적 이유로 핵 공급국들이 수출할 가능성은 적으므로, 최근 도래한 세계 원자력 산업의 부흥으로 핵 위협이 증대될 것이라 걱정하는 것은 기우이다(Li, Yim and McNelis 2010, 789; Potter and Mukhatzhanova 2010; Nguyen and Yim(unpublished manuscript)). 물론, 이 연구들이 원자력 발전

기술로부터 핵무기 개발이 원천적으로 불가능하다고 주장하는 것은 아니다. 다만 이들의 연구 결과, 지금까지 원자력 기술을 군사적 용도로 전환 방지하는데 실패한 사례들은 '기술'의 문제라기보다는 '정치'의 문제였다는 것이 이들의 따끔한 지적이다(Montgomery 2013, 198). 따라서, 이 같은 이중 용도의 위험성을 방지하기 위해서는 이를 차단할 기술 개발보다는 원자력 발전국이 핵비확산에 대한 가치를 체화하고 스스로 엄격한 관리 감독을 실현하도록 국제사회가 환경을 조성하는 것이 더욱 중요하다고 주장한다.

결국 앞서 비판된 두 문제점 모두에서 보듯이, 회의론자들이 주장하는 것과 달리 핵무기를 가지려는 '의도(intent)'가 핵무기 개발 '능력(capability)'을 상회한다. 그리고 민수용 기술 협력으로부터 핵무기가 개발된 사례는 아직 발견되지 않았다. 이로써 원자력 협력의 핵 확산 가능성을 보다 강력히 주장한 퍼만이 제기한 원자력 협력 회의론은 기각된다. 이 같은 '능력'과 '선호' 간의 괴리 문제를 구성주의자들은 규범의 역할에서 답을 찾고자 하였다. 대표적으로 '1945년 이래 실제 전장에서 핵무기가 한 번도 사용하지 않은 이유는 무엇인가?' 유사하게, '핵무기 개발 능력을 보유하고 있음에도 불구하고 핵 선진국들이 비핵국으로 남아있는 이유는 무엇인가?'와 같은 질문에 구성주의자들은 '핵 비확산'을 위한 국제 사회의 지속적인 노력과 그 과정에서 형성된 핵 비확산과 핵무기의 비인도성이 보편적 가치로 수용되는 한편, 개별 국제정치 행위주체들에 내재화되었기 때문에 스스로 규제하게 된다고 설명한다("nuclear taboo").[27] 한번 보편적 가치로 내재화에 성공하면 이를 거스르는 데는 상당한 심리적 부담과 사회·정치적 비용이 발생하므로, 사회적 존재인 국제정치 행위자들은 국제사회가 바람직하지 않다고 규정한 방향으로 움직이기 쉽지 않을 것이다.

생각을 전환해 보자면, 만일 이처럼 세계 국가 대부분이 비핵국인 가운데 오직 소수의 국가들만이 핵무기 개발에 성공 하였다면, 오히려 현재 핵 비확산 시스템이 비교적 잘 작동하였다고 보아도 무리가 없지 않을까?[28] 지금까지 핵 확산을 저지하기 위해 다양한 방법들이 시도되었다. 핵연료 및 그 재료가 되는 광물에 대한 접근을 물리적으로 통제하거나, 핵무기 개발에 필요한 물리학적 지식공유를 봉쇄하거나, 혹은 핵우산을 공유함으로써 내적 동기를 상쇄시키는 등의 단발적 시도들이 었다. 2차 대전 중 나치 독일로부터 벨기에 령 콩고의 우라늄 광산을 지키기 위해 영미 연합군이 급파되고, 맨해튼 프로젝트를 성공시키기 위해 당시 과학기술 공동체가 총 동원되었으며, 전후에는 핵기술 전파를 막기 위해 미국이 최측근인 영국과도 핵 기술협력을 중단했던 일들은 널리 알려진 바이다. 하지만 그 중에서도 지금까지 알려진 가장 성공적으로 조직화된 노력이라고 한다면 단연 핵 비확산 규범의 정착일 것이다.

---

27 Eden(2004); Tannenwald(2007). 국제정치학에서 국제 규범으로써 핵 금기(nuclear taboo) 연구가 활성화된 것은 다음 연구의 영향으로 부터라고 할 수 있다. Price(1997).

28 미국이 1945년 최초로 핵을 가진 이래, 70년의 세월 동안 오직 9개 국가만이 핵무기를 보유하고 있다는 점은 오히려 기존의 핵 비확산 체제가 거둔 성과라고 보는 긍정적 견해도 발견된다. Horovitz(2015), 126-158.

그러나 앞서 소개한 양적 분석 결과들에서는 규범의 역할에 대해 일관된 결론에 도달하지 못했다. 가령, 조동준과 그로츠케의 연구는 NPT 가입 여부와 구조적 영향력을 검증한 결과에서 규범이 핵 비확산에 미치는 영향에 대해 긍정도 부정도 할 수 없었던 반면, 크뢰니그의 연구에서는 NPT 가입으로 핵수출국들이 수출 및 제공을 자제하게 된다고 규범의 역할이 긍정되었다.[29] 반면, 퍼만의 연구에서는 핵 비확산 규범으로서 NPT의 역할은 완전히 부정된다. 그에 따르면, 신흥 핵무기 보유국들(이스라엘, 인도, 파키스탄, 북한)은 NPT 미가입국이라핵 비확산 원칙을 지키지 않았다손 쳐도, 비핵국 체결국들에 핵무기 개발을 포기하면 핵국들이 비핵국들에 평화적 핵개발을 지원하겠다는 NPT 4조는 되레 핵 확산을 부추기는 법이다(Fuhrmann 2009a, 203). 퍼만의 이 같은 극단적 회의론에 따르면 NPT는 역설적이게도 핵 비확산에 반하는 조약이라는 결론에 다다른다(Fuhrmann 2009a, 203). 이처럼 최근의 계량적 분석 연구들에서 핵 비확산과 규범의 관계에 대한 명확한 답을 내놓고 있지 못하다. 실증주의 연구들은 '규범'의 역할을 부정함으로써 오히려 경쟁/반대 주장(counter–argument)인 '어떻게 압도적인 대다수의 국가들은 비핵국으로 남아있는가', 그리고 '핵국들은 핵무기를 보유하고 있으면서도 왜 전장에서 사용하지 않는가?'와 같은 핵 확산 연구에서 중요한 질문들을 다시 미궁으로 빠뜨리고 말았다. 이 점에서 핵 비확산에

29 핵공급국그룹(Nuclear Suppliers Group, 이하 NSG) 가입은 오히려 민감한 핵기술과 핵물질을 수출할 가능성을 높이는 것으로 조사되었다.

있어 규범의 역할을 규명하기 위한 노력들이 더욱 요청된다. 특히, 일본, 한국, 대만, 브라질처럼 퍼만이 주목했던 핵 개발의 능력과 전략적 동기(연구 가설 1, 2, 3)를 모두 만족시킴에도 불구하고 여전히 이들의 핵 선진국과의 원자력 협력이 핵개발로 발현되지 않았다. 그렇다면, 이점에서 핵 비확산 연구와 정책에서 여전히 주목해야 할 것은 바로 핵무기 개발의 '욕구'가 '필요'로 전환되는 변곡점(threshold)을 높이는 방법일 것이다. 따라서 구체적으로 어떤 면에서 규범이 핵 비확산 정책에 기여를 했는지를 검토할 필요가 있다고 보인다. 이는 곧 '규범'의 가치를 기각시킨 앞서 소개한 연구들의 가장 큰 한계이다. 다음 절에서는 이 같은 회의론을 포함한 기존 핵 비확산 연구에서 공통적으로 간과한 핵 규범의 중요성을 지적하고, 왕왕 규범의 존재를 부정하는 실증주의적 논의에 대한 반박으로 미국 양자원자력협정의 역할에 주목한다. 허술한 방패로 비판받는 다자 원자력 레짐과 달리 양자협정은 핵 규범의 전파와 성숙에 기여했다고 평가되기 때문이다.

4. 내재된 핵통제 규범으로써 미국 양자원자력협정의 역할

앞서 연구들의 주장처럼, 양자 원자력 협정은 핵 비확산에 부정적인 영향만을 끼치는 것일까? 이번 절에서는 원자력 협력 회의론의 가정과 반대로 국가 간 원자력 협력이 오히려 핵 확산 억지에 기여한 사례로써 미국의 양자협정 내용을 탐색한다. 그 과정에서 특히, 앞서 지적된 제 3세대 연구의 문제점들 중 간과된 핵 규범으로서 미국의 양자협정의 역할에 주목한다. 미국은 최초의 핵국이자 최초의 원자력 규제 법령을 제정한 국가로 영향력이 적지 않다. 특히 1953년 아이젠하워의 '평화를 위한 핵' 선언 뒤 상업적 원전의 수출과 국제 협력의 길이 열리고부터는 동맹국들과 수많은 양자 원자력 협정을 체결하였다. 이는 실질적으로 미국이 초강대국이라는 압도적인 힘의 우위를 기반으로 하여 세운 강력한 핵 비확산 제도로 작동하였다.[30] 이러한 미국의 일방적 제도가 협정 당사국들의 '자발적' 준수를 이끌어 내는 국제 규범으로 발전될 수 있었던 것은 단순히 핵비확산과 평화적 원자력 이용에 대한 보편적 가치에 대한 동의의 발로라기보다는 미국의 막강한 협상력과 미국과 협정국들 간의 이해관계가 합치되었다는 점도 간과할 수 없을 것이다.

미국 양자원자력협정의 핵비확산 다자레짐에 대한 규범적 우위

양자 협정이 핵 비확산의 측면에서 다자 레짐에 대해 가지는 규범적

30 한 가지 주지할 점은 이 같은 미국 양자원자력 협정의 규범적 성격은 미국과 대다수의 비핵국들 간의 관계에서 일반적이라고 보이나 미국과 다른 핵국, 준핵국들과의 관계에서는 상이하게 나타날 수 있음이다. 따라서, 본 장에서는 전자의 관계에 입각해 논의를 진행한다.

우위는 다음과 같다. 첫째, 다른 어느 국제 레짐보다도 핵기술의 수혜국(demand-side) 뿐만 아니라 제공국(supply-side)에도 규제를 적극적으로 시행하고 있다. 수혜국의 경우, NPT에 가입된 184개 비핵국과 대만은 평화적 목적의 원자력 개발만을 목적으로 핵 연구를 진행할 의무가 있다. 더욱이 미국과의 양자 원자력 협정을 맺고 있는 이들 대부분의 국가들은 1978년 미국 핵 비확산법(The Nuclear Non-Proliferation Act of 1978, 이하 NNPA)에 따라 군사적 용도로 의심되는 어느 연구개발도 금지되고 있다. 이처럼 수혜국에 대한 강력한 제재 조치는 세계적 수준과 국가 수준에서 반복적으로 나타나고 있다. 이에 반해, 제공국의 경우에는 기존 핵국들의 핵물질 수출에 대한 자기 규제는 세계적 수준에서 미비하다. 실제로 NPT, 쟁거 위원회(Zangger Committee, 이하 ZC), 핵공급국그룹(Nuclear Suppliers Group, 이하 NSG) 등 어느 국제 레짐에서도 핵 수출을 금지하는 조항이 없다(McGoldrick 2013). 이는 원자력 공급국들의 핵 확산 책임론을 뒷받침한다. 다만 IAEA가 군사적 용도의 핵 개발을 도울 가능성이 있는 IAEA차원의 어떤 지원도 금지하고 있을 뿐이다(McGoldrick 2013, vi).

이와는 대조적으로, 현(現) 미 원자력법 제57b조에 따르면 미 에너지부 장관은 국무부의 동의를 거쳐 미 핵통제국(United States Nuclear Regulatory Commission, 이하 US NRC)과 미 상공부, 국방부와의 협의 후 제안된 기술 수출이 미국의 국익에 반하지 않음을 확인하는 과정을 거치게 되어 있다.[31] 이는 미국 국적의 회사라고 해도 마찬가지이다.[32] 미 연방법 제810조에서는 미국의 사법질서 아래 어느 누구도 국가의 사전 승인 없이 타국에 특수 방사능 물질의 생산을 지원하거나 공급할 수 없다고 규정하고 있다.[33] 이에 따라 미국뿐만 아니라 미국으로부터 기술 및 연료 공급을 받고 있는 제3국 역시 미국과의 사전 협의와 동의 없이 특수 방사능 물질과 이를 다루는 기술을 수출할 수 없다. 가령, 2009년 한국이 아랍에미레이트에 원전 건설과 추후 가동, 운영 및 설비 보수에 이르는 총체적인 서비스를 제공하는 내용의 원전 수출 계약을 체결하기 위해 풀어야 할 첫 번째 숙제는 한국도 아랍에미레이트도 아닌, 미국 원자력법으로부터 양해를 얻는 것이었다. 이처럼, 원자력 회의론자들의 주장과는 달리 양자 원자력 협정에서 오히려 어느 국제 규범보다도 더 엄격히 핵 기술 제공국/수출국에 대한 규제가 이루어졌다.

둘째, 양자협정은 일반적으로 다자 레짐보다 신속하고도 유연하게 변화하는 원자력 시장과 국제 정치적 환경에 대응해왔다. 미국-유라톰 양자 협약(1958), 미국-인도 양자 협약(2006)이 대표적 예이다. 1958년 로마 조약으로 유럽경제공동체(The European Economic Community, 이하 EEC)와 함께 유럽원자력공동체(The European Atomic Energy Community, 이하 유라톰)가 발족되자마자 같은 해 미국은 유라톰 회원국들과 개별적

---

31 Sec. 57, *US Atomic Energy Act of 1954*.

32 이처럼 복잡한 법률적 문제를 우회하기 위해 미국과의 동맹국들은 다음의 세 가지 루트를 이용하여 원전 수출을 성공시켰다. 첫째, 프랑스의 사례 둘째, 일본의 사례처럼 미국 국적 회사를 매입한다. 마지막으로 한국의 사례처럼 미국 회사와 합작을 통해 미 행정부의 결정에 긍정적인 영향을 미치기를 기대하는 것이다. 이 세 모델들의 공통점은 제3국이 상업적 원전 수출에 성공하더라도 미국과 경제적 이익을 공유한다는 점이다.

33 Title 10, Part 810, *The US Code of Federal Regulations*.

으로 체결한 양자 협력 관계를 대체할 미국–유라톰 양자 협약을 체결하였다. 유라톰의 등장은 핵 질서에 새로운 판도를 예고하고 있었다. 유라톰은 유럽석탄·철강공동체(The European Coal and Steel Community, 이하 ECSC)의 선례를 본 따 원자력의 '공동 생산, 공동 소비'를 표방하고 있었다. 이 같은 상업주의와 지역 협력의 원칙은 2차 대전 이후 군사주의와 비밀주의를 고수하던 당시 미국의 핵 정책에 정면으로 배치되는 것이었다. 유라톰 국가들의 지역주의에 기반한 원자력 시장이 독자적으로 운영될 경우 최소한의 평화적 핵 개발만을 허용해 온 미국 핵 정책은 수정이 불가피하였다. 이에 미국은 유라톰과의 양자 협약을 통해, 역내 원자력 시설 사찰권을 유라톰에 부여하는 대신 IAEA와의 연계를 통하여 핵 비확산 원칙의 준수를 요구함으로써 기존 국제 핵질서에 미칠 영향을 최소화하고자 하였다.[34]

마찬가지로, 인도, 이스라엘, 파키스탄, 북한은 사실상 핵국이면서 여전히 NPT 비가입국으로 국제 사회의 영향력 밖에 놓여 있다. 이들 국가들에 대한 국제사회의 비난과 일련의 불이익 조치들은 이들의 핵무기 개발에 대한 의지를 꺾기는커녕 오히려 강화하였으며, 국제적 고립은 유용한 기회를 제공하였다고 분석된다(예: 북한). 따라서 사실상 핵국이나 이란과 같은 핵 야심국들을 국제 사회의 이름으로 규제할 다자의 틀이 부재한 상태가 오랫동안 지속된다면, 국제 핵 질서에 공백이 생길 뿐만 아니라 무정부적 핵질서가 확대될 가능성도 배제할 수 없다.

---

34 Sec 11-Safeguards and Controls, The US-EURATOM Agreement 1958.

이는 곧 기존 NPT 체제에도 위협이 될 것이다. 이들 국가들은 5년마다 열리는 NPT 재검토 회의(NPT Review Conference)에 초대되었지만 응하지 않거나 회의에 참석한다고 해도 이스라엘과 이집트가 중동 비핵지대 건설을 두고 벌인 일련의 설전들로부터 갈등의 불씨만 키웠다.[35] 그러나 2006년 미국이 고수해 온 '핵통제 없이 핵개발 협력 불가론(no control, no development)' 원칙을 깨고 인도와 전격적으로 양자 원자력 협정에 서명하면서 적어도 양자 수준에서 안정적인 협상 채널을 마련하였다.[36] 이는 인도를 주류 국제 핵질서로 편입시키기 위한 중요한 첫걸음을 뗀 것으로 평가될 수 있다.

셋째, 양자협정은 다자 레짐과 달리 강제성을 부과할 수 있는 제도와 힘을 가지고 있다는 점 역시 핵 비확산에 기여하는 점이다. 대표적으로, 미국의 양자 원자력 협정은 따로 예외를 명시하지 않은 경우 미국의 원자력 관련 규정이 우선으로 적용될 정도로 미국과 양자협정 체결 당사국에 직접적인 영향을 미치고 있다. 미국이 맺은 양자 원자력 협정은 "양국 간의 원자력 협력을 총괄적으로 규정하는 것으로, 국내법과 같은 효력을 지닌다. 따라서 협력 주체들은 원자력협정의 테두리

35 중동 비핵지대 건설을 두고 이스라엘과 아랍 국가들 간의 갈등이 본격화된 것은 7차 검토회의(2005)로 9차 회의(2015)에서 합의 도출에 실패하였다. NPT 검토 회의 회의록과 부속자료 http://www.un.org/en/conf/npt/2015/resources.shtml.

36 이 같은 원칙은 1946년 1월 최초로 열린 국제 연합(the United Nations) 총회에서 공개적으로 밝힌 뒤 지금까지도 변함없이 미국 핵 정책의 핵심 원칙으로 내려오고 있다: The United Nations(1946); NPT 체제의 수호자라고 할 수 있는 미국이 NPT 질서를 준수하지 않는 국가와 원자력 협정을 맺은 이례적인 조치에 대해 비판의 목소리도 높다. Edwards(2008) 참조.

안에서 법적 요소를 포함하는 계약을 체결하고 협력을 진행해야 하며, 해당 정부는 협력 주체들이 동 협정을 준수하도록 통제"할 책임을 요구하고 있다(함철훈 2009, 75–77). 미국 양자 원자력 협정이 조약상대국에 미치는 영향을 가늠할 수 있는 대표적인 사례가 바로 미 원자력법 제123조이다. 1954년 원자력법에 따르면 핵 비확산과 관련하여 상대국이 준수해야할 의무 규정은 4개 조항에 그쳤으나, 1978년에 제정된 미연방의 『핵 비확산법(The Nuclear Non–Proliferation Act 1978, 이하 NNPA)』에 따라 총 9개 항목으로 확대되었고 이는 소위 '골드 스탠다드' 규정으로 지금까지 실시되고 있다(김형철 2011, 386). 그 주요 내용은 "① 안전조치의 계속적 적용, ② 전면안전조치의 계속적 적용, ③ 평화적 〔핵〕 이용의 보증, ④ 반환청구권, ⑤ 제3국으로의 이전에 대한 사전동의 확대, ⑥ 물리적 방호조치, ⑦ 재처리, 농축, 형상·내용 변경의 사전 동의, ⑧ 플루토늄 및 고농축 우라늄 저장의 사전동의, ⑨ 이전된 민감기술로 파생된 품목의 통제권 보유"와 같다(함철훈 2009, 90–91; 이광석 외 2008, 44). 이처럼 강화된 조건은 미국과 원자력 협력관계에 있는 국가들이 수출통제요건에 대한 기존의 국내 원자력법을 개정해야 할 만큼 막대한 영향을 미쳤다. 이에 반해, 이들 9개 조항은 NPT 체결국들에 의무사항으로 인정되기까지 많은 시간이 필요하였거나 여전히 받아들여지지 않고 있다.

넷째, 양자협정은 모든 국제 핵 비확산 규범이 작동하지 않을 때 사용할 수 있는 대안적/차선적 안전조치(Fall–back Safeguards)로서 의미가 있다. NPT조약 체결국이라면 IAEA와 INFCIRC/153 형태의 전면안전조치(Full–scope Safeguards) 협정을 체결하고 이를 적용해야 한다. 그러나 IAEA와 NPT의 안전조치들이 늘 준수되는 것은 아니다. 특히 NPT 탈퇴국의 경우 이러한 안전조치 규정을 적용하기도, 처벌을 하기도 어렵다.[37] 이 문제를 해결하기 위해 북한의 NPT 탈퇴 이후, NPT 평가회의마다 처벌을 위한 규정 신설이 제안되었으나 번번이 합의 도출에 실패하였다. 그러나 미국 원자력법령에 따르면 원자력 협정이 만료되거나 다른 이유로 협력이 일시적 혹은 영구적으로 중단되더라도 그리고 협정 상대국이 NPT에서 탈퇴한다고 하더라도 핵물질에 대한 안전조치는 계속되어야 한다.[38] 따라서, 이 같은 안전조치의 영구성(perpetuity of safeguards)의 원칙은 양자 협정이 종료한 뒤에도 체결국들이 안전조치를 이행할 의무가 사라지는 것은 아니다.[39]

이처럼 영구적 안전조치 의무를 지울 수 있는 것은 근본적으로 미국이 협력국에 연구용 원자로를 비롯한 설비들과 거기에 필요한 핵연료를 임대/대여("lease")하는 형식을 취하고 있기 때문이다.[40] 이러한 법적 성

---

37 유라톰 국가들은 NPT에서 탈퇴하더라도 유라톰 자체의 안전조치 규정의 적용을 받는다.

38 Title 10, Part 810 of The US Code of Federal Regulations.

39 McGoldrick(2013), vii; 미국이 맺은 모든 양자 원자력 협정의 기본안이 되고 있는 모델 원자력협정문의 Article 11-Cessation of Cooperation 에서도 확인된다. 이광석 외(2008), 84.

40 미국이 맺은 양자 원자력 협정들 중 체결국이 실제로 원자력 개발에 돌입하는 단계인 경우 협정문에서 비대칭적인 임대차 관계가 더욱 부각된다. 대표적으로 1950년대 중후반 서유럽 동맹 국가들과 체결한 원자력 협정들(예: *Agreement for Cooperation Concerning the Civil Uses of Atomic Energy between the Government of Belgium and Government of the United States of America*(1955), 이하 『미국-벨기에 원자력협정』(1955)) 혹은 1970년대 체

격으로 부터 임대한 설비와 사용 후 핵연료에서 발생되는 방사성 폐기물의 소유권(ownership)은 협력이 종료되어도 임대국인 미국에 귀속된다.[41] 또한, 원칙적으로 임대국 미국은 임차국들의 영토에 임대한 핵 시설에 대해 소유권 행사의 일환으로써 초국가적 사찰을 요구할 수 있는 권리를 지닌다.[42] 또한 임대국들이 협정에 서명한 핵 비확산과 안전조치의 내용들을 준수하고 있는지 정기적인 보고를 요구할 수도 있다.[43]

요약하면, 본 절에서 양자원자력협정이 핵 비확산에 기여해 온 바를 핵 비확산 제도와 규범의 측면에서 살펴본 결과, 미국의 양자 원자력협정이 NPT, NSG, ZC 등 대표적인 핵 비확산 및 평화적 핵에너지 사용을 위한 다자 기구들보다 심화된 형태의 규정을 두고 있음이 드러났다. 이로써 원자력협정이 원자력협력 회의론자들의 주장과 달리, 원자력 협정이 "원자력의 평화적 이용·개발을 위한 실질적 협력창구이면서 공급국이 핵 확산 방지를 위해 수령국에 직접적으로 영향력을 행사할 수 있는 법적 근거를 제공"함을 확인할 수 있었다(김형철 2011, 385). 따라서, 원자력 협력이 핵 확산에 기여한다는 주장은 규범의 측면에서도 기각된다.

결한 한미원자력협정: 『원자력 민간이용에 관한 대한민국 정부와 미합중국 정부 간의 협력을 위한 협정(1972)』.

41 가령, 『미국-벨기에 원자력협정』(1955)의 Article VII-A-2; 『한미 원자력협정』(1972)의 Article VIII-D.

42 『미국-벨기에 원자력협정』(1955) Article VIII-B; 『한미 원자력협정』(1972)의 Article XI-B.

43 ibid.

5. 결론

'원자력 협력이 핵 확산에 기여 한다'와 '핵 확산은 국제안보의 위협이다'라는 두 담론이 결합하여, '원자력 협력은 국제안보의 위협이다'와 같은 극단적 원자력 협력 회의론이 2000년대 후반 미국 학계와 워싱턴 정계를 달구었다. 본 논문에서는 과연 그러한지 전자의 담론에서 문제 삼고 있는 두 가지 질문에 집중하여 이 논의의 타당성을 검토해보았다. 1) 핵 확산의 책임은 누구에게 있는가? 2) 원자력 협력과 핵 확산 간의 상관관계는 어떠한가? 이들 회의론의 주요 의의는 핵 확산에 대한 보다 균형 잡힌 시각을 제공한다는 데서 찾아볼 수 있다. 첫째, 핵을 가지려는 국가들뿐만 아니라 여기에 동조해 핵 기술/연료를 제공한 국가들에도 핵 확산의 책임이 있다는 주장은 상식에 부합한다. 둘째, 군사용–민수용 이중용도적 성격 때문에 평화적 용도라도 원자력 협력이 핵무기 개발의 단초를 제공할 수 있다는 사실 역시 이미 알고 있는 사실이었지만 국제적 수준에서 안전조치와 통제조치의 중요성을 다시 한 번 환기시키는 계기가 되었다.

그러나 이들 원자력 협력 회의론은 설득력이 부족하다. 첫째, 이들 연구에서 제시한 데이터는 역설적이게도 원자력 협력이 핵 확산에 기여한다는 주장보다는 오히려 그 반대 주장을 뒷받침하는데 유용한 것처럼 보인다. 다수의 핵 선진국들을 포함한 90%를 상회하는 수의 대부분의 국가들이 핵무기 개발에 나서지 않고 있다면, 원자력 기술을 보유하고 있다고 해서 모든 국가들이 핵무기를 개발하는 것이 아니라는 점은 분명하다. NPT를 체결한 180여 개국의 비핵국들이 보여주고 있다. 더욱이 9개 핵무기 보유국들 중 북한과 파키스탄을 제외한 7개국들은 NPT 체결 이전에 핵무기를 보유하고 있었다. 또 이들 9개국이 핵무기 개발 성공에 이른 경로를 살펴보면, 모두 별도의 핵무기 개발 트랙을 정부에서 추진하고 있었다. 또, 핵탄두를 무기화하기 위해서는 발사체(미사일/로켓)와 정확한 타겟 능력을 갖춘 유도 장치 개발도 동시에 진행되어야 한다는 점은 회의론자들이 주장하는 것과 달리 핵무기를 가지려는 '의도(intent)'가 핵무기 개발 '능력(capability)'을 상회한다는 것을 보여준다.

둘째, 소개한 원자력 협력회의론 연구들은 이 전의 실증적 연구에서와 마찬가지로 핵 비확산을 유지하는 데 있어 규범의 역할을 간과하고 있거나 계량적 방법으로 검증하는데 실패하였다. 또한 이들 연구들은 핵 비확산에서 규범의 역할에 대해 일관된 결론 도출에 실패하였다. 만일 원자력 협력 회의론의 주장처럼 오늘날 핵 확산이 원자력 협력 때문이라면, 핵연료 공급과 원자력 산업에서 중요한 비중을 차지하고 어느 국가보다도 수많은 원자력 협정을 체결해 온 미국은 왜 한국을 비롯한 동아시아 국가들과 원자력 협력을 지속하고 있는가? 본 연구에서는 미국 양자 원자력 협력이 앞서 연구들의 우려와 달리 핵 확산이 아니라 오히려 '핵 비확산'의 중요한 국제 규범의 역할을 하고 있기 때문이라고 설명하였다. 이는 또한 핵물질의 독점력이 1949년에 이미 무너졌음에도 불구하고 지금까지 미국이 핵 패권을 유지할 수 있었던 것과도 무관하지 않다. 따라서 최근 미국 학계에서 부는 원자력 협력 회의론에도 불구하고, 미국 정부는 핵 비확산 규범의 수호자로서, 그리고 세계 핵 질서의 실질적인 패권국으로서 양자 원자력 협력을 지속, 혹은 확대할 수밖에 없을 것이라고 예상해볼 수 있다.

따라서 본고에서는 원자력회의론의 핵 협력이 핵확산에 기여한다는 주장은 근거가 빈약하며 오히려 미국과 양자 원자력 협정을 맺은 동맹국들이 핵 비확산 원칙을 엄격히 수용하고 있다는 점에서 핵 협력이 오히려 핵 비확산에 기여할 수 있다고 결론을 맺는다.

참고문헌

김형민. 2010. “무기이전 네트워크의 사회연결망 분석.” 하영선, 김상배 편. 『네트워크 세계 정치: 은유에서 분석으로』. 서울: 서울대학교출판문화부.

김형철. 2011. “원자력법상 에너지 이용분야에 있어서의 한·미 상호신뢰 및 협력확보 방안에 관한 연구.” 『인하대학교 법학연구』 제14권 2호.

이광석 외. 2008. 『원자력협력협정해설서』. 대전: 한국원자력연구원.

『원자력 민간이용에 관한 대한민국 정부와 미합중국 정부 간의 협력을 위한 협정』. 1972.

조은정. 2014. “국제 핵·미사일 통제체제의 ‘구조적 공백’과 북한의 핵·미사일 협력 네트워크.” 『국가전략』 제20권 3호.

함철훈. 2009. 『원자력법제론』. 서울: 법영사.

Agreement for Cooperation Concerning the Civil Uses of Atomic Energy between the Government of Belgium and Government of the United States of America. 1955.

Abraham, Itty. 2006. “The Ambivalence of Nuclear Histories.” *Osiris* 21:1.

Achen, Christopher and Duncan Snidal. 1989. “The Rational Deterrence Debate: A Symposium Rational Deterrence Theory and Comparative Case Studies.” *World Politics* 41:2.

Betts, Richard K. 1987. *Nuclear Blackmail and Nuclear Deterrence.* Washington DC: The Brookings Institution Press.

Blair, Bruce G. 1993. *The Logic of Accidental Nuclear War.* Washington DC: Brooking Institution Press.

____________. 1994. “Nuclear Inadvertence: Theory and Evidence.” *Security*

Studies 3:3.

Blanton, Shannon Lindsey. 2000. "Promoting Human Rights and Democracy in the Developing World: US Rhetoric versus US Arms Exports." *American Journal of Political Science* 44.

______. 2005. "Foreign Policy in Transition? Human Rights, Democracy, and US Arms Exports." *International Studies Quarterly* 49:4.

Bluth, Christopher. 2011. *The Crisis on Korean Peninsula.* Dulles, VA: Potomac.

Boardman, Robert and James Keeley, eds. 1983. *Nuclear Exports and World Politics*. New York: St. Martins.

Bratt, Duane. 2006. *The Politics of CANDU Exports.* Toronto: University of Toronto Press.

Brodie, Bernard, ed. 1946. *The Absolute Weapon: Atomic Power and World Order.* Manchester, NH: Ayer.

Bueno de Mesquita, Bruce, and William H. Riker. 1982. "An Assessment of the Merits of Selective Nuclear Proliferation." *Journal of Conflict Resolution* 26:1.

Bulletin of Atomic Scientists. 2007, June 14. "Capability versus Intent: The Latent Threat of Nuclear Proliferation." (http://thebulletin.org/capability—versus—intent—latent—threat—nuclear—proliferation—0) [검색일: 2016년 1월 13일].

Carrigan, Alisa. 2007, 12. "Learning to Build the Bomb," *Physics Today*. 54—55.

______. 2005. "A Peripheral Threat? Addressing Dissemination of Human Capital in the Nuclear Non—Proliferation Regime." Paper presented at the International Studies Association annual meeting, March 2005. (http://www.allacademic.com//meta/p_mla_apa_research_citation/0/6/9/8/5/pages69859/p69859-1.php) 〔검색일: 2016. 2. 23〕.

Chestnut, Sheena. 2007. "Illicit activity and Proliferation: North Korean Smuggling Networks." *International Security* 32:1.

Cho, Eunjeong. 2012. "Nuclear Norm Competition between Allies, 1955-1957." PhD Diss. Coventry, UK: Department of Politics and International Studies, University of Warwick.

Cohen, Avner. 1998. *Israel and the Bomb.* New York: Colombia University Press.

Corera, Gordon. 2006. *Shopping for Bombs: Nuclear Proliferation, Global Insecurity, and the Rise and Fall of the AQ Khan Network*. Oxford: Oxford University Press.

Doyle, Michael. 1983. "Kant, Liberal Legacies, and Foreign Affairs." *Philosophy and Public Affairs* 12:3.

Eden, Lynn. 2004. *Constructing Destruction: Organizations, Knowledge, and the Effects of Nuclear Weapons.* Ithaca, NY: Cornell University Press.

Fair, C. Christine. 2014. *Fighting to the End: The Pakistan Army's Way of War.* Oxford: Oxford University Press.

Feaver, Peter D. 1993. "Proliferation Optimism and Theories of Nuclear Operations." *Security Studies* 2:3/4.

Fox, John. 2008. "Devastating Weapons Remain Major Threat, US Says"(2008. 2. 6.). *Global Security Newswire.* (http://www.nti.org/gsn/article/devastating-weapons-remain-major-threat-us-says/)〔검색일: 2015. 12. 1〕.

Fuhrmann, Matthew. 2008. "Exporting Mass Destruction? The Determinants of Dual-use Trade." *Journal of Peace Research* 45:5.

__________. 2009a. "Taking a Walk on the Supply Side: The Determinants of Civilian Nuclear Cooperation." *Journal of Conflict Resolution* 53:2.

__________. 2009b. "Spreading Temptation: Proliferation and Peaceful Nuclear Cooperation Agreements." *International Security* 34:1.

Glaser, Charles L. 1991. *Analysing Strategic Nuclear Policy.* Princeton: Princeton University Press.

__________. 2003. "Nuclear Deterrence Theory, Nuclear Proliferation, and National Missile Defense." *International Security* 27:4.

Goncharenko, Sergei. 1998. "Sino–Soviet Military Cooperation." In Odd Arne Westad, ed. *Brothers in Arms: The Rise and Fall of the Sino-Soviet Alliance, 1945-1963.* Washington DC: Woodrow Wilson Center Press.

Gowing, Margaret. 1964. *Britain and Atomic Energy, 1939-1945.* London: MacMillan.

__________. 1974. *Independence and Deterrence: Britain and Atomic Energy 1945-1952*, Vol 1 & 2. London: MacMillan.

Helmreich, Jonathan E. 1986. *Gathering Rare Ores: The Diplomacy of Uranium Acquisition, 1943-1954.* Princeton: Princeton University Press.

Holloway, David. 1994. *Stalin and the Bomb: The Soviet Union and Atomic Energy, 1939-1956.* New Haven, CT: Yale University Press.

Horovitz, Liviu. 2015. "Beyond Pessimism: Why the Treaty on the Non–proliferation of Nuclear Weapons will not Collapse." *The Journal of Strategic Studies* 38:1/2.

Horowitz, Michael. 2004/5. "Who is Behind that Curtain? Unveiling Potential Leverage over Pyongyang." *The Washington Quarterly* 28:1.

Hymans, Jacques E. C. 2006. *The Psychology of Nuclear Proliferation: Identity,*

Emotions and Foreign Policy. Cambridge: Cambridge University Press.

___________________. 2011. "Proliferation Implications of Civil Nuclear Cooperation: Theory and a Case Study of Tito's Yugoslavia." *Security Studies* 20:1.

International Atomic Energy Agency. 2012. *Nuclear Power Reactors in the World, 2012 edition.* Reference Data Series No. 2, IAEA–RDS–2/32. (http://www–pub.iaea.org/MTCD/Publications/PDF/RDS2–32_web.pdf) 〔검색일 2016년 1월 12일〕.

Jabko, Nicolas and Steven Weber. 1998. "France's Nuclear Nonproliferation Policy in Theoretical Perspective." *Security Studies* 8:1.

Jervis, Robert. 1989. *The Meaning of the Nuclear Revolution: State-craft and the Prospect of Armageddon.* Ithaca, NY: Cornell University Press.

Jo, Dong–Joon and Erik Gartzke. 2007. "Determinants of Nuclear Weapons Proliferation: A Quantitative Model." *Journal of Conflict Resolution* 51:1.

Karl, David J. 1996. "Proliferation Pessimism and Emerging Nuclear Powers." *International Security* 21:3.

Keeley, James. 2003. *A List of Bilateral Civilian Nuclear Cooperation Agreements.* Calgary, Alberta: University of Calgary.

Kim, Hyung Min. 2007. "Social Network Conceptualizations of International System Structure and National Power: A Social Network Perspective on International Relations." Ph.D. Diss., University of North Carolina at Chapel Hill.

Knorr, Klaus. 1962. "Limited Strategic War." In Klaus Knorr and Thorton Read, eds. *Limited Strategic War.* Princeton, NJ: Princeton University Press.

Kroenig, Matthew. 2009a. "Exporting the Bomb: Why States Provide Sensitive Nuclear Assistance." *American Political Science Review* 103:1.

__________. 2009b. "Importing the Bomb: Sensitive Nuclear Assistance and Nuclear Proliferation." *Journal of Conflict Resolution* 53:2.

__________. 2010. "Correspondence: Civilian Nuclear Cooperation and the Proliferation of Nuclear Weapons." *International Security* 35:1.

__________. 2013. "The Nuclear Renaissance, Sensitive Nuclear Assistance and Nuclear Weapons Proliferation." In Adam Stulberg and Matt Fuhrmann, eds. *The Nuclear Renaissance and International Security.* Stanford: Stanford University Press.

Lavoy, Peter R. 1993. "Nuclear Myths and the Causes of Nuclear Proliferation." In Z. S. Davis and B. Frankel, eds. *The Proliferation Puzzle: Why Nuclear Weapons Spread (and What Results).* Portland, OR: Frank Cass & Company.

__________. 1995. "The Strategic Consequences of Nuclear Proliferation." *Security Studies* 4:4.

__________. 2003. "The Enduring Effects of Atoms for Peace." *Arms Control Today.* (https://www.armscontrol.org/act/2003_12/Lavoy) [검색일: 2016. 2. 23].

Lewis, John W. and Xue Litai. 1988. *China Builds the Bomb.* Stanford, CA: Stanford University Press.

Li, Jun, Man-Sung Yim, and David N. McNelis. 2010. "Model-based Calculations of the Probability of A Country's Nuclear Proliferation Decisions." *Progress in Nuclear Energy* 52:8.

Lowrance, William. 1976. "Nuclear Futures for Sale: To Brazil from West Germany, 1975." *International Security* 1:2.

May, Michael M. and Tom Isaacs. 2004. "Stronger Measures Needed to Prevent Proliferation." *Issues in Science and Technology* 20:3. (http://issues.org/20-3/may-2/) [검색일: 2016. 2. 23].

McConnell, Michael J. 2007. "Annual Threat Assessment of the Director of National Intelligence for the Senate Armed Services Committee." (http://www.globalsecurity.org/intell/library/congress/2007_hr/070227-mcconnell.pdf) [검색일: 2015. 12. 1].

McGoldrick, Fred. 2013. "Nuclear Trade Control: Minding the Gaps." A Report of the CSIS Proliferation Prevention Program, Center for Strategic & International Studies.

Mearsheimer, John J. 1990. "Why We will Soon Miss the Cold War." *The Atlantic Monthly* 266.

__________. 1993. "The Case for a Ukrainian Nuclear Deterrent." *Foreign Affairs* 72:3.

Meyer, Stephen M. 1984. *The Dynamics of Nuclear Proliferation.* Chicago: University of Chicago Press.

Mian Zia and Alexander Glaser. 2008. "A Frightening Nuclear Legacy." *Bulletin of the Atomic Scientists* 64:4.

Montgomery, Alexander. 2005. "Rising in Proliferation: How to Dismantle an Atomic Bomb Network." *International Security* 30:2.

__________. 2013. "Stop Helping Me: When Nuclear Assistance Impedes Nuclear Programs." In Adam Stulberg and Matt Fuhrmann, eds. *The Nuclear Renaissance and International Security.* Stanford: Stanford University Press.

National Intelligence Council. 2002. "Annual Report to Congress on the Safety and Security of Russian Nuclear Facilities and Military Forces." (https://www.dni.gov/index.php/about/organization/national-intelligencecouncil–nic–publications) 〔검색일 2016년 4월 15일〕.

Nguyen, Viet Phuong and Man–Sung Yim. "Post–Cold War Civilian Nuclear Cooperation and Implications for Nuclear Nonproliferation." Unpublished manuscript.

Nizamani, Haider K. 2000. *The Roots of Rhetoric: Politics of Nuclear Weapons in India and Pakistan.* Westport, CT: Praeger Publishers.

Ogilvie–White, Tanya. 1996. "Is There a Theory of Nuclear Proliferation? An Analysis of the Contemporary Debate." *The Nonproliferation Review* 4:1.

Orlov, Vladimir A. and Alexander Vinnikov. 2005. "The Great Guessing Game: Russia and the Iranian Nuclear Issue." *The Washington Quarterly* 28:2.

Ouster, George H. 1973. *The Politics of Nuclear Proliferation.* Baltimore, MD: Johns Hopkins University Press.

Pape, Robert A. 2005. "Soft Balancing Against the United States." *International Security* 30:1.

Paul, T. V. 2000. *Power versus Prudence: Why Nations Forgo Nuclear Weapons.* Montreal, Quebec: McGill University Press.

__________. 2003. "Chinese–Pakistani Nuclear/Missile Ties and the Balance of Power." *The Nonproliferation Review* 10:2.

Perkovich, George. 1999. *India's Nuclear Bomb: The Impact on Global Proliferation.* Berkeley: University of California Press.

Potter, William, ed. 1990. *International Nuclear Trade and Non-proliferation: The Challenge of the Emerging Suppliers.* Lexington, MA: Lexington Books.

Potter, William and Gaukhar Mukhatzhanova, eds. 2010. *Forecasting Nuclear Proliferation in the 21st Century: Volume 1 The Role of Theory.* Stanford,

Stanford University Press.

Powell, Robert. 1990. *Nuclear Deterrence Theory: The Search for Credibility.* Cambridge: Cambridge University Press.

Price, Richard. 1997. *The Chemical Weapons Taboo.* Ithaca, NY: Cornell University Press.

Quester, George. 1973. *The Politics of Nuclear Proliferation.* Baltimore, MD: Johns Hopkins University Press.

Rauchhaus, Robert. 2009. "Evaluating the Nuclear Peace Hypothesis: A Quantitative Approach." *Journal of Conflict Resolution* 53:2.

Reed, Thomas C. and Danny B. Stillman. 2009. *The Nuclear Express: A Political History of the Bomb and Its Proliferation.* Minneapolis, MN: Zenith Press.

Reiss, Mitchell. 1988. *Without the Bomb: the Politics of Nuclear Nonproliferation.* New York: Columbia University Press.

____________. 1995. *Bridled Ambition: Why Countries Constrain Their Nuclear Capabilities.* Washington, DC: Woodrow Wilson Center Press.

Richelson, Jeffrey T. 2006. *Spying on the Bomb: American Nuclear Intelligence from Nazi Germany to Iran and North Korea.* New York: W. W. Norton & Company.

Sagan, Scott D. 1993. *The Limits of Safety: Organizations, Accidents, and Nuclear Weapons,* Princeton: Princeton University Press.

____________. 1996/1997. "Why Do States Build Nuclear Weapons? Three Models in Search of a Bomb." *International Security* 21:3.

Sagan, Scott D. and Kenneth N. Waltz. 2012. *The Spread of Nuclear Weapons: An Enduring Debate.* New York: W. W. Norton & Company.

Schelling, Thomas. 1960. *The Strategy of Conflict.* Cambridge, MA: Harvard

University Press.

______________. 1966. *Arms and Influence.* New Haven, CT: Yale University Press.

Singh, Sonali and Christopher Way. 2004. "The Correlates of Nuclear Proliferation: A Quantitative Test." *Journal of Conflict Resolution* 48:6.

Snyder, Jack L. 2000. *From Voting to Violence: Democratization and Nationalist Conflict.* New York: Norton.

Sokolsky, Henry. 2001. *Best of Inventions: America's Campaign Against Strategic Weapons Proliferation.* Westport, CT: Praeger.

Solingen, Etel. 2007. *Nuclear Logics: Contrasting Paths in East Asia and the Middle East.* Princeton, NJ: Princeton University Press.

______________. 1998. *Regional Orders at Century's Dawn: Global and Domestic Influences on Grand Strategy.* Princeton, NJ: Princeton University Press.

______________. 1994. "The Political Economy of Nuclear Restraint." *International Security* 19:2.

Squassoni, Sharon. 2014. "Civilian Nuclear Cooperation Agreements: Enhancing Our Nonproliferation Standards." A Statement before the US Senate Committee Relations.

Tannenwald, Nina. 2007. *Nuclear Taboo: The United States and the Non-Use of Nuclear Weapons since 1945.* Cambridge: Cambridge University Press.

Thayer, Bradley A. 1994. "The Risk of Nuclear Inadvertence: A Review Essay." *Security Studies* 3:3.

United Nations. 1946. "Resolution of the General Assembly for Establishment of a Commission to Deal with the Problems Raised by the Discovery of Atomic Energy and Other Related Problems." In *Official Records of the First Part of the First Session of the General Assembly: Summary Record of*

Meetings of the First Committee (1946. 1. 11—1946. 2. 12). London: Church House, Westminster.

US Department of State. 1950. "Resolution of the General Assembly" (1946. 1. 24.). In *A Decade of American Foreign Policy: Basic Documents, 1941-49*. Washington DC: US Government Printing Office.

US Department of Defense. 2010. *Nuclear Posture Review*. (http://www.defense.gov/Portals/1/features/defenseReviews/NPR/2010_Nuclear_Posture_Review_Report.pdf) 〔검색일: 2015. 12. 1〕.

US Atomic Energy Act of 1954. 2015. (https://legcounsel.house.gov/Comps/Atomic%20Energy%20Act%20Of%201954.pdf) 〔검색일 2016년 1월 22일〕.

US Code of Federal Regulations, Title 10: Energy, Part 810. (http://www.ecfr.gov/cgi-bin/text-idx?SID=c33f67180c399f01eaebf5d24965c85f&mc=true&node=pt10.4.810&rgn=div5) 〔검색일 2016년 1월 22일〕.

Weiss, Leonard. 2003. "Atoms for Peace." *Bulletin of the Atomic Scientists* 59:6.

제12장 남북관계와 미북관계의 갈등·협력에 대한 경험적 연구: 탈냉전기 한·미 역대 행정부를 중심으로*

김형기**

1. 서론

세계적인 탈냉전기로의 이행 이후에도 북한은 여전히 불안정하고 위협적인 행태를 지속해왔다. 국경을 맞대고 있는 남한과 한미동맹에 따라 전진배치된 군사력을 보유하고 있는 미국은 그러한 북한과 직접적인

* 2011년 6월 발간된 『비교민주주의연구』 7집 1호에 게재된 논문을 보완한 것임.
** 비교민주주의연구센터

상호작용의 관계에 있는 주요 당사자이다. 양국은 북한과의 상호작용 속에서 개별 국가의 입장과 상황에 따라 각각 독특한 갈등–협력의 굴곡을 나타내었다.

본 연구는 탈냉전기 역대 한국과 미국정부의 대북전략이 북한과의 협력과 갈등의 굴곡에 어떤 영향을 주었는가를 경험적으로 분석하려는 시도이다. 이를 위해 우선 각 양자관계가 어떤 갈등–협력의 궤적을 그리고 있는지를 경험적으로 측정하려한다. 측정방법은 통상 국제분쟁의 유력한 정량화 수단으로 알려진 이벤트데이터 기법을 이용한다.

정량화된 한국과 미국의 북한에 대한 협력과 갈등의 관계는 다양한 이론적·정책적 실증분석을 가능케 한다. 본 연구는 그중 한미 양국의 대통령의 선출에 따른 행정부의 변화를 주된 통제변인으로 상정한다. 한 국가의 정책은 관련 부서 장관의 교체와 변화, 새로운 정책의 발표 등으로도 가늠된다. 하지만 통상 국가수준에서 가장 중요한 변화는 최고 정책결정자, 즉 대통령의 임기주기와 밀접한 관련이 있다. 단임제인 한국의 경우 5년의 기간 중 대통령의 대북정책은 최우선적인 국가목표로 설정되며, 임기중 비교적 일관되게 지속된다. 미국의 경우 대북정책은 세계전략의 일부로서 국제정세의 변화에 민감하지만, 그럼에도 대통령의 임기중 나타난 대북정책은 비교적 균질적인 경향이 있다.

한국과 미국의 각 대통령의 임기 중 전개된 북한과의 양자관계로부터 다음의 사항을 확인하고 검증하게 될 것이다. 첫째, 한국과 미국의 대북협력과 갈등이 대통령 임기에 따라 구별되는 특징이 있는가이다. 한미의 역대 행정부가 서로 어떤 유사성과 상이성을 가지고 있는지를 실증적으로 비교함으로써 각 행정부별 대북관계의 갈등-협력의 양상을 계량적으로 제시할 것이다. 둘째, 한국과 미국의 대북정책이 북한의 이들 각국에 대한 협력과 갈등에 어떤 영향을 미치고 있는가이다.

2. 연구방법과 자료

이벤트데이터는 국제정치행위자의 상호작용을 경험적으로 측정하기 위한 거의 유일한 수단으로 받아들여지고 있다. 여기에서 이벤트란 특정한 〈시기〉에 어떤 〈행위자〉가 〈피행위자〉에게 특정한 〈행동〉을 취한 문장이다. 행위자가 피행위자에게 취할 행동(즉, 타동사)의 범위는 언어의 범위만큼 다양하다. 따라서 수많은 〈행동〉의 경우를 국제정치(외교) 분야에서 의미 있는 일련의 행동들로 재분류해야 한다. "논평하다, 만나다, 합의하다, 승인하다, 원조하다, 양보하다, 요구하다, 거절하다, 위협하다, 의심하다, 점령하다, 공격하다" 등의 동사들이 그러한 추상적 분류의 대상이 된다. 형용사가 주된 분석대상이 되는 내용분석과 달리 양자관계에서 벌어지는 행동 자체를 측정한다는 점에서 비교적 객관성을 확보할 수 있다.

이벤트데이터는 출판된 문장(또는 미디어)으로부터 검출한 이벤트를 의미한다. 그 형태는 종이나 필름 또는 전자문서이다. 통상 뉴스미디어가 이벤트데이터 추출의 주요 대상이 된다. 즉, 매일 갱신되는 뉴스미디어의 문장으로부터 〈행위자〉 〈피행위자〉와 추상적으로 분류된 〈행동〉

을 걸러낸 것이 이벤트데이터이다.

이벤트데이터에 대한 선구적 시도는 1970년대 후반과 1980년대에 나타났다. 맥클랜드(McClelland 1976)의 WEIS(World Event/Interaction Survey)와 아자르(Azar 1982)의 COPDAB(Conflict and Peace Data Bank)이 그것이다. 냉전기에 태어난 두 데이터베이스는 당대 정량국제정치연구에 커다란 반향을 일으켰으며, 공개된 데이터베이스를 재가공해 수많은 논문이 생산되었다.

그러나 냉전이 종결되면서 기존의 양대 데이터베이스는 탈냉전기의 새로운 분쟁양상과 정부예산 감축이라는 두 가지 도전에 직면한다. 이에 대한 대응으로 기존의 WEIS와 COPDAB을 새롭게 변화된 세계질서에 적용시키되, 발전된 기술과학의 도움으로 최소한의 비용을 투입하려는 계획이 등장했다. 하나는 하버드대학 국제관계연구소에서 본드 등(Bond, et al. 1997)이 제시한 PANDA(Protocol for the Analysis of Nonviolent Direct Action)이며, 또 하나는 켄사스대학 정치학과에서 쉬로트 등(Schrodt, et al. 1994)이 만든 KEDS(Kensas Event Data System)이다. 두 데이터베이스 공히 자동적으로 미디어에서 데이터를 받아 언어를 분해한 뒤 이를 새로운 코딩스킴으로 변환하는 소프트웨어를 개발했다.

이중 KEDS는 상용화의 길을 걸었던 PANDA와 달리 소프트웨어 소스코드와 다양한 자료변환 도구를 공개하여 일정한 관련지식을 가진 모든 제3자의 개방적 참여를 유도하였다. 이러한 과정에서 KEDS는 CAMEO(Conflict and Management Event Observations)라는 코딩스킴을 개발했다. CAMEO는 기존의 WEIS 코딩에 중재와 저강도분쟁 코드를 첨부한 것이 특징이다. 또한 기존의 KEDS 소프트웨어를 발전시켜 C++ 언어를 기반으로 한 TABARI라는 공개 소프트웨어를 개발했다.

본 연구에 사용된 자료는 CAMEO의 코딩스킴을 한반도 냉전기에 적용한 데이터베이스이다(김형기 2010). 이벤트 데이터 추출의 원자료는 LEXIS.COM을 통한 AP통신사의 기사를 주 자료원으로, 통일부에서 발간하는 『남북대화』의 일지를 대조자료로 이용하였다.

연구에 이용될 이벤트데이터는 탈냉전기(1990~2007) 남북한 및 미북 간의 갈등·협력관계이다. 연구기간 중 한국의 대통령은 노태우(1990.1~1992.12), 김영삼(1993.1~1998.1), 김대중(1998.2~2003.1), 노무현(2003.2~2008.1)이며, 미국의 대통령은 부시(George Bush, 1990.1~1992.12), 클린턴 1기(1993.1~1996.12), 클린턴 2기(1997.1~2000.12), 부시 1기(George W. Bush, 2001.1~2004.12), 부시 2기(2005.1~2008.12)이다.

수집된 자료는 협력과 갈등을 기준으로 1개월 단위로 합산하였으며, 합산시 통상적인 정량화 방법인 골드스타인 척도(Goldstein scale)를 이용하였다(Goldstein 1992). 골드스타인 척도는 갈등-협력으로 분류된 이벤트데이터를 −10~+10의 범위로 정량화한 것으로, 거의 모든 이벤트데이터 기반 연구의 정량화 수단으로 채택되고 있다. 상호 독립적인 각각의 이벤트는 독립성 가정을 충족하므로 합산이 가능하며, 협력·갈등관계는 각 협력과 갈등관계를 단순합산하였다. 이에 따라 음수가 높을수록 갈등이 심화되고 양수가 높을수록 협력이 강화되는 방식으로 구성된 1개월 단위의 정량화된 협력·갈등 관계가 도출되었다. 추출·생성된 변수는 〈표 12-1〉에 정리하였다.

〈표 12-1〉 남북 및 북미관계 변수명

변수명	내용	변수명	내용
rokdrkpos	남한→북한 협력	drkrokpos	북한→남한 협력
rokdrkneg	남한→북한 갈등	drkrokneg	북한→남한 갈등
usadrkpos	미국→북한 협력	drkusapos	북한→미국 협력
usadrkneg	미국→북한 갈등	drkusaneg	북한→미국 갈등

추출된 변수는 모두 정량척도로서 모수통계기법에 적용할 수 있다. 본 연구에서는 한·미의 각 대통령에 따른 대북관계를 비교하기 위해 평균분석과 분산분석을 적용하였다.

3. 한국 행정부 변화에 따른 남북관계

(1) TFT 전략과 GRIT 전략

이익이 충돌하는 두 개의 행위자 사이에서 합의를 통한 정책조정으로 공동이익을 실현(Keohane 1984, 51)하기 위한 전략인 상호주의(reciprocity) 전략은 크게 TFT(tit–for–tae) 전략과 GRIT(graduated reciprocation in tension–reduction) 전략으로 대별할 수 있다.

통상적으로 "상호주의"와 동의어로 평가되는 TFT전략은 "선(善)에는 선으로, 악(惡)에는 악으로" 대응하는 방식이다. 액셀로드(1984)는 수인의 딜레마(Prisoner's dilemma) 게임에 대한 컴퓨터 시뮬레이션을 통해 TFT 전략이 가장 이익을 극대화시킨다고 주장했다. 이 전략에 따르면,

상대방과의 협력을 위해 최초에는 상대방에게 호의적인 행동을 취하고 그 다음 단계부터는 상대방의 호의에는 호의로, 악의에는 악의로 대응하는 전략이다.

한편, GRIT 전략은 심리학자인 오스굿(Osgood 1962)이 제시한 전략으로 한국의 "대북 포용정책"과 유사한 전략이다. GRIT 전략은 쌍방이 서로 제로섬게임으로 인식하고 갈등의 반복이 증폭될 경우 TFT 전략의 대안이 되기도 한다. 불신과 긴장고조라는 악순환에서 벗어나 상호신뢰를 구축하기 위해서는 상당한 기간 동안 우호적인 조치를 취할 필요가 있으며, 여기에는 돌파구를 마련하기 위한 일방적이고 전향적인 양보가 포함된다.

연구대상에 포함되는 탈냉전기 이후 4명의 한국대통령은 그 정도의 차이는 있지만 포괄적 상대주의(또는 GRIT 전략)를 제한적 또는 집중적으로 추진해왔다고 할 수 있다.

1988년 2월 취임한 노태우 대통령은 같은 해 7월 7일 "민족자존과 통일번영을 위한 특별선언"을 통해 북방정책을 추진했으며, 남북협력기금을 조성하고 경제협력을 시작했다. 냉전의 해체와 한국의 우호적 정책은 1991년 5월 북한의 유엔가입결정과 12월 남북기본합의서 및 한반도 비핵화 공동선언을 이끌어 냈다. 이러한 일방적 선언과 그에 이은 지속적인 인센티브의 제시는 전형적인 GRIT 전략의 형태로 볼 수 있다.

제1차 북핵 위기 등으로 경색되기 시작한 국면에서 취임한 김영삼 대통령은 GRIT 전략과 TFT 전략을 비일관적으로 운용하였다. 김영삼 정부는 실질적인 남북대화의 진전 없이 한편으로는 대화와 핵문제의 해결을 촉구하면서, 다른 한편으로 미국과의 긴밀한 군사협력을 추진하였다. 북한 역시 군사훈련을 강화하고 성명전을 지속하면서 양국의 위기는 더욱 심화되었다. 1994년에 들어서면서 북한의 "서울 불바다 발언"(94.3)은 남북대결의 분위기를 고조시켰고, 북미 제네바합의(94.8)의 발표 이후에도 "한국형" 경수로 공급에 미온적인 태도를 보였다. 김영삼 정부 시기 단기적으로 GRIT 전략이 채용되기도 했다. 1993년 비전향 장기수였던 이인모를 일방적으로 북송하고, 1995년 15만 톤의 쌀을 무상으로 지원한 것이 이에 해당한다고 볼 수 있다. 그러나 일발성 제스처에 그쳤으며, 이후 잠수함사건(1996), 군사분계선 포격전(1997) 등의 저강도 갈등이 지속되었다.

1998년 취임한 김대중 대통령의 햇볕정책은 전형적인 GRIT 전략이라고 볼 수 있다. 강인덕 통일부장관은 대북정책의 "비등가성, 비동시성, 비대칭성"을 강조하고, 임동원 외교안보수석은 "선공후득"을 포함한 16자 성어로 대북정책을 설명했는데(김태현 2002, 28-29), 이는 GRIT 전략의 내용과 일치한다.

취임 초부터 김대중 대통령은 북한 잠수정 사건(1998. 6월 7월), 미사일실험(1998), 연평해전(1999)에도 불구하고 북한에 대한 협력적 태도를 지속시켰으며, 그러한 전략은 2000년 3월 베를린선언으로 이어진다. 역사적인 2000년 남북 정상회담 이후 남북의 협력은 인도적 차원과 경제협력 분야에서 높은 수준의 협력을 이끌어 냈다. 양측의 당국 간 회담도 빈번히 중단되던 과거와는 달리 대체로 지속되었다. 그러나 2002년 제2차 북핵 위기가 시작되고 제2차 연평해전이 발생함으로써 비정치

분야의 화해협력이 정치·군사적인 분야까지 전환되지는 못했다.

노무현 정부 역시 김대중 정부의 대북전략을 공유했다. 이전 정부의 계획은 점차 확대되어 경의·동해선 연결, 개성공단 개발, 금강산 육로 관광, 문화교류 등이 활발하게 전개되었다. 그러나 제2차 북핵 위기는 여전히 지속되었으며, 단거리 미사일 시험발사, 서해 NLL 침범, 휴전협정 위반 등 저강도 군사행동도 종식되지 않았다. GRIT 전략은 2006년 7월 미사일 실험발사와 10월 핵실험을 전후로 해 비로소 중단되는 듯했으나, 2007년 다시 재개되었다. 남북정상은 7년만에 10·4 남북공동선언을 채택하고 대규모 경협지원을 약속했다.

요약하면, 한국 대통령의 임기 전체를 고려할 때, 노태우 정부는 GRIT 전략, 김영삼 정부는 GRIT과 TFT 전략의 혼용, 김대중 정부와 노무현 정부는 GRIT 전략을 수행하였다고 할 수 있다.

(2) 대통령 집권기에 따른 평균분석 및 분산분석

1개월 단위로 정량화한 한국과 북한의 협력과 갈등의 관계는 〈그림 12-1〉에 정리하였다. 여기에서 실선은 남한의 북한에 대한 협력(rokdrkpos)과 갈등(rokdrkneg)이며, 점선은 북한의 남한에 대한 협력(drkrokpos)과 갈등(drkrokneg)이다. 협력은 양수로 협력의 강도가 강하고 지속적일수록 월간 합산점수가 증가하며, 갈등의 경우도 부호만 다르고 나머지는 동일하다.

도표는 탈냉전기 남북의 협력과 갈등의 상호관계가 직관적으로 이해

〈그림 12-1〉 한국 정부변화에 따른 남북의 협력과 갈등

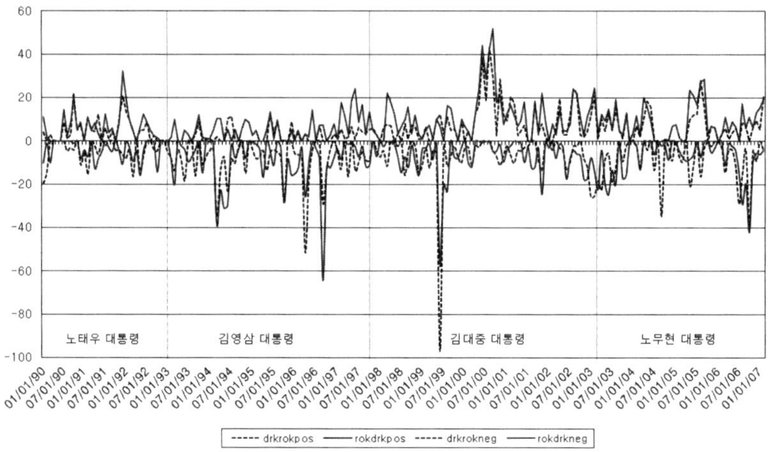

될 수 있도록 표시되고 있으며, 각 행정부별로 각기 독특한 궤적을 그리고 있다. 도표에서 갈등이 가장 높았던 시기는 1999년 6월의 연평해전으로 장기간 대치와 실탄사격이 누적된 결과이다. 협력의 경우는 2000년 정상회담과 그 후속조치가 이뤄지던 시기가 가장 높았다.

다음으로 남한의 행정부를 통제한 상태에서 남북관계를 비교하기 위해 평균비교를 시행하였다. 평균비교는 집단변수로 정량변인의 차이를 구분할 수 있는 가장 간단한 방법이다.

〈표 12-2〉에 따르면, 한국의 경우, 대통령에 따라 한국의 대북정책뿐만 아니라 북한의 대남정책도 차이가 있는 것으로 나타났다. 노태우 대통령 시기 북한->한국의 협력+갈등관계(drkrok)는 양수이지만 갈등과 협력의 차이는 0.61에 불과하다. 그러나 김영삼, 노무현 정부와 비교할 때 노태우 대통령 시기 북한은 상당히 전향적인 태도를 보였다는 것을 알 수 있다. 반면 한국->북한의 관계(rokdrk)는 2.6으로 한국의 대북

〈표 12-2〉 한국 행정부와 남북의 갈등과 협력: 평균분석

행정부		drkrokpos	rokdrkpos	drkrokneg	rokdrkneg	drkrok	rokdrk
노태우	평균	5.028	6.528	-4.414	-3.931	.6139	2.597
	SD	5.723	7.096	5.518	4.743	6.973	7.921
김영삼	평균	2.257	5.289	-8.674	-8.844	-6.416	-3.556
	SD	3.418	5.6180	9.423	11.443	10.944	12.822
김대중	평균	8.843	11.870	-6.912	-7.062	1.898	4.808
	SD	9.5591	10.790	12.892	9.137	15.977	15.377
노무현	평균	6.476	9.210	-8.392	-7.873	-1.916	1.336
	SD	6.8139	8.0522	9.5432	9.1243	11.548	11.400
합계	평균	5.663	8.355	-7.359	-7.235	-1.696	1.119
	SD	7.268	8.585	10.141	9.407	12.445	12.969

협력이 상당히 적극적이었음을 알 수 있다. 그러나 한국의 대북협력(rokdrkpos)의 평균은 6.53에 불과하며, 이는 협력-갈등의 골이 가장 깊었던 김영삼 정부시기의 대북협력보다 조금 많은 수치이다.

김영삼 정부는 한국->북한의 협력-갈등 관계(rokdrk)의 평균이 유일하게 음수로 나타났다. 한국의 대북갈등(rokdrkneg)은 역대 정부 중 가장 높은 -8.44이며, 이는 연평해전과 북핵 위기를 겪었던 김대중 정부와 노무현 정부보다 더 높은 수치이다. 한국의 대북협력(rokdrkpos) 역시 역대 정부중 가장 낮은 5.289이다. 김영삼 정부의 특징은 북한의 대남협력(drkrokpos)이 눈에 띌 정도로 현저하게 다른 정부와 차이를 보인다는 점이다. 평균 2.26은 가장 큰 김대중 정부의 8.84보다 6.6이나 차이 나는 수치이다. 이는 김영삼 정부에 대한 북한의 정책이 유독 비협력적이었음을 보여주는 증거이다.

김대중 대통령 시기 한국의 대북협력(rokdrkpos)은 11.87로 역대 대통

령 중 가장 높다. 잠수함사건과 서해교전과 같은 직접적인 남북갈등이나 북핵 위기와 같은 국제적인 갈등의 영향으로 북한의 대남갈등(drkrokneg)은 다른 정부에 크게 낮다고 할 수 없다(평균 –6.945). 그럼에도 불구하고 4명의 대통령 중 가장 높은 대북협력(rokdrkpos)의 크기(평균 11.87)로 그 차이를 상쇄하고 남는다. 이에 호응해 북한의 대남협력(drkrokpos)도 8.84의 평균으로 가장 높다. 이는 김대중 정부의 대북 포용정책이 북한의 갈등을 완화하는 데는 큰 영향을 미치지 못했지만, 최소한 북한의 협력적인 태도를 이끌어내는 데는 성공했다고 평가할 수 있다.

노무현 정부의 대북협력(rokdrkpos)의 강도는 평균 9.2로 김대중 정부보다는 못하지만 상당히 높다. 또한 북한의 대남협력(drkrokpos)도 평균 6.476으로 역시 김대중 정부보다는 낮지만 다른 정부보다 높은 편이다. 그러나 갈등의 평균 역시 북한–〉한국, 한국–〉북한 각각 –8.39, –7.87로 김영삼 정부에 버금가는 수치를 보이고 있다. 이 때문에 한국의 대북관계(rokdrk)가 1.34에 불과하며, 북한의 대남관계(drkrok)도 –1.92로 음수이다. 한편 한국의 대북협력에 대한 북한의 대남협력의 비율은 역대 정부의 순서대로 각각 77%, 43%, 75%, 70%이다.

다음으로 일원분산분석(One–Way ANOVA)을 시행하였다. 요인은 한국의 역대대통령으로, 종속변수는 〈drkrokpos〉, 〈drkrokneg〉, 〈rokdrkpos〉, 〈rokdrkneg〉, 〈drkrok〉, 〈rokdrk〉를 삽입하였다. 종속변수중 〈drkrok〉와 〈rokdrk〉는 각 행위자의 협력과 갈등의 합이다. 따라서 두 변수를 삽입한다는 것은 동의어반복으로 간주될 수도 있다. 그러나 양자관계에서 협력과 갈등뿐만 아니라 양자가 합산되어 갈등과 협력의 진폭

〈표 12-3〉 한국 대통령과 남북의 갈등과 협력: 분산분석

		제곱합	자유도	평균제곱	F	유의도
drkrokpos	집단-간	1361.240	3	453.747	9.682	.000
	집단-내	9466.839	202	46.866		
	합계	10828.080	205			
drkrokneg	집단-간	480.253	3	160.084	1.570	.198
	집단-내	20602.306	202	101.992		
	합계	21082.559	205			
rokdrkpos	집단-간	1470.945	3	490.315	7.263	.000
	집단-내	13637.505	202	67.512		
	합계	15108.450	205			
rokdrkneg	집단-간	572.847	3	190.949	2.196	.090
	집단-내	17566.264	202	86.962		
	합계	18139.111	205			
drkrok	집단-간	2328.823	3	776.274	5.330	.001
	집단-내	29421.403	202	145.651		
	합계	31750.226	205			
rokdrk	집단-간	2230.702	3	743.567	4.658	.004
	집단-내	32248.360	202	159.645		
	합계	34479.062	205			

전체를 조망할 수 있다는 점에서 두 변수의 삽입은 문제가 없다고 판단되었다.

분산분석의 결과는 〈표 12-3〉에 요약하였다. 북한의 한국에 대한 협력(drkrokpos)과 한국의 북한에 대한 협력(rokdrkpos)은 유의수준 0.01의 수준에서 각각 F=9.682, F=7.263의 값을 가진다. 즉, 대통령에 따라 한국의 대북협력과 북한의 이에 대한 호응은 변화하였다. 그러나 한국의 대북갈등(rokdrkneg)과 북한의 대한갈등(drkrokneg)은 모두 유의수준

〈그림 12-2〉 한국 대통령의 교체와 남북관계: 평균도표

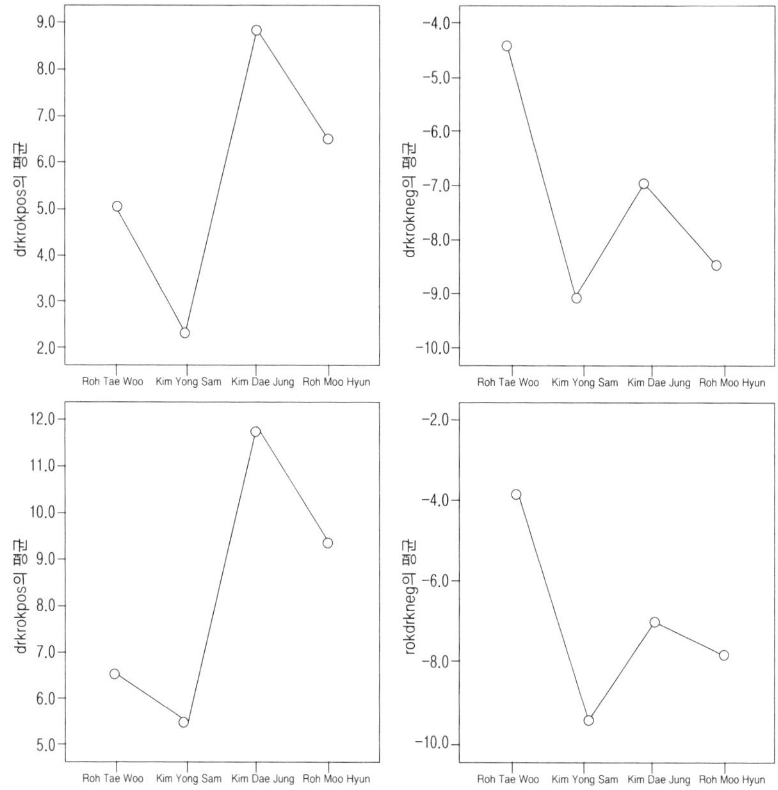

0.05에도 만족하지 못하고 있다. 남북의 갈등은 대통령의 교체와 큰 관계없이 진행되었다는 것이다.

이는 김대중 대통령 이후 전개된 한국의 대북포용정책이 북한과의 협력적 관계에는 상당한 영향을 미쳤지만, 북한의 대남 갈등에는 통계적으로 의미 있는 변화를 가져오지 못했다고 해석할 수 있다. 그 이유는 김대중 정부 초기의 서해교전과 노무현 정부 시기의 북핵 위기 때문

이다. 한편 합산치(rokdrk, drkkrok)는 모두 유의수준 0.05에서 각각 F=4.658, F=5.330으로 나타났다. 협력의 진폭이 크게 작용했기 때문이다. 즉, 대통령의 변화에 따라 협력-갈등의 변화가 있었다고 평가할 수 있다.

평균도표는 각 대통령의 집권기에 따른 협력갈등의 평균차를 손쉽게 비교할 수 있도록 한다. 〈그림 12-2〉에서 좌측 상단은 북한의 남한에 대한 협력(drkrokpos), 우측 상단은 북한의 남한에 대한 갈등(drk-rokneg), 좌측 하단은 남한의 북한에 대한 협력(rokdrkpos), 우측 하단은 남한의 북한에 대한 갈등(rokdrkneg)을 나타낸다.

요약하면, 탈냉전기 노태우 대통령부터 노무현 대통령까지의 북한에 대한 협력에 대해 북한은 동일한 수준으로 반응하였다. 즉, 대통령의 대북정책에 따라 북한의 협력의 진폭이 변화하였다고 할 수 있다. 그러나 북한의 남한에 대한 갈등적 태도는 대통령의 변화와는 독립적으로 변화하였다. 즉, 각 정부의 대북정책과 무관하게 북한의 대남갈등이 전개되었다고 할 수 있다.

4. 미국 행정부 변화에 따른 북미관계

같은 방법으로 북미 간 갈등과 협력을 도식화하였다. 〈그림 12-3〉에서 실선은 미국의 북한에 대한 갈등과 협력을 나타내며, 점선은 북한의 미국에 대한 갈등과 협력을 표시한다. 북미갈등은 1994년 상반기 북한

〈그림 12-3〉 미국 정부변화에 따른 북미관계의 협력과 갈등

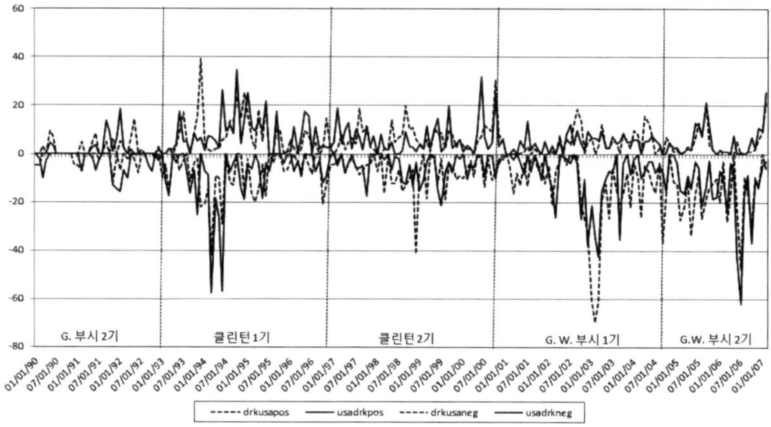

이 "파국," "불바다" 등 강력한 수사와 함께 NPT를 탈퇴하면서 미국을 자극하고, 미국은 패트리어트 미사일의 배치결정과 군사력 이동으로 대응하면서 양자의 갈등이 급격히 누적되었다.

G. W. 부시 행정부의 경우 확연하게 미국 주도의 갈등전개가 나타나고 있다. 미국은 "악의 축" 발언과 함께 빈번한 군사력 배치와 훈련으로 북한을 자극하였고, 북한은 이에 대해 미사일 실험과 핵실험으로 대응하였다.

이를 대통령 집권기에 따른 전략으로 구별할 경우, G. 부시 대통령의 경우 강경전략, 클린턴 정부의 경우 1기가 GRIT과 강경전략, 2기가 GRIT 전략을 사용하였다고 할 수 있다. G. W. 부시 정부는 1기에 TFT 전략과 강경전략을 혼용하였으나 2기에는 다소 완화된 TFT 전략을 구사하였다.

이러한 미국 행정부별 대북전략은 평균분석에서 비교적 분명하게 나

〈표 12-4〉 미국 행정부와 북미의 갈등과 협력: 평균분석

대통령		drkusapos	usadrkpos	drkusaneg	usadrkneg	drkusa	usadrk
G. 부시	평균	2.286	1.933	-1.758	-3.058	.5278	-1.125
	SD	3.541	4.131	3.057	4.674	4.467	4.983
클린턴 (1기)	평균	7.440	7.769	-8.458	-8.592	-1.019	-.823
	SD	8.391	7.995	8.941	12.396	11.671	14.000
클린턴 (2기)	평균	6.713	6.375	-7.377	-5.117	-.6646	1.2583
	SD	5.743	6.663	7.153	5.361	8.605	8.279
G.W. 부시 (1기)	평균	4.210	4.425	-14.656	-8.823	-10.446	-4.398
	SD	4.845	3.371	16.328	10.952	17.580	11.193
G.W. 부시 (2기)	평균	4.250	5.542	-16.727	-15.119	-12.477	-9.577
	SD	6.064	6.820	10.940	13.648	13.669	17.124
합계	평균	5.215	5.364	-9.523	-7.693	-4.309	-2.329
	SD	6.265	6.316	11.492	10.420	13.126	11.867

타나고 있다. G. 부시 대통령의 대북갈등(usadrkneg) 정책의 평균은 −3.06으로 북한의 대미갈등(drkusaneg) −1.76 보다 유일하게 크게 나타난 시기이다. 클린턴 대통령의 경우 대북갈등과 협력의 차이(usadrk)가 집권2기에 유일하게 양수로 나타나고 있다. G. W. 부시 정부의 대북정책은 쌍방 간 협력의 변화가 다소간 하락했지만 이보다 갈등의 상승폭이 1기 −8.82, 2기 −15.12로 매우 크게 증가하였다. 북한의 대미 갈등(drkusaneg)도 G. W. 부시 정부 1기와 2기를 거치면서 급진적으로 악화되었다. 민주당인 클린턴 정부의 대북 협력−갈등(usadrk)을 1, 2기 모두 합치면 양수인데 반해, 공화당 대통령 2명의 그것은 모두 음수인 것도 특징이다. 분석결과는 〈표 12-4〉에 요약되었다.

일원배치 분산분석 역시 한국의 대통령 교체와 동일하게 진행하였

〈표 12-5〉 미국 행정부와 북미의 갈등과 협력: 분산분석

		제곱합	자유도	평균제곱	F	유의도
drkusapos	집단-간	726.656	4	181.664	4.988	.001
	집단-내	7320.620	201	36.421		
	합계	8047.276	205			
drkusaneg	집단-간	5060.010	4	1265.002	11.552	.000
	집단-내	22011.438	201	109.510		
	합계	27071.448	205			
usadrkpos	집단-간	793.488	4	198.372	5.399	.000
	집단-내	7385.107	201	36.742		
	합계	8178.594	205			
usadrkneg	집단-간	2625.803	4	656.451	6.721	.000
	집단-내	19631.136	201	97.667		
	합계	22256.939	205			
drkusa	집단-간	5541.664	4	1385.416	9.352	.000
	집단-내	29775.480	201	148.137		
	합계	35317.144	205			
usadrk	집단-간	2350.076	4	587.519	4.453	.002
	집단-내	26520.865	201	131.945		
	합계	28870.941	205			

다. 각 대통령은 1기와 2기를 구분하여 입력하였으며, 분석할 변수군은 〈drkusapos〉, 〈drkusaneg〉, 〈usadrkpos〉, 〈usadrkneg〉, 〈drkusa〉, 〈usadrk〉이다.

분산분석의 결과는 〈표 12-5〉에 요약되어 있다. 분석결과는 한국의 경우와 상당히 대조적이다. 한국의 경우 〈drkrokneg〉와 〈rokdrk neg〉의 두 변수는 대통령의 변화에 통계적 유의도를 만족하지 못하였다. 그러

〈그림 12-4〉 미국 대통령의 교체와 북미관계: 평균도표

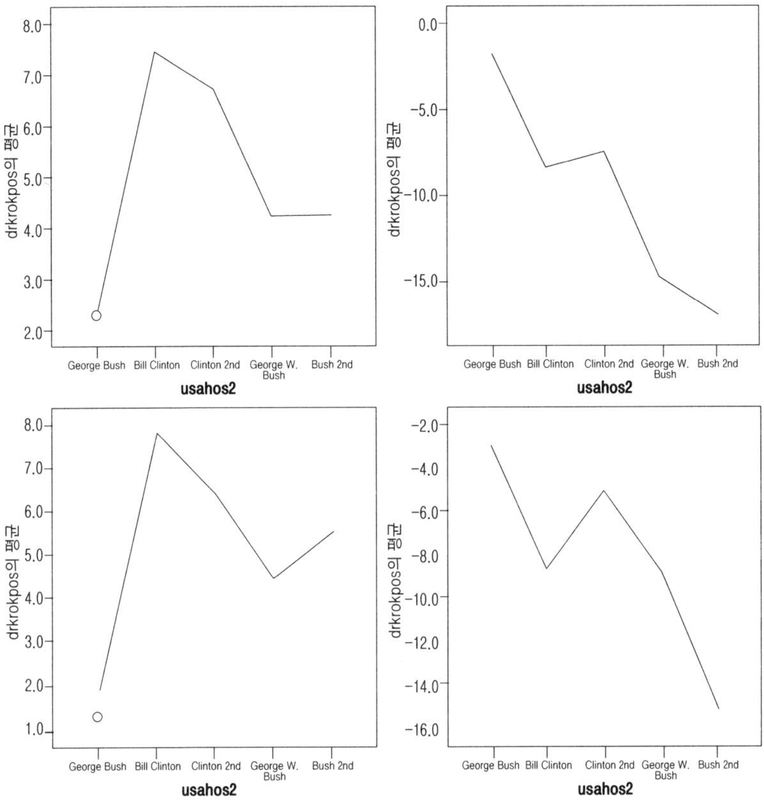

나 미국의 경우 모든 관계에서 유의수준 0.01을 만족한다. 즉, 미국 대통령의 교체 및 기수의 변화에 따라 미국의 대북협력과 갈등은 물론이고 북한의 대북협력과 갈등이 변화했다는 것이다.

특히 주목되는 것은 북한의 대미갈등(drkusaneg)이 유의수준 0.01에서 F=11.552로 다른 어떤 변수보다 월등한 설명력을 갖고 있다는 점이다. 즉, 한국의 대북정책 변화에는 반응하지 않던 북한이었지만, 미국

대통령의 변화에는 대단히 민감하게 반응하면서 그 갈등의 진폭을 조정하였다.

〈그림 12-4〉는 미국 대통령 시기에 따른 미북 간 협력갈등 관계의 평균변화를 나타낸다. 좌측 상단은 북한의 미국에 대한 협력(drkusapos), 우측 상단은 북한의 미국에 대한 갈등(drkusaneg), 좌측 하단은 미국의 북한에 대한 협력(usadrkpos), 우측 하단은 미국의 북한에 대한 갈등(usadrkneg)을 나타내고 있다.

5. 결론

한국과 미국의 대북정책 최대의 목표는 북한의 갈등적 행태를 최소화하고 가능한 한 협력적 태도를 이끌어 내는 것이다. 그러나 한국정부의 경우 대통령 집권기로 구분한 분산분석의 결과 북한의 갈등적 행태의 변화에 통계적으로 유의미한 영향력을 미치지 못하고 있는 것으로 나타났다. 또한 역대 한국 대통령의 집권기간 중 갈등과 협력의 진폭이 매우 좁게 배열되고 있다는 점은(그림 12-1 참조) 한국정부가 북한의 갈등적 행태를 보임에도 불구하고 협력적 태도를 중단하지 않았음을 나타낸다.

반면, 미국의 역대 행정부의 대북정책은 북한의 갈등과 협력적 태도의 변화에 직접적인 영향을 보이고 있는 것으로 나타났다. 북한은 미국의 협력에는 협력으로, 갈등에는 갈등으로 대응하는 태도를 보여 왔다.

대량살상무기와 관련된 북한의 갈등행태가 남북관계의 범위를 넘어설 뿐 아니라 한국과 미국 간의 군사동맹관계를 고려하면 미국의 대통령 교체에 따른 대북기조의 변화는 북미 간 협력·갈등관계는 물론이고, 남북 간 갈등관계에도 영향을 미치는 것으로 추정할 수 있다.

이러한 연구결과를 통해 다음과 같은 함의를 제시할 수 있다. 우선 학문적으로 변화하는 한반도 위기상황을 실제로 측정하여 이를 지수화함으로써 남북 및 미북 관계의 협력과 갈등을 정량척도로 구축하였다는 사실에 의미가 있다. 구축된 데이터베이스를 통해 역대 한국과 미국의 대통령 시기에 협력과 갈등의 강도를 비교할 수 있었다. 또한 정책적으로 한국의 대북정책은 북한의 협력유도에는 매우 유용하였으나 갈등의 완화에는 의미 있는 영향을 못 미치고 있음에 반해, 미국의 경우 협력과 갈등 모두에 영향을 미치고 있음을 주목할 필요가 있다. 즉, 한국정부의 대북정책은 남과 북의 양자관계에 국한할 경우 그 효과를 장담할 수 없으며, 보다 국제적인 차원에서의 공조와 유도가 필요하다는 것이다.

참고문헌

김형기. 2010. "이벤트데이터 분석기법을 이용한 탈냉전기 북한과 주변국과의 분쟁–협력 관계, 1990–2007." 『비교민주주의연구』 6:1, 141–175.

Axelrod, Robert. 1984. *The Evolution of Cooperation*. Basic Books, New York.

Azar, Edward E. 1982. *The Codebook of the Conflict and Peace Data Bank(COPDAB)*. College Park, MD: Center for International Development, University of Maryland.

Bond, Doug, Craig Jenkins, Charles L. Taylor, and Kurt Schock. 1997. "Mapping Mass Political Conflict and Civil Society: The Automated Development of Event Data." *Journal of Conflict Resolution* 41:4, 553–579.

Gerner, Deborah J., Philip A. Schrodt, Ömür Yilmaz, and Rajaa Abu–Jabr. 2002. "The Creation of CAMEO(Conflict and Mediation Event Observations): An Event Data Framework for a Post Cold War World." Presented at the annual meeting of the American Political Science Association. [web.ku.edu/keds/papers.dir/ Gerner.APSA.02.pdf].

Goldstein, Joshua S. 1992. "A Conflict–Cooperation Scale for WEIS Events Data." *Journal of Conflict Resolution* 36, 369–385.

Goldstein, Joshua S. 1995. "Great–Power Cooperation under Conditions of Limited Reciprocity: From Empirical to Formal Analysis." *International Studies Quarterly*, 39:4, 453–477.

Keohane, Robert O. 1984. *After Hegemony: Cooperation and Discord in the World Political Economy*. Princeton: Princeton University Press.

Keohane, Robert O. 1986. "Reciprocity in International Relations." *International Organization*. 41:1, 1–27.

Kim, Woosang. 1991. "An Expected Utility Model of Regional Rivalry: A Case of North and South Korea." *Asian Perspective*, 15:2, 125–148.

Leng, Russell J. 1993. "Reciprocating Influence Strategies in Interstate Crisis Bargaining." *Journal of Conflict Resolution*, 37:1, 3–41.

Lindskold, Svenn, Pamela S. Walters, and Helen Koutsourais. 1983. "Cooperators, Competitiors, and Response to GRIT." *Journal of Conflict Resolution* 27: 3, 521–532.

McClelland, Charles A. 1967. *Event-interaction Analysis in the Setting of Quantitative International Relations Research*. Los Angeles: Department of Political Science, University of Southern California.

McClelland, Charles A. 1976. *World Event/Interaction Survey Codebook(ICPSR #5211)*. Ann Arbor: Inter–University Consortium for Political and Social Research.

Nye, Joseph S. 1987. "Nuclear Learning." *International Organization*, 41:3, 371–402.

Osgood, Charles. 1962. *An Alternative to War or Surrender?* Urbana: University of Illinois Press.

Tetlock, Philip E. 1990. "Learning in US and Soviet Foreign Policy: In Search of an Elusive Concept." In George Bresluer and Philip E. Tetlock, eds. *Learning in US and Soviet Foreign Policy*. Boulder: Westview.

Yanai, Akiko. 2001. "Reciprocity in Trade Liberalization." IDE APEC Study Center Working Paper Series 00/01–No. 2.

■제1부 필자 소개

김웅진 (한국외국어대학교 정치외교학과 교수)

- 미국 University of Cincinnati 정치학 박사 [1982]
- 미국 University of Cincinnati 정치학 석사 [1979]
- 한국외국어대학교 정치외교학사 [1976]

■ 주요 경력

- 프랑스 Institut d'Études Politiques de Bordeaux(Sciences Po Bordeaux) 객원교수 [2014]
- 피지 University of the South Pacific 사회과학부 객원학자 [2008]
- 영국 University of Exeter 정치학과 리버훔 펠로우(Leverhulme Fellow) [1997–1998]
- 미국 University of Cincinnati 정치학과 객원학자 [1986, 1990, 1991, 1997]
- 한국국방연구원(KIDA) 선임연구원 [1983–1985]
- 한국외국어대학교 정치행정언론대학원 원장 [2012–2014]
- 한국외국어대학교 사회과학대학 학장 [2002–2004]
- 비교민주주의센터 소장 [2005–현재], 비교민주주의학회 회장 [2008]
- 한국정치학회 편집이사 [2002–2003], 연구이사 [1996]
- 한국국제정치학회 출판이사 [2000]
- 한국정치학회 정치이론 및 방법론 연구분과위원장 [2001, 2012]

■ 주요 학술저서

- 『과학패권과 과학민주주의』 (서울: 서강대학교출판부, 2009)
  * 〈2010 대한민국학술원 우수학술도서〉 지정
- 『인과모형의 설계: 사회과학적 접근』 (서울: 한국외국어대학교출판부, 2011)
  * 〈2012 대한민국학술원 우수학술도서〉 지정
- 『정치학연구방법론: 경험과학연구의 규준과 설계』 (서울: 명지사, 2005)
  * 〈2006 대한민국학술원 우수학술도서〉 지정
- 『신화와 성화: 과학방법론의 패권정치』 (서울: 전예원, 2001) 외 다수

■ 주요 학술논문

- "사회과학지식의 방법론적 인증: 경험적 인식의 선험적 정당화." 『국제정치논총』 54집 4호(2014)
- "집단사고로서의 연구방법론: 과학적 지식의 탈과학적 구성경로." 『21세기 정치학회보』 23집 3호(2013)
- "한국 정치학의 방법론 연구, 1980~2009: 진단과 평가." 『한국정치연구』 19집 3호(2010)
- "지식의 축적과 연구전통의 진보: 방법론적 네트워크를 중심으로." 『한국정치학회보』 33집 3호(1999)
- "방법론의 이론 종속성과 이론의 방법론 종속성: 연구방법론의 聖化와 지식의 化石化." 『한국정치학회보』 27집 2호(1993) 외 다수

■제2부 필자 소개

김지희 (비교민주주의연구센터)

"현대 한국정치사에 있어서 민주주의 담론의 전개맥락: 장준하의 저술에 대한 경험과 학적 내용분석." 『비교민주주의연구』 2016

『비교사회연구방법론』 (공저) (한울아카데미, 2016)

김형기 (비교민주주의연구센터)

『21세기 한국 국제정치학 연구의 방법론적 정향』 (공저) (한국학술정보, 2016)

The Attraction of Korean Unification: Inter-Korean and International Costs and Benefits, (Co−authored) KINU 2013

김형철 (성공회대학교)

"아시아 민주주의의 질: 지표의 구축전략과 과제" 『비교민주주의연구』 2012

"86세대의 집단 간 사회적 자본과 정치적 정체성 비교" 『기억과 전망』 2017

이상협 (인제대학교)

"Old Boys or New Kids in Town? The Legacies of the Developmental State in Korean Welfare Reforms" *Asian Studies Review* 2017.

"Examining the Incremental Change Thesis: With a Case Study of the Institutional Innovation of the Korean Tripartite System" *East and West Studies* 2016.

장선화(연세대학교)

"북유럽 포퓰리스트 우파정당의 성장과 정당체제 변화: 스웨덴민주당과 핀란드인당을 중심으로." 『한국정치학회보』 2017

"한국 정당민주주의의 제도적 특징과 개혁 과제: 독일, 영국, 스웨덴과 비교적 관점에서." 『평화연구 2015』

조은정 (국가안보전략연구원)

"South Korean Views on Japan's Constitutional Reform under the Abe Government" (Co–authored) *The Pacific Review* 2017

"Nation Branding for Survival in North Korea: The Arirang Festival and Nuclear Weapons Tests" *Geopolitics* 2017

홍재우 (인제대학교)

"제20대 국회의원선거 선거구획정 과정 및 평가" 『의정연구』 2016.

"The Mixed–Member Majoritarian System as a Policy Solution: An Evaluation of Its Political Effect in Korea" (Co–authored) *Korea Observer* 2015.

현대정치학의 방법론적 성찰

발행일 1쇄 2018년 5월 1일
지은이 김웅진 외
펴낸이 여국동

펴낸곳 도서출판 인간사랑
출판등록 1983. 1. 26. 제일-3호
주소 경기도 고양시 일산동구 백석로 108번길 60-5 2층
물류센타 경기도 고양시 일산동구 문원길 13-34(문봉동)
전화 031)901-8144(대표) | 031)907-2003(영업부)
팩스 031)905-5815
전자우편 igsr@naver.com
페이스북 http://www.facebook.com/igsrpub
블로그 http://blog.naver.com/igsr
인쇄 하정인쇄 **출력** 현대미디어 **종이** 세원지업사

ISBN 978-89-7418-378-3 93340

* 책값은 뒤표지에 있습니다. * 잘못된 책은 바꿔드립니다.

이 도서의 국립중앙도서관 출판시도서목록(CIP)은 서지정보유통지원시스템 홈페이지(http://seoji.nl.go.kr)와 국가자료공동목록시스템(http://www.nl.go.kr/kolisnet)에서 이용하실 수 있습니다.(CIP제어번호: CIP2018013592)